情报与反情报丛书

U0965636

情报分析案例·实操版

结构化分析方法的应用

（情景化演示读本）

[美] 萨拉·毕比（Sarah M. Beebe） 伦道夫·弗森（Randolph H. Pherson）／著
杜效坤／译　高金虎／审校

Cases in Intelligence Analysis

Structured Analytic Techniques in Action

Instructor Materials

金城出版社
GOLD WALL PRESS
·北京·

图书在版编目（CIP）数据

情报分析案例：实操版：结构化分析方法的应用 /（美）萨拉 · 毕比（Sarah M. Beebe），（美）伦道夫 · 弗森（Randolph H. Pherson）著；杜效坤译 .—北京：金城出版社，2019.3

（情报与反情报丛书 / 高金虎主编）

书名原文：Cases in Intelligence Analysis：Structured Analytic Techniques in Action (Instructor Materials) (Second Edition)

ISBN 978-7-5155-1782-7

Ⅰ.①情… Ⅱ.①萨… ②伦… ③杜… Ⅲ.①军事情报—情报分析—案例 Ⅳ.① E87

中国版本图书馆 CIP 数据核字 (2018) 第 270376 号

情报分析案例·实操版：结构化分析方法的应用

QINGBAOFENXI ANLI SHICAOBAN JIEGOUHUAFENXIFANGFA DE YINGYONG

作　　者	[美] 萨拉·毕比　伦道夫·弗森
译　　者	杜效坤
审　　校	高金虎
策划编辑	朱策英
责任编辑	郝俊伟
文字编辑	李晓凌
开　　本	700毫米 × 960毫米　1/16
印　　张	26.5
字　　数	489千字
版　　次	2019年3月第1版
印　　次	2019年3月第1次印刷
印　　刷	天津旭丰源印刷有限公司
书　　号	ISBN 978-7-5155-1782-7
定　　价	108.00元

出版发行	**金城出版社** 北京市朝阳区利泽东二路3号　邮编：100102
发 行 部	(010) 84254364
编 辑 部	(010) 64271423
交流邮箱	gwpbooks@yahoo.com
总 编 室	(010) 64228516
网　　址	http://www.jccb.com.cn
电子邮箱	jinchengchuban@163.com
法律顾问	北京植德律师事务所　(电话)18911105819

丛书总序

以情报工作为研究对象，探索情报工作规律，研究改进情报工作途径的学科，在西方称为情报研究，在中国则称为军事情报学。名称不同，本质一致。

长期以来，由于情报工作本身存在着较强的隐蔽性，各个国家对情报机构的活动秘而不宣，其情报档案也不公开，从而影响了情报工作受关注的程度，情报活动成了历史研究中被遗忘的一角。

西方的情报研究，始于1949年美国学者谢尔曼·肯特（Sherman Kent）《战略情报：为美国世界政策服务》一书的出版。肯特是耶鲁大学历史学教授，第二次世界大战期间担任美国战略情报局（Office of Strategic Services）研究分析处欧洲—非洲科的科长，战后一度回到耶鲁重执教鞭，随后担任中央情报局国家评估办公室主任。在该书中，肯特把战略情报定位为战略家制订和执行计划所必需的情报，是身居高位的文武官员保卫国家福祉必须掌握的知识。肯特开启了情报分析专业化的大门，他因而被称为“情报分析之父”。

1962年，美国兰德公司的罗伯塔·沃尔斯泰特（Roberta Wohlstetter）出版了《珍珠港：预警与决策》（*Pearl Harbor: Warning and Decision*），深刻剖析1941年驻珍珠港美军遭日军突然袭击的原因。从珍珠港事件起步，美国人一点一点地厘清了情报失误发生的原因，并有针对性地开出了改进情报工作的“处方”。

20世纪70年代初，国际学术界在德国斯图加特召开第二次世界大战中的信号情报研讨会议。与会者一致认为，由于相关档案的公开，情报在二战中的作用必须重新审视，二战历史有必要重写。此后，情报研究在西方学术界呈现出方兴未艾之势，一批历史学家、政治学家、战略学家、国际关系学者加入了情报研究的阵营，有力地推动了情报研究的发展。在英语世界，情报研究已经成为社会科学研究的一个组成部分。

与美国相比，中国的情报研究起步并不算晚。早在2500年前的春秋时代，中国兵圣孙子就写出了著名的《孙子兵法》，这是世界上最早的军事情报学著作。孙子对战略情报要素认识的完备性、情报评估的重要性、情报谋略的微妙性、情报理论的科学性的分析，即便与2500年后谢尔曼·肯特的著作相比也不逊色。1943年，军统特工郑介民出版《军事情报学》，书中所勾勒的军事情报工作体系与今日西方的情报研究体系并无本质差别。

今天，军事情报学已经列入了我国研究生与学位教育的学科门类，我们已经培养了军事情报学专业的硕士生、博士生甚至博士后。但情报研究在我国远未成长为一门成熟的学科。理论研究的落后，制约了我国情报与安全保密工作的发展。

中国兵圣孙子说过：知彼知己，百战不殆。情报研究的根本目的是为了改进国家安全工作，维护国家安全和利益。要在复杂多变的世界局势中、在尖锐激烈的国际竞争中立于不败之地，我们必须高起点、高标准、高质量地谋划保密工作，全面、深入地了解世界主要大国情报机构进行策反、渗透、心战、窃密的基本手法，掌握其情报活动的基本特点，从而有的放矢，筑起反渗透、防泄密的防火墙，保障改革开放和社会主义建设事业的顺利进行。这是每一个从事国家安全和保密工作的同志的神圣使命。

基于以上认识，我们策划了这套《情报与反情报丛书》。所选作品均为西方名家的情报研究经典，内容涉及情报基础理论、情报体制、情报历史、谍报技术、反间谍、隐蔽行动、情报分析与失误、突然袭击等，涵盖了情报工作的各个领域。我们希望，这套丛书的出版，可以推动我国的情报研究，并对改善我国国家安全工作有所裨益。

高金虎

目录

图表目录

（说明：本书各章中的表、图及文本框编号，系在《情报分析案例：结构化分析方法的应用》一书中表、图及文本框编号的基础上，按照顺序下延。）

文本框目录

方法矩阵

	分解与可视化			观点生成					情景与指标			
	启动清单法	年表法与时间轴线法	思维导图	结构化头脑风暴	星爆法	形态分析法	经典象限处理法™	远景象限处理法™	简单情景法	多种情景生成法	指标法	指标验证因子法™
第一章 谁向卡琳娜·莫斯卡琳科投毒?				❖	◆							
第二章 炭疽菌杀手		◆		❖								
第三章 网络H_2O	◆											
第四章 核机密泄露案												
第五章 围绕马蒂电台的美国与古巴之争		◆										
第六章 通往塔宁科瓦之路												
第七章 谁谋杀了乔纳森·卢纳?		◆		❖								
第八章 贝·布托遇刺		◆	◆									
第九章 美国西南部居民死亡				◆	◆							
第十章 亚特兰大奥运会爆炸案												
第十一章 华盛顿特区恐怖主义狙击手							◆					
第十二章 哥伦比亚革命武装力量袭击美国本土				◆						◆	◆	◆
第十三章 解读“11月17日革命组织”				❖				◆			❖	
第十四章 保卫孟买免遭恐怖袭击				◆			◆				◆	◆
第十五章 伊朗干涉巴林事务				◆	◆	◆					◆	
第十六章 乌克兰橙色革命的影响				◆					◆			
第十七章 贝尔格莱德爆发暴力事件				❖								

◆案例中突出应用的方法。

❖案例中含蓄应用的方法。

	假设生成与检验					因果评估			质疑分析				决策支持			
	简单假设法	多种假设生成程序法™	象限假设生成法	竞争性假设分析法	欺骗识别法	关键假定检查法	红帽分析法	由表及里思考法	事前分析法	结构化自我批判法	若则分析法	魔鬼代言人	决策矩阵法	力场分析法	“赞成—反对—错误—纠正”法	“优势—劣势—机会—威胁”法
						❖			♦	♦						
						❖			♦	♦						
						♦						♦				
					♦	❖			♦	♦				♦		
			♦	♦	♦											
						♦						♦				♦
	♦	♦		♦												
				♦												
		♦		♦		♦										
		♦				♦									♦	
		♦				♦										
							♦									
	♦										♦					
						❖	♦									
								♦								
													♦	♦	♦	

第二版序言

大约50年前，谢尔曼·肯特——传奇式的美国国家评估委员会（Board of National Estimates）主席，指派一名结构化分析的早期倡导者前去向杰克·戴维斯阐释采用结构化分析方法的理由。杰克·戴维斯是评估工作人员中颇受看重的新人。

这位倡导者清晰地阐释了外化和评估假定的优点，这些假定支撑着情报评估中的关键判断。我假装听得兴趣盎然，但坦率地说，我认为根本没有必要改变我的情报分析方式。

我说："对于预测（我工作的对象国家的）未来发展而言，能够影响预测的全部思考内容太多，手头的纸太小，容纳不了它们。"随即，我相当突兀地结束了那次会晤。我的这种回答虽说无益，但当时电脑尚未取代打字机，且我个人尚未经历数次可以避免的误判锤炼，这样说也不无道理。

大概用了20年时间，我才完全领会到结构化分析带来的益处，开始大力鼓吹结构化分析；尤其是我们的判断基于内化的批判性思考、同事间无组织的争论及领导的主观审查，结构化分析可作为防止情报误判的保障。

最初被称为"替代分析"（Alternative Analysis），而现在叫作"结构化分析方法"（Structured Analytic Techniques, SATs）的东西，之所以能在情报界内部影响日增，有几个因素起到了推动作用。

★ 一连串高度公开的情报失误，促使人们呼吁改变情报分析做法，让结构化分析的倡导者迈出了成功的第一步。

★ 一个规模小但影响大的情报专业人员骨干群体，针对可靠的情报分析所面临的心理、政治和官僚制度方面的障碍，开始展开教学和宣讲。在第一版和第二版的《情报分析案例：结构化分析方法的应用》序言中，罗伯特·杰维斯对此进行了权威性的清楚表述。

★ 情报分析方法论领域中的主要学者，包括书中的两位知名作者，通过案例研究，发展出一套令人耳目一新的结构化分析方法，并加以检验和精炼，用来消除上述障碍。

以上个人观察权且作为《情报分析案例》和本书的第二版序言，这两本书对情报分析实践做出了富有价值的贡献。结构化分析方法并非一剂万应灵药，并不能自动改进手头评估，增进分析人员的批判性思维，但书中经过多方验证的程序却有望实现以上两个目标。

★ 这些案例涉及一系列挑战：从采用结构化形式组织已知资料（例如年表法），来降低由资料过多所带来的不确定性挑战，一直到利用结构化形式来评估多个看似合理的结果（例如情景分析法），来降低由资料过少引发的不确定性挑战。

★ 案例以阐述分析性挑战的性质、可能的矫正方法的本质、结构化本身带来的成本—收益预期等内容加以展开，然后讲述所选结构化分析方法的效力。

★ 每个案例均配有一份重要的推荐读物清单，提醒读者利用专家知识，推动结构化分析的有效实施。

★ 学习重点是健全可靠的分析流程——例如，改变观察案例问题的工具，而非给出正确答案。

★ 同样，书中还指出了过度自信和严重依赖现有范例带来的风险，以及质疑和挑战传统观点（conventional wisdom，墨守成规）取得的收获。

鉴于上述及其他原因，《情报分析案例》和本书不仅对潜在及在业的情报分析人员十分有用，而且事实上，对于管理着重大不确定性问题，以便为负责做出决策和采取行动的客户提供服务的所有领域的分析人员也是如此。

现简要评价一下这两本书对此类分析团体的潜在价值：

> 20世纪60年代，资深分析人员因拥有精湛的专业知识和批判性思维技巧而受到他人尊重，最重要（“不能失误”）的评估任务往往被指派给他们。这些人往往抵制引入正式的结构化分析方法。对于采用结构化分析方法，有些情报分析人员要么认为毫无必要，要么认为是纯属添乱。管理者还会抬出前总统里根制定的“相信但需要验证”（Trust but Verify）标准，来柔化这种抗拒。针对无人持有异议的判断和可信度，情报分析专家可以把结构化分析方法用作自保方法，其中包括“事前分析法”（Pre-Mortem Analysis）和“A队/B队法”（Team A-B Analysis），后者在分析人员意见不一时使用。

我相信，将大量专业知识、批判性思维与结构化分析方法三者的精华融合，可以为预防分析缺陷提供一个最佳保障。《情报分析案例》和本书是帮助情报分析人员迈向这一目标的必备工具。

杰克·戴维斯（Jack Davis）

中央情报局情报分析先驱

引　言

有一则关于一位旅行者的早年轶事，这个旅行者在街上拦住一个纽约人问道："您是如何到达卡内基大厅的？"纽约人回答说："练习、练习、再练习。"这则轶事中的幽默突出强调了一个重要事实，即在卡内基大厅演奏的大音乐家们都具有很高的天分，但如果不经过大量练习，他们就无法进入该大厅。

真正了不起的情报分析人员也有很高的天赋。无论是在政府机构、学术界，还是在企业中，情报分析人员通常是一些充满好奇心、喜欢发问的难题解决者，他们对其主题领域有着深厚的专业知识。毫无疑问，他们喜欢答案正确无误，事实上他们经常如此。然而，伊拉克大规模杀伤性武器委员会的报告却表明，情报分析人员也可能出错。分析失误，往往要归因于一系列认知因素，例如记忆错误、错觉以及众多偏见等，这些是人类难以逃避的东西。有时，其后果不太明显，但其他时候，其后果则会带来灾难。结构化分析赋予了情报分析人员诸多分析技巧，供其知道何时、如何以最佳方式应用它们，以减轻以上认知挑战的影响，使其可能避免失误。设计《情报分析案例》和本书旨在让分析人员利用结构化分析方法进行练习。

利用书中所探讨的方法来改善人们的认知过程，可能具有挑战性，却也能让人从中获益。方法本身并不那么复杂，但它们却可以促使我们从直觉的、舒适的但并不总是可靠的思维过程中走出来，让我们以不同方式和角度进行思考，想出新主意、思考替代结果、寻找并克服工作中的疑难问题，更加有效地展开协作。

这个过程就像是给大脑实施保健计划一样。开始时，你燃烧的能量较少，但随着时光推移和不断重复，你的体质增强，你可以看到自己取得的巨大进步。就像成为优秀的运动员一样，要成为优秀的思考者，也需要练习。我们向你提出挑战，让你来感受这一过程。

目标读者

《情报分析案例》和本书的目标读者是那些愿意探索新方法，进行更加深刻和彻底思考的任何人士。其主要目的是帮助高等学校中积极进取的分析人员及情报界的专业人士，学习一些分析方法能使他们在职业生涯中更为出色。对于想方设法锤炼其分析技巧，甚或学习新技巧的情报老兵，这两本书同样也是佳作。其目标读者，还包括那些希望练习和改进其协作技巧，以便在真实情况出现时，能够准备充分、团结起来应对挑战的分析团队。

内容与设计

案例研究可以提供一个利用当代现实问题练习分析方法的机会，这是我们选择案例研究模式的原因。事实证明，这种模式也是许多学科行之有效的教学方法。我们选择的主题在时间上相对较近——通常是上一个十年内的主题。同时，这些主题涵盖较为合适且鲜为人知的各色问题。在各个案例中，我们都努力对事件进行准确描述，使其既引人入胜，又在史实上准确无误。但为了便于学习，我们对案例内容进行了剪裁，使其聚焦于关键的学习目标。例如，我们在案例收尾时并不给出全部结果。有几个类似“谁谋杀了乔纳森·卢纳？”的案例，并无已知结果。但无论结果已知与否，我们都督促学生根据自己在分析过程中得到的分数来评判自己的成绩。就像数学一样，仅仅算出一个数值或“正确”结果还不够，我们需要向人们展示我们的工作内容。这些案例的价值在于这个过程本身，在于学习如何在面对真正的分析挑战时复制该流程。

《情报分析案例》一书包括 17 个案例及分析练习内容，它们可以帮助分析人员做好准备，处理其日常遭遇的真实问题和现实情况。整体来看，这 17 个案例贯穿了许多问题，例如怎样识别思维定式（mindset）、减少偏见、质疑假设、进行开放性和创造性的思考、确立和检验多种假设、创立合理情景、辨识指标变化、验证这些指标、搭建决策流程框架，以及查找和排除分析判断中的疑难问题等。以上各点均强化了批判性思维的主要元素，而这些元素则在促使分析成功的过程中扮演重要角色。单独来讲，每章都采用一致的组织形式——一个无懈可击的分析流程，其中包括对案例中关键问题的说明、引人入胜且图文并茂的案例叙述，以及精心选择的推荐读物。每个案例还包括基于问题的分析练习，推动学生使用结构化分析方法，解释说明利用这些方法所产生的增加的价值（value added，后文简称增值）。

实操版用书

身为指导者，我们知道给学员提供真正包罗万象的教参资料有多么重要。本书及配套用书《情报分析案例》中的图表，均可以 JPEG 格式和 PowerPoint 幻灯片形式免费获得（此处是指英文版资料）。我们已经在课堂上对每个案例的研究进行了检验，并将从中学到的东西纳入本书，同时更好地预估教师们的教学需要。正如案例本身一样，本书在所有案例中采用了统一的组织形式——文中先将案例和分析挑战列出，然后针对每项练习给出循序渐进的解决方案，并提供详细的结论和重要收获，以增强课堂讨论的效果。

致 谢

我们要感谢弗兰纳里·贝克尔、雷·康弗斯、克劳蒂亚·佩纳·克罗斯兰德、玛丽·奥沙利文、詹姆斯·斯坦纳和罗伊·沙利文为本书做出了重要贡献。对于帮助审查、检验和改进本书案例的其他许多人员，我们也都心怀感激之情。他（她）们包括尼迦·阿贾伊、托德·巴卡斯托、米尔顿·比尔登、乔治·毕比、马克·T. 克拉克、埃里克·达尔、杰克·戴维斯、马修·戴恩、约翰·埃文斯、罗杰·乔治、约瑟夫·戈登、托马斯·格雷厄姆、小理查兹·J. 霍伊尔、乔治娅·霍尔默、达丽尔·约翰逊、劳拉·伦茨、奥斯汀·郎、弗兰克·马西、理查德·迈尔斯、格雷戈瑞·穆尔、珀莉·纳亚克、鲁道夫·佩里纳、玛丽莲·彼得森、凯茜·弗森、理查德·弗森、马克·波亚克、利比·萨斯、玛丽莲·斯科特、雷蒙德·桑塔格、利亚·塔贝尔、格雷格·特雷弗顿、马克·沃伯顿和菲尔·威廉斯，以及詹姆斯·麦迪逊大学、梅西赫斯特学院、密西西比大学、宾夕法尼亚大学和匹兹堡大学的学生。

免责声明

本书中对事实、观点或分析内容的所有陈述均出自本书作者，并不反映国家情报总监办公室（Office of the Director of National Intelligence, ODNI）、中央情报局或任何其他美国政府机构的官方立场。书中的任何内容，不应理解为美国政府承认所需要信息的真实性，也不意味着美国政府认同作者观点。美国国家情报总监办公室、联邦调查局和中央情报局对本资料所做的审查，只在于防止保密材料泄露。

作者简介

萨拉 · 毕比（Sarah Miller Beebe）

曾任中央情报局情报分析人员和管理人员，这期间萨拉 · 毕比开始思考撰写一本分析案例方面的书籍。毕比拥有丰富的情报经验，在国家安全委员会工作期间担任俄罗斯主管，以及在美国国家反情报执行办公室（Office of the National Counterintelligence Executive）担任国家反情报官。上述经历使其深刻认识到情报分析需要采用严格有效的方法。她逐渐意识到，这些案例不仅可以围绕历史事件讲授重要的分析课程，也可以让分析人员通过使用基于问题的思考方法获得体验，以提高其分析质量，而这种思考方法则需要以实用技巧为基石。现在，身为优势分析公司（Ascendant Analytics）的所有者，她帮助多个组织应用这些方法，解决其具体的分析难题。

伦道夫 · 弗森（Randolph H. Pherson）

率先在情报界展开了分析方法和批判性思维技巧的教学和开发工作。他是《分析工具与方法手册》（*Handbook of Analytic Tools and Techniques*）的作者，也是《情报分析：结构化分析方法》（*Structured Analytic Techniques for Intelligence Analysis*）[1] 的合著者（另一作者是小理

[1] 编注：其中文版已由金城出版社于 2018 年 8 月出版。

查兹 · 霍耶尔 [Richards J. Heuer Jr.]）。还与凯瑟琳 · 弗森（Katherine Hibbs Pherson）合著了《战略情报的批判性思维》（*Critical Thinking for Strategic Intelligence*）[1]，与路易斯·凯塞尔（Louis M. Kaiser）合著了《分析写作指南》（*Analytic Writing Guide*）。他在中央情报局任职 28 年之久，离开该局前的最后一个职务是负责拉丁美洲事务的美国国家情报官。在此期间，他一直是采用更为严谨的分析流程的狂热支持者。自 2003 年担任弗森联合有限责任公司（Pherson Associates, LLC）总裁以来，他一直大力倡导在情报分析教学中采用基于案例的方法。

毕比和弗森携手开发和试验了新分析工具和方法，推出了互动式情报分析方法课程，并推动情报分析项目的实施。在担任分析教练员、引导者和指导员的工作中，他们二人发现案例分析是一种极具价值的教学工具。本案例研究著作的第二版，是他们合作取得的最近成果。他们希望《情报分析案例》和本书能够帮助各类分析人员提高其工作质量、扩大工作影响。

[1] 编注：其中文版已由金城出版社于 2016 年 4 月出版。

前 言

在过去的 20 年里，一场运动一直在悄无声息地进行着，积蓄着改变情报分析实践方式的力量。而在此之前，分析人员普遍将分析技巧当作一项有点神秘色彩的活动来对待。在这项活动中，他们需要运用专家式判断和与生俱来的批判性思维技巧。尽管有些分析人员写出了论据充分的报告，但这种传统方法却容易让人遭遇数量众多的常见认知缺陷。这些缺陷包括未经验证的假定、证实偏见（confirmation bias）和根深蒂固的思维定式。这些思维定式则会加大出现错失信息和做出错误预测的可能。[1] 因为缺乏向他人描述上述无形心理历程的手段，所以往昔的情报分析教学充满困难，要对分析中起作用和不起作用的因素进行客观评价，也几乎不可实现。此外，这种传统方法往往让情报分析成为一台单人独角戏，而非一项集体活动。但传统的情报分析本质为直觉性的内在活动，分析人员构成的集体无法站在一个共同基础上来解决问题，而情报分析用户则难以了解结论何以得出。如果没有能够使分析过程透明化的系统性分析方法，那些需

[1] 原注：参见 Rob Johnston, *Analytic Culture in the U.S. Intelligence Community: An Ethnographic Study* (Washington, DC: Center for the Study of Intelligence, Central Intelligence Agency, 2005), http://www.fas.org/irp/cia/product/analytic, pdf, 22–23。“往往会发生这样的事情，即分析人员会寻找当前资料，以确认某一组织的当前观点或似乎是最可能正确的观点，其结果就是该观点最容易用于支持……这种寻找确认性资料的倾向不一定是有意识的选择，而是在接受了一套现有假设，根据团体往昔产品形成一种心理模型后，试图利用当前资料放大该模型以支持现有假设的结果。”

要许多学科知识和多个地理区域协同解决的问题，就特别容易以失败告终。

人们越来越意识到情报分析结果令人不如意的情况出现得太过频繁，于是有了进行变革的愿望。20 世纪 80 年代和 90 年代，中央情报局情报分局副局长（Deputy Directors of Intelligence，情报分局负责人）罗伯特 · 盖茨和道格拉斯 · 麦凯岑做了大量工作，在情报界内部唤起了这种意识。他们抨击其视为“软弱无力”的思考方式，坚持认为中情局的分析人员应该采用更为严格、系统的方式来使用证据和论据。为了解决以上问题，盖茨专注于提高分析审查的质量，而麦凯岑则创立了一套针对情报分析技巧的标准化团体规程，并将其传播和教授给中情局分析人员。[1] 情报界未能预测到印度 1998 年的核试验、2001 年 9 月 11 日美国突然遭遇的恐怖袭击，以及错误判断伊拉克拥有大规模杀伤性武器，有关部门对这些事件的调查让更多公众感觉到必须改进情报分析。

但是，单纯意识到需要做出分析改进并不足以带来有效改变。人们还需要理解分析问题的确切本质，并对如何解决这些问题胸有成竹。长期在中情局任职的老将小理查兹 · 霍耶尔，通过其开创性著作《情报分析心理学》（*Psychology of Intelligence Analysis*），为新分析方法提供了理论基础。[2] 在该书中，霍耶尔引用了主导认知心理学家的观点，解释了人类大脑为何要确立各种思维模型（mental model），处理其与生俱来的不确定性；也解释了人脑在感知与其信念吻合的信息时，为何其强烈程度往往要超过其感知矛盾性信息资料，而同时又对作为其判断基础的关键假定丝毫不知。霍耶尔认为，分析人员通过多采用能够质疑假定、使信息结构化和

---

[1] 原注：参见 Jack Davis, “Introduction: Improving Intelligence Analysis at CIA; Dick Heuer’s Contribution to Intelligence Analysis,” in *Psychology of Intelligence Analysis*, ed.Richards J. Heuer Jr. (Washington, DC: Center for the Study of Intelligence, Central Intelligence Agency, 1999, and reprinted in 2007 by Pherson Associates, LLC, Reston,VA, http://www.pherson.org), https://www.cia.gov/library/center-for-the-study-of-intelligence/csi-publications/books-and-monographs/psychology-of-intelligence-analysis/PsychofIntelNew.pdf, xv–xix。

[2] 原注：Heuer, ed., *Psychology of Intelligence Analysis*. 其中文版已由金城出版社于 2015 年 4 月出版。

寻找替代解释的工具和方法，可以很好地解决以上问题。从此以后，上述方法就被统称为结构化分析方法，或 SATs。他发明了最早的分析方法之一——竞争性假设分析法（Analysis of Competing Hypotheses），可以用来解决情报分析中的欺骗问题。目前，整个情报界也在利用这种方法解决为数众多的其他分析问题，帮助人们抑制天生的证实偏见倾向。[1]

在了解和解决常见认知缺陷和分析病理方面，霍耶尔进行了开拓性工作。自此以后，人们开发了众多结构化分析工具，确定了其潜在的使用方法，取得了可观进步。2011 年，霍耶尔与本书作者之一伦道夫 · 弗森联手，发表了迄今为止有关这一主题综合性最强的著作《情报分析：结构化分析方法》。[2] 该书描述了结构化分析方法与其他分析方法的比较结果，其中包括专家的判断和定量方法，提出了 8 类结构化分析方法，同时详细描述了 55 种分析方法。通过深入探讨如何在协作性团队项目中使用各种分析方法，并展望如何将其成功融入情报界、执法界和商界的分析领域，霍耶尔和弗森向所有专业分析人员提出了挑战，推动其利用上述方法，获得更加严谨、信息量更加丰富的分析成果。

为什么《情报分析案例》和本书选择案例形式？

霍耶尔和弗森出版的著作，让分析人员熟悉了可供使用的结构化分析方法及其目标，但在为其提供实用性练习以掌握这些方法方面，二人所做的工作却少之又少。撰写《情报分析案例》一书的目的就是要填补这一空白。因此，最好将其视为《情报分析心理学》和《情报分析：结构化分析

[1] 原注：Richards J. Heuer Jr., "The Evolution of Structured Analytic Techniques," presentation to the National Academy of Science, National Research Council Committee on Behavioral and Social Science Research to Improve Intelligence Analysis for National Security, Washington, DC, December 8, 2009, http://www7.nationalacademies. org/bbcss/ DNI_ Heuer_Text.pdf.

[2] 原注：Richards J. Heuer Jr. and Randolph H. Pherson, *Structured Analytic Techniques for Intelligence Analysis*, 2nd ed. (Washington, DC:CQ Press, 2015).

方法》的姊妹篇。书中所选案例生动，都是新近产生的问题，外加增值分析练习，旨在将理论与实践联系起来，将情报分析引入现实生活。上述书籍推动读者设身处地把自己当成分析人员，应对切实而困难的挑战。读者会遇到在实际分析问题时出现的各种复杂性、不确定性和模糊性的情况。在有些案例中，也会遭遇决策悬而不决的压力。

我们选择采用案例研究的形式出于几个原因。首先，事实证明上述方法是众多学科的有效教学工具，能够促进互动式学习，将教学活动从以教师为中心转变为以学生为中心，同时还常常能够激发起学生对以往陌生问题的兴趣。[1] 采用案例研究的形式还可以让学生以个人或团体人员的身份分析问题，培养其对独立和协同分析中所用各种方法优缺点的洞察力。虽然书中采用了 17 个案例，说明结构化分析方法如何有助于分析过程，但它们也可用于激发对当前问题的广泛讨论，比如外交政策的决策、国际关系、执法、国土安全等问题，以及书中涉及的许多其他主题。正是通过以上类型的实际练习和讨论，分析人员才能学会将问题置于具体背景下，构建明确有效的分析框架并在实践中加以应用。

《情报分析案例》一书中的案例涵盖了最近发生的事件，及来自世界各地的各种职能性及地区性议题。虽然为了便于学习，我们对案例进行了剪裁，以便展示如何在充满真实事件的多变而严酷的世界中和决策过程中利用结构化分析方法，但我们还是努力对事件进行了令人信服、符合历史事实的描绘。为了防止学生将分析"视为游戏"，我们在许多案例结尾处没有给出完整的结果。而有几个案例，例如"谁谋杀了乔纳森·卢纳？"，并无已知结果。但不管是否知晓结果，进行练习的目的不仅仅是为了获得本书中的"正确"判断或预测结果，或者通过分析反映出实际结果。正如数学练习一样，算出了正确数值或结果并不能证明掌握了该数学公式，而

[1] 原注：参见 Richard Grant, "A Claim for the Case Method in the Teaching of Geography," *Journal of Geography in Higher Education* 21, no. 2 (1997): 171–85; and P. K. Raju and Chetan S. Sankar, "Teaching Real-World Issues through Case Studies," *Journal of Engineering Education* 88, no. 4 (1999):501–508。

只有表明用该数学公式算出了正确数值，才能证明真正掌握了这一公式。书中案例的价值在于学习分析过程本身，以及学习如何将其用于解决实际问题。

案例顺序与组织结构

案例安排的顺序，大致反映了分析人员在承担新上司或新客户交付的职责时所面临的按照层级结构排列出来的问题。典型的情况是，在开始一项新任务时，通常要求分析人员熟悉以往有关该主题的分析报告和判断结论。如果这项工作做得好，在这一过程中，可以发现原先的思维定式和得不到支持的假设。书中的第一批案例——“谁向卡琳娜·莫斯卡琳科投毒？”“炭疽菌杀手”“网络 H_2O”“围绕马蒂电台的美国与古巴之争”“核机密泄露案”“通往塔宁科瓦之路”和“谁谋杀了乔纳森·卢纳？”，设计用来教授结构化分析方法，挑战传统的思维定式，对事件做出替代解释。

随着分析人员对其所负责问题的日益熟悉，他们常常遭遇问题出现新动态的情形，而对于这些新动态并无现成的分析方法可用。在这种情况下，分析人员就需要使用设定并检验新假设的方法，需要使用能够以发人深思和创造性的方式将信息资料可视化的方法。“贝·布托遇刺”“美国西南部居民死亡”“亚特兰大奥运会爆炸案”和“华盛顿特区恐怖主义狙击手”的设计就是基于上述目标。

最后，在分析人员掌握了学习科目后，要求他们处理问题集——其难度可能为最高的分析挑战：了解外国对手的看法和计划，并预测难以确定的未来事态发展情形，而这些情形取决于各种动态的驱动因素。在“哥伦比亚革命武装力量袭击美国本土”“解读‘11 月 7 日革命组织’”和“保卫孟买免遭恐怖袭击”等案例中，学生自身站在对手的立场上，推导出一系列未来的合理结果。而在“伊朗干涉巴林事务”和“乌克兰橙色革命的影响”中，学生不仅要设计各种情景，而且要积极思考外部力量能够如何影响未来结果。“贝尔格莱德爆发暴力事件”则通过安排学生充当直接的决策支持角色来展开案例，学生在其中不仅必须对推动事件发展的各种力量和因素进行评估，还要确立一个决策框架，找出并排除其分析中的疑难问题。

在《情报分析案例》一书每个案例研究中，我们都采用了一致的内部组织结构，以便在整个分析过程中引导学生。每个案例研究均以列举几个首要的**关键问题**开篇。这些问题设计用作一般的阅读指南，并作为小组讨论的问题。关键问题和内容提要之后是**案例叙述**，由其讲出案例中的故事。随后是**推荐读物**部分。最后则是**结构化分析方法的应用**，提出焦点性情报问题和练习题，引导学生应用数个结构化分析方法，并对在结构化分析方法帮助下所做分析带来的增值进行自我鉴定。教师可以通过本书获得问题答案。该书通过上下文给出案例学习要点，详细解释学生如何才能成功使用分析方法，提供案例结论和教学中可能用到的推荐阅读书目。

分析方法的选择

在各案例中，分析方法与分析任务相互匹配。例如，在案例“谁向卡琳娜·莫斯卡琳科投毒？”中，有许多没有答案的问题，所以需要用星爆法来激发发散性和富有想象力的思维。在案例“贝尔格莱德爆发暴力事件”中，“力场分析法”帮助分析人员判断发生更多暴力事件的可能情景，而形成有关美国采取何种行动保护大使馆的决策，将受到这一分析判断的影响。每个案例至少包含三项由方法推动问题解决的练习。每项练习都以讨论分析人员如何利用该方法处理练习中提出的那类问题开始。由于篇幅有限，我们无法囊括可能适用于各个案例的所有方法。我们选择了我们认为最突出、最具说明性的方法。例如，接近三分之二的案例或明或暗地使用了“关键假定检查法”或“结构化头脑风暴”，这些核心方法能方便地用于所有案例。总之，我们努力在全书中容纳代表八大类方法的众多结构化方法。为引导读者阅读，我们还在“序言”之前加入了一张辅助性“方法矩阵”表，表中详细列出了以上案例的内容和各案例使用的全部方法。

如何以最佳方式利用书中案例推动学习？

无论是学生单独学习，还是分成小组学习，只有当师生们都把书中案例看成检验和实践新思考方式的机会时，案例学习才能取得最佳效果。而这些新思考方式则可以帮助师生们打破构成众多分析失误内核的认知偏见和思维定式。从这一角度看，这些技巧就是分析人员利用严谨分析方法的一种手段，而其本身并非目的。我们的目标是为分析人员提供一种有趣而高效的方法，以磨砺其认知技能。我们希望这一目的已经达到。对于书中案例和方法的反馈意见，以及有关对其细化和进一步挖掘的建议，我们持欢迎态度。

[第一章]

谁向卡琳娜·莫斯卡琳科投毒?

内容提要

2008年秋，俄罗斯著名人权律师卡琳娜·莫斯卡琳科（Karinna Moskalenko）遭遇投毒的事件引起全世界媒体的关注。关于俄罗斯政府对其国内外批评者实施投毒和暗杀活动的指控日益增多，而这一事件被人们视为又一新增案例。（具体“案例叙述”见《情报分析案例：结构化分析方法的应用》，后同）本案例采用**事前分析法（Premortem Analysis）**、**结构化自我批判法（Structured Self-Critique）**和**星爆法（Starbursting）**来帮助分析人员审查这一情节紧凑故事中的事实，提出一系列确凿问题，指导其对该案例进行细致入微的分析。

表1.1　案例快照：谁向卡琳娜·莫斯卡琳科投毒？

所用结构化分析方法	《情报分析：结构化分析方法》中所在章节	分析类别
事前分析法	第九章	质疑分析
结构化自我批判法	第九章	质疑分析
星爆法	第五章	观点生成

一、方法1、2：事前分析法与结构化自我批判法

本案例发生于 2008 年，案例叙述提供了分析人员思考该事件时需面对的近似信息环境。为了使分析严密无懈，学生必须自觉地跳出由本案例报道内容和已知历史记录构建的思维框架。进行本项练习的目的是推动学生挑战当时占支配地位的既有思维定式，质疑媒体报道给出的信息。

关于卡琳娜 · 莫斯卡琳科的案例研究，详细列出了多个快速发展事件所构成的挑战，这些事件不时被异常证据、根深蒂固的思维定式、误导性报道及潜意识持有的偏见所打断。学生开始案例分析时，公共舆论法庭已经人声鼎沸。甚至在莫斯科指出卡琳娜 · 莫斯卡琳科遭到投毒的事件“可能……只是一件不幸的意外事件”，并随后又加以否定时，西方媒体仍在指责莫斯科。[1]

任务 1：对本案例研究中的支配性观点——“在人们指称的俄罗斯袭击克里姆林宫批评者的系列事件中，卡琳娜 · 莫斯卡琳科是离我们时间最近的受害者”，展开事前分析和结构化自我批判[2]。

步骤 1：想象一下，在你公布了包含该支配性观点的分析结果一段时间后，你突然从一个无可怀疑的资料来源处得知该判断有误，然后想象导致分析错误的可能原因。

事前分析法的前两个步骤是由右脑主导的创造性头脑

[1] 原注：“More Poison: Another Prominent Adversary of Vladimir Putin Is Mysteriously Exposed to Toxins [editorial],” *Washington Post*, October 22, 2008, Http: //www.washingtonpost.com/wp-dyn/content/ article/2008/10/21/AR2008102102342.html.

[2] 原注：本案例中扼要概括的步骤将事前分析法和结构化自我批判法流程结合了起来。对于需要分析人员思考自己可能出错方式的案例，这种结合极其有益。此类思考需要思路开阔，想象丰富，刨根问底。事前分析法能够充分发挥创造性头脑风暴过程蕴藏的潜力，结构化自我批判法则能够让人循序渐进地评价各个分析元素。霍耶尔和弗森在《情报分析：结构化分析方法》第二版（Washington, DC: CQ Press, 2015）中提出了一系列结构化自我批判问题，数量较多，我们在本案例中对其进行了精简，以期能够对学生的学习过程提供帮助。

风暴步骤。在这一分析过程中，需要分析人员想象出一个由事实证明其错误，并重新回头进行分析以尝试找出错误原因的未来前景。本质上，这种做法旨在找出其分析的薄弱环节，在公布分析结果前避免出现上述潜在缺陷（potential pitfalls）。大多数分析人员是使用左脑多于右脑者，这种情况常常会让诸如头脑风暴之类的想象方法面临挑战。但将头脑风暴方法与包含事前分析法第二部分内容的系统性左脑式检查清单搭配时，头脑风暴有时会成为查出致命分析缺陷的第一步。在进行头脑风暴时，鼓励学生将其创造性发挥到极致，让所有观点都登台亮相，这一点很重要。

在本案例中，头脑风暴会议可能会推动学生思考下述内容：

★ 新证据公布于世，表明是其他人而非俄国人系投毒事件的幕后真凶（例如，其丈夫、子女、某个熟人、日常工作中的同事，或认错了人）。

★ 毒理学报告系伪造，莫斯卡琳科并未患病。

★ 水银系被人意外置于车内（例如，其子女、该车前所有者或他人等）。

步骤 2： 利用头脑风暴方法，确定该投毒事件可能如何发生的替代假设，持续跟踪以上假设。

在本案例中，学生可能会找出该案件的若干替代凶手，可能包括下述人员：

★ 卡琳娜·莫斯卡琳科的丈夫；

★ 莫斯卡琳科本人，在其丈夫帮助下（或没有得到其帮助的情况下），自导自演了投毒事件，意在逼迫俄罗斯政府进入守势；

★ 一位满心嫉妒的同事；

★ 与其法律工作毫无关系的一位熟人；

★ 与以往某起案件或某起未判决案件有关的某人；

★ 一起意外事件或偶然事件。

替代假设不应包括与案例中事实相悖的情景。教师可以告知学生，车中出现水银和莫斯卡琳科及其家人确实遭受水银中毒之苦，可以视为准确无误的事实，以方便本案例的研究。其结果是，认为莫斯卡琳科家人中毒事件是恶作剧的所有假设，或水银并不存在的假设，均遭到抛弃。

步骤 3： 找出支持共同观点的关键假定。其中有无未经证实者？对有些假定是否需要给出警示？如果有些假定无效，会对分析产生多大的影响？

本步骤最重要的一点是，它能够就有关该假定对分析人员针对该主流判断本身可信度的影响，引发一场讨论。

在本案例中，采用此种方式解释假定时，关键假定缺乏证据支持的事实即清楚无误。缺乏证据支持，表明分析人员应当寻找更多信息，思考替代解释，并针对该主流判断提出警告或修改该判断。

表 1.3 为部分关键假定及概念性评估内容。

表1.3　莫斯卡琳科案例的关键假定

关键假定	评估
莫斯卡琳科因为从事人权律师的工作而成为俄罗斯政府的目标。	缺乏支持依据。没有证据证明俄罗斯政府将其视为目标。
因为俄罗斯政府人员以往曾蓄意向其敌人投毒，所以他们是凶手。	缺乏支持依据。此推论不合理，没有证据表明俄罗斯政府人员牵涉其中。
此次投毒是有人蓄意所为。	缺乏支持依据。没有证据证明有人持有这一意图，存在其他可能的解释。

步骤 4： 审查构成论据基础的关键证据。分析其是建立在某条关键信息的基础之上，还是建立在报告的某点内容基础之上？若以上任何证据或报告来源有误，它们会对分析产生多大的影响？

莫斯卡琳科案例缺乏确凿证据，学生应当注意到这一不足之处，同时还应注意到一个事实——案例的直接证据基于两个主要来源：法国警察与卡琳娜·莫斯卡琳科向媒体发表的评论。其他“证据”实际上是历史信息、莫斯卡琳科朋友及同事们的猜测，及基于推理得出的结论。

步骤 5： 是否有任何矛盾或异常信息？是否忽略了任何与首要假设不符的信息？

本案例中“确凿证据”的关键部分是莫斯卡琳科汽车内发现的水银，以及证实其身受水银中毒之苦的新闻报道。如果以更加严谨的态度加以审视，即使是上述证据也有异常之处。其他信息，诸如新闻标题的差异及报道的实际内容，也充满矛盾。表 1.4 为一些概念性分析。

表1.4　莫斯卡琳科案例：证据评估

证据	评估
汽车里发现的水银	异常。据称俄罗斯政府以往使用高度有效的技巧，这次为何使用水银？以此种方式使用水银效果不佳，这需要具备特定条件和一定时间方可使人中毒。
莫斯卡琳科患病	异常。如果俄罗斯政府企图阻止莫斯卡琳科参加该次庭审，使用让其患病的手段则是低效的恐吓策略。也就是说，她必须在恰当无误的时间得病，且知道如何和为何得病，这样才能阻止其出行。她周二患病，并在其丈夫发现水银两天后报了警。
新闻标题与事实	矛盾。新闻标题说中毒“击倒”了莫斯卡琳科，但所引用的法国警方的说辞却是“对中毒的说法持谨慎态度”。

步骤 6： 是否有欺骗可能？是否有人有动机、时机和手段来欺骗你？

在本案例中，缺乏俄罗斯政府刻意进行欺骗的证据。但莫斯卡琳科对媒体的声明及媒体有关俄罗斯政府系投毒者的各种分析，很容易误导分析人员。因为无人故意试图散播更多虚假烟幕，所以从技术方面来讲并不存在欺骗。尽管如此，对欺骗问题进行探究仍然有益，原因是这样做可以引发一场讨论——人们应该相信媒体的报道，还是相信莫斯卡琳科的公开说法？在本案例中，经莫斯卡琳科本人推波助澜而得出的判断——"俄罗斯政府最有可能是幕后黑手"，是一个关键且缺乏支持依据的假定。假冒为事实的假定能够强化人们事先已有的思维定式，并导致与案例相关的其他信息偏离正确轨道。在对俄罗斯政府牵涉其中的指控背后，莫斯卡琳科及记者们都可能有自己的动机，但这些动机均与是否有独立证据证实其指控的问题无关。

步骤 7： 是否有证据缺失？该缺失是否会影响关键判断？（见表 1.5）

表1.5　莫斯卡琳科案例：证据缺失评估

证据缺失	评估
缺少能够将俄罗斯政府与该犯罪行为联系在一起的物证。	可能有另一作案者或另一可能假设（如俄罗斯政府以外的人员、意外中毒、自己实施的投毒、与本案例或莫斯卡琳科工作无关的熟人等）。
除莫斯卡琳科的声明、车中发现的水银及实验室报告确认莫斯卡琳科水银中毒外，缺少其他信息来源。	信息的缺失提示我们需要获得更多信息，最起码也会影响我们评估的可信度。这些评估等待着更多确定信息。我们应当提出搜集要求，指出我们分析中存在上述信息空白。

步骤 8： 你是否考虑过常见分析缺陷的存在，诸如分析定式（Analytic Mindsets）、证实偏见（Confirmation Bias）、"满意即可"（Satisficing）、结论过早（Premature Closure）、锚定思维（Anchoring）及历史类比（Historical Analogy）等？（见表 1.2）

步骤 9： 概括上述调查主题得出的答案，按照其对分析产生潜在影响的顺序，列出论据中的潜在不足。

分析人员应当认识到，本案例事前分析法中的大多数元素存在多个潜在不足之处，包括以下各项：

- ✶ 缺乏支持依据的假定；
- ✶ 证据缺失；
- ✶ 矛盾信息；
- ✶ 存在分析缺陷。

分析所得增值：分析完成后，你是要保留主流判断、对其增加一条警示，还是取消该判断？原因何在？由于媒体和莫斯卡琳科本人的声明没有支持依据，且存在分析缺陷使判断偏离正确轨道的可能，因此学生应当大力尝试推翻“俄罗斯政府向莫斯卡琳科投毒”的主流判断，他们应援引其信息库中的空白及其他潜在的合理替代假设。需要更多有关莫斯卡琳科的家庭情况、婚姻关系史、水银如何被置于车中，以及除俄罗斯政府外的其他潜在敌手的信息。

表1.2　常见分析缺陷

缺陷	定义
分析定式	一种固定观点或态度，忽视与其不一致的新数据。
锚定思维	决策时过度依赖某一特点或信息的倾向。
证实偏见	偏好能够证实某种先入之见或假设的信息，对其是否属实则置之不理。
历史类比	利用以往事件为模型，解释当前事件或预测未来趋势。
镜像思维	假定被分析对象会像分析人员一样行事。
结论过早	根据初步及不完整信息过快得出结论。
满意即可	做出满足与某一问题所有利益相关者要求的快速回应。

任务 2：改写案例的首要判断，以反映你根据事前分析结果做出的所有改动。学生应当用于修订判断的重要元素包括以下各项：

- ✶ 虽然莫斯科以其敌手为目标的历史悠久，但此时并不清楚俄罗斯政府是否卷入本案例。

★ 我们缺乏直接证据，可以将俄罗斯政府与该投毒事件联系在一起，或证明该事件为蓄意投毒。
★ 如果此次事件为蓄意投毒，则可能的嫌疑方众多，其中包括俄罗斯政府、同行，甚至是家庭成员。
★ 最后，难以排除将此次投毒事件归因于意外的假设。

二、方法3：星爆法

利用星爆法展开头脑风暴，围绕一个主题列出一份经得起推敲的问题清单，能够帮助分析人员从多个不同角度探究同一问题。因为事先早就有一种牢固的思维定式及对该次断言为投毒事件的原因与犯罪者基本没有异议的评判，所以这一方法极其有用。

此外，绘制星爆图的过程也促使分析人员围绕该星图采用图表形式排列问题，而非简单地列出问题。这样做可以为分析人员提供一张空白画布，让其写出尽可能多的问题。其结果是，激发分析人员对该星图各角的问题进行讨论，使其更加难以放弃或忽略一个或多个角度。

任务3：采用星爆法分析案例“谁向卡琳娜·莫斯卡琳科投毒？”。

步骤1：利用图1.3中的星爆法模板或绘制一个六角星，在六角星的各角分别写上以下各词之一：何人？何事？如何？何时？何地？何故？

图1.3 星爆法模板

步骤 2：开始头脑风暴会议，每次均使用上述一个词语，就该主题提出问题。在确定问题的过程中，不要试图做出回答，只把精力集中在提出尽可能多的问题上。学生应当能够针对六角星上的各角提出至少 2 到 4 个问题，如概念性示意图 1.4 所示。

图 1.4　用星爆法分析莫斯卡琳科案例

步骤 3：利用上述各词语作为开始语提出问题后，小组应根据所要回答问题的重要性进行排序，或者将这些问题按照逻辑加以分类。

学生可以根据所提出的具体问题，选择一个已知因素为基础（如支持证据）对问题进行分类。例如，他们可以提出三组问题：第一组为有证据支持其答案的问题，第二组是只有间接证据或假定支持的问题，第三组是根本没有证据支持的问题。学生也可以选择依据“已知的未知因素”或其寻求填补的信息空白，按照优先顺序排列上述问题。

分析所得增值：根据你的分析结果，判断哪些问题或类别需要进一步调查？分析人员可以将其评估聚焦于信息最少的问题或有替代解释的问题。在案例中，这些问题可能包括：

★ 除俄罗斯政府以外，何人可能有兴趣对莫斯卡琳科投毒？

★ 水银可能来自其他何处？

★ 水银可能何时被置于车内？

★ 发现水银与开始出现症状两者之间为何有时间差？

这一过程会凸显一个总体性问题：没有直接证据，回答通过星爆法提出的多个关键问题，如“何人？何处？何时？为何？”。这种情况应促使分析人员重新评估其对“俄罗斯政府因莫斯卡琳科从事人权律师工作而对其投毒”这一总体性评估结论的信心度。

三、结论

2008 年 10 月 22 日，就在新闻媒体报道莫斯卡琳科及其丈夫在汽车内发现水银 8 天后，媒体又报道说，卡琳娜 · 莫斯卡琳科此次遭受毒害纯属意外。[1]《纽约时报》报道说，“法国调查人员得出结论，在著名俄罗斯人权律师车内发现的水银，系其购买该车前从一个温度计中意外溢出”。[2] 该案件助理检察官称，车内的那些水银无毒，莫斯卡琳科血液里的水银量也“无关

[1] 原注：Cyrille Louis, “L’avocate de Politkovskaïa n’aurait pas été empoisonnée [Attorney for Politkovskaya was not poisoned],” Le Figaro (France), October 22, 2008, Http: //www.lefigaro.fr/actualite-france/2008/10/22/01016–20081022ARTFIG00605-l-avocate-de-politkovskaia-n-aurait-pas-ete-empoisonnee-.php.

[2] 原注：Alan Cowell, “France: Mercury in Lawyer’s Car Is Ruled Accidental,” *New York Times*, October 27, 2008, Http: //www.nytimes.com/2008/10/28/world/europe/28briefs-MERCURYINLAW_BRF.html.

紧要”。[1] 他补充说，水银必须通过摄取或注射的方式才能形成毒害。

四、重要收获

★ 即使正在发生的事情明白无误，也要避免仓促做出判断。在危机形势下，要不断询问自己为何某一判断可能有误，以此放慢分析思考的速度。

★ 确保分析路线建立在强固的证据基础之上，追踪关键空白，以避免出现灾难性的潜在分析缺陷。

★ 要始终对“满意即可”保持警觉，在压力之下要对流行观点做出确认，或需要快速完成分析时尤应如此。

[1] 原注：Mark Ames, “Editorial Malpractice,” *Nation*, December 10, 2008, Http: //www.thenationa.com/article/editorial-malpractice.

[第二章]

炭疽菌杀手

内容提要

2001 年 10 月 15 日，美国参议员汤姆·达施勒（Tom Daschle）办公室的一名实习生打开一封信，白色粉末状物质从里面泄出。傍晚时分，白色粉末被确认为致命的炭疽菌。在此后的几周内，在康涅狄格、佛罗里达、华盛顿特区、新泽西和纽约等州也出现了炭疽菌案件。这起事件牢牢吸引了国人的注意力：幕后袭击者可能是谁？事件传播范围可能有多大？在此案例中，利用**年表法（Chronologies）**可以勾勒出上述问题的框架，并理清这一堆凌乱数据的顺序；**时间轴线法（Timelines）**能够把关键事实和事件置入具体环境；**事前分析法**与**结构化自我批判法**则可以帮助阐释重要领域的情形，通过给出替代解释、提出质疑假定、识别偏见并严密审查事实基础，来做出进一步考量。

表2.1　案例快照：炭疽菌杀手

所用结构化分析方法	《情报分析：结构化分析方法》中所在章节	分析类别
年表法与时间轴线法 [1]	第四章	分解与可视化（Decomposition and Visualization）
事前分析法	第九章	质疑分析
结构化自我批判法	第九章	质疑分析

[1]　编注：Chronologies and Timelines，《情报分析：结构化分析方法》中译作“大事记表与时间表法”。

在以下练习中，学生站在联邦调查局分析人员的立场上做出分析。该分析人员必须解开炭疽菌杀手案例中各事件如何发展的谜团，将该信息以简洁有效的方式提供给高层决策者，并在宣布斯蒂芬·哈特费尔为联邦调查局的利害攸关人员前，找出“哈特费尔最可能是炭疽菌杀手”这一判断的问题所在并加以解决。

人们常常要求分析人员对政府工作组的调查提供支持。在提供支持的过程中，事件会快速发展，高层官员们会做出详细审查，同时信息量巨大无比，这些都可能让人难以应付。面对此类挑战时，年表法可以搭建出问题的框架，将杂乱无章的数据顺序理清，有助于分析人员识别形成案例的假定和空白。这种顺序的确定若与时间轴线法搭配使用，就可以把关键事实和事件置于相关的具体环境中，使分析人员个人容易追踪大量数据，使多人组成的工作组能够日夜保持对形势发展的共同了解。时间轴线法与年表法也可以成为量身定做产品或图表（如地图）的基础，有效提高高级官员的工作效率。事前分析法与结构化自我批判法则有助于分析人员质疑假定、识别偏见并密切审查证据基础，以避免仓促做出判断并说明有待进一步思考的重要领域。

一、方法1：年表法与时间轴线法

年表法是一种简单而有用的工具，能够帮助人们按照事件的先后顺序将其排列，以图表形式将信息展示出来，且能够找出可能的空白、异常现象及相互关系。这一方法能够让分析人员跳出庞杂的证据表象，站在更有利的战略位置审视信息资料。年表法可以将事件或行动按照其发生的顺序排列出来，时间轴线法则可以形象描述以上事件发生的时间，以及事件之间的时间点。年表法可以与时间轴线法和绘图软件搭配使用，生成多种地理空间产品，展示诸如时间、地点和多个并发事件的多层次信息。本案例的地理范围和众多细节，使年表法、时间轴线法和地图法成为理解案件在时间和空间上如何展开的极有用工具。

在本案例叙述（见《情报分析案例》一书）中，学生于 10 月 15 日接触到该案例，在时间上已经远远落在炭疽信函发送以后。通过创建年表，分析人员能够更加深刻地理解各相关事件或每条数据。时间轴线则可以说明构成本案例各个不同短暂时段的情形。以下练习的关键，是将疾病发作时间与信函本身关联起来。利用时间轴线，可以清楚地看到纽约、新泽西和佛罗里达等地的疾病发作时间在很大程度上重叠，与第一次信函邮寄的时间相符。而新泽西和华盛顿特区另外一批人的发病时间，则在第二次信函邮寄前后。再者，在人们与炭疽菌发生接触后，皮肤炭疽病的发病速度超过吸入性炭疽病，这也与疾病控制中心对其做出的临床描述相符。上述方法的应用，还彰显了根据信息自身日期而非根据取得信息日期或上报信息日期来排列数据的重要性。例如，炭疽发病病例的追踪就是根据发病日期或寻求治疗日期进行，而非根据媒体报道该病的日期。事实上，在其官方的美国炭疽袭击事件调查综述中，联邦调查局使用类似年表法阐明了这一要点，其中说道，“邮件攻击事件发生在两个不同场合，这一结论有证据支持”。[1]

任务 1：绘制一份炭疽袭击事件过程及其调查的年表。

步骤 1：根据案件发生日期和顺序，从案例叙述中找出相关信息。

步骤 2：审查年表，提出以下问题：

- 有关信件何时邮寄的问题，炭疽病症状出现的时间告诉了我什么信息？
- 除政府持有的四封信件外，是否可能还有其他信件？
- 我们还应该搜寻何种其他信息？
- 事件发生的时间点是否有异常？

任务 2：根据袭击事件受害人的地理位置，制作一份时间轴线表。

步骤 1：按照事件发生的日期和顺序，采用年表法找出与受害人有关的

[1] 原注：“Amerithrax Investigative Summary,” Department of Justice, February 19, 2010, www.justice.gov/amerithrax, 3.

信息，考虑如何以最佳方式按照时间轴线排列以上信息。以上信息中是否有可以归类的信息？

表2.3 炭疽袭击事件年表

日期	事件
2001 年 9 月 18 日	汉密尔顿镇邮局工人理查德·摩尔迦诺在修理被卡住的机器时划伤了手臂。
2001 年 9 月 19 日	罗伯特·斯蒂文斯接触了一封内有“白色滑石粉”的信件。
2001 年 9 月 21 日	纽约邮局工人约翰娜·休丹注意到自己手指上有个肿块，结果证明是患了皮肤炭疽病。
2001 年 9 月 25 日	艾琳·奥康娜接触了一封邮寄给美国全国广播公司记者汤姆·布罗考的恐吓信。
2001 年 9 月 26 日	汉密尔顿镇邮局工人理查德·摩尔迦诺患上皮肤炭疽病。
2001 年 9 月 28 日	汤姆·布罗考的助理凯西·钦柏琳罹患皮肤炭疽病。
2001 年 9 月 28 日	汉密尔顿镇邮局工人特里萨·海勒罹患皮肤炭疽病。
2001 年 9 月 29 日	美国全国广播公司职员的一名 7 月龄幼童罹患皮肤炭疽病。
2001 年 10 月 1 日	欧内斯托·布兰科在佛罗里达的博卡拉顿病倒，确诊患上吸入性炭疽病。
2001 年 10 月 1 日	艾琳·奥康娜罹患皮肤炭疽病，寻求治疗。
2001 年 10 月 1 日	一名 7 月龄幼童被医院收入，治疗皮肤炭疽病。
2001 年 10 月 1 日	哥伦比亚广播公司新闻主持人丹·拉瑟的助理克莱尔·弗莱彻罹患皮肤炭疽病。
2001 年 10 月 2 日	罗伯特·斯蒂文斯在佛罗里达博卡拉顿入院治疗。
2001 年 10 月 5 日	罗伯特·斯蒂文斯死于皮肤炭疽病。
2001 年 10 月 8 日	联邦调查局开始对炭疽袭击事件进行刑事侦查，40 名特工搜查了布罗考和斯蒂文斯的工作地点——美国媒体公司大楼。
2001 年 10 月 9 日	在汉密尔顿镇邮政中心，有一台机器被信件卡住，诺尔玛·华莱士的一个同事往机器中喷射压缩空气，结果把粉尘颗粒吹入空气中。
2001 年 10 月 14 日	汉密尔顿镇邮政工人帕特里克·奥唐奈出现急性皮肤炭疽病症状。
2001 年 10 月 15 日	布雷特·温卡普和格兰特·莱斯利打开了一封邮寄给参议员达施勒的信件，白色粉末倾泻而出。
2001 年 10 月 15 日	达施勒信件中的白色粉末被鉴定为经过提纯的炭疽菌。

（续表）

2001 年 10 月 15 日	汉密尔顿镇邮政工人乔茨纳 · 帕特尔罹患吸入性炭疽病。
2001 年 10 月 16 日	华盛顿特区布伦特伍德的邮政工人勒罗伊 · 里奇蒙罹患吸入性炭疽病。
2001 年 10 月 16 日	华盛顿特区布伦特伍德匿名邮政工人（被媒体称为“乔治 · 费尔法克斯”）罹患吸入性炭疽病。
2001 年 10 月 16 日	华盛顿特区布伦特伍德邮政工人小托马斯 · 莫里斯罹患吸入性炭疽病。
2001 年 10 月 16 日	华盛顿特区布伦特伍德邮政工人约瑟夫 · 科森罹患吸入性炭疽病。
2001 年 10 月 17 日	欧内斯托 · 布兰科出院。
2001 年 10 月 17 日	汉密尔顿镇邮政中心会计林达 · 伯奇罹患皮肤炭疽病。
2001 年 10 月 18 日	疾病控制中心确认达施勒与布罗考信件中的炭疽菌株相互匹配，上面的笔迹也是如此。同样是在 10 月，北亚利桑那大学的微生物学家保罗 · 凯姆博士查明该菌株为埃姆斯菌株，是由美国政府实验室研发的。疾病控制中心确认该结果正确无误。
2001 年 10 月 19 日	汉密尔顿镇邮政工人诺尔玛 · 华莱士被确诊患上吸入性炭疽病。
2001 年 10 月 19 日	纽约邮局收发室匿名工人罹患皮肤炭疽病。
2001 年 10 月 21 日	汉密尔顿镇邮政工人帕特里克 · 奥唐奈出院。
2001 年 10 月 21 日	华盛顿特区布伦特伍德邮政工人小托马斯 · 莫里斯死于吸入性炭疽病。
2001 年 10 月 22 日	华盛顿特区布伦特伍德邮政工人约瑟夫 · 科森死于吸入性炭疽病。
2001 年 10 月 22 日	美国国务院邮件中心职员戴维 · 霍斯罹患吸入性炭疽病。
2001 年 10 月 23 日	纽约邮局员工马克 · 坎宁汗浏览了一份邮戳时间为 9 月的信件后，罹患皮肤炭疽病。
2001 年 10 月 23 日	汉密尔顿镇邮政工人乔茨纳 · 帕特尔出院。
2001 年 10 月 25 日	曼哈顿眼耳喉医院仓管员凯西 · 纽伦罹患吸入性炭疽病。
2001 年 10 月 31 日	曼哈顿眼耳喉医院仓管员凯西 · 纽伦死于吸入性炭疽病。
2001 年 11 月 9 日	联邦调查局新闻发布会提供了有关潜在炭疽菌杀手的语言行为评估，寻求公众帮助。
2001 年 11 月 14 日	康涅狄格州一位名为奥蒂莉 · 伦德格琳的 94 岁老妇罹患吸入性炭疽病。
2001 年 11 月 15 日	在一个被免疫隔离的袋子里，调查人员找到了一封寄给参议员莱希的信件，其邮戳标记时间为 10 月 9 日，信封上涂有炭疽菌。

（续表）

2001 年 11 月 21 日	奥蒂莉·伦德格琳死于吸入性炭疽病。
2002 年 6 月	联邦调查局发布信息说，用放射性碳年代测定的结果表明，攻击所用的炭疽菌为近两年内培养而成。
2002 年 6 月	联邦调查局人员抽干了德特里克堡附近的池塘，寻找炭疽菌的证据。
2002 年 6 月 25 日	调查人员搜查了哈特费尔的公寓。
2002 年 7 月	联邦调查局将炭疽菌杀手的人物信息透露给媒体。
2002 年 8 月	调查人员查明炭疽信件是从新泽西州普林斯顿的一个邮箱发出的。
2002 年 8 月 1 日	调查人员搜查了哈特费尔的公寓及垃圾箱。
2002 年 8 月 6 日	司法部长约翰·阿什克罗夫特指明斯蒂芬·哈特费尔是本案的“利害攸关人员”。
2002 年 8 月 11 日	调查人员再次搜查了哈特费尔的公寓。

步骤 2：审查时间轴线，提出以下问题：

- ★ 信息资料是否表明以上事件中有任何事件在合理发生的顺序和时间方面发生得过快或过慢？（例如炭疽菌信件及其邮戳。）
- ★ 有关证据的基本假定是否有值得注意者？
- ★ 本案例研究中是否包含可以视为游离于主题之外的任何异常数据或信息？应该如何处理？

任务 3：根据你自己的年表，绘制一幅带有注释信息的炭疽菌信件和 22 个炭疽袭击案件的地图。在地图中形象地展示以上信息，以便将其用作向高级官员汇报的图表。

学生也可以选择其他方式来表示袭击时间和地点，应根据其所选方式的精确度和有效性来判断所得效果，而非复制本范例中所用地图的效果优劣。

步骤 1：利用自己选择的常用软件绘制一幅该地区的地图。

步骤 2：将路线盖住（位置、案例类型、对以后情形的预测）。

步骤 3：用案例中给出的适当时间和地点对该地图做出注释。

分析所得增值：以上事件发生地点和顺序给你带来了何种信息？你还应该搜寻何种补充信息？你是否同意调查人员的调查结果——四封炭疽菌信件和第五封不明信件，很可能是迄今为止上述炭疽袭击案件的元凶？在真实意图暴露和发病时间两方面，发生在纽约、新泽西和佛罗里达的案件重叠度都很高，而华盛顿特区的袭击案件则发生在数周之后。这种情况支持人们将案件分为两部分的看法，案件所涉信件的邮戳时间分别为9月18日和10月9日。

寻找更多有关佛罗里达案件的信息。是否有目击者？布兰科是否还记得那个信封？这些信件通过何种方式从新泽西抵达其最终目的地？上述送信模式是否暴露出有关更多信件的线索？

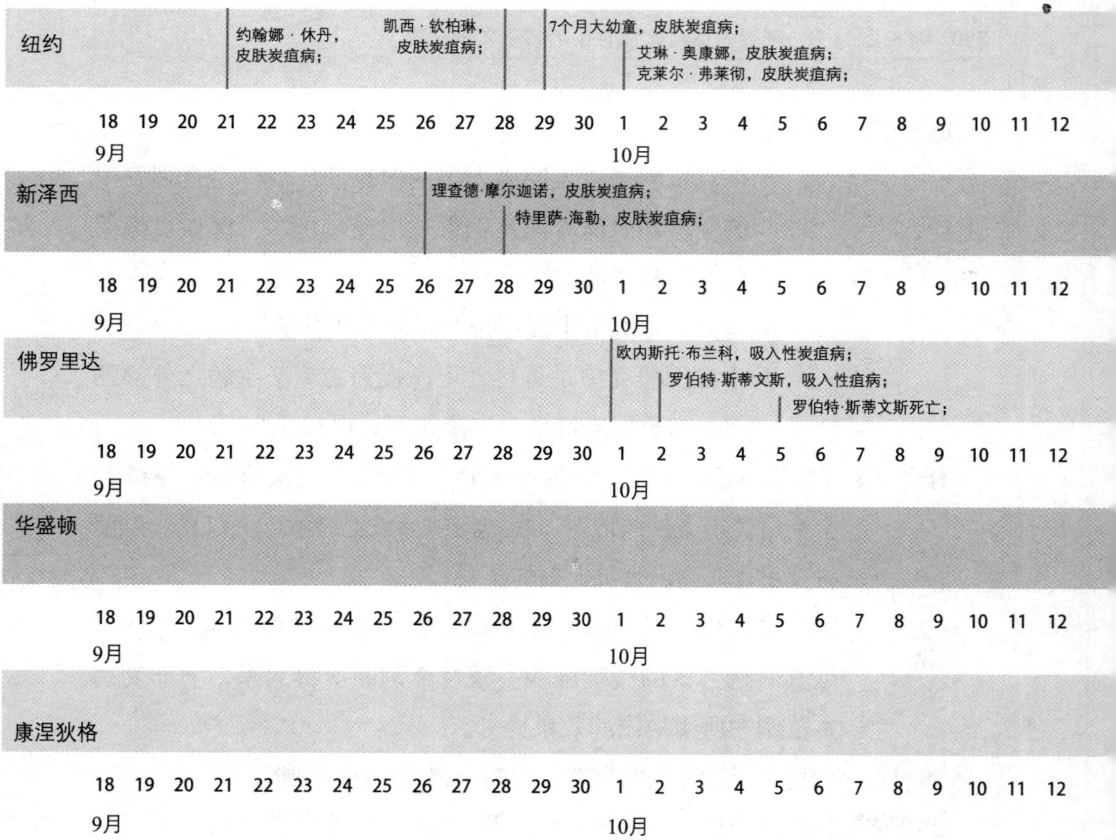

炭疽病例根据受害人姓名、炭疽病类型、发病日期列出，死亡时间则单独列出。

信件投递时间点——邮戳上的时间或一周中的周几，是否有任何意义？9月18日和10月9日都是周二。信件可能在邮递员周一最后一次取信和周二最后一次取信之间的任何时间投入邮箱。该邮箱位于何处？周围有何商店或住户？该区域是否有摄像头？

纽约的凯西·纽伦和康涅狄格的奥蒂莉·伦德格琳，这两个另类病例说明了什么？对其有何解释呢？寄给这两位受害者的信件是否经过了新泽西特伦顿的汉密尔顿镇邮政中心？上述问题均有潜在可知答案。考虑到本案例的不确定性，对有助于回答上述问题的信息追根溯源，至关重要。在纽伦病例中，调查人员并未找出炭疽菌接触源。后来他们宣称，伦德格琳

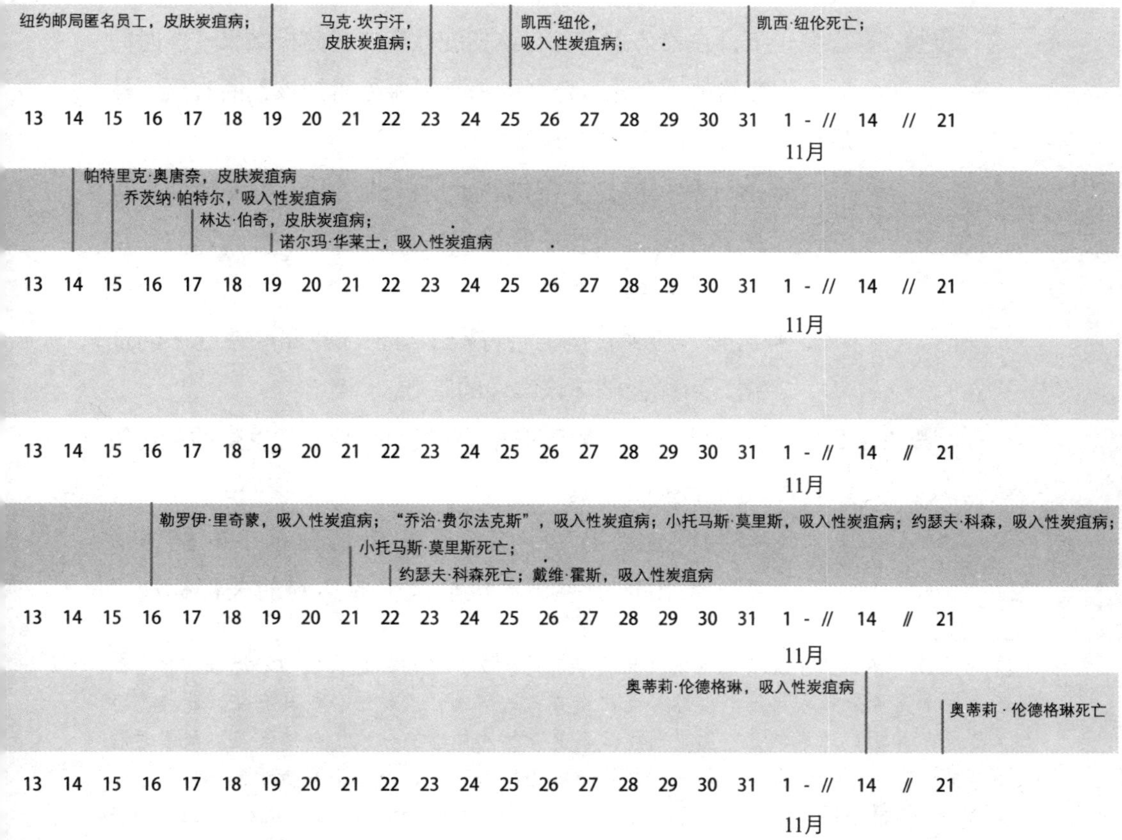

图 2.1 炭疽袭击案例：受害人时间轴线范例

案件的起因很可能是其邮件的二次污染。

二、方法2、3：事前分析法与结构化自我批判法

使用以上方法的目标是积极明确地质疑既有思维模型或分析共识，以拓宽深思熟虑后做出的可能解释或评估范围。本流程可以在某一潜在失误发生之前对其特点进行识别和分析，从而降低分析失误的风险。[1]

任务 1：对“斯蒂芬 · 哈特费尔是炭疽菌杀手”的支配性观点，进行一次事前分析和结构化自我批判。

步骤 1：想象一下，在你公布了包含该支配性观点的分析结果一段时间后，你突然从一个无可怀疑的信息来源处得知该判断有误，然后想象导致分析错误的可能原因。

- 有一种可能是本案例物证所涉的问题。主要物证是炭疽菌本身，因此监管链或炭疽菌孢子分析出现的任何问题均可导致重大失误。
- 再者，缺少直接把哈特费尔与该项犯罪联系起来的证据，可能会破坏该案件的基础。

步骤 2：利用头脑风暴方法，确定可能解释炭疽投毒事件发生的替代假设，持续跟踪以上假设。

- 联邦调查局竭尽全力刻画出炭疽菌杀手的整体形象，给出该杀手培养炭疽菌需要达到的关键标准，

---

[1] 原注：本案例中扼要概括的步骤将事前分析法和结构化自我批判法流程结合了起来。对于需要分析人员思考自己可能出错方式的案例，这种结合极其有益。此类思考需要思路开阔，想象丰富，刨根问底。事前分析法能够充分发挥创造性头脑风暴过程蕴藏的潜力，结构化自我批判法则能够让人循序渐进地评价各个分析元素。霍耶尔和弗森在《情报分析：结构化分析方法》第一版（Washington, DC: CQ Press, 2011）中提出了一系列结构化自我批判问题，数量较多，我们在本案例中对其进行了精简，以期能够对学生的学习过程提供帮助。

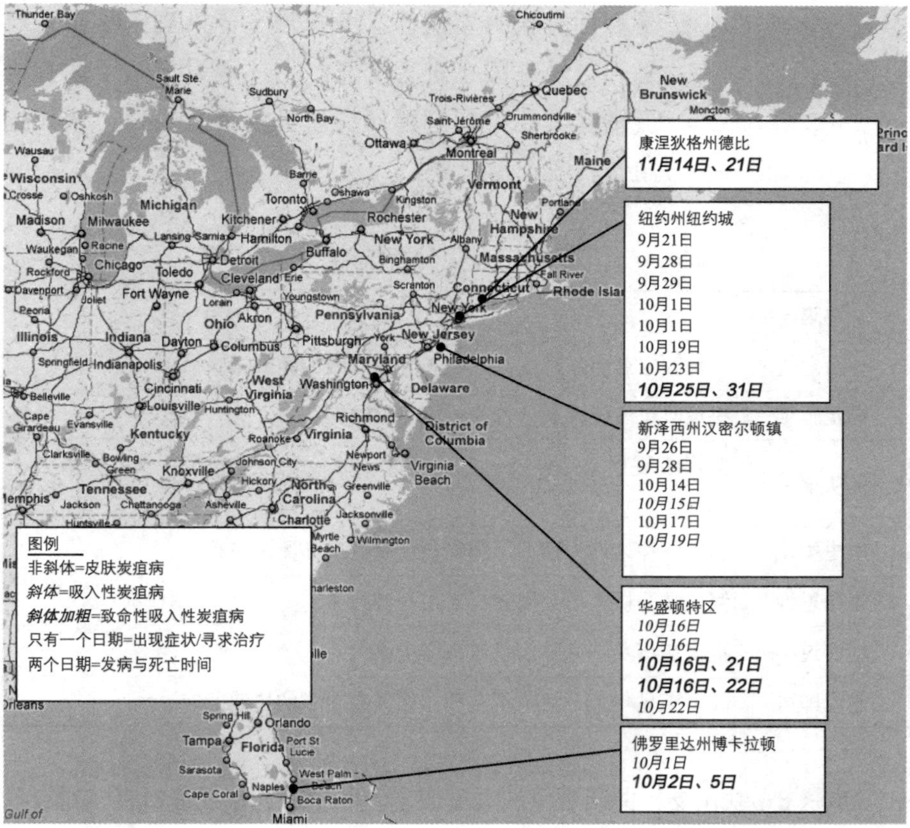

地图 2.1 描述炭疽袭击发生时间与空间的地图范例

诸如能够接触到炭疽菌或拥有专业科学知识等。通过排除潜在嫌疑人，他们最后成功将潜在利害攸关人员的名单人数缩小至 50 人以下。其他可能的假设是该杀手是美国陆军传染病医学研究所（US Army Medical Research Institute of Infectious Diseases, USAMRIID）的另外一位科学家。同样，该实验室以外的人员也有可能通过正常的科技查询与合作，获得接触埃姆斯菌株的机会。美国其他机构或场所是否拥有埃姆斯菌株？美国陆军传染病医学研究所是否与域外国家进行交流？上述假设指明了调查人员排除其他可能解释而应填补的信息空白，例如控制链及安全程序等。

表2.2　常见分析缺陷

缺陷	定义
分析定式	一种固定观点或态度，忽视与其不一致的新数据。
锚定思维	决策时过度依赖某一特点或信息的倾向。
证实偏见	偏好能够肯定某种先入之见或假设的信息，对其是否属实则置之不理。
历史类比	利用以往事件为模型，解释当前事件或预测未来趋势。
镜像思维	假定被分析人员会像分析人员一样行事。
结论过早	根据初步及不完整信息过快得出结论。
满意即可	做出满足与某一问题所有利益相关者要求的快速回应。

步骤 3：找出支持共同观点的关键假定。其中有无未经证实者？对有些假定是否需要给出警示？如果有些假定无效，会对分析产生多大的影响？

步骤 4：审查构成论据基础的关键证据。分析其是建立在某条关键信息的基础之上，还是建立在报告的某点内容基础之上？若以上任何证据或报告来源有误，它们会对分析产生何种影响？

★ 指向哈特费尔的关键证据包括：
- 生物学学者 / 目前为病毒学家；
- 在炭疽病爆发期间逗留于非洲；
- 1997 年至 1999 年期间曾就职于美国陆军传染病医学研究所；

· 在美国陆军传染病医学研究所各场所“进出几乎不受限制”；
· 掌握将黑死病用作武器的专门技术；
· 知道如何通过邮件传播炭疽菌；
· 监督过伊拉克移动生物武器实验室的建造；
· 1999 年帮助编制了如何应对炭疽菌袭击的手册；
· 在一个名叫格林戴尔的郊区附近，就读于津巴布韦的一家医学院，而格林戴尔则在两封炭疽袭击用信件的信封上出现过；
· 9 月份在服用环丙沙星。

★ 上述证据叠加在一起，形成具有间接证据的案例，引发人们对哈特费尔的怀疑。

步骤 5： 是否存在矛盾信息或异常信息？是否有与首要假设不一致的信息被忽略？

★ 哈特费尔是一位病毒学家——是埃博拉、艾滋病、出血热等病毒方面的专家，而非拥有细菌学专业知识的微生物学家。没有证据表明其拥有利用该菌株制作高纯度炭疽孢子的必需技能。

★ 联邦调查局刻画的形象将嫌疑人描述为一个内向的“喜欢独处者”，但哈特费尔却是个外向的前军事成员，其生命中的大部分时间居住和工作于海外的非洲。

步骤 6： 是否有遭到欺骗的可能？是否有人具有欺骗你的动机、时机和手段？

★ 调查人员本身并非科学专家，被审查的所有科学家均具有欺骗他们的动机、机会和手段。如果美国陆军传染病医学研究所某位科学家而非哈特费尔是真正的炭疽菌杀手，这个人肯定会想方设法最大限度地保持低调，甚至可能帮助调查人员或以欺骗方式将哈特费尔设定为主要嫌疑人。

步骤 7：是否有证据缺失之处？该缺失是否影响关键判断？

★ 我们并不知道可以将哈特费尔与该炭疽菌联系起来的任何物证，但有物证将其与美国陆军传染病医学研究所联系起来。对于应该将哈特费尔设定为利害攸关人员的观点，在彻底审查间接证据前，上述证据的缺失会让人质疑这一观点的可信程度。

★ 也没有任何直接或间接证据能够将哈特费尔与美国全国广播公司或汤姆·布罗考、《纽约邮报》或参议员达施勒及莱希联系起来。

步骤 8：你是否考虑过存在常见分析缺陷，如分析定式、证实偏见、“满意即可”、结论过早、锚定思维和历史类比等？

★ **证实偏见。**哈特费尔案例可能代表一种证实偏见。虽然没有物证将哈特费尔与该起犯罪联系起来，但他仍然被公开指定为利害攸关人员。针对他的证据完全是间接物证，应当对其加大审查力度。政府将目光聚焦于哈特费尔，将其作为嫌疑人后所发现的数项间接证据，或许可能产生让政府更加认定哈特费尔有罪的意外结果。因此，应该更为缜密地审查各项证据，以确保将哈特费尔认定为利害攸关人员不是证实偏见的结果。例如，对于哈特费尔 2001 年服用环丙沙星的行为，是否有其他解释？

★ **满意即可 / 结论过早。**政府约谈了哈特费尔，并于 6 月 25 日搜查了他的住宅，当时并未对其提起指控。但人们要求找出罪犯的呼声却导致压力增大，政府于 8 月 1 日再次搜查了他的住宅。是压力——无论是清楚明白的压力还是含蓄暗示的压力，可能导致调查人员做出了最早、最合理的解释（满意即可），而没有全面地调查其他可能的嫌疑人或追踪有关间接或异常证据的问题（结论过早）。在执法领域，这种做法被称为“侦探式短视”（detective myopia）。

步骤 9：根据上述调查主题得出的答案，按照其对分析产生潜在影响的顺序，列出论据中的潜在不足。

- ★ 缺乏将哈特费尔与该起犯罪联系起来的物证，即使面对其他间接证据，也会引发有关其犯罪的不确定性。
- ★ 在上述各点中，每一点都能用来制定出一个按照优先顺序排列的搜集策略，以获得信息，帮助证实或反驳通过事前分析法及结构化自我批判法提出的问题。

分析所得增值：你的分析结果表明，指控哈特费尔的理由有哪些优势和劣势？你还应寻求哪些额外信息？有哪些假定支持该案例？这些假定是否改变或提高了你对案件的确定程度？指控斯蒂芬·哈特费尔的理由基于数项间接证据，将这些证据集中起来，可能表明他就是那个炭疽菌杀手。但它们也会形成一座纸牌屋，可能在经过进一步仔细审查后轰然倒塌。例如，他于 9 月份服用环丙沙星的证据可能表明他正在利用该药物作为接触炭疽菌的预防措施，但他也可能因为一次常见感染而服用该药物。在指控他的理由中，有一个潜在的关键缺陷，即他能否获得储存在美国陆军传染病医学研究所的埃姆斯菌株炭疽菌。这一假定在被证实前，有关哈特费尔取得炭疽菌及其在这些袭击中可能扮演的角色问题，会一直存在不确定性。同样，人们对哈特费尔的可能动机也不甚明了。再者，如果作为一个病毒学家受训，他可能缺乏制作高纯度干炭疽菌孢子的专门技术。

三、结论

2008 年 8 月 8 日，美国政府正式否定斯蒂芬·J. 哈特费尔为嫌疑人。国防部通过和解方式结束了哈特费尔提起的侵犯隐私权诉讼。两周后，这一信息被公之于众。在这次诉讼中，其所要求的赔偿额超过 500 万美元。哈特费尔就美国政府和媒体将其炒作为利害攸关人员提起了数起诉讼，这起诉讼是其中之一。[1] 法庭驳回了他提起的数起诽谤罪诉讼，其中包括一起对《纽约时报》提起的诉讼。据国防部送交哈特费尔律师的一封信件称，美国政府的"结论是，实验室进出人员记录、目击者叙述及其他信息表明，哈特费尔博士无法接触到袭击中使用的特种炭疽菌，所以他并未卷入炭疽菌邮件袭击事件"。[2]

一些最不寻常的证据很容易解释：因为在非洲当志愿医疗兵时受伤，哈特费尔患上了持续数年的慢性鼻窦感染，他服用环丙沙星的目的是为了控制鼻窦发炎。美国陆军传染病医学研究所的 BLS-3 实验室进出记录证明，他从未进过该实验室。另外，他完成了博士学位所需的研究，但在取得文凭前离开了非洲。[3]

最后，利用袭击发生后研发出来的新科学方法，结合该案例的情况，证明哈特费尔无辜。2007 年，调查人员利用新基因方法确定，美国陆军传染病医学研究所内一个长颈瓶里的"RMR-1029"埃姆斯菌株炭疽菌就是袭击所用炭疽菌孢子的母体。《司法部炭疽袭击事件调查综述》称，调查人员后来之所以能够排除哈特费尔的嫌疑人身份，是因为：

> 调查早期，人们假定在美国陆军传染病医学研究所中，任何能够进出其生物封存实验室的个人均可取得埃姆斯菌株的隔离群。调查后期，科技突破取得的成果让调查人员得出结论——RMR-1029 是炭疽袭击邮件所用炭疽粉末的母体材料。他们确定，因为哈特费尔博士根本无法进入该研究所存

[1] 原注：Hoyt Clark, "Headlines and Exonerations," *New York Times*, August 17, 2008, Http: //www.lexisnexis.com.ezproxy.umuc.edu/hottopics/lnacademic.

[2] 原注：Carrie Johnson Warrick, "Prosecutors Clear Hatfill in Anthrax Case," *Washington Post*, August 9, 2008, Http: //www.lexisnexis.com.ezproxy.umuc.edu/hottopics/lnacademic.

[3] 原注：2012 年 2 月 24 日哈特费尔与作者的访谈。

> 放 RMR-1029 的专用实验室，所以他不可能是这些邮件的邮寄人。换言之，虽然哈特费尔博士在该研究所期间能够取得埃姆斯菌株，但他始终无法取得这些邮件使用的那批专用孢子。[1]

美国陆军传染病医学研究所的其他科学家的确能够取得 RMR-1029 埃姆斯菌株炭疽菌，但人数极为有限。调查人员采用了诸如约谈、不在场证明审查及测谎等传统执法方法进行调查。经过排除后，只剩下一个嫌疑人——开发 RMR-1029 的科学家本人布鲁斯 · 伊文思博士。他从调查之初就一直在参与。正当调查人员准备取得授权，要求联邦大陪审团提交一份起诉书，起诉伊文思博士违反《美国法典》第 18 卷 2332a 的法律规定及相关指控，使用大规模杀伤性武器时，伊文思于 2008 年 7 月 29 日服用了致命剂量的泰勒诺身亡。[2]

调查人员指控伊文思除了饱受严重精神健康问题困扰外，还具有实施炭疽袭击犯罪的动机、时机及手段。他们发现，在其整个职业生涯中，伊文思为之献身的炭疽菌免疫工程在走向失败，因而承受着“巨大的个人和职业压力”，“缺乏重大突破或干预，他害怕这一免疫研究工程将会中断。但在炭疽袭击发生后，他主持的这项工程却又突然起死回生”。[3]

伊文思不仅为 RMR-1029 开发了这批孢子群，而且实验室的日志还表明，他在实验室里度过了无数个深夜和工作时间以外的漫长时光。该实验室里储存有 MR-1029 和十分先进的实验室设备，能够制作炭疽菌粉末。他是“全国为数不多、有知识和能力制作炭疽袭击信件所使用的高纯度炭疽菌孢子的研究人员之一”。[4]

此外，袭击用信件的信封是一批事先盖好邮戳的信封，它们是只寄往马里兰州和弗吉尼亚州邮局信封的一部分。调查人员发现“与袭击所用

[1] 原注："Amerithrax Investigation Summary," 6.

[2] 原注："Amerithrax Investigation Summary," 1.

[3] 原注："Amerithrax Investigation Summary," 8.

[4] 原注："Amerithrax Investigation Summary," 8.

信封极为相似的信封”被发给了马里兰州佛雷德里克邮局，而该邮局距离伊文思住宅仅有数个街区之遥。他还采取了掩盖其行踪的步骤：净化了自己的办公室，且并未将其报告给调查人员；对疾病控制中心的第一例吸入性炭疽病做了毫无意义的解释，大概是想把调查人员的目光从其行踪上引开；扔掉了一本他可能在炭疽袭击信件上嵌入密码时用过的密码本；向联邦调查局提供了“有问题的”RMR-1029 样品，以便向调查人员隐瞒其活动情况。[1]

调查人员还提到伊文思的精神健康状况，注意到他曾交替使用过不同身份、对 KKG（Kappa Kappa Gamma）妇女联谊会痴迷长达 40 年之久（在此期间曾在联谊会房内行窃），而且他无法对自己的可疑行为做出解释。炭疽袭击专案组发现，不仅炭疽信件发自普林斯顿大学 KKG 联谊会外的一个新泽西邮箱，而且伊文思“无法对其行为给出合理或一致的解释，例如他深夜在实验室度过的时光及提交可疑的 RMR-1029 样品”。[2]

在伊文思实验室内找到的 RMR-1029。

资料来源：国防部免费提供。

但考虑到伊文思不合时宜的死亡时间，以及美国政府未能将该案件诉诸审判的事实，并非人人都认可美国政府做出的解释。伊文思的律师们在其亡故后为其进行了辩护，坚称上述指控“纯属含沙射影”，且“完全没有证据能够证明其犯有该罪”。[3] 他的一些同事指控美国政府“把一个无辜

[1] 原注：“Amerithrax Investigation Summary,” 9.

[2] 原注：“Amerithrax Investigation Summary,” 10.

[3] 原注：Scott Shane and Eric Lichtenblau, “F.B.I. Presents Anthrax Case, Saying Scientist

之人逼上自杀之路”。[1] 后来，当 2010 年美国政府对该案件结案并将数千份有关该案件的文件公之于众时，他的同事们仍然质疑他是否可能犯下该罪。在美国政府所公布文件中，引用了一份伊文思的电子邮件。该邮件在其亡故后对他的部分怪异行为给出了解释，责怪他完全变了个人，“成了个疯疯癫癫的人，偏执妄想定期发作，严重郁闷沮丧，焦虑重重，令人难以置信”。[2]

炭疽袭击已经过去十多年，但疑虑依然存在。美国国家研究委员会（National Research Council）2010 年的一份报告称 ：“有关邮寄至纽约城和华盛顿特区信件中的炭疽菌来源问题，仅仅根据现有的科学证据还不可能得出确定的结论。”[3] 该报告专门对 RMR-1029 长颈瓶提出了质疑，报告说虽然信件中的炭疽菌与长颈瓶中的炭疽菌“具有若干基因相似处……但委员会找到了这些相似处的其他可能解释——例如独立平行的演化，调查期间并未对其进行准确探究”。[4] 此外，虽然 RMR-1029 长颈瓶被确定为袭击用信件中炭疽菌的“母体材料”，但美国国家研究委员会的这份报告却指出，“该长颈瓶并非袭击信件所用炭疽菌孢子的直接源头，”它提示说，“纽约与华盛顿袭击信件中的孢子具有不同的物理性质”。[5]

Acted Alone," *New York Times,* August 7, 2008, Http: //www.nytimes.com/2008/08/07/washington/07anthrax.html?ref=science& page wanted=print.

[1] 原注 ：Scott Shane and Eric Lichtenblau, "F.B.I. Presents Anthrax Case, Saying Scientist Acted Alone," *New York Times,* August 7, 2008, Http: //www.nytimes.com/2008/08/07/washington/07anthrax.html?ref=science& page wanted=print.

[2] 原注 ：Scott Shane, "F.B.I., Laying Out Evidence, Closes Anthrax Case," *New York Times*, February 19, 2010, Http: //www.nytimes.com/2010/02/20/us/20anthrax.html?ref=science&pagewanted=print.

[3] 原注 ："Science Alone Does Not Establish Source of Anthrax Used in 2001 Mailings," *National Academy of Sciences*, February 15, 2011, Http: //www8.nationalacademies.org/onpinews/newsitem.aspx?RecordID=13098.

[4] 原注 ："Science Alone Does Not Establish Source of Anthrax Used in 2001 Mailings," *National Academy of Sciences*, February 15, 2011, Http: //www8.nationalacademies.org/onpinews/newsitem.aspx?RecordID=13098.

[5] 原注 ："Science Alone Does Not Establish Source of Anthrax Used in 2001 Mailings,"

但联邦调查局却坚信自己找到了炭疽菌杀手。该局就美国国家研究委员会这份报告所提出的案件背后的相关科学问题做出了回应，重申了该报告的观点，“有关炭疽菌样品的源头问题，仅仅依据科学证据不可能得出确定性结论”，但即使如此，“长期以来，调查人员与检察官们认为，虽然科学证据十分重要，但调查过程的完整性最终决定了炭疽袭击案的结果”。[1] 尽管对伊文思有罪及调查背后的科学问题质疑不断，但该案件依然未能结案。

四、重要收获

★ 年表法与时间轴线法是追踪关键事件和证据的有用工具，它们可以帮助单个分析人员组织其思考内容，并为分析人员团体提供透明框架，用以追踪案件进展情况。对于识别空白及将快速发生的事件纳入其具体背景中，两者均极其有用。

★ 利用事前分析法和结构化自我批判法找出并解决分析中出现的问题，避免仓促做出判断。该方法能够帮助你识别假定、偏见及证据的不一致，不然它们将有损于你的分析质量。

National Academy of Sciences, February 15, 2011, Http: //www8.nationalacademies.org/onpinews/newsitem.aspx?RecordID=13098.

[1] 原注：Michael P. Kortan “The Anthrax Investigation: The View from the F.B.I,” *New York Times*, October 27, 2011, Http: //www.nytimes.com/2011/10/28/opinion/the-anthrax-investigation-the-view-from-the-fbi.html?_r=1&ref=anthrax&pagewanted=print.

[第三章]

网络H_2O

内容提要

2011 年 11 月 8 日，在伊利诺伊州斯普林菲尔德市外的库兰—加德纳公共供水区，一台大型水泵反复地自动开机、停机，好像有人在不停快速地开启和关闭开关。虽然这台水泵已经古怪地运行了两三个月，但从未出现过反复启动和停机的情况。当天傍晚，泵被烧坏，无法再用。公共设施官员们感到困惑不解，是什么人或什么东西导致该泵出现故障？**启动清单法（Getting Started Checklist）**、**关键假定检查法（Key Assumptions Check）**和**魔鬼代言人（Devil's Advocacy）**可以用作快速有效的分析方法，帮助分析人员聚焦相关问题、思考替代结果、揭露无依据假定和排除最终分析结果中存在的问题。

表3.1　案例快照：网络H_2O

所用结构化分析方法	《情报分析：结构化分析方法》中所在章节	分析类别
启动清单法	第四章	分解与可视化
关键假定检查法	第八章	因果评估
魔鬼代言人	第九章	质疑分析

人们常常要求分析人员在紧急状况下对突发问题进行分析。时间是第一要务，分析人员要将分析结果提交给利益相关者，面临这样的巨大压力，分析人员的责任是确保不要因为分析的及时性而牺牲其相关性和精准度。启动清单法、关键假定检查法和魔鬼代言人是帮助分析人员聚焦相关问题、思考替代结果、揭露无依据假定和排除最终分析结果中存在问题的快捷有效方法。

在本案例中，分析人员不仅必须与压力抗争，快速拿出分析产品，还要与手头证据不足、初始分析判断中未受质疑假定的存在，及需要与其他利益相关者一起分享和搜集信息等因素博弈。上述各技巧采用不同方法，排除分析中上述因素涉及的问题。一旦分析人员发现初始判断中的一两处缺陷，他们就可能难抵诱惑，只盯住这一两处缺陷向前推进。本案例涉及的三种方法侧重于分析的不同方面，它们的存在可以鼓励分析人员，利用其提供的各种视角彻底审视这一问题，克服这种诱惑。其所取得的成果则是对这一问题、影响、利益相关者、基本假定、信息空白及证据基础等更加细腻和彻底的理解。

一、方法1：启动清单法

第一步正确无误，是所有分析成功的关键：启动清单法可以帮助解释说明多个重要方面——有关受众、中心分析问题、证据基础、替代解释及能够对所分析问题产生影响的其他资源等方面。在项目开始之初理顺以上基础性问题，分析人员就可以避免以后被迫改弦更张。这种基础性工作可以节省时间，大幅提高最终产品的质量。

任务 1： 站在刚刚得知库兰—加德纳水厂水泵事件的伊利诺伊州恐怖主义和情报中心（即融合中心）分析人员的立场上，利用启动清单法的下述问题展开分析。

步骤 1： 何种驱动因素让上述分析成为必要？例如，是一篇新闻报道、一份新情报报告、出现的新进展、看法发生改变，还是用户提出了要求？

在库兰—加德纳水厂提交给环境保护署的报告基础上，人们取得了新进展，这成为该项分析的驱动因素。伊利诺伊州融合中心负责做出分析，并与联邦、州、地方、部落及行业利益相关者共享信息。

步骤 2： 需要回答的关键问题是哪个？导致该水泵发生故障的原因何在？

步骤 3： 这个问题为何重要？如何才能让分析做出有益贡献？

这一问题之所以重要，原因是有一种可能解释——有人通过一个国外 IP 地址远程访问并控制了该数据采集与监控系统（supervisory control and data acquisition system）。这一解释具有深远意义，因为该案件将成为此类案件的首例，可能代表一种新活动趋向，不仅会影响整个水务领域，也会波及采用工业控制系统的其他领域。

步骤 4： 你所在的组织或任何其他组织以前是否有解决这一问题或类似问题的答案？如果有，答案内容是什么？该分析结果交给了何人？自那时起，发生了何种变化？

对美国水务领域和美国基础设施而言，这是第一例；但有其他先例，例如在澳大利亚，一名内部人士就曾破坏了一个污水系统。

步骤 5： 主要用户是谁？分析人员是否清楚了解这些用户的需求？如果不是，应想办法更好地了解其需求及所偏爱的报告风格。

该用户群包括联邦、州和地方层面的官员及水务行业的人员。在联邦层面，由于此类袭击对其他类型的基础设施可能具有影响、对经济影响的范围广泛，同时带来潜在的国家安全影响等，因此涉及重大利益。在州和地方层面，利益的核心是其给用水客户带来的影响及经济影响。水务行业则关注以上所有问题。

步骤 6：是否有与该问题答案利益相关的其他人员？谁会从不同角度审视该问题并更喜欢回答不同问题？考虑与以不同角度看待该问题的其他人员会面。

在联邦层面，国土安全部网络应急团队（Cyber Emergency Response Team，CERT）是网络取证的重要资源。在行业层面，水务信息共享与分析中心（WaterISAC）可能拥有专门技术，能够带来成果。库兰—加德纳水厂的员工与合同雇员还可能会向分析人员提供更多背景信息，如时间、地点、水泵型号及数据采集与监控系统日志等。

步骤 7：根据你的第一印象，这一问题可能有哪些答案？例如，在对该问题做出分析判断之前，应该考虑何种替代解释或结果？

虽然最初的报告说黑客攻击致使该水泵发生故障，但也可能是一个拥有网络知识的内部人员导致了该故障，或发生了一次机械故障。

步骤 8：根据对前述问题的回答，考虑改写关键问题，增加辅助性或补充性问题。

- 该水泵发生故障最可能的原因是什么？
- 对库兰—加德纳水厂的用户来说，可能原因所涉及的范围意味着什么？
- 更广义地说，这对工业控制系统的安全意味着什么？

步骤 9：生成一份有待于探究的潜在报告源或信息流的清单。

- 库兰—加德纳水厂工作人员与承包商；
- 水务信息共享与分析中心；
- 国土安全部网络应急团队；
- 以往有关测试、试验及已知的对其他部门的入侵。

步骤 10：走出去，利用其他组织分析人员的经验和专业知识——政府内外了解该主题的分析人员的知识。例如，召开一次会议或虚拟会议，就相关证据进行一次头脑风暴，拟出一份列有替代假设、驱动力、关键指标或重要参与者的清单。

考虑与国土安全部网络应急团队、水务信息共享与分析中心及学识丰富的情报界专业人士召开一次电话会议。这些专业人士或许能够提供有关威胁环境的背景信息，就新信息源提出建议，或通过头脑风暴得出可能假设或驱动力。

分析所得增值：所列问题的答案对人们普遍持有的判断——“有人利用窃取的数据采集与监控系统登录认证信息，从俄罗斯发起入侵，引起了这起水泵故障”——有何影响？启动清单法表明在公布信息前需要做更多工作，例如接触学识丰富的行业及政府中可能拥有相关知识或专门技术的相关利益者，向库兰—加德纳水厂员工与合同雇员咨询更多有关该事件的信息，同时更加严密地审查导致水泵故障的其他可能解释。

二、方法2：关键假定检查法

关键假定检查法是一种系统性活动，能够明确和质疑那些引导分析人员解读有关具体问题的证据和推理时所做的假定。分析人员必须处理不完整、模糊和有时具有欺骗性的信息，而做出假定通常是填补信息空白必不可少的手段。做出假定的动力来自分析人员所受的教育、培训和经验，包括其生活和工作于其中的文化和组织环境。识别假定可能很难，因为很多假定是人们所坚信的社会文化信念，或在不知不觉中占据人们的脑海，以至于它们被假定为真理，不受任何质疑。但当关键假定无效时，识别此类假定并评估其整体影响，则是严谨分析过程中至关重要的组成部分。

任务 2：就人们普遍持有的“有人利用窃取的数据采集与监控系统登录认证信息，从俄罗斯发起入侵，引起了这起水泵故障”的判断，进行一次关键假定检查。

步骤 1：召集一小组研究该问题的人员，外加几个“局外人”。这一主要分析单位已经按照既定的思维模型进行了研究，因此需要

"局外人"带来其他观点。

步骤 2：最好要求参与者与会时带来一份假定清单，若没有清单，则以一次无声的头脑风暴专题会开始会议。让每个参与者在 3 英寸[1]×5 英寸大的卡片上写下数个假定。

步骤 3：收集卡片，在一块白板上列出以上假定供大家查看。可以利用表 3.2 中的简单模板。

表3.2 关键假定检查法模板

关键假定	评论	有支持依据	给出警示	缺乏支持依据

步骤 4：引出更多假定。沿着分析主线回溯至支撑该主线的关键论据。利用各种工具来帮助激发参与者的思考。提出记者式的标准问题：何人？何事？何时？何地？如何？何故？

诸如"将始终""将永不"或"将要"之类的用语，表明某一观点未受到质疑，可能应该如此。诸如"根据"或"一般来说"之类的用语，表明正在做出一个质疑假定。

步骤 5：确定完一整套假定后，严格审查各个假定。提出以下问题：

- ★ 我为什么相信这个假定正确？
- ★ 这一假定在何种情况下可能不实？
- ★ 该假定是否可能过去正确，但现在已不再正确？
- ★ 我对该假定有效的自信度有多大？
- ★ 若该假定被证明无效，将对分析产生多大影响？

步骤 6：利用表 3.2，将各个假定归入以下三类之一：

[1] 编注：1 英寸≈2.5 厘米。

1. 基本有支持依据；
2. 有些警示正确；
3. 缺乏支持依据或有问题——针对“关键不确定处”。

步骤 7：提炼该清单，删除经不起仔细审查的假定，补入讨论中出现的新假定。

步骤 8：考虑是否应该将关键不确定处转化为情报搜集需求或研究课题。

分析所得增值：缺乏支持依据的假定可能对你的水泵故障分析产生何种影响？你对水泵故障原因的分析有多少自信？所有缺乏支持依据的假定都可能对该水泵故障的初始分析产生影响（见表 3.3）。最重要的是，因为该事件可能有若干其他解释，所以依据数据采集与监控系统的登录认证信息，认为有人利用盗取的认证信息从俄罗斯侵入该系统的假定极其危险。因此，所有缺乏支持依据的假定在公开之前均应视为优先搜集需求，或者至少应对其分析内容加以补充，以反映上述不确定性。

表3.3　网络H_2O案例：关键假定检查法范例

关键假定	评论	有支持依据	给出警示	缺乏支持依据
水泵故障由俄罗斯发起的计算机网络攻击引起。	该故障不包括由俄罗斯发起的计算机网络攻击，有其他可能解释，如可能是内部人员或机械故障造成等。没有直接报告表明该故障由攻击造成。			×
数据采集与监控系统日志中的俄罗斯IP地址及用户登录信息表明，黑客使用了盗取的登录认证信息。	俄罗斯的IP地址只说明该IP是访问该系统的最后一个IP地址。其他地方的黑客也可能显示该IP地址，以达到掩盖其真正地址的目的。此人不仅可能是个俄罗斯黑客，而且可能是个使用其本人登录认证信息的内部计算机懂行者，或是盗取认证信息的第三国人员。			×
报告给环境保护署的信息足以构成排除其他可能原因的依据。	报告给环境保护署的信息只是个起点，但此时我们无法假定该信息准确且详尽。			×

三、方法3：魔鬼代言人

可以利用魔鬼代言人对所提议的分析判断、计划或决策提出批评。决策者或军队指挥官在做出最后决策前，常常利用这一方法询问分析可能出现的错误。针对所提议决策或分析判断，魔鬼代言人能够给出可能出现的最强力反对情形。这些情形常常通过审查关键假定和不确定性来源而提出。

任务 3：人们普遍持有的判断是——“有人利用窃取的数据采集与监控系统登录认证信息，从俄罗斯发起入侵，引起了这起水泵故障”，给出能够驳斥这一判断的最强力可能情形。

步 骤：虽然魔鬼代言人并无既定步骤，但却可以让人们从分析判断、假定和信息空白处着手，将其用作构建对抗上述初始判断的有用起点。然后，再逐渐提出否定各个目标的合乎逻辑的论据。

有人利用盗取的数据采集与监控系统登录认证信息，从俄罗斯发起入侵，从而导致该水泵发生故障，得出这一结论为时过早。这一判断的依据是一个缺乏支持依据的假定——所谓的袭击自俄罗斯发起，利用盗取的登录认证信息加以实施。虽然此前政府与行业发起的试验表明黑客具有这种能力，但我们此时却难以排除其他可能的解释。除了进一步调查，并从水泵故障站点及美国政府网络刑侦专家处搜集信息外，该故障发生可能的原因还可归结为内部人员袭击或一次简单的设备失灵。

分析所得增值：哪些问题能够否定分析结果？原因何在？缺乏支持依据的假定及关键信息空白加大了初始分析的不确定性。考虑到即使是缺乏额外信息，也不能提出损害这一初始分析的论点，分析人员应当保留其判断或对其分析给出警示信息，以反映出有关该泵故障原因不确定性的更深层次内容。利用魔鬼代言人所得到的结果，分析人员可以列出一份有助于其排除其他原因的情报搜集要求清单。这样做能够帮助提高或降低有关水泵故障真实原因的不确定性程度。

四、结论

2012 年 11 月 10 日，库兰—加德纳水厂水泵发生故障仅两天后，伊利诺伊州全州恐怖主义与情报中心发布了一份《每日情报说明》(Daily Intelligence Notes)，报告标题为“公共供水区的网络入侵”。该报告“详细叙述了伊利诺伊州中心一个公共供水区的数据采集与监控系统所发生反常现象的初始调查结果”。这份报告同时声称，是一个俄罗斯 IP 地址发起了一次恶意网络入侵，导致该数据采集与监控系统不停地开启和关闭，并烧毁了一台水泵。[1] 乔·维斯（Joe Weiss）是著名的计算机工程师，他在自己的博客上发帖曝出了这个事故，并对媒体机构称，“在我们谈话的同时，很可能有其他公共设施的网络在遭到破坏”。[2] 媒体报道说，该故障是美国数据采集与监控系统首次遭到入侵，类似于攻击伊朗布什尔核电站工业控制系统的震网病毒袭击。但两周未过，经过媒体、美国国土安全部、联邦调查局及水务领域利益相关者做出仔细审查后，国土安全部却说该泵之所以发生故障，“是因为一段时间内积累了物理和机械问题，而非网络攻击所致”。[3]

---

[1] 原注：“ICSB-11-327-01—Illinois Water Pump Failure Report,” Department of Homeland Security Industrial Control Systems Cyber Emergency Response Team, November 23, 2011, Http: //www.us-cert.gov/control_ systems/pdf/ICSB-11-327-01.pdf.

[2] 原注：“ICSB-11-327-01—Illinois Water Pump Failure Report,” Department of Homeland Security Industrial Control Systems Cyber Emergency Response Team, November 23, 2011, Http: //www.us-cert.gov/control_ systems/pdf/ICSB-11-327-01.pdf.

[3] 原注：“ICS-CERT Monthly Monitor, Department of Homeland Security Industrial Control Systems Cyber Emergency Response Team,” December 2011, Http: //www.us-cert.gov/control_systems/pdf/ICS- CERT_ Monthly_Monitor_Dec2011.pdf.

在水泵刚一发生故障与伊利诺伊州融合中心公开发布报告之间的两天时间里，未能质疑错误假定、错失分享和证实信息的机会似乎掀起了一场巨大风暴。水泵发生故障时，库兰—加德纳水厂的一位员工曾向一名计算机维修人员求助。这名维修人员随后查看了数据采集与监控系统日志，并注意到该系统在此前数月曾被某系统用户通过一个俄罗斯 IP 地址访问过。库兰—加德纳水厂将该信息上报至具体管理该领域的领导机构环境保护署，该署又将此信息转给伊利诺伊州全州恐怖主义与情报中心。该融合中心两天后公布了这份报告，指出这一事件系有人窃取了数据采集与监控系统的登录认证信息，又利用该信息从俄罗斯侵入所致。[1] 人们并不清楚库兰—加德纳水厂的这位员工、该计算机维修人员或伊利诺伊州融合中心是否做出了这一判断：该故障与俄罗斯的远程访问有关，是利用盗取的认证信息对该系统的一次入侵。

一周后的 11 月 16 日，网络应急团队的国土安全部计算机刑侦专家听说了这一事故。[2] 在随后做出现场日志分析后，11 月 22 日，国土安全部与联邦调查局发布了一份声明称，该团队“无法证实该报告的说法”。[3] 其用户名与俄罗斯 IP 地址一起出现在日志中的用户，同时也是库兰—加德纳水厂聘用的数据采集与监控系统维护公司的员工，并无人对其进行咨询。该用户名为吉姆·米姆历兹，他后来告诉一家科技杂志社说，“我只需打个电话就能让事情水落石出”。[4]2011 年 6 月，正在俄罗斯度假的米姆历兹接

[1] 原注：Kim Zetter, “Exclusive: Comedy of Errors Led to False ‘Water-Pump Hack’ Report,” *Wired*, November 30, 2011, Http: //www.wired.com/threatlevel/2011/11/water-pump-hack-mystery-solved.

[2] 原注：“ICS–CERT and FBI Statements on Water System Attacks,” InfosecIsland, November 22, 2011, Http: //www.infosecisland.com/blogview/18303-ICS-CERT-and-FBI-Statements-on-Water-System-Attacks.html.

[3] 原注：“ICS–CERT and FBI Statements on Water System Attacks,” InfosecIsland, November 22, 2011, Http: //www.infosecisland.com/blogview/18303-ICS-CERT-and-FBI-Statements-on-Water-System-Attacks.html.

[4] 原注：Zetter, “Exclusive: Comedy of Errors Led to False ‘Water-Pump Hack’ Report.”

到了一个电话，要求他检查库兰—加德纳水厂数据采集与监控系统的计算机。于是他从俄罗斯利用远程访问方式做了一次检查，飞行途中在德国停留时又检查了一次。所谓的账户侵入，事实上是用户本人所为。通过新闻读到此次侵入的报道后，米姆历兹意识到所发生的一切。他与国土安全部网络应急团队一起查看了日志文档，发现所有指标均指向一个事实——是一个机电方面的问题，而非数据采集与监控系统出现的问题，导致该水泵发生故障。此外，米姆历兹还告诉媒体，在该问题出现前的数月里，水厂已经注意到该系统的不稳定或“小毛病”，它们实际上是系统老化和一年前另一承包商所做的调整所致。[1]

11 月 22 日，水务行业主持的水务信息共享与分析中心发布了一份公告，声称“经过详细分析后，国土安全部与联邦调查局并未发现斯普林菲尔德库兰—加德纳公共供水区数据采集与监控系统遭到网络入侵的证据”。[2]11 月 23 日，工业控制系统—网络应急团队（ICS-CERT）信息公告称，国土安全部与联邦调查局在公告中确认：

> 此外，没有证据支持伊利诺伊州全州恐怖主义与情报中心初始报告中给出的说法，该说法建立在未经确认的不成熟数据之上，随后又被泄露给媒体。其内容是，有认证信息被他人盗取，或有供应商参与导致该水厂水泵故障的恶意活动。另外，此前报告说有来自俄罗斯或其他外国实体实施了恶意或未经授权的系统访问，但国土安全部与联邦调查局的结论是，这样的访问并未发生过。[3]

[1] 原注：Zetter, “Exclusive: Comedy of Errors Led to False ‘Water-Pump Hack’ Report.”

[2] 原注：Mickey McCarter, “Infrastructure Security: DHS, FBI Dispel Allegations of Illinois Water Pump Attack,” *Homeland Security Today*, November 30, 2012, Http: //www.hstoday.us/focused-topics/infrastructure-security/single-article-page/dhs-fbi-dispel-allegations-of-illinois-water-pump-hack.html.

[3] 原注：“ICSB-11-327-01—Illinois Water Pump Failure Report,” Department of Homeland Security Industrial Control Systems Cyber Emergency Response Team, November 23, 2011, Http: //www.us-cert.gov/control_ systems/pdf/ICSB-11-327-01.pdf.

令库兰—加德纳水厂 2000 名用户庆幸的是，工业控制系统—网络应急团队发布的该公告也说明，“此次水泵故障并未对供水区所服务的用户带来丝毫影响”。[1]

五、重要收获

★ 落笔撰写前，利用启动清单法来保证你全面思考过该问题、替代解释、假定、信息空白、证据基础及需要咨询的利益相关者。这样就可以节省时间，让分析更有成效、更彻底。

★ 关键假定检查法是所有分析至关重要的组成部分。利用此法不仅能够识别出缺乏支持依据的假定，还能探索你所做假定发生变化时对基本判断的影响。它还能帮助你确定需要何种信息来提升或降低你所做分析的可信度。

★ 在风险居高不下，但时间急迫时，利用魔鬼代言人作为快速有效的方法，可找出自己的逻辑漏洞或事实依据并不牢固的判断。

[1] 原注：“ICSB-11-327-01—Illinois Water Pump Failure Report,” Department of Homeland Security Industrial Control Systems Cyber Emergency Response Team, November 23, 2011, Http: //www.us-cert.gov/control_ systems/pdf/ICSB-11-327-01.pdf.

[第四章]

核机密泄露案

内容提要

1999年，《纽约时报》报道说，某国利用盗取的美国核机密快速推进了核弹头开发。由于能够接触到此类数据的美国科学家数量较少，调查很快聚焦到核能科学家李文和身上。在数十年的时间内，李文和是否干着无人察觉的邪恶勾当？抑或是美国政府缩小其调查范围的速度过快？分析人员采用**力场分析法**（Force Field Analysis）、**欺骗识别法**（Deception Detection）、**事前分析法**与**结构化自我批判法**来评估涉案双方，进行欺骗测试，质疑美国政府认为李文和是间谍的立场，解决所提出的疑问。

表4.1　案例快照：核机密泄露案

所用结构化分析方法	《情报分析：结构化分析方法》中所在章节	分析类别
力场分析法	第十一章	决策支持
欺骗识别法	第七章	假设生成与检验
事前分析法	第九章	质疑分析
结构化自我批判法	第九章	质疑分析

利用本案例，分析人员能够构建出李文和是间谍的有力论据。他们也能找到他并非间谍的有力论据。本案例表明，分析人员要思考全部数据信息，而非简单地构建论据以适应自己的观点，这点极其重要。本案例中的方法可以帮助分析人员评估双方有关李文和活动所持的论据，进一步深入挖掘围绕关键证据出现欺骗的可能性（这一关键证据是那份“不速之客”[walk-in] 文件，该文件对李文和案件起到了催化作用），通过事前分析法找出并消除其最终分析中的问题。这些方法的组合应用能够帮助分析人员识别出重要假定、信息空白及进行进一步研究的途径，以提高分析的整体精准度，抵抗“跟着直觉走”的诱惑，特别是在如此行事会带来此类严重后果时。

一、方法1：力场分析法

力场分析法能够帮助分析人员识别、评估支持和反对某项结果的所有力量和因素，并避免过早或在依据不足的情况下将精力只集中在分析的一个方面。从项目或调查开始之初，就要在证据积累过程中对所有证据进行分类和思考，以其为工具开展工作。这样做极其有益。此外，这一衡量机制还能让分析人员更容易识别哪些力量或因素最强和最弱，并给出推荐策略，削弱或增强支持某一既定结果或朝着这一结果作用的各种力量。

在本案例中，调查人员搜集到的不利于李文和的指控可以填满一份长长的清单，他只承认并被判犯下了处理受控文件不当的轻罪。许多观察者质疑这一美国政府主导的案件，但美国政府对判处李文和犯有间谍罪的立场却坚定不移。力场分析法有助于阐明双方在这一案例上的立场。

任务 1： 就支持和反对李文和犯有向某国泄露核机密罪的论据，进行一次力场分析。

步骤 1： 简洁明了地定义问题、目标或变化。

步骤 2： 采用头脑风暴的方式确定影响该问题的主要因素。

有两个关键考虑是李文和对国家的民族忠诚及与该国科学

家互动的历史，其中有些互动情况并未上报。但请注意，李文和的身份可能会影响到他如何看待自己与该国的关系。有些人会辩称，胡博士与李文和的拥抱及对其给予帮助的赞许，表明李文和向该国提供了有价值的信息。但假如他是个秘密线人，则该国政府不可能希望人们过度关注两人的关系。

另外一个关键因素是，缺乏其从事间谍活动的切实证据。没有任何人看到李文和向某国提供任何资料，窃听也未表明其暴露过任何机密。李文和及其妻子都是联邦调查局的线人。有人据此认为这点说明其忠诚于美国，而另外一些人则会说他是个双重间谍，充当线人为其提供了良好的反馈渠道。

李文和将大量数据从保密电脑转移至一台非保密电脑，这点毫无疑问，但问题是他为何这样做。有人让他将这些数据归档吗？他是害怕丢掉工作？他是想保存一份自己“笔记”的复制件？他把数据拷入磁盘交给了某国？尽管李文和在该国时曾要求远程访问保密系统，但他并非偷偷摸摸地提出要求。有些人会提出，他在安全方面的行为令人生疑，这些就是证据，证明他在试图掩盖一些秘密活动，而另外一些人则指出他只不过是心不在焉而已。

本案例研究并未包括李文和财务状况信息，也没有提到他的实验室同事是否有类似行为和安全疏漏。有关他对洛斯阿拉莫斯国家实验室（Los Alamos National Laboratory，LANL）管理方所持的态度，以及他是否感到被剥夺了机会，或是感到处于弱势地位等问题，本案例也没给出任何信息。上述潜在驱动力应为调查和分析的主题，最起码也是应该探讨的信息空白。

步骤 3：绘制一份清单，列出支持李文和无罪观点的最强论据。再拟出另一份清单，列出支持李文和有罪的最强论据。

步骤 4：按照《情报分析案例》一书表 4.2 的格式，排列上述两份清单。表 4.5 为答案范例。

表4.5　核机密泄露案例：力场分析法范例

问题：李文和是间谍吗？			
权重	**支持论据**	**反对论据**	**权重**
3	某国以美国为目标。	李文和生于某国。	3
4	与某国高水准核科学家频繁接触。	李文和与其妻子均为联邦调查局线人。	4
2	没有报告与某国接触的情况。未能获得将非保密文件传递给该国的许可。	缺乏李文和将任何文件或磁盘交给某国的证据。	5
2	在某国期间曾试图通过服务台远程访问保密计算机网络。	某国能够从多个非保密信息源获取大多数信息。	3
3	在访问洛斯阿拉莫斯国家实验室时，胡博士拥抱了李文和，对其提供帮助表示感谢。	假如李文和是秘密线人，则某国政府不可能希望人们过度关注他与胡博士的关系。	3
3	李文和将磁盘上的受控数据带回家中。	要求李文和将受控数据归档。	2
?	遭遇财务麻烦?		
总计			总计
17			20

步骤 5： 给支持或反对李文和有罪观点的各个因素或论据赋值，以表明其强烈程度。给强烈程度最弱的因素或论据标上分值“1”，给强烈程度最高者标上分值“5”。若你认为多个因素的强烈程度相等，则可将同一分值标给它们。

步骤 6： 不论是支持论据还是反对论据占据上风，算出各清单的总分值。

在本案例中，认为李文和有罪的总分值为 17，认为其无罪的总分值为 20。但应当注意，这并不一定意味着他清白无辜。如果有其他因素加进“支持（李文和有罪）论据”栏，则整体分值会增大。因此，让每份清单在所包含因素的数量方面保持一定平衡，十分重要。在某些情况下，即便只有一个因素也可能让案件令人信服。例如，假设李文和在被讯问时承认他从事了间谍活动。

步骤 7： 审查两份清单，确定是否有任何因素可以相互抵消。

除了胡博士的拥抱外，李文和对某国忠诚问题的重要性也旗鼓相当。如果我们另有信息表明，有人看到李文和公开发表反对某国的宣言，或与之相反，知道他的大部分家人仍然住在该国，并与其保持密切关系，那么我们的评估结论可能就会改变。

步骤 8： 分析上述清单，确定若因素出现变化，整体结果可能会受到怎样的影响。如果将本方法用作决策工具，设计出一套易于管理的行动流程，会增强能够带来最佳结果的力量并削弱阻碍获得期望结果的力量。

分析所得增值：你在分析该问题时，支持和反对李文和有罪的最强论据是什么？是否有任何因素应该得到进一步调查？你是否发现有应该进一步调查的任何信息空白？支持和反对李文和有罪的双方均持有强有力的论据。美国政府无法证实其犯有间谍罪，但其某些行为（例如回家删除计算机文件）却表明他对某些事情有负罪感或感到害怕。对其行为能够站得住脚的替代解释包括：

- ★ 仅仅是个粗心大意的科学家，正如他在该实验室的同事一样，常常因为过度专注于自己的研究而忽略了安全规定。
- ★ 是“柔性间谍”（soft spy）网的一部分，向某国提供非保密信息，但从未从事过间谍活动。
- ★ 害怕丢掉工作，希望保留查找记录其研究活动文档的路径，这些文档可能在新工作中有用。
- ★ 按照指示忠实地将记录归档，因为保密系统没有磁盘驱动器，所以需要将这些文档从保密系统转移至非保密系统。

在本案例中，可以找出几个关键信息空白，它们能够帮助调查人员确定案例的情形，其中包括李文和的财务状况，有关其财富来路不明的证据，其安全疏忽是严重违规还是类似其多数同事的行为，从保密系统所下载材料的确切信息，以及他与某国关系的紧密程度等。

二、方法2：欺骗识别法

通常分析人员应当考虑敌手有可能在试图误导他们，或者试图隐藏重要信息。不能仅仅因为没有证据就否认存在欺骗的可能性。如果欺骗工作做得好，人们就不应指望看到证据。但有些指标，诸如情报报告的时间安排或者线人的诚信度，或者信任该线人会导致已知和潜在的严重后果时，应引起分析人员的警觉，意识到他们自己可能是欺骗目标。

任务 2： 利用欺骗识别法，确定李文和案中是否有欺骗发生。

步骤 1： 以《情报分析案例》一书表 4.3 作为指南，确定是否应该进行欺骗识别。假设美国和联邦调查局是欺骗对象，那么谁最可能是欺骗方？如果能确定有人可能具有实施欺骗动机的情形，则将其列为需要证实或排除的假设。注意哪些指标最适合该情形。表 4.6 为答案范例。

表4.6 何时启用欺骗识别法：核机密泄露案例

在以下情况，分析人员应当关注发生欺骗的可能性：	表明指标可能真实无误的信息：
潜在欺骗方有实施欺骗行为的历史。	某国有实施欺骗的悠久传统。
关键时刻——在接收方或潜在欺骗方获益甚巨或损失惨重时，收到关键信息。	某国有可能安排了此次“不速之客”，目的是让美国的视线从一个更有价值的情报来源处移开。某国可能知道美国正在进行调查。

（续表）

所收信息来自诚信度有问题的线人。	联邦调查局与中央情报局怀疑该“不速之客”的诚信度。
分析完全取决于某条关键信息或报告。	W-88 核弹头简图被楚洛克视为关键证据。
若接受新信息，则需要该分析人员改变某一关键假定或关键判断。	在该“不速之客”出现之前，分析人员可能假设某国已经从俄罗斯人那里得到帮助，或自己研发了该核弹头。该“不速之客”提供的信息会引导其对间谍活动的假设进行更为严肃的思考。
接受该新信息会导致情报界、美国政府或情报用户消耗或转移大量资源。	该“不速之客”提供的信息让能源部和联邦调查局动用大量资源，调查洛斯阿拉莫斯国家实验室与李文和的情况。
潜在欺骗方可能拥有反馈渠道，告知其欺骗信息是否及如何得到处理并取得何种效果。	几乎可以肯定某国在能源部和国家实验室有其他线人，或者有与这两个单位员工接触的人员，他们可能报告说调查在进行中。

步骤 2：以《情报分析案例》一书表 4.4 中的模板和问题为指南，考虑动机、时机与手段，既往对手做法，线人的可操控性以及对潜在欺骗方证据的评估。表 4.7 为答案范例。

表4.7　核机密泄露案例：欺骗识别法范例

动机、时机与手段（Motive, Opportunity, and Means , MOM）	
动机：潜在欺骗方的目标和动机是什么？	★ 为了保护真正的间谍或能提供更多情报的间谍而将疑云引向他人，即李文和； ★ 若李文和成为麻烦根源，清除之； ★ 继续获取有价值情报的同时，扰乱调查。
渠道：潜在欺骗方用什么方法给我们提供信息？	★ 将信息提供给某一已知情报组织（例如联邦调查局或中央情报局）的双重间谍； ★ 通过“不速之客”向美国政府提供“真实”文件，如配有图纸的报告，其信息量超过公开信息； ★ 与国家实验室人员一起参加日常科技交流活动。

（续表）

风险：如果欺骗被识破，会让对手面临什么样的后果？	★ 可能丧失科技交流的机会； ★ 实验室内的间谍网被发现； ★ “真正的”线人恐惧不已，放弃合作。
代价：潜在欺骗方会为了让欺骗渠道变得可信而牺牲敏感信息吗？	★ 不一定，有很多公开信息可用； ★ 文件中的设计“缺陷”可能是故意而为。
反馈：潜在欺骗方有监控欺骗行动效果的反馈机制吗？	★ 科技代表团进行询问； ★ 与实验室人员进行社交会话； ★ 李文和本人； ★ 科技界的其他线人，在国家实验室和美国政府工作。
既往对手做法（Past Opposition Practices, POP）	
对手有实施欺骗的历史吗？	★ 某国古典军事学说支持欺骗行为。
当前的情况适用于其既往的欺骗模式吗？	★ 某国招募行为的历史，让其在无意间提供信息，或披露非保密信息。将这些信息累加起来，会带来有价值的思考，但并不构成被起诉的理由。
如果不适用，还有其他的历史先例吗？	★ 某国整个情报搜集体系具有拒止能力，或者能够把疑云引向多个行动者。
如果不适用，情况的改变是否可以说明现在正在运用这种形式的欺骗？	
线人的可操控性（Manipulability of Sources, MOSES）	
线人是否容易受到潜在欺骗方的控制或操纵？	★ 没有关于线人背景的信息，不是招募来的我方间谍； ★ 该“不速之客”在某国可能有亲戚。
判断线人是否可靠的依据是什么？	★ 仅有的依据实际上是那份文件，但该文件可能是欺骗行动的一部分。
线人有直接接触到信息的渠道，还是只有间接渠道？	★ 有关信息路径或线人背景的信息几乎为零，不是招募来的线人。
线人的跟踪报告记录如何？	★ 线人是“不速之客”，无以往记录。
线人是否有提供错误信息的个人原因，如取悦情报搜集者、提升个人工作业绩或得到更多收入？还是线人可能充满善意但过于天真？	★ 因为线人与情报搜集者之间没有确定关系，所以前者不可能试图取悦后者，或得到更多收入，但该线人可能具有个人目的，这一点却说得通。

（续表）

证据评估（Evaluation of Evidence, EVE）	
线人报告的准确度如何？包括翻译文本在内的整个证据链是否已经检查过？	★ 报告十分详细，但与我们对李文和工作的了解并不完全吻合； ★ 文件翻译十分谨慎，那些简图本身就能说明问题。
关键证据是否印证过？记住，线人手下的线人比线人本人更重要。	★ 那些简图可能真实无误，它们显示的细节具有一定说服力。
来自一个信息源（例如人力情报）的证据是否与来自另一信息源（例如信号情报或开源情报报告）的证据发生冲突？	★ 没有其他信息源能够证实该"不速之客"所提供情报是否真实。没有出现冲突，但也没有得到单独证实。
其他信息源是否提供了确凿的证据？	★ 没有其他信息源能够证实该"不速之客"所提供情报是否真实，没有出现冲突，但也没有得到单独证实。

探讨既往对手做法时，有个问题会蹦出来——是否在考虑将某国列为对手的同时，也考虑将其他人员视为对手？例如，该对手是否可能就是李文和本人？这个问题问得好，应该会促成一场有用的讨论。出现此类问题的事实可以证明使用结构化分析方法的价值，它们能够帮助分析人员严谨思考该问题，而这种思考有时会跳出眼前具体问题的背景范围。

分析所得增值：总结以上全部 4 个矩阵的结果，确定其是否倾向于证明或证伪欺骗假设的存在。这一方法是否揭露出任何隐含假定，或发现某些关键空白，需要以更挑剔的眼光加以审查？

任务 3：评估欺骗的总体可能是否是个无关紧要的威胁？是否只是一种可能，但对决策或资源影响不大？是否是个值得注意并需要进一步调查的严重问题？

此处可以找到相对较强的理由来考虑出现欺骗行动的可能性。有理由进行进一步调查，最终分析结果则应等待这一调查得到的结果来确定。

三、方法3、4：事前分析法与结构化自我批判法

这两个方法的目标[1]是积极明确地质疑既定的思维模型或分析共识，以拓宽深思熟虑后做出的可能解释或评估范围。通过在某一潜在失误出现之前，对其特点进行识别和分析，这一过程可以帮助降低出现分析失误的风险。

任务 4：本案例研究中的支配性观点是“李文和向某国传递核机密”，对这一观点进行事前分析和结构化自我批判。

步骤 1：想象在你得出李文和犯有间谍罪的结论一段时间后，你突然从一个无可怀疑的线人处得知该判断有误，然后想象发生了何种可能情形，导致你的分析出现失误。

最先采用事前分析法中的前两个步骤。这一右脑引导的创造性头脑风暴过程需要分析人员想象一个未来前景——事实证明他们错误并进行倒查工作，努力找出可能的错误原因。本质上，这种做法旨在找出其分析中的薄弱环节，在公布分析结果之前，或者就本案例而言，起诉之前，避免出现上述潜在缺陷。大多数分析人员使用左脑多于右脑，这种情况常常会让诸如头脑风暴之类的想象方法面临挑战。但如果与结构化自我批判法搭配使用，则包括步骤 3 至 8 在内的系统性左脑式检查清单有时就会成为查出致命分析缺陷的第一步。在进行头脑风暴时，鼓励学生将其创造性发挥到极致，让所有观点都登台亮相，这很重要。

[1] 本案例中扼要概括的步骤将事前分析法和结构化自我批判法流程结合起来。对于需要分析人员思考自己可能出错方式的案例，这种结合极其有益。此类思考需要思路开阔，想象丰富，刨根问底。事前分析法能够充分发挥创造性头脑风暴过程蕴藏的潜力，结构化自我批判法则能够让人循序渐进地评价各个分析元素。霍耶尔和弗森在《情报分析：结构化分析方法》第二版中提出了一系列结构化自我批判问题，数量较多，我们在本案例中对其进行了精简，以期能够对学生的学习过程提供帮助。

在本案例中，头脑风暴会议可能会推动学生思考下述内容：

- ★ 李文和的举止与其同事的行为是否有不同之处？例如，他在安全方面的轻率行为是不是非典型行为？他同事的行事是否也常常如出一辙，忘记报告会议情况，或未经许可即向外国国民披露受控但非保密信息？
- ★ 李文和于平安夜凌晨 3 时 30 分进入实验室是否值得怀疑？他是过圣诞节的基督徒吗？他和他的同事是否常常工作到很晚？
- ★ 李文和是否为某国情报机构所利用的一张大网中的一员，但并未向该国提供任何切实的秘密信息？如果是这样，谁还可能是这张大网的成员？与李文和一起在该国参加会议的还有何人？

步骤 2：利用头脑风暴方法，确定可能解释李文和行为模式的替代假设，持续跟踪以上假设。

在本案例中，学生可能会找出与李文和已知行为相吻合的若干替代解释，其中可能包括其本人的下述假设：

- ★ 仅仅是个粗心大意的科学家，正如他在该实验室的同事一样，常常因为过度专注于自己的研究而忽略了安全规定。
- ★ 是“柔性间谍”网的一个组成部分，向某国提供非保密信息，但从未从事过间谍活动。
- ★ 害怕丢掉工作，希望保留查找记录其研究活动文档的途径，这些文档可能在新工作中有用。
- ★ 按照指示忠实将记录归档，因为保密系统没有磁盘驱动器，所以需要将这些文档从保密系统转移至非保密系统。
- ★ 李文和实际上是美国情报机构掌控的针对某国的双重间谍，出于反情报目的，不能把真相告诉给情报分析领域或执法领域的其他人。

上述替代解释不应包括与案例中已知事实明显相悖的情景。教师可以告知学生，有些事实，例如将大量信息从保密计算机转移至非保密计算机，以及数封已经草拟好但并未发出的求职信存在的事实，为了本案例研究的缘故，应当视为确凿事实。因此，有关李文和当时正在为最近聘用他的某家公司进行工业间谍活动的任何替代假设都应放弃。

步骤 3：鉴别“李文和因将核机密传递给某国而有罪的共识性观点”的关键假定。以上假定中是否可能有未经证实者？对有些假定是否需要给出警示？如有些假定无效，其对分析的影响有多大？

这一步骤的最重要方面，就是能够引出一场有关假定影响分析人员对主流判断可信度的对话。

在本案例中，以此种方式解释假定时，有些关键假定显然缺乏支持证据或没有给出警示。此类证据缺失表明分析人员应该做好追踪更多信息的准备，思考替代解释并对主流判断给出可能的警示或加以修改。

有些关键假定及概念性评估可见表 4.8。

表4.8 核机密泄露案例：关键假定检查法范例

关键假定	评估
某国与美国科学家之间有良好接触渠道。	**有支持依据。**在冷战后的环境下，美国一直强调发展与前对手国家之间战略伙伴关系的意义。
某国有从美国科学家手中搜集信息的积极计划，特别会以某些人群为目标。	**有支持依据。**某国已经形成了一个广泛的科学界同僚和知情人网络，能够公开和秘密搜集数据。
一个美国人会为某国当间谍。	**给出警示。**该间谍究竟为哪一方服务，要取决于他的直系亲属居住在哪里，以及过去忠诚于哪一方。
李文和传递过机密信息。	**给出警示。**当时该信息并非保密信息，其标记是“作为受限数据进行保护”，只是到了后来，调查人员才确定其中部分信息属于机密信息。

（续表）

李文和是间谍。	**缺乏支持依据**。李文和没有权限接触这些据称被传递过的信息。事实上，这些信息包括他失去权限后又进行过修订的那些。
只有在被窃取机密的帮助下，某国才可能有这样快速的发展；从公开来源或是获批准的科学领域接触渠道中，某国是无法将信息拼接在一起的。	**缺乏支持依据**。该信息的全部内容几乎都处于公开状态。某国核弹头设计接近美国的 W-88 核弹头，但并不完全相同。
失窃数据只有洛斯阿拉莫斯国家实验室有；其他地方的人不太可能提供这一信息。	**缺乏支持依据**。从其他实验室也可以获得这一信息。信息也可能是来自在这些实验室工作的其他 36 名某国雇员，或是来自俄罗斯科学家。

步骤 4：审查构成论据基础的关键证据，该分析是否基于任何关键信息？还是基于报告提供的某些特定信息？如果证实该证据或报告来源有任何错误，会在多大程度上影响分析？

在李文和案中，可以假定检查洛斯阿拉莫斯国家实验室计算机文档及其本人计算机获得的法庭证据，为可靠证据。其他来源的多数上报信息则值得质疑。例如，就磁盘信息是否高度敏感（“皇冠上的宝石”），还是能够在互联网上搜索获得的问题，调查人员也莫衷一是。

步骤 5：是否有任何异常或自相矛盾的信息？是否曾忽略与首要假设不符的任何信息？

有数条关键证据与李文和是间谍的假设不符，或至少反常，其中包括：

★ 李文和是联邦调查局的线人；

★ 李文和的妻子是联邦调查局的线人；

★ 李文和同意让人搜查家中的电脑。

另外，李文和并未下载计算机手册这一事实，与他只是在为其工作所用核资料归档的替代假设不符。

步骤 6：是否有可能遭到欺骗？是否有人具有以故意或非故意方式欺骗你的动机、时机与手段？

现有信息表明，不能不考虑某国实施欺骗的可能性。该国当然具有欺骗美国的动机、时机和手段。他们同时还具有根深蒂固的实施欺骗的传统。在“不速之客”传递信息后，他们要与其保持沟通会困难重重，所以他们操控此人的能力受限。但这个“不速之客”的主要价值在于提供初始文件，该国还可能利用包括双重间谍在内的其他渠道，来继续推进该欺骗行动。“不速之客”所提供证据的数量和水准均与以下两个假设相符：“不速之客”为合法人士，或该国决定提供这些详细信息，使其取得美国政府官员的信任。

步骤 7：是否有证据缺失？证据缺失是否影响到关键判断？表 4.9 为答案范例。

表4.9　核机密泄露案例：证据缺失评估范例

证据缺失	评估
缺乏李文和曾传递文件给某国的证据。	虽然怀疑李文和向某国提供核机密，但无法拿出其确实递交过文件的证据。
缺乏李文和与某国口头交流秘密的证据。	联邦调查局从未给出李文和在其参与的任何会议或会话中向某国提供机密信息的任何证据。

步骤 8：你是否考虑了诸如证实偏误、“满意即可”和历史类比等常见分析缺陷？（以《情报分析案例》第一章中的表 1.2 为指南）表 4.10 为答案范例。

步骤 9：根据上文对调查主题的回答，按照潜在论据缺陷对分析产生潜在影响的顺序将其列出。

分析人员应当承认，在事前分析法的各个元素中均存有潜在缺陷，其中包括：

★ 缺乏支持依据的假定；
★ 存在可信的替代假设；
★ 缺乏证据；
★ 存在分析缺陷；
★ 潜在的欺骗。

表4.10　核机密泄露案例：常见分析缺陷范例

分析缺陷	评估
思维定式	思维定式是，某国如果不从美国窃取核机密，就不可能研发出 W-88 核弹头。 思维定式是，洛斯阿拉莫斯国家实验室与李文和应该是符合逻辑的泄密源头。但如果本案例中这种想法有误，会有何种结果？是否有替代假设？一旦发现有思维定式存在，就必须加以质疑。
证实偏见	我们倾向于看到我们期望看到的东西，我们也倾向于寻找能够确认我们思维定式的证据。在本案例中，分析人员很容易接受伪装成事实的假定，因为它们与我们的思维定式相符。例如，李文和在某地取走 700 美元，分析人员认为这笔钱足够买一张飞往某处的机票，但没有证据表明此行曾经发生。
“满意即可”	存在根深蒂固的思维定式者很容易急着抓住最初、最合理的解释。在本案例中，联邦调查局承受着巨大压力，努力追踪任何有关某国从事科技间谍活动的报告，同时国防部的研究也表明，核机密的窃取地点可能是洛斯阿拉莫斯国家实验室，极有可能由李文和盗取。考虑到上述情况，联邦调查局对李文和展开调查则可能满足所有批评者的要求。
历史类比	因为某国有从事间谍活动的悠久历史，所以很容易得出调查李文和为首要选择的结论。这就是假设过去发生的事情正再次发生。

分析所得增值：按照你的分析结果，你要保留主流判断，对其给出警示，还是取消主流判断？原因何在？学生应当想方设法为其分析给出警示，以反映缺乏支持依据的假定所带来的不确定性，出现能够解释李文和行为的替代假设的可能，证明实际上缺乏把信息传递给某国的确凿证据，及分析缺陷的存在。他们还应列出信息库空白，思考有哪些途径对展开新

调查研究最为有益。

在本案例中，认为李文和有罪的理由与认为他无辜的看法同样有力，而更为有效的策略可能是把精力聚焦在有哪些替代假设与其行为最为吻合，及上述假设可能对联邦调查人员产生何种影响上。例如，如果认为李文和是非正式线人网络成员的事实可信，则应当将注意力转向加入该网络的人员都是何人，以及该网络其他人员的活动对美国国家利益的损害是否超过李文和等问题。

在应对潜在欺骗时，要牢记一点，即问题常常不是“某人是否实施过欺骗？”，而是“是否有充足的证据或论据说明展开大调查，调动大量资源查找真相是合理的？”。

任务 5：重新写出本案例的首要判断，使其反映出你根据事前分析结果做出的所有改动。

四、结论

李文和退休后，居住于新墨西哥州的阿尔伯克基。在对其审讯结束时，审判长做出了一个异乎寻常的举动。他在法官席道歉说：“李博士，行政部门以不公正的方式拘押了您，我在此真诚地向您道歉。”[1] 审判结束后，李文和起诉《洛杉矶时报》、《华盛顿邮报》、美国广播公司、美联社、《纽约时报》侵犯了自己的隐私权[2]，并最终胜诉。随后他写了一本书，名为 *My Country versus Me: The First-Hand Account by the Los Alamos Scientist Who Was Falsely Accused of Being a Spy*，同时他还完成了一本应用物理学教

[1] 原注：Matthew Purdy, “The Prosecution Unravels: The Case of Wen Ho Lee,” with James Stern Gold, *New York Times,* February 5, 2001, Http: //www.nytimes. com/2001/02/05/us/the-prosecution-unravels-the-case-of-wen-ho-lee.html.

[2] 原注：Paul Farhi, “US, Media Settle with Wen Ho Lee,” *Washington Post,* June 3, 2006, Http: //www.washingtonpost.com/wp-dyn/content/article/2006/06/02/AR2006060201060.html.

科书，该书写于其身陷囹圄期间。[1]

五、重要收获

将结构化分析方法应用于核机密泄露案，需要强调：

★ 要始终质疑根深蒂固的假定。能源部根据数项关键且未受质疑的假定进行了一项行政调查，将结果交给联邦调查局。在发起对李文和的调查之前，以挑剔的眼光审视能源部关键假定的依据十分重要。

★ 对替代假设持开放态度。当信息资料与首要假设不符时，停下来叩问自己，对所研究的行为是否有替代解释或更具说服力的解释。

★ 花时间反思，特别是在开始新项目或新调查的时候。在受到严格时间限制和上司要求拿出结果的压力下，避免受到“陷入其中”的诱惑。利害关系重大时，最有必要使用诸如关键假定检查法之类的结构化分析方法。快速给出答案能够暂时满足你客户的需求，但你却必须与错误答案相伴终生。

[1] 原注：Wen Ho Lee, *My Country versus Me: The First-Hand Account by the Los Alamos Scientist Who Was Falsely Accused of Being a Spy* (New York: Hyperion Press, 2002); Wen Ho Lee, *Computer Simulation of Shaped Charge Problems* (Hackensack, NJ: World Scientific, 2006).

[第五章]

围绕马蒂电台的美国与古巴之争

内容提要

1959年卡斯特罗开始掌权，1981年里根成为美国总统。这期间美国与古巴一直在外交、经济和军事领域发生冲突。在其任期的第一年，里根政府宣布了多个计划，准备通过一个位于佛罗里达的广播电台向古巴人播送古巴新闻。他们希望这个广播电台能够挑战古巴政权对该岛信息的控制。此举也是里根政府直面苏联盟国古巴的战略组成部分。

马蒂电台得名于古巴作家兼民族革命英雄何塞·马蒂（Jose Marti）。1985年5月该电台开始广播时，其声调低沉的开场语“古巴，早安”，并未反映出美国政府内部4年时间的举棋不定。美国不能确定，对其打算利用电台对卡斯特罗政权发起又一挑战的做法，古巴会做出如何回应。这4年时光会牵涉古巴影响美国政治进程的种种复杂活动。两国均向对方发出威胁和反威胁，双方会展开包括开源情报、人力情报与技术情报搜集活动在内的全方位情报搜集和分析活动。古巴会执行精心策划的反情报活动。最后，如果在马蒂电台开始播音时古巴人采取报复行动，那么美国就会凭借其技术和军事能力制定一套综合性对抗措施。本案例研究采用了**年表法与时间轴线法**（**Chronologies and Timelines**）、**欺骗识别法**、**象限假设生成法**（**Quadrant Hypotheses Generation**）以及**竞争性假设分析法**（**Analysis of Competing Hypotheses**）等方法，来跟踪两国采用的战术行动和策略，并评估事件是否正在引发美国与古巴之间的电台战争。

表5.1 案例快照：围绕马蒂电台的美国与古巴之争

所用结构化分析方法	《情报分析：结构化分析方法》中所在章节	分析类别
年表法与时间轴线法	第四章	分解与可视化
欺骗识别法	第七章	假设生成与检验
象限假设生成法	第七章	假设生成与检验
竞争性假设分析法	第七章	假设生成与检验

围绕从佛罗里达向古巴进行无线电广播一事，美国政府与古巴较量了4年。古巴总统卡斯特罗将该计划视为美国对古巴革命合法性发起的一次更加处心积虑的挑战。两国都忙于发出威胁和采取反威胁行动，竭尽自己的情报搜集与分析能力，展开开源情报、人力情报和技术情报搜集活动。如果马蒂电台开始播音，卡斯特罗会做出何种回应？就这一主题，里根政府召集分析人员帮助其做出评估。

在上述情况下，可以利用年表法与时间轴线法帮助分析人员评估卡斯特罗的行动，并确定其是否在刺激美国对其行动做出回应，还是仅仅在对美国的行动做出反应。这一评估过程涉及利用欺骗识别法，以确定一些信息或报告是否为刻意欺骗之举，旨在威胁华盛顿和说服美国国会或行政部门相信，向古巴播音风险过高。很多人都在猜测卡斯特罗可能会采取的行动，但像象限假设生成法这样的方法却有助于使这一流程结构化，生成一套更为严谨的假设。利用诸如竞争性假设分析法这样的假设检验方法，会帮助分析人员评估卡斯特罗最可能进一步采取的行动，说明事件是否会导致美国与古巴进行无线电大战。

一、方法1：年表法与时间轴线法

年表法与时间轴线法是简单有用的工具，能够帮助分析人员按顺序排列事件、用图表展示信息并找出可能的空白、异常现象或相互关系。此外，这些方法可以把分析人员拉出证据的沼泽，以更具战略地位的眼光审视资料集。本案例的信息资料错综复杂、自相矛盾，因此给时间轴线配上注释信息就成为识别关键证据、确定报告可信度和找出信息空白的极有用工具。

任务 1： 创建一个年表与时间轴线表，载明导致 1983 年 10 月 4 日里根总统决定签署马蒂电台立法的相关事件（见表 5.4）。

步骤 1： 识别出所有关键事件，并将其按照时间顺序列入同一表内，其中一栏列出日期，另一栏列出事件。

表5.4　马蒂电台案例年表

1981 年	1 月 20 日罗纳德 · 里根就任美国总统。
	在 8 月份举行的有关无线电干扰技术讨论中，古巴说其将推进建设两座 500 千瓦无线电台计划的实施，将频率改至 1040 千赫。这一频率是佛罗里达州马蒂电台的指定频率，也是艾奥瓦州 WHO 电台无干扰信道采用的频率。[1]
	9 月 22 日，美国总统里根宣布第 12323 号总统令，设立对古巴广播总统委员会（Presidential Commission on Broadcasting to Cuba）。[2]
1982 年	佛罗里达广播协会理事会将一项决议付诸实施，督促美国拦截古巴无线电广播信号，直至来自古巴的非法干扰终结为止。[3]
	8 月 10 日，美国众议院通过了授权给马蒂电台的 H.R.5427 法案。
	8 月 30 日，古巴扰乱艾奥瓦州得梅因无线电台 WHO 及美国其他几个电台的播音。
	9 月 9 日，对外关系委员会批准了马蒂电台法案。
	12 月 21 日，美国参议院拒绝批准马蒂电台法案。

[1] 原注：Kenneth N. Skoug Jr., *The United States and Cuba Under Reagan and Shultz: A Foreign Service Officer Reports* (Westport, CT: Praeger, 1996), 17.

[2] 原注：*E.O. 12323. The Federal Register.*

[3] 原注：Skoug, *The United States and Cuba Under Reagan and Shultz*, 19.

（续表）

1983 年	5 月，商业广播公司得到通知说，如果古巴干扰美国无线电台，美国将采取反制措施，包括摧毁古巴的发射器。
	9 月 13 日，马蒂电台法案修订案在美国参议院获得通过，该法案要求马蒂电台采用美国之音的标准，以 1180 千赫的频率播音。
	9 月 29 日，马蒂电台法案在美国众议院获得通过，掀开了立法史的新篇章，让马蒂电台成为美国国内的古巴代理广播机构。
	10 月 4 日，里根总统签署了马蒂电台法案。

步骤 2： 从案例叙述中选出最为相关的信息，考虑如何以最佳方式按照时间轴线排列上述信息资料。这些信息资料是否可以根据其类别加以组织？绘制一张关于马蒂电台事件的时间轴线。

步骤 3： 审查该时间轴线，同时提出以下问题：是否应该考虑所有与证据相关的基本假定？信息资料给出的事件持续时间和顺序是否有道理？是否有信息空白？是否可能有时间轴线以外的任何事件会影响到以上事件？

查看时间轴线可以得到 4 项主要观察结果：

- ★ 在美国政治体系内，对这一问题充满争议，国会内部为其明争暗斗，广大民众莫衷一是。
- ★ 古巴采取的行动积极主动、反应迅速，有可能令华盛顿失衡。
- ★ 马蒂电台的建立可能耽搁了至少一年。
- ★ 卡斯特罗并未将其大规模无线电干扰的威胁付诸行动，我们并不知道是不是因为他从未有过这种意图，只是通过公共渠道及情报渠道传递虚假欺骗信息，还是他未打算实施干扰，但在最后时刻由于未知原因或不愿承受美国因此发起报复的代价而改变主意。

上述记录的主要空白是缺乏来自秘密线人的信息，及这种情况会在多大程度上影响美国政府的行动。在企图影响美国行政与立法机构官员的认知方面，古巴有着悠久而执着的历史。更为重要的是，我们现在已经知道，在此期间，古巴人控制了从古巴报告情况的美国特工。据一位国防部官员称，古巴利用他们通过情报渠道传递信息。取得有关上述活动的更多信息，有助于评估古巴认知管理 / 欺骗行动的效率。

分析所得增值：你认为信息来源的可信度如何？事件顺序给你带来何种启示？是否有信息空白应该填补？你是否应该寻找更多信息？对于有关美国政府行动的信息来源，因其多数为公共记录，所以我们认为其可信度很高。而对于古巴行动的信息多来自一手和二手源头，所以其可信度仅为中等。上述信息中的关键空白是，在马蒂电台播音之前的 1984 年末和

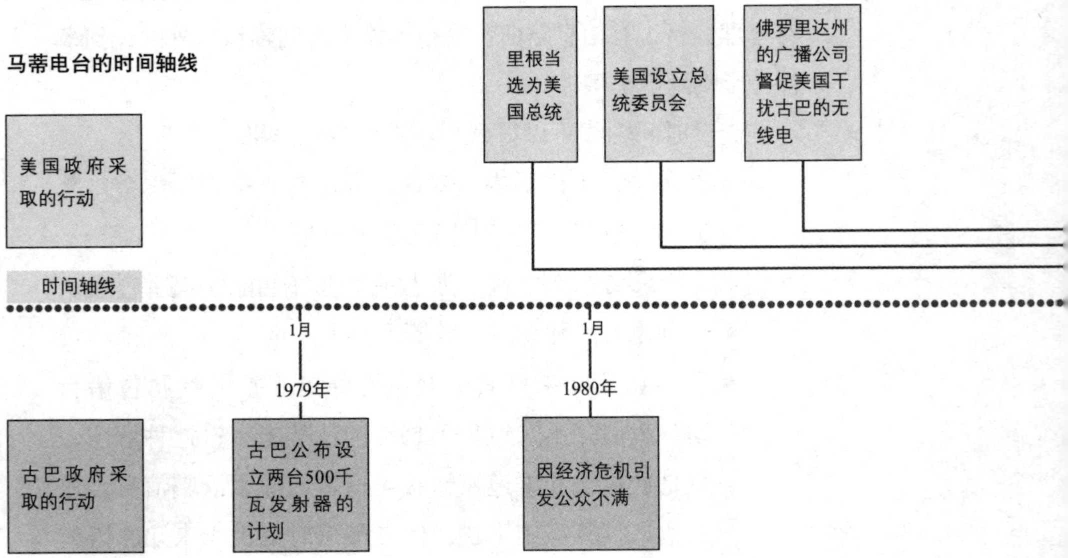

图 5.3　马蒂电台案例：美国与古巴行动的时间轴线

1985 年初，美国和古巴官员们都在思考和做些什么。

二、方法2：欺骗识别法

马蒂电台案例提供了几个重大的分析挑战。主要挑战之一是，卡斯特罗政权是否在利用认知管理和（或）战略欺骗来支持其对马蒂电台的反对行动。分析人员应该按照常规，考虑敌方试图误导他们，或可能藏匿重要信息。不能因为没有证据而简单否定出现欺骗的可能。如果欺骗工作做得好，不要指望能够找到欺骗的证据。但是，有些指标应该会提醒分析人员，他们自己可能成为欺骗目标，如情报报告的时间安排、线人的诚实可

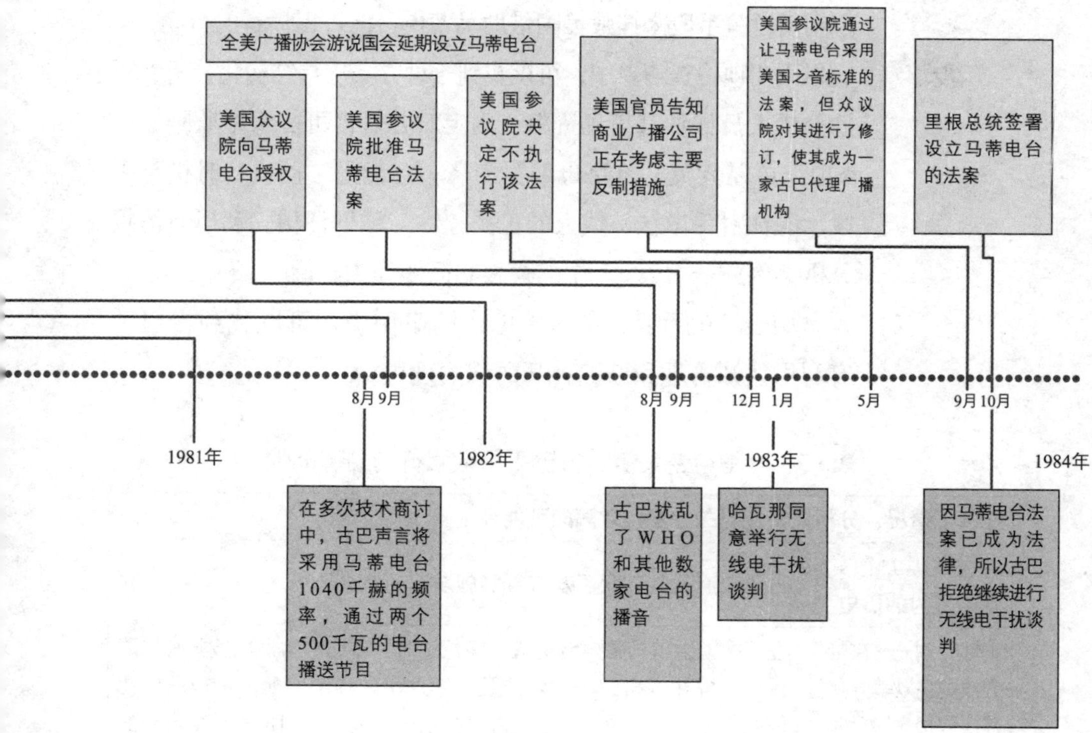

信度，或者相信线人的说法会带来已知和潜在的严重后果。

在里根政府执政前，古巴就已经与美国敌对 20 年之久。双方将所有的外交和军事战术都付诸实施，包括古巴部署核导弹带来的威胁。苏联及其对外情报机构（克格勃）指导和支持了古巴情报部门。克格勃有着悠久的利用认知管理和欺骗的历史。考虑到以上背景，分析人员需要保持警觉，留心对手有可能利用认知管理和（或）欺骗来帮助其实现目标。

任务 2：利用欺骗识别法，确定古巴是否可能正在利用认知管理和（或）欺骗来反对美国。

步骤 1：以《情报分析案例》一书表 5.2 为指南，评估是否能够利用欺骗识别法找出一个合理理由。如果能够找出古巴具有欺骗动机的理由，则将其作为需要证明或证伪的假设，加以表述。

如表 5.5 所述，大多数古巴观察者会说，古巴有强力理由考虑利用欺骗手段来挫败美国借助马蒂电台向古巴播音的行动。

步骤 2：在以下 4 项检查清单中，可以找到一种方法进行结构化分析，帮助分析人员评估其信息资料、确定对方是否可能实施欺骗。这 4 项清单以其英文首字母缩写命名，它们是：动机、时机与手段，既往对手做法，线人的可操控性与证据评估。利用《情报分析案例》一书表 5.3 中的模板和问题作为指南。

如表 5.6 所示，在马蒂电台的案例中，可以找到古巴政府利用认知管理和欺骗技巧的强力理由。

表5.5　马蒂电台案例：古巴采用欺骗行动的可能性

在以下情况，分析人员应当关注发生欺骗的可能性：	
潜在欺骗方有实施欺骗行为的历史。	古巴政府及其苏联盟友有着实施欺骗的悠久历史。
关键时刻——在接收方或潜在欺骗方获益甚巨或损失惨重时，收到关键信息。	在美国国会就马蒂电台采取关键行动时，古巴常常发出威胁并采取行动，旨在做出回应。公开及私下发出的声明表明，古巴政府相信，若美国开始向其广播，古巴会损失巨大。他们担心马蒂电台的节目会宣传其革命政府的失败，有利于在其政权内部引发不满情绪。

（续表）

所收信息来自诚信度有问题的线人。	
分析完全取决于某条关键信息或报告。	
若接受新信息，则需要该分析人员改变某一关键假定或关键判断。	接到的报告表明，古巴在准备阻塞或干扰美国无线电广播，因为预料到这种情况可能引起商界混乱，所以可能会促使美国国会决定放弃启动广播。
接受该新信息会导致情报界、美国政府或情报用户消耗或转移大量资源。	接到的报告表明，古巴在准备阻塞或干扰美国无线电广播，这可能会促使华盛顿制定代价高昂的反制措施。
潜在欺骗方可能拥有反馈渠道，告知其欺骗信息是否及如何得到处理并取得何种效果。	在整个美古较量期间，古巴人一直拥有及时、准确的反馈渠道，他们可以从美国国会获得美国对古巴各种威胁做出的反应、从双重间谍那里获得有关马蒂电台问题的信息。此外，渗透进美国政府的已被发现和未被发现古巴人，也有可能提供额外的报告。

表5.6　马蒂电台案例：利用MOM、POP、MOSES和EVE评估古巴采用欺骗手段的可能性

动机、时机与手段（MOM）	
动机：潜在欺骗方的目标和动机是什么？	在马蒂电台案例中，古巴的目标很明确：阻止该电台作为代理性电台机构向古巴广播，提供不受卡斯特罗政权控制的国内资料。为了挫败美国政府的这一计划，古巴采取的最佳策略是阻止美国国会通过该法案，或者让国会改变该电台的播音内容，以防这些内容给古巴政府带来国内问题。古巴威胁说，若马蒂电台开始播音就对其进行干扰。这是一种策略，旨在鼓励强大的美国商业利益方及其在国会中的代表反对设立马蒂电台。
渠道：潜在欺骗方用什么方法给我们提供信息？	美国通过多个渠道得到有关古巴意图的信息。公开信息包括古巴外交官与其他官员的公开声明。多个论坛进行的外交交流可以提供额外信息。古巴展示其干扰美国广播发射器的功率，为美国对其功率进行技术分析提供了公开信息和数据。此外，如果古巴能够控制其反对派有关古巴意图的部分或全部秘密情报搜集活动，则古巴或许能够影响美国对其意图的认知。

（续表）

风险：如果欺骗被识破，会让对手面临什么样的后果？	考虑到古巴的目的是挫败里根政府设立马蒂电台的计划，若其欺骗行动失败，或因被美国察觉而失败，则可能发生的最坏情形是马蒂电台开播。这一情形或许早晚都会出现，因为里根政府无须准备采取反制措施，也不会再冒古巴干扰美国电台播音的政治风险。若欺骗行动被识破，反对派会发现欺骗行动中所用手段。古巴人会斟酌采用上述手段的价值及需要承受的风险。
代价：潜在欺骗方会为了让欺骗渠道变得可信而牺牲敏感信息吗？	卡斯特罗的意图是本案例中至关重要的信息。如果他提供信息的行为是欺骗行动或认知管理活动的组成部分，则不会损失任何敏感信息，不需要付出任何代价。
反馈：潜在欺骗方有监控欺骗行动效果的反馈机制吗？	古巴人对潜在欺骗拥有丰富的反馈信息源，主要目标的回应、美国国会及各种利益集团提供了监控欺骗效果及其后续可信度的绝佳手段。如果古巴人控制了部分或全部秘密信息，他们可以评估其所控制线人提供的后续问题，来部分了解反对派评估这些信息的情况，及其对他们所做分析的影响。
既往对手做法（POP）	
对手有实施欺骗的历史吗？	将苏联导弹秘密运进古巴是20世纪最大的战略欺骗行动之一，古巴人是该行动的合伙者和促成者。[1]
当前的情况适用于其既往的欺骗模式吗？	欺骗行动常常被弱势或较弱的国家用来抵抗较强敌手，从这一意义上说，古巴采取欺骗行动的可能性与普遍接受的欺骗模式相吻合。本案例的具体情形表明古巴在扰乱电台播音方面应该具有欺骗美国的动机，但当时并无具体信息说明他们是否会扰乱播音。
如果不适用，还有其他的历史先例吗？	古巴导弹危机提供了试图欺骗美国的坚实历史先例。
如果不适用，情况的改变是否可以说明现在正在运用这种形式的欺骗？	广义欺骗史就是本案例的指导原则。

[1] 原注：对古巴导弹危机事件的详细阐述，参见 Graham Allison and Philip Zelikow, *Essence of Decision:Explaining the Cuban Missile Crisis* (New York: Longman, 1999)。

（续表）

线人的可操控性（MOSES）	
线人是否容易受到潜在欺骗方的控制或操纵？	古巴人有可能操控了所有提供有关其对马蒂电台所持立场信息的开源信息。此外，他们也有能力将其开源信息与其控制的任何秘密信息调整在一起。
判断线人是否可靠的依据是什么？	开源信息可以随意操控。但要操控开源信息中得出的技术信息则要难得多。具体来说，可以利用标准的技术分析方法来分析古巴扰乱美国电台播音的发射器能力。秘密人力情报资源如果受控，则其信息会始终受到操控。除了用来甄别线人的标准反情报技巧外，对于报告有关马蒂电台信息的具体线人，某种程度上也可以通过其所报告与其他信息源的一致性来进行评估。
线人有直接接触到信息的渠道，还是只有间接渠道？	在本案例中，线人能否直接接触到该信息，不会给分析人员提供任何方式来判断卡斯特罗是否知道当天的最后时刻要做些什么，是否将实情告诉了线人，还是在操控该线人。[1]
线人的跟踪报告记录如何？	即使该线人在相当长的时间里提供情况报告，但问题依然是该线人是否受到控制；假设受到控制，他在哪些方面受到了控制。
线人是否有提供错误信息的个人原因，如取悦情报搜集者、提升个人工作业绩或得到更多收入？还是线人可能充满善意但过于天真？	不适用。
证据评估（EVE）	
线人报告的准确度如何？包括翻译文本在内的整个证据链是否已经检查过？	在本案例中，分析人员拥有大量通过公开、秘密、人力及技术手段搜集到的情报。
关键证据是否印证过？记住，线人手下的线人比线人本人更重要。	至关重要的未知信息是，如果马蒂电台开始向古巴播音，卡斯特罗将如何回应。这个问题只能在最后一刻被确定。美国可能会通过收听美国电台的播音得知这一最终决定。

[1] 原注：Skoug, *The United States and Cuba Under Reagan and Shultz,* 27; Michael Wines and Ronald J. Ostrow, "Cuba Exults That CIA's Men in Havana Were Double Agents; In a Television Series, Alleged Spies-Turned-Heroes Tell How They Duped American Agency," *LA Times*, August 12, 1987.

（续表）

来自一个信息源（例如人力情报）的证据是否与来自另一信息源（例如信号情报或开源情报报告）的证据发生冲突?	不冲突。但从分析角度来看，这可能是欺骗的征兆。冲突与不一致是情报搜集的标准模式。
是否有希望得到的证据因缺席而惹人注目?	是的，见上文。
其他信息源是否提供了确凿的证据?	没有。如上文所述，没有证据能够回答最终问题——卡斯特罗在哈瓦那听到马蒂电台播音时会采取怎样的行动?

分析所得增值：总结以上4项检查清单的结果，它们是否证明或证伪了欺骗假设？该方法是否揭露了需要以更缜密的眼光，审查隐含假定或关键空白？上述4项清单中的内容可以成为古巴可能采取欺骗行动的强力理由：

★ 古巴实施欺骗行动的动机很强烈。哈瓦那认为马蒂电台会煽动民众对卡斯特罗政权的不满，但其缺乏必要的手段，如动用军队或进行经济制裁，也不敢给美国提供借口，让其直接对古巴岛采取行动。

★ 古巴及其苏联援助者均有实施欺骗行动的强大传统。

★ 古巴政权控制着古巴岛的所有公共信息源，而且，人们近年来还获知该政权当时也通过一个双重间谍网络操控美国人的认知。更为重要的是，这个政权拥有一个间谍网，渗透了华盛顿及佛罗里达的大部分官方机构，成为绝佳的欺骗信息反馈渠道，能够用来调整任何欺骗行动。

★ 缺乏有关古巴内部运行机制及战略制定方面的公开信息源和秘密报告，使分析人员根据“证据评估”为欺骗给出充分理由的难度加大。

该技巧揭示了几个假定与信息空白：

★ 关键假定是，古巴反对马蒂电台播音的唯一策略是扰乱美国的中波商业广播。哈瓦那还提供有其他几个选项，其中包括破坏电台设施、阻塞广播内容、终止双边协议以损害古巴裔美国团体的利益。

★ 对卡斯特罗及其核心领导层实际上在思考和策划的内容几乎一无所知。

★ 对古巴在美国的间谍活动和认知管理行动的复杂程度几乎同样一无所知。

三、方法3：多种假设生成法：象限假设生成法

有许多方法可用来帮助生成一套假设，其中包括基本头脑风暴（basic brainstorming）、利用结构化头脑风暴完成的简单假设生成法、利用 2×2 矩阵将流程结构化的象限假设生成法，以及多种假设生成程序法™。多种假设生成程序法™是一种软件工具，能够利用新闻记者式的一组经典问题（何人？何事？如何？何时？何地？何故？），生成首要假设排列，得出一套互斥的假设。[1]

在刚才提到的 4 种方法中，基本头脑风暴因仅涉及列出首先想到的东西，所以最不严格。在对假设生成做关键检验时，这个未经结构化的流程通常会在假设生成的关键检验中过不了关——因为所生成的该套假设应该全面且互斥。另外 3 种方法如果应用得当，则更可能通过这一关键检验。

在本案例研究中，象限假设生成法是个良好选择，原因是它可以在两个关键维度上定义分析挑战：古巴人可能考虑哪个范围内的选项？该选项对美国的影响可能达到何种严重程度？通过创立 4 个互斥的象限（各象限由以上两个关键维度的不同端点定义），这一象限假设生成法流程能够以 4 种不同的方式重新组织问题，激发出更大的创造性并确保分析方法更加全面。

任务 3：针对该问题，利用象限假设生成法生成一套 3 至 5 个假设：古巴会对马蒂电台的设立做出怎样的回应？

步骤 1：利用结构化头脑风暴或根据专家的分析，找出两个影响古巴就如何回应做出决策的关键维度或驱动因素。

[1] 原注：有关多种假设生成程序法™的更多信息，可访问 Http: //www.globalytica.com。

本案例中的两个主要角色是古巴和美国，在确定有关该问题的一套关键驱动因素或关键维度时，这是最佳切入点。关于古巴，关键问题是：卡斯特罗的基本目标是什么？他是否会不计后果，坚决阻止马蒂电台的播音？延迟马蒂电台的开播日期，改变该电台的节目安排，降低对古巴政权构成的威胁，他对这样做是否感到满意？从美国角度来讲，其关键担心是古巴打算对美国造成多大的损害。古巴是否干扰美国所有的中波商业播音，甚或袭击位于佛罗里达的马蒂电台设施？还是会做出温和回应，只是阻塞美国的播音，或根本不做回应？

步骤 2： 利用该问题的两个驱动因素或主要维度绘制一个 2×2 矩阵，以《情报分析案例》一书图 5.2 为模板。

步骤 3： 将每个关键维度或驱动因素视为从一个极端到另一个极端的连续统一体，在竖轴和横轴末端写出各驱动因素的极端条件。

此种情况下，两个关键维度是：针对美国利用马蒂电台向古巴播音的行为，**古巴反击的目标**，及古巴行动**对美国的潜在影响**如何。就古巴目标而言，极端的做法要么是阻止美国通过马蒂电台广播，要么是另一个极端，接受较为温和的回应，寻求**延迟**播音或**改变**播音内容，如图 5.4 所示。

步骤 4： 在各象限处，描述出由两个维度或驱动因素定义的最终可能状态，有些象限可能有一个以上的最终状态；各象限的最终可能状态如表 5.7 所示，图 5.5 为其图表式内容概要。

以下两个步骤（步骤 5、6）是该方法的组成部分，但未用于本案例研究。

步骤 5： 写出说明事态正向其中一种最终状态发展的路标或指标。

步骤 6： 利用路标制定情报搜集策略，确定事件的发展方向。

分析所得增值：象限假设生成法是否帮助你做出了利用传统头脑风暴方法可能难以想到的替代假设？你得出的那套假设是否全面且互斥？针对其中任一象限，你是否生成了一个以上的假设或最终状态？象限假设生成法推动分析人员从不同角度思考潜在假设，能够促使其不仅扩大假设范围，而且探究不采用此方法时未进行思考的可能性。其另一优点是，2×2 矩阵中的各象限均被一套不同驱动因素或维度所界定，从而保证大多数（若非全部）假设均互斥。若此矩阵的单一象限得出两个假设，则这一规则显然并不适用。

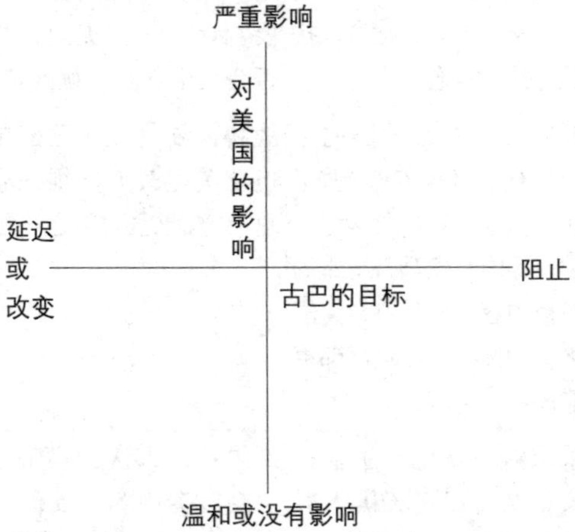

图 5.4　马蒂电台案例：象限假设生成法的驱动因素

表5.7　马蒂电台案例：象限假设生成法的最终状态

假设	描述	评论
1. 采用会对美国产生**严重影响**的方式**阻止**马蒂电台的播音。	利用威胁，然后进一步破坏美国大部分（若非全部）的电台播音，以迫使美国政府关闭马蒂电台。	古巴人展示了其破坏美国电台播音的能力，且能够无限期地进行此类破坏活动，或者能够进行此类破坏活动直至美国同意关闭马蒂电台。但古巴人将有遭到美国报复的风险。
2. 采用会对美国产生**严重影响**的方式**延迟或改变**马蒂电台的广播节目。	损坏或毁坏马蒂电台的设施，特别是其位于佛罗里达的天线，以延迟或反复延迟其播音。	古巴人在佛罗里达拥有或能够研发出秘密基础设施，来损坏位于马拉松基（Marathon Key）的马蒂电台发射器。这种极具有风险的回应更有可能延迟马蒂电台的播音，而非终止之。
3. 采用会对美国产生**温和影响或没有影响**的方式**阻止**马蒂电台的播音。	干扰马蒂电台的播音，但其功率不会干扰美国的商业广播，仅此而已。	干扰是对付不受欢迎的外国广播的传统回应手段，被苏联和其他共产主义国家广泛采用。古巴面临的挑战是要干扰马蒂电台的信号，但又要避免扰乱使用相同频率的美国广播节目。

（续表）

4a. 采用会对美国产生**温和影响或没有影响**的方式**延迟或改变**马蒂电台的广播节目。	威胁说要扰乱美国的电台广播节目并实施一些干扰活动，以虚张声势，阻止美国发起播音，但实际上若马蒂电台开始播音，扰乱却并未实施。	由于发射器已经到位，古巴只需要付出微乎其微的增量成本即可扰乱美国的播音，以其作为阻止或延迟马蒂电台播音的策略。但若美国选择开始播音，古巴人可能要算计一下，美国报复行为带来的风险是否会大于其实际扰乱美国中波播音的收益。
4b. 采用会对美国产生**温和影响或没有影响**的方式**延迟或改变**马蒂电台的广播节目。	威胁说要扰乱美国的电台广播节目并实施一些干扰乱活动，以虚张声势，迫使美国改变马蒂电台的节目内容，使其符合美国之音的标准，让哈瓦那更能接受。	威胁说要扰乱美国的电台广播节目，意在迫使美国改变广播内容，这会让华盛顿在政治方面更能接受，更容易取得成功。
4c. 采用会对美国产生**温和影响或没有影响**的方式**延迟或改变**马蒂电台的广播节目。	采取对马蒂电台主要提议者及古巴裔美国人群体利益产生不利影响的行动，不允许其家人前往古巴岛或不允许其亲属离开古巴岛。	如果古巴人认为马蒂电台会继续播音，且不会改变内容，他们可能会尝试因为古巴裔美国人群体支持该电台而对其进行惩罚。

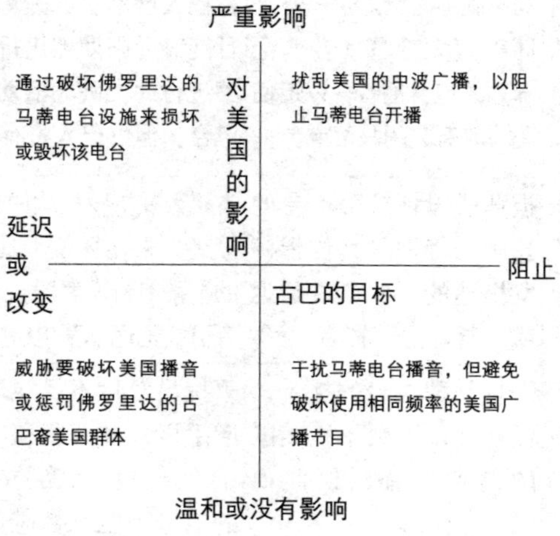

图 5.5　马蒂电台案例：象限假设生成法的最终状态

至于是否应该往任一象限内输入一个以上的假设，则会牵出一个合理性问题。“每个象限内只设一个假设”这一原则的依据是，这样能够保证假设的互斥。而每个象限设置多个假设的理由，则是能够推动分析人员跳出条条框框，制定出一套更为严谨的假设——其中有些常常违反直觉，但在这一意义层面上却很有价值。

在本案例研究中，针对**“延迟”**或**“改变”**马蒂电台播音会对美国产生**“温和影响”**或**“没有影响”**，生成了3个假设。生成多个假设的价值在于，能够就哈瓦那会采取何种行动这一问题激发某些新观点——其中之一确实在古巴终止《美国与古巴移民协议》时成为现实，该协议取消了古巴裔美国人家庭成员前往古巴探视其亲属的条款。

四、方法4：竞争性假设分析法

社会科学研究的原则及数十年的认知与决策试验确认，在思考复杂问题时，分析人员会通过将分析过程结构化而受益，从而确保所有相关数据资料均能搜集到手，获得最客观的评估。[1] 分析人员面临一个持久存在的挑战——处理不完整、模糊、异常和有时具有欺骗性的信息资料。此外，对分析时间的严格限制和“打个电话问问”的需要，常常与众多天然的人类认知倾向纠缠在一起，导致判断不精确或不完整。

为了满足情报界的需要，特别是为了方便那些研究可能涉及欺骗行动问题的分析人员，我们开发了一种结构化分析方法——竞争性假设分析法。这一方法要求分析人员利用大范围的数据、假定和信息空白，来识别和辩驳可能假设，增大其战胜以上挑战的机会。根据霍耶尔和弗森的说

---

[1] 原注：对社会科学研究原则的深入讨论，参见 Gary King, Robert O. Keohane, and Sidney Verba, *Designing Social Inquiry* (Princeton, NJ: Princeton University Press, 1994)；对影响分析的认知问题的探讨，参见 Richards J. Heuer Jr., *Psychology of Intelligence Analysis* (Reston, VA: Pherson Associates, 2007)。

法，“竞争性假设分析法涉及识别一套互斥的替代解释或结果（以假设的形式给出），及选出最能与证据相吻合的假设”。[1]

任务 4：就“古巴会如何力图延迟或阻止马蒂电台播音？”这一问题，用竞争性假设分析法软件识别出哪些假设提供了最可信解释。在网站 Http: //www.globalytica.com 或帕洛阿尔托研究中心（Palo Alto Research Center，PARC）的网站 Http: //www2.parc.com 可以获得这个基础版的 ACH 软件。在 Http: //www.globalytica.com 网站可以获得协作版的 ACH 软件（名为 Te@mACH®）。

步骤 1：根据象限假设生成法练习的结果，选出 3 到 5 个假设，努力使其互斥。

美国利益相关者主要担心古巴会破坏整个美国的商业广播节目，但如果扩大这一情报问题的外延，提出“古巴会如何力图延迟或阻止马蒂电台播音？”，则古巴人做出的其他回应就会被包括在内。因此，结构化分析的第一步就是恰当提出问题，确保思考范围能够覆盖全部可能后果。

一个假设实际上是某人回答某个问题做出的最佳猜测。根据霍耶尔和弗森的说法，在竞争性假设分析法练习中，“假设应互斥，即如果一个假设真实无误，则其他全部假设就必然是假的。假设清单应包括所有合理的可能。如果加入一个欺骗假设合适，则加入之”。[2] 就与马蒂电台相关的假设而言，有些假设会因为古巴人破坏美国播音的意图，而非其破坏能力而互斥。表 5.8 为值得思考的一套假设。

---

[1] 原注：Richards J. Heuer Jr. and Randolph H. Pherson, *Structured Analytic Techniques for Intelligence Analysis*, 2nd ed. (Washington, DC: CQ Press, 2015), 180 (见《情报分析：结构化分析方法》第七章).

[2] 原注：Richards J. Heuer Jr. and Randolph H. Pherson, *Structured Analytic Techniques for Intelligence Analysis*, 2nd ed. (Washington, DC: CQ Press, 2015), 185 (见《情报分析：结构化分析方法》第七章).

表5.8 马蒂电台案例：竞争性假设分析法中的精选假设

序号	假设
1.	古巴**扰乱**美国的播音节目，阻止马蒂电台开播；
2.	古巴**破坏**马蒂电台的设施，延迟或阻止其播音；
3.	古巴**干扰**马蒂电台播音的同时却并不扰乱美国其他播音节目，仅此而已；
4.	古巴采取威胁和部分扰乱行动**实施欺骗**，延迟马蒂电台的播音或使其改变节目内容；
5.	古巴**惩罚**古巴裔美国人群体，以延迟马蒂电台的播音或使其改变节目内容。

步骤 2：列出一份包含所有相关信息的清单，包括重要证据、论据、空白和假定。

见表 5.9，该表列出了 14 条不同的相关信息。

表5.9 马蒂电台案例：竞争性假设分析法中的相关信息

1.	虽然古巴于 1950 年在《北美无线电广播协议》(North American Radio Broadcasting Agreement) 上签了字，但到卡斯特罗掌权后的 20 世纪 60 年代，古巴开始加强对中波节目的干扰。到了 20 世纪 70 年代，这已成为严重问题。
2.	1979 年，古巴向国际电信联盟提交了一份资产清单，其中包括安装两台功率为 500 千瓦的无线电台的计划。这一功率超过美国无线电台所允许限度的 10 倍。
3.	苏联解体及其经济援助滑坡严重损害了古巴经济，导致民众不满爆发。
4.	1981 年 8 月，古巴声称打算将 500 千瓦电台的频率变为 1040 千赫和 1160 千赫。
5.	1982 年，佛罗里达广播协会理事会实施一项决议，督促美国政府干扰古巴无线电播音，直至古巴停止非法干扰。
6.	多名技术情报线人确认了古巴广播电台的位置。
7.	美国联邦通信委员会估计，两台 500 千瓦发射器如果以最大功率播音，连阿拉斯加与夏威夷的人都能听到。
8.	8 月 30 日，古巴发射器以 1040 千赫的频率和 150 千瓦（是美国法定最高功率的 3 倍）的功率播音数小时，严重干扰了 WHO 电台的播音及其他数家美国电台的活动。

（续表）

9.	全美广播协会利用上述播音情况，代表农场主和卡车司机游说国会议员，说服其延迟马蒂电台的设立，参议院决定不通过该法案。
10.	1983 年 5 月，《纽约时报》报道说，美国高级官员曾告知商业广播公司，他们正在考虑拟定一份清单，内有 40 条针对古巴干扰美国无线电台的反制措施，其中包括摧毁古巴用于干扰的发射器。
11.	美国众议院通过了马蒂电台法案的修正案，声称该电台必须采用美国之音的标准。
12.	1983 年 9 月，国会最终通过了马蒂电台法案，翻开了立法史的新篇章，使该电台成为位于美国国内的古巴代理广播电台。
13.	1983 年 10 月 4 日，里根总统签署了设立马蒂电台的法案。
14.	确定马蒂电台以 50 千瓦功率、1040 千赫的频率播音，不会干扰位于得梅因的 WHO 电台信号。

步骤 3：针对各个假设，通过提出“这些信息是高度一致、一致、高度不一致、不一致、介于一致与不一致之间，或不适用于该假设？”的问题，对相关信息加以评估。（Te@mACH® 软件并不包括“介于一致与不一致之间”这个类别的信息。）

将上述 5 个假设及 14 条相关信息输入 Te@mACH® 软件工具，可以按照图 5.6 所示给各单元格中的内容打分。

步骤 4：重新思考以上假设，提炼该矩阵。合并两个假设、增加一个新假设或分解当前假设，是否有道理？

欺骗假设与**惩罚**假设或许能够合二为一，因为两者目标相近——延迟马蒂电台的播音或改变其播音内容，同时又降低了古巴遭受美国报复的风险。

步骤 5：就各假设的相对可能性得出暂时性结论，软件会计算出不一致分值。不一致分值最低的假设暂时为最可能的假设，不一致分值最高的假设暂时为最不可能的假设。将不一致分值最低的各

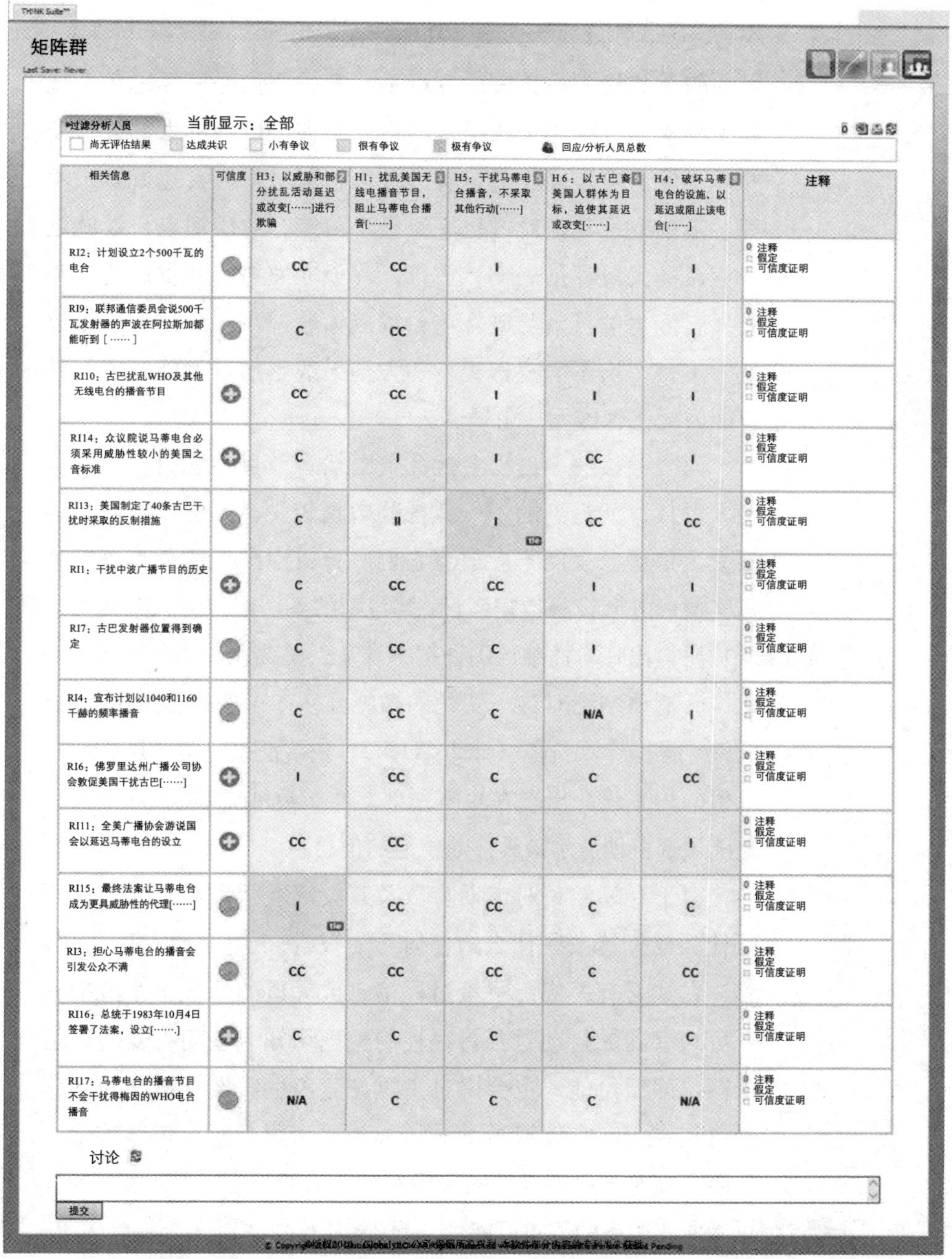

相关信息	可信度	H3：以威胁和部分扰乱活动延迟或改变[……]进行欺骗	H1：扰乱美国无线电播音节目，阻止马蒂电台播音[……]	H5：干扰马蒂电台播音，不采取其他行动[……]	H6：以古巴裔美国人群体为目标，迫使其延迟或改变[……]	H4：破坏马蒂电台的设施，以延迟或阻止该电台[……]	注释
RI2：计划设立2个500千瓦的电台		CC	CC	I	I	I	0 注释 假定 可信度证明
RI9：联邦通信委员会说500千瓦发射器的声波在阿拉斯加都能听到［……］		C	CC	I	I	I	0 注释 假定 可信度证明
RI10：古巴扰乱WHO及其他无线电台的播音节目		CC	CC	I	I	I	0 注释 假定 可信度证明
RI14：众议院说马蒂电台必须采用威胁性较小的美国之音标准		C	I	I	CC	I	0 注释 假定 可信度证明
RI13：美国制定了40条古巴干扰时采取的反制措施		C	II	I tie	CC	CC	0 注释 假定 可信度证明
RI1：干扰中波广播节目的历史		C	CC	CC	I	I	0 注释 假定 可信度证明
RI7：古巴发射器位置得到确定		C	CC	C	I	I	0 注释 假定 可信度证明
RI4：宣布计划以1040和1160千赫的频率播音		C	CC	C	N/A	I	0 注释 假定 可信度证明
RI6：佛罗里达州广播公司协会敦促美国干扰古巴[……]		I	CC	C	C	CC	0 注释 假定 可信度证明
RI11：全美广播协会游说国会以延迟马蒂电台的设立		CC	CC	C	C	I	0 注释 假定 可信度证明
RI15：最终法案让马蒂电台成为更具威胁性的代理[……]		I tie	CC	CC	C	C	0 注释 假定 可信度证明
RI3：担心马蒂电台的播音会引发公众不满		CC	CC	CC	C	CC	0 注释 假定 可信度证明
RI16：总统于1983年10月4日签署了法案，设立[…….]		C	C	C	C	C	0 注释 假定 可信度证明
RI17：马蒂电台的播音节目不会干扰得梅因的WHO电台播音		N/A	C	C	C	N/A	0 注释 假定 可信度证明

图 5.6 马蒂电台案例：Te@mACH® 矩阵群评估结果

注释：CC= 高度一致；C= 一致；I= 不一致；II= 高度不一致；N/A= 不适用。

个假设列在矩阵左边，把最高的列在右边。

两个与相关信息中内容最不一致的假设是**破坏**电台设施和**干扰**播音。纯粹**干扰**播音的假设与古巴以往的大部分行动并不一致。决定停止逼迫美国政府，对马蒂电台播音置之不理，不采取行动，对古巴来说极不可能。对**破坏**电台设施这一假设的大量评估表明，古巴以往设立发射器并发展扰乱美国播音能力的行动与破坏电台设施策略并不一致。实施上述任一策略，均不需要古巴构建大型无线电播音设施或展示其有能力扰乱美国无线电播音。

两个假设——古巴会**扰乱**美国播音节目与**惩罚**古巴裔美国人群体，所得到的不一致得分数量较少，其中没有一个能够令人信服，表明不应放弃它们。分析中出现的最有可能为真实情形的假设是**欺骗**假设，其得到的不一致得分只有两个。

步骤 6：若你所得出临时性结论的证据中有几点关键证据解释出现了变化，分析该结论对这一变化的敏感性。如果使用基础版 ACH 软件，根据诊断价值（diagnosticity）来给证据分类，最具诊断价值的信息就会出现在矩阵顶部。而 Te@mACH® 软件则会在矩阵顶部自动显示最具诊断价值的信息。

对于对峙结束时卡斯特罗及其关键顾问人员实际上在想些什么或打算做些什么的任何可信报告，这一分析将至为敏感。在缺乏有关实际决策过程信息或渠道的情况下，区别某一可观察到的行动是否旨在控制美国认知或表明报复的真正意图，即便可能，也会困难重重。竞争性假设分析法的部分价值就在于，它能够帮助分析人员严密思考所有可能策略，从而提高对自己所维护的最终判断能力的信心。

步骤 7：思考所有假设的相对可能性，报告结论。

在本案例中，**欺骗**假设看起来是卡斯特罗最可能的行动选择，但需要对此给出警示信息。例如，用注释说明，以往卡斯特罗被激怒到一定程度时，曾采取鲁莽的行动（如在古巴导弹危机期间击落美国的 U-2 侦察机），这样做比较谨慎。

步骤 8： 确定日后观察所需的指标或标志性事件。

优秀分析人员会去寻找与首要假设不一致的信息。例如，需要搜寻能够证明**欺骗**假设有误的关键指标包括：

* ★ 古巴再次采取了扰乱美国商业广播的行动；
* ★ 卡斯特罗发表公开演讲，威胁说古巴要采取具体的报复措施；
* ★ 报告说古巴有破坏马蒂电台实施的计划。

同样，对于卡斯特罗打算通过实施扰乱美国无线电广播节目的计划来击败马蒂电台设立的**扰乱**假设，也有关键指标倾向于予以否定，包括：

* ★ 古巴高级官员私下对佛罗里达（或其他地方）的广播公司保证，不会发生扰乱其广播节目的事情；
* ★ 公开及私下场合做出的相对折中声明表明，卡斯特罗在通过与美国达成某种交易来避免出现严重对峙的局面。

分析所得增值：根据你的分析结果，可能性最大和最小的假设是哪些？最具诊断价值的信息有哪几条？支持信息资料的假定有哪些（如有）？相关信息是否有任何空白可能会影响到你的信心？你对最具可能性假设的评估有几分确信？上述分析表明，最为可能采取的行动是实施欺骗及中等程度的干扰，以逼迫美国延迟播音或采用美国之音的标准来削弱马蒂电台的影响，但也不能排除古巴采取更为严厉报复措施的可能。这些主要取决于马蒂电台开播时卡斯特罗的心境，他认为美国采取报复措施的严厉程度，以及他对能够实现干扰马蒂电台广播信号，以降低其对自己政权所构成政治风险的信心度。贯穿上述分析的一个关键假定是，卡斯特罗对美国及古巴国内的任何刺激性事件，均能采取理性行动予以回应。信息中的最大空白是无人知晓卡斯特罗的意图。因为对卡斯特罗或其任一关键顾问的意图知之甚少，所以分析的可信程度最多达到中等。

五、结论

1983 年 10 月，里根政府签署马蒂电台法案，电台开始向古巴播音。约两周后，哈瓦那宣布退出无线电干扰谈判，声称反对美国策划的马蒂电台对古巴播音行动。[1] 哈瓦那还继续威胁，要扰乱美国的中波商业无线电广播节目。[2]

分析人员提醒说，无论卡斯特罗如何公开声称，或者情报报告预测会采取何种行动，他始终可能在最后一刻变卦。从已知事实来看，分析人员可以推断出，古巴**有可能**扰乱美国的播音节目，但无法推断出马蒂电台开始播音时一定会扰乱美国的广播节目。

1985 年 5 月 20 日，马蒂电台法案签署超过一年半后，该电台开始向古巴播音。[3] 古巴确实并没有扰乱美国的商业中波广播节目，以对美国进行报复，但选择立即终止了《美国与古巴移民协议》，令其中家庭成员互访的条款作废。

结构化分析方法的应用价值

在本案例研究中，应用结构化分析方法可从两个方面对分析过程有利：

★ 鼓励分析人员全方位地设想各种可能结果或可以验证的假设，包括欺骗假设。在此种情况下，分析人员将大部分精力只聚焦于两个结果之上——严重扰乱美国的广播节目，或不会出现严重扰乱。斯寇（Skoug）评论说，没人料到古巴会以废除家人互访协议来回击支持马蒂电台的古巴裔美国人。这点他说得很对。通过鼓励分析人员

[1] 原注：Skoug, *The United States and Cuba Under Reagan and Shultz,* 23.

[2] 原注：Skoug, *The United States and Cuba Under Reagan and Shultz,* 56.

[3] 原注：Susan B. Epstein and Mark P. Sullivan, *Cuba*: *Background and Issues Through 1994* (Washington, DC: Congressional Research Service), 2.

考虑范围广泛的假设，结构化分析方法会帮助分析人员告知决策者其他可能结果，促使他们转而寻求更多有关这些结果的信息。

★ 在思考卡斯特罗最可能采取何种行动时，促使分析人员专注于最为重要的数据资料。应用结构化分析方法能够推动分析人员格外谨慎地审视秘密报告，因为这样做才能最好地洞察卡斯特罗的真正意图。但这些分析人员当时根本不可能意识到，卡斯特罗几乎控制了美国情报界所搜集到的全部有关古巴的人力情报报告内容，并利用这些报告内容传递其回应马蒂电台计划的欺骗性信息。尽管如此，在卡斯特罗并未扰乱美国中波广播节目之后，人们可能已经提出一些有关关键线人可靠性的尖锐问题。[1]

六、重要收获

★ 导致分析人员做出低劣分析判断的认知缺陷和思维定式会产生负面影响，结构化分析方法则提供了克服或（至少是）削弱这些负面影响的最佳机制之一。开始分析时，要始终给出全方位的可信假设，这样才能帮助确保决策者不会因实际发生的情形而惊诧不已。

★ 在处理对分析至关重要，特别是来自秘密线人的报告时，要始终自问该信息是否可能是故意给出的欺骗信息。在此种情况下，可将其用于强化有关古巴拥有扰乱美国中波广播节目手段和意图的开源情报报告。

[1] 原注：Skoug, *The United States and Cuba Under Reagan and Shultz,* 23.

[第六章]

通往塔宁科瓦之路

内容提要

2005 年，对于修建一条穿越塔利班要塞塔宁科瓦（Tarin Kowt）的畅通之路，美国军方面临一个关键性抉择。塔宁科瓦是阿富汗的一个省会城市。美国与其他国际捐助方将此路视为稳定阿富汗局势与实现该国民主化、现代化的关键要素。随着推翻塔利班后阿富汗第一次议会选举的即将到来，美国军方考虑实施进度飞快的施工时间表，以便该道路竣工时能赶上此次选举。本案例采用了**关键假定检查法、魔鬼代言人**及**"优势—劣势—机会—威胁"法（Strengths-Weaknesses-Opportunities-Threats）**，彻底评估行动环境、敌人可能做出的回应，及美国对阿富汗更广泛目标的潜在影响。

表6.3　案例快照：通往塔宁科瓦之路

所用结构化分析方法	《情报分析：结构化分析方法》中所在章节	分析类别
关键假定检查法	第八章	因果评估
魔鬼代言人	第九章	质疑分析
"优势—劣势—机会—威胁"法	第十一章	决策支持

本案例要求学生不仅要抓住艰难的战术和战役选择，还要掌握人们隐含的政治经济发展信念，以及这些选择对该地区文化的适用性。在战术和战役层面，本案例包含几个潜在权衡选择：加速道路施工可能需要在项目安全方面做出让步，而施工过于谨慎则可能降低其潜在的政治影响。案例还凸显了某些复杂的现实情况，需要采取深思熟虑的方法加以应对。该地区的人们不仅是必须与之建立关系以推进施工和赢得其对中央政府支持的村民，还是美国必须与之斗争的叛乱者。另外，其中有多少当地人可能愿意改变立场，也不得而知。普什图人行为准则中的文化规范意味着众多当地人表面上会欢迎甚至帮助美国实施其计划，但内心深处却排斥这种对其生活方式的侵犯。白天在帮助推进项目的人，夜晚则非常可能在施工道路上埋设简易爆炸装置。

在战略层面，本案例描绘了当地文化规范与美国变革目标（表面为喀布尔政府的目标）之间的反差。本案例的目标之一是向学生传授方法，帮助他们找到支撑政策选择的潜在假定，以便查出和解决政策规划的问题，提高成功概率。本案例中的方法能够帮助学生评估一些隐含的信念——有关行动环境、预期敌人回应及美国对阿富汗更宏大目标产生的潜在影响的信念。学生不应集中精力构建具体的行动步骤，而应集中精力确定那些眼前任务，此种任务不仅会破坏道路修筑，还会颠覆美国在该地区的其他目标。

一、方法1：关键假定检查法

关键假定检查法是一种系统性活动，能够明确和质疑那些引导分析人员解读有关具体问题的证据和推理时所做的假定。分析人员必须处理不完整、模糊和有时具有欺骗性的信息，而做出假定通常是填补信息空白必不可少的手段。做出假定的动力来自分析人员所受的教育、培训和经验，包括其生活和工作于其中的文化和组织环境。识别假定可能很难，因为很多假定是人们所坚信的社会文化信念，或在不知不觉中占据人们的脑海，以至于它们被假定为真理，不受任何质疑。但当关键假定无效时，识别此类假定并评估其整体影响，则是严谨分析过程中至关重要的组成部分。

任务 1：对以下问题进行关键假定检查：美国倾向于做出按时完成坎大哈至塔宁科瓦道路施工的决策，以迎接 9 月 18 日举行的国民议会选举，并以此为其宏大目标——“鼓励经济发展、加强中央统治和改善安全局面”的组成部分。

步骤 1：召集一小组研究该问题的人员，外加几个“局外人”。这一主要分析单位已经按照既定的思维模型进行了研究，因此需要“局外人”带来其他观点。

步骤 2：最好要求参与者与会时带来一份假定清单，若没有清单，则以一次无声的头脑风暴专题会开始会议。让每个参与者在 3 英寸×5 英寸的卡片上写下数个假定。

步骤 3：收集卡片，在一块白板上列出以上假定供大家查看。可以使用《情报分析案例》一书表 6.4 中的简单模板。

针对本案例通过头脑风暴所得到的关键假定列出一份初始清单，清单可以包括数个高层次（higher-order）假定，例如：

- ★ 当地民众希望拥有 / 需要这条道路；
- ★ 阿富汗政府希望拥有 / 需要这条道路；
- ★ 美国军方希望拥有 / 需要这条道路；
- ★ 美国军方有能力修筑这条道路；
- ★ 这条道路让当地人、阿富汗政府和美国 / 北约的军事行动获益，其程度超过塔利班的获益。

步骤 4：引出更多假定。沿着分析主线回溯至支撑该主线的关键论据。利用各种工具来帮助激发参与者的思考。提出记者式的标准问题：何人？何事？如何？何时？何地？何故？

诸如“将始终”“将永不”或“将要”之类的用语，表明某一观点未受到质疑，可能应该如此。诸如“根据”或“一般来说”之类的用语，表明正在做出一个质疑假设。

提出上述问题能够让分析人员分解和提炼初始头脑风暴得到的清单内容。在本案例中，此项工作可以揭露出更加细致入微的新假定与潜在假定。例如，塔利班愿意让这条道路建成这一假定，可以支撑该道路让当地人、阿富汗政府和美国 / 北约获益这一关键假定。上述假定如不提出，则不会引起考虑，因此应该对它们加以思考，列入“关键假定”表格中。

步骤 5：确定完一整套假定后，严格审查各个假定。提出以下问题：

- ★ 我为什么相信这个假定正确？
- ★ 这一假定在何种情况下可能不实？
- ★ 该假定是否可能过去正确，但现在已不再正确？
- ★ 我对该假定有效的自信度有多大？
- ★ 若该假定被证明无效，将对分析产生多大影响？

步骤 6：利用表 6.4，将各个假定归入以下三类之一：

1. 基本有支持依据；
2. 有些警示正确；
3. 缺乏支持依据或有问题——针对“关键不确定处。

表 6.7 为假定分类范例。

步骤 7：提炼该清单，删除经不起仔细审查的假定，补入讨论中出现的新假定。

这一过程表明，对假定进行补充以捕捉重要的细微差异，十分重要。例如可以将当地人“希望拥有”和“需要”该道路的假定各个部分拆分开来。它同时还揭露了支撑初始假定的新假定。其中一个假定例证就是——该道路会增加该地区的商业活动，而阿富汗政府反过来又有能力利用该道路推动商业活动。

表6.7 关键假定检查法范例

关键假定	评论	有支持依据	给出警示	缺乏支持依据
当地人希望拥有这条路。	他们可能不希望拥有这条沥青路，对外地人的高度怀疑，可能影响当地人对建筑这条路的真正目的，及其给该地区带来可能影响的看法。		✓	
当地人需要这条路。	这一假定是当地人受制于没有道路的现状，他们要在商业、货品、服务、政治参与及安全等方面花费大量出行时间。潜在假定是，有一条路会改变上述一切情形。		✓	
如果这条路建好，当地人就能够利用它。	利用这条路他们是否感到安全？在有美国军队驻扎的情况下他们可能感到安全，但苏联人入侵的历史表明，有必要在该地区持续维持安全存在。		✓	
普什图人的行为规范意味着当地人会欢迎该工程并提供帮助。	在普什图人的行为规范中，殷勤好客和充满敌意相随相伴。在与美国军队互动时，当地人可能欢迎该工程，甚至给予帮助，但美国军队不在时则对其实施破坏。		✓	
阿富汗领导人希望美国铺设该路。	阿富汗政府缺乏资金和能力，但希望拥有这条道路，所以希望美国建成。	✓		
阿富汗政府能够利用这条路提高安全水平、推动商业发展和加强统治。	这就假设阿富汗政府有提供安全、推动商业发展和改善统治的必需能力（有关商业活动的更多假定，见下文）。			✓
美国工兵能够铺筑这条道路。	美国军队拥有多方面的能力，但缺乏铺路能力。		✓	
有一条能够发挥作用的道路，阿富汗政府和美国/北约军队获益程度超过塔利班。	任何能够利用该路且确实使用该路者均会获益，其中包括塔利班，他们可能对利用该路达到自己的目的感兴趣。			✓

（续表）

塔利班将允许该路建成。	有可能，塔利班也能看到从该路获得的收益（见下文中的另外一种表述）。		✓	
塔利班不会立即破坏该路。	有可能。塔利班可能尝试采取行动，证明其对该路拥有控制权，尤其是，这一地区传统上是塔利班堡垒。该组织可能利用该路，以美国/北约军队为目标，进行伏击，安放简易爆炸装置。		✓	
美国/北约承担其义务的程度依然如故。	目前尚不清楚卡尔扎伊政府是否会一直当权，美国是否会保持其对“持久自由行动”所承担义务的当前水平。		✓	
该路会增进该地区的商业活动。	苏联人占领时期的道路使用记录使人对这一假定生疑。道路使用并未推动商业活动，在“圣战者”袭击苏联人补给线时，道路为其提供了目标。			✓
该路会改善这一地区的安全局面。	苏联人的经验表明，该路既可能用于改善安全，也可能用于破坏安全。			✓
该路会提高国会选举中投票人的数量。	可能会让更多人参与投票，但需要假设投票站沿该路分布，外来人员（美国军队与其他人）的存在会鼓励投票人参与投票，而非相反。			✓
道路施工及时完成，会为赞成阿富汗中央政府的候选人赢得更多选民支持。	缺乏支持依据。不能假定一种对外来人员和中央政府充满固有怀疑的当地文化，会对在其中间地带修筑一条道路的这些外来人员心怀感激之情。			✓
只有美国及其外国承包商才能够及时完成该路铺筑。	关键因素是时间太紧，没有充足的时间让美国军队雇佣和培训当地施工人员。	✓		

步骤 8：考虑是否应该将关键不确定处转化为情报搜集需求或研究课题。

在本案例中，有几个关键不确定处源于“该道路会提高投票人的参与度、改善安全局面和商业活动、扩大阿富汗中央政府的控制区域”这一假定。其他关键不确定处是“有一条能够发挥作用的道路，阿富汗政府和美国/北约军队的获益程度超过塔利班”和“塔利班会以当前易控的力度继续反对美国/北约的存在”。上述两个假定均表明，为持续利用该道路，（美国/北约或阿富汗的）永久性安全存在需要持续多久。

分析所得增值：缺乏支持依据的假定可能对修路决定产生何种影响？对于铺设该道路收益大于风险的结论，军队决策者有几分自信？该策略在很大程度上以假定为前提，即该策略在西方背景下可能有效，但用于普什图文化却有问题。其结果是，不能假定当地人会对该道路的建成感恩戴德，不能假定他们会通过参与民主进程来表达这种感激，也不能假定包括塔利班人员在内的当地人，会以美国预期的方式使用该道路。

该分析的另一关键因素是塔利班军队在该地区的行动。如果塔利班增强其反对美国与当地人员合作的力度，则会严重影响美国按时、安全铺筑该道路的能力，该道路对当地舆论的影响也会受到严重影响。建设该道路的决策基础有一部分是建立在这一假定前提条件之上，即塔利班的军事行动会停留在当前水平，且美国能够采取措施，抑制其行动，使其行动维持在此种水平。

二、方法2：魔鬼代言人

可以利用魔鬼代言人对所提议的分析判断、计划或决策提出批评。军队指挥官或决策者在做出最终决策前，常常利用这一方法询问分析可能出现的错误。针对所提议决策或分析判断，魔鬼代言人能够给出可能出现的最强力反对情形。这些情形常常通过审查关键假定和不确定性来源而提出。

任务2：就美国悬而未决的决策——“此次选举前完成坎大哈至塔宁科瓦的道路”，构建能够对其提出反对意见的最强可能情形。

步　骤：虽然魔鬼代言人并无既定步骤，但分析人员可以从该项目的战略目标、假定和信息空白着手。可以将上述几个步骤作为有用的起点，勾勒出反对该道路项目的情形。然后，再逐步提出否定各个目标的合乎逻辑的论据。

最好的魔鬼代言人方法会识别出美国的战略目标，并将其拆分开来，从前文练习中确定的关键假定和信息空白中汲取营养，并加以扩充。从美国的战略目标着手，可以让学生克服安全、政治和经济覆盖范围扩大带来的困难，然后坐下来处理工兵们完成其任务所面临的更多策略问题。可以采用下述论据加以展开：

美国陆军工程兵团（US Army Corp of Engineers，USACE）的这一工程，会危害美国在该地区经济发展、统治加强及安全强化方面的更多目标。该工程实施的前提基于这样一个总体假定，即当地人会欢迎外来者建设公路，参与在9月份举行的选举，支持卡尔扎伊政府，以表示感激。面对高度怀疑外国人和中央政府的普什图文化，这一假定并不靠谱。当地人可能会将该道路视为侵略者及想成为霸权主义者的喀布尔人入侵的象征。

- **商业方面**。项目假定，实施该工程会推动当地合法的贸易活动，但并没有对其潜在商业影响进行正式研究。对于该路会产生预期的商业影响，过往先例所提供的根据少之又少。阿富汗的其他道路，有些成了军阀们向卡车司机勒索过路费的摇钱树，有些则成为毒品和军火贩子的运输通道。
- **统治方面**。项目假定，与更慢、更耐心的进度安排相比，该工程经过压缩的施工时间轴线对当地舆论会产生更为有益的影响。之所以制定加速施工的进度表，其理由基于这样一个信念，即当地人会对美国的工程业绩刮目相看，承认该路会令当地人的日常生活受益，将其感激之情转化为对9月大选中进步力量的支持。但更可能出现的结果是，当地人会对外来者侵入该地区的速度产生畏缩情绪。大多数普什图人都不希望铺设通往喀布尔的道路，不可能对修筑这些道路怀有感激之情。相比之下，施工进度放缓则会让美国军队扮演道路施工推进者而非执行者的角色。他们可以雇佣、培训当地施工力量来建设这条道路。这种做法最有可能让当地人获得如同道路主人翁的感觉，避免将道路工程视为外来者强加给他们的工程。

* **安全方面**。虽然美国军队配有许多所需资源，但考虑到道路沿线的威胁情况，第 864 工兵营自身无法为完成该任务提供足够的安全保障。此外，实施该工程所做的假定是，该路一旦建成即可发挥作用，只需要美国 / 北约或阿富汗政府持续保持很少的安全存在，或根本无须这种存在。苏联人的经验告诉人们，保障道路安全需要部署大量军队，而事实证明这不可能。在苏联人缺乏持续安全存在的情况下，“圣战者”战士利用道路伏击苏联的护卫部队，产生了致命影响。其结果是，道路几乎没有起到刺激商业活动的作用，苏联军队的控制范围从来没有超出重要公路和人口中心所在区域。

分析所得增值：哪些问题会破坏该工程的设定目标，原因何在？有些学生认为这一分析过程是对一道命令或一项任务的事后评判，对此可能感到不太舒服。应该向学生强调，做此项练习的目标是通过广泛而详尽地思考潜在困难，来提高完成任务的机遇。上述潜在困难暴露出来后，决策者就能加以克服。

三、方法3：“优势—劣势—机会—威胁”法

“优势—劣势—机会—威胁”法（SWOT）分析可通过为战略规划提

供组织和搜集数据的框架，来评估某一目标。SWOT 分析的设计旨在阐明需要进行进一步探讨和更加详细规划的领域，因此，它一般是严密政策流程中的一个早期步骤。SWOT 分析也是找出和解决政策选项问题，并确定具体行动以提高成功机会的重要部分。

任务 3： 在此次 9 月大选前，铺设一条道路将坎大哈城与塔宁科瓦连接起来，以鼓励该地区的经济发展、加强中央统治和改善安全局面。就这一悬而未决的决策进行 SWOT 分析。

步骤 1： 明确定义目标。

步骤 2： 将推动和阻碍实现该目标的优势、劣势、机会和威胁填写在《情报分析案例》一书表 6.5 中。表 6.8 为 SWOT 分析范例。

表6.8 SWOT分析范例

美国的优势	美国的劣势
★ 知识、技能、设备及后勤力量； ★ 紧靠现场周围区域的安全保障能力； ★ 资金充裕； ★ 阿富汗政府的支持。	★ 美国士兵和设备遭受极端环境（酷热 / 高海拔 / 沙漠）的挑战； ★ 美国面临语言文化障碍； ★ 该路位置偏远、远离基地； ★ 工兵营配备的安全力量（步兵）不足； ★ 没有现成的当地信息提供者网络； ★ 在该地区的短期驻扎妨碍关系的确立，助长人们将其视为外来者的想法。
美国的机会	**美国面临的威胁**
★ 与当地众多村民接触； ★ 雇佣及培训当地施工力量； ★ 为实现美国的后勤目标而利用道路，将其用作交通线； ★ 利用道路建立和维持与当地信息提供者网络的联系； ★ 研究道路对当地及该地区经济产生的潜在商业影响。	★ 容易成为塔利班袭扰 / 伏击的目标，可能增大塔利班将其作为目标的机会； ★ 塔利班可能利用该路达到其宣传鼓动目的，让当地人反对该工程； ★ 美国工兵会因施工期间出现的任何失误或事故受到责备； ★ 供应线受到偏远环境和叛乱分子的威胁； ★ 成功完成道路施工可能会让阿富汗政府承担代价高昂的维护费用。

步骤 3：提出以下问题，确定实现该目标的可能策略：

★ 我们如何运用各项优势？

★ 我们如何改善各项劣势？

★ 我们如何利用各个机会？

★ 我们如何缓解各个威胁？

将你的策略填入《情报分析案例》一书表 6.6 中。表 6.9 为范例。

表6.9　SWOT第二阶段分析

运用优势	改善劣势
★ 美国决心利用美国军队资产和美国国际开发署（US Agency for International Development，USAID）的援助，快速建设该条基础性道路。	★ 沿该路建设后勤基地，预先把所需供应物质部署到位； ★ 利用当地阿富汗人翻译和文化顾问确定部落首领； ★ 建立小型民间事务组织，与当地人协作； ★ 要求步兵和空军对完成该任务提供支持； ★ 轮流使用新设备或在天气不太热时施工。
利用机会	**缓解威胁**
★ 利用早期拓展区域与当地村庄的长老们一起审查道路铺筑路线； ★ 利用空中优势输送供应物质； ★ 在可能的情况下利用当地施工力量。	★ 把权力交给村庄长老，令其看到道路收益，使其更愿意接受施工中遇到的不可预见问题； ★ 利用当地人运送供应物质，同时采用空运方式加大运送量； ★ 利用美国步兵团扫荡周围深山中的塔利班势力； ★ 让施工队伍吸纳当地人加入，这会让施工进程放缓，但如果他们能够帮助建立起一支懂得道路维护的劳动力队伍，这些人还可以提供有关当地人和叛乱者的位置信息，将有利于美国强化其优势。

分析所得增值：美国军队应采取何种步骤为道路施工做好准备？SWOT 分析带来的最大收益是，鼓励分析人员对各个领域进行彻底、明确的思考，帮助其确定美国道路施工应该采取的若干切实可行步骤。

严谨的 SWOT 分析会深深切入上述各个领域，制订出满足各项要求的计划：

★ 扩大与当地阿富汗领导人的接触，赢得其对道路铺筑路线的认同，找到适当的供水位置，获得当地后勤支持和二次补给；

★ 找到拥有当地特有知识的翻译人员和文化顾问；

★ 协调美国军队的其他单位，保障安全和二次补给。

四、结论

美国最终承诺会制定一个紧迫的时间表来修建这条道路。2005 年 8 月 18 日，陆军工兵在道路中间点位置以象征性的“机器切刀叶片会师”动作完成了道路施工。这支施工队伍由特遣部队标兵率领，由美国陆军、阿富汗国民军、美国国际开发署及国际性承包商组成。在完成道路竣工计划的过程中，他们都发挥了重要作用。这些工兵们之所以能用 4 个多月的时间就完成了该路的施工，他们精细和富有创造性的规划及执行功不可没。

> 他们有效利用了设备操作人员轮番作业制度，建立前方行动基地并在该处作业，利用道路沿线的材料，依靠战士们转变角色，承担军事专业以外的任务……来提高施工效率。[1]

第 864 工兵营到达阿富汗时，配备有重型设备、施工人员、训练有素的排雷和查找简易爆炸装置的战地工兵，以及其他车辆设备维护人员和维修资产。他们也与其他陆军部队协作，获得步兵支援。上述部队为保护道路本身及清除该区域塔利班人员的安全行动提供援助。后勤部队则保证供应物质、零部件及信函邮件的传递流动。此外，他们还安排工兵执行道路沿线的清障任务，并提供装甲运兵车安全运送这些工兵。美国国际开发署的承包商和分包商与部队协作，一起铺筑道路。陆军部队还提供额外的重型设备、材料试验服务和实验室，并增派观察哨，以保证前方行动基地、

---

[1] 原注：Laura M. Walker, “Task Force Pacemaker Constructing a Road to Democracy,” *Army Engineer,* September–October 2005, 20.

水井、道路基层土料和后续资金的安全。[1][2]

特遣部队标兵队员们并不只是简单地接手第 528 工兵营留下的工程，从南至北地铺路；他们还在塔宁科瓦城展开施工并朝该城以南方向作业，同时在道路中间点建立前方行动基地加油站，为作业提供支持。该加油站四面有土台围护，设有警戒塔楼，各组施工人员可以在此安全地储存和维护设备、就餐、睡觉，偶尔冲个凉，有时也可以给家人打电话。

通往塔宁科瓦的道路施工时间是在美国正式实行反叛乱学说（counterinsurgency doctrine，COIN）之前。虽然反叛乱学说并非新概念，但它却放弃了以激烈军事行动打击叛乱分子的手段，转而通过赢得当地民众的人心，实现击溃敌人的目标。正如戴维·格鲁拉（David Galula）在其对反叛乱战争的经典论述中阐释的：

> 如果叛乱分子让大众成功脱离反对叛乱的人们，从身体上控制他们，得到其积极支持，则叛乱分子就会赢得战争。其原因是，最终解析表明，政治权力的行使取决于民众的明确或默许认可，或者最坏的情况下也需要其服从。[3]

特遣部队标兵借助当地翻译人员，确保沿路各村能够提供支持，对其友好相待。美国提供了从安全到标准基础设施在内的一切，希望这样做能够让叛乱分子丧失当地人对其的信赖。特遣部队标兵在执行任务期间与当地人建立了工作关系，但随着道路的竣工，部队移师他地，维护与当地人这种伙伴关系的责任，就落在了当地政府官员与安全部队肩上。[4]

---

[1] 原注：2010 年 7 月 6—7 日，美国陆军上尉克劳迪娅·克罗斯兰（Claudia Crossland）于弗吉尼亚与作者的访谈。

[2] 原注：Elizabeth Wannstedt, "Meeting of the Blades," *Army Engineer*, September–October 2005, 30–31.

[3] 原注：David Galula, *Counterinsurgency Warfare: Theory and Practice*, Westport, CT: Praeger Security International, 1964, 4.

[4] 原注：2010 年 7 月 6—7 日，美国陆军上尉克劳迪娅·克罗斯兰于弗吉尼亚与作者的访谈。

特遣部队标兵取得了明白无误的战术和战役成功，但要确定这种工程业绩在多大程度上推动了美国战略目标——“鼓励经济发展、加强中央统治和改善安全局面”的实现，仍然困难重重。[1] 2002 年至 2007 年间，美国政府在阿富汗道路施工上投资了约 17 亿美元。2008 年的一项研究表明，美国政府问责局（US Government Accountability Office，USGAO）查明：

> 在阿富汗道路重建方面，美国及其他国际捐助方投资了数十亿美元，用于推动经济和社会发展，维护国家安全和稳定。虽然有人评论说，道路重建后对阿富汗社会经济状况的改善做出了积极贡献，但可靠的影响评估显示，能够证明上述工程获得了期望收益的证据微乎其微……[2]

该问责局还声称：

> 美国国际开发署官员及其他人员报告了工程产生积极影响的一些例子，诸如商业活动的增多及交通费用的降低等。但上述结果却是基于有限的定性评估或轶事信息，因而不具有普遍意义。[3]

---

[1] 原注：US Government Accountability Office, *Afghanistan Reconstruction Progress Made in Constructing Roads, but Assessments for Determining Impact and a Sustainable Maintenance Program Are Needed* (GAO-08–689), July 8, 2008, 5. Available at Http: //www.gao.gov/products/GAO-08–689.

[2] 原注：US Government Accountability Office, *Afghanistan Reconstruction Progress Made in Constructing Roads, but Assessments for Determining Impact and a Sustainable Maintenance Program Are Needed* (GAO-08–689), July 8, 2008, 38. Available at Http: //www.gao.gov/products/GAO-08–689.

[3] 原注：US Government Accountability Office, *Afghanistan Reconstruction Progress Made in Constructing Roads, but Assessments for Determining Impact and a Sustainable Maintenance Program Are Needed* (GAO-08–689), July 8, 2008, 3. Available at Http: //www.gao.gov/products/GAO-08–689.

美国政府问责局发现，2004 年至 2007 年间，国防部在坎大哈省和乌鲁兹甘省的指挥官应急响应计划（Commanders' Emergency Response Program, CERP）项目上花费了近 1500 万美元，美国国际开发署在坎大哈城至塔宁科瓦的道路工程上花费了 2500 万美元。[1] 美国陆军工程兵团向美国政府问责局报告说，该兵团所观察的一般性"影响指标"，包括公路建成后交通流量的增大及加油站数量的增多。[2] 对国防部来说，上述进展表明，通过在各地区、省份及中央政府之间开辟交通线路，上述道路以何种方式改善了政府统治状况。[3]

但一位与特遣部队标兵合作的阿富汗安全部队高级官员却说，走这条路回家，他只要 45 分钟，但他却很害怕。因为塔利班"不喜欢这条塔宁科瓦公路，会采用恐怖手段对付喜欢走这条公路的人"。他还预测说，"如果美国人撤走，'没有人会在这条路上行走'。"[4] 该公路一竣工，筑路工兵们便不再保卫坎大哈城至塔宁科瓦公路沿线区域的安全，而确保该公路交通安全的任务就落到了阿富汗安全部队肩上。[5]

要评估该道路对此次选举所带来的影响，会更加复杂，原因是选举日前后会发生许多事件，而将道路施工单独列为一项独立因素，本身也有

[1] 原注：US Government Accountability Office, *Afghanistan Reconstruction Progress Made in Constructing Roads, but Assessments for Determining Impact and a Sustainable Maintenance Program Are Needed* (GAO-08–689), July 8, 2008, 26. Available at Http: //www.gao.gov/products/GAO-08–689.

[2] 原注：US Government Accountability Office, *Afghanistan Reconstruction Progress Made in Constructing Roads, but Assessments for Determining Impact and a Sustainable Maintenance Program Are Needed* (GAO-08–689), July 8, 2008, 26. Available at Http: //www.gao.gov/products/GAO-08–689.

[3] 原注：US Government Accountability Office, *Afghanistan Reconstruction Progress Made in Constructing Roads, but Assessments for Determining Impact and a Sustainable Maintenance Program Are Needed* (GAO-08–689), July 8, 2008, 26. Available at Http: //www.gao.gov/products/GAO-08–689.

[4] 原注：Laura M. Walker, "Up Close ... Task Force Pacemaker's Solders: Impressive Dedication and Professionalism," *Army Engineer*, September–October 2005, 26.

[5] 原注：2010 年 7 月 6—7 日，美国陆军上尉克劳迪娅·克罗斯兰于弗吉尼亚与作者的访谈。

难度。2005年9月18日，部队完成该公路施工一个月后，阿富汗人前往投票站，这是该国1969年以来的首次议会选举。选举在塔利班的暴力威胁之下得以举行。此次选举结果显示，与2004年总统选举相比，选举中坎大哈省与乌鲁兹甘省的投票选民数量出现了断崖式下降（见图6.1）。在2004年选举中，农村选民数量达到近73%，而在2005年的选举中，这一数量仅接近50%。在2009年选举中，该数量继续降低，投票人数跌至31%。在坎大哈省与乌鲁兹甘省，投票选民的数量从超过40%下降至刚过20%。因此，不可能单独精确算出该公路所产生的影响。[1]

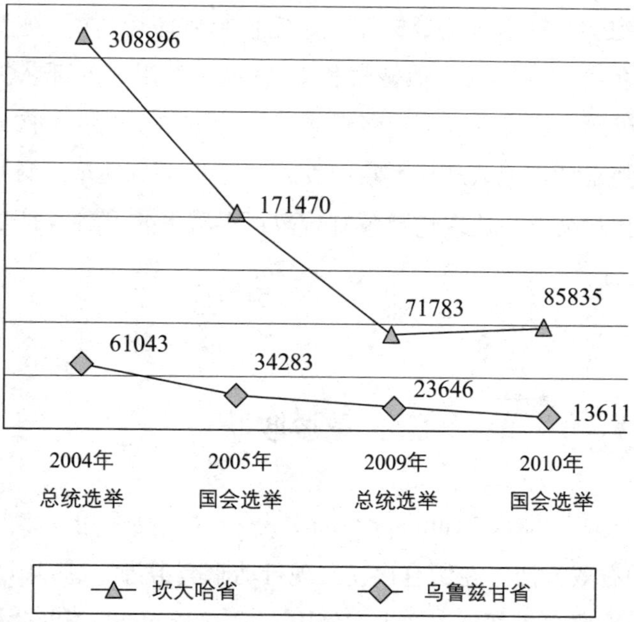

图6.1 2004—2010年阿富汗选举投票结果

资料来源：由作者根据阿富汗国际选举委员会（International Election Commission，IEC）公布的最终选举结果编制而成。原始数据见Http: //www.iec.org.af/。

[1] 原注：作者根据阿富汗国际选举委员会公布的最终选举结果对原始投票数据进行了编制，该委员会是一个官方选举机构。原始数据见Http: //www.iec.org.af。该选举委员会"是一个符合宪法规定的机构……是一个专业性选举管理机构"，其任务是"以公正和高效的方式实施自由公平的选举和投票"。

至多可以说，该公路可能减缓了投票选民数量的下跌速度，否则其下降幅度可能会更大。上述数据至少说明，在人们参加选举方面，该公路并未产生原先预想的影响。

通往塔宁科瓦的公路，成为阿富汗的希望与现实之间差距的明证。2004 年美国陆军工程兵开始铺筑这条公路时，它还是一条连接坎大哈城与塔宁科瓦的土路，走完全程需要 15 个小时。2005 年，新铺筑的公路施工完成后，工程兵们全程用时仅 3 个小时。[1] 但在几年的时间内，这条通往塔宁科瓦的公路却成了世界上最危险的公路之一，外国人和阿富汗人都不能放心地在上面行走，害怕遭到塔利班叛乱者的袭击，路上的车辆主要局限于 100 到 200 辆卡车组成的车队，它们行驶缓慢，两周行动一次。[2] 一支由 300 名身穿制服的当地警察和 1700 名民兵组成的部队护送这些卡车。[3]2009 年，一名澳大利亚记者记录了他沿该路所做的一次旅行。黎明时他随一支阿富汗护卫队从坎大哈出发，24 小时后到达塔宁科瓦城。此行取道这条现代化公路，比取道那条有着数百年历史的土路用时要多出近 10 个小时。[4]

五、重要收获

★ “红队法”（Red Team approach）是一种包括采用众多技巧进行分析的有效方法，在所有旨在发现行动暗藏劣势的过程中，这一方法都是重要组成部分。在本案例中，这一方法能够帮助分析人员确定

[1] 原注：Walker, “Task Force Pacemaker Constructing a Road to Democracy,” 19.

[2] 原注：Bette Dam, “Danger on the Road to Uruzgan,” *Radio Netherlands Worldwide (RNW) News*, July 10, 2009, Http: //hunaamsterdam.nl/english/article/danger-road-uruzgan.

[3] 原注：Jeremy Kelly, “Long Road to Tarin Kowt,” *The Australian*, April 28, 2008, Http: //www.theaustralian. com.au/news/world/longroad-to-tarin-kowt-story-e6frg6so-1225704435431.

[4] 原注：Jeremy Kelly, “Long Road to Tarin Kowt,” *The Australian*, April 28, 2008, Http: //www.theaustralian. com.au/news/world/longroad-to-tarin-kowt-story-e6frg6so-1225704435431.

战略、战役及战术目标的定位失误。

★ 即使时间不充裕或专业知识不足，分析人员也能利用这些结构化分析方法确定正确问题，在劣势对任务结果产生有害影响之前归纳出一种弱化它们的方法。

[第七章]

谁谋杀了乔纳森·卢纳?

内容提要

乔纳森·卢纳（Jonathan Luna）是一位喜欢社交的联邦检察官，2003年12月神秘死亡。此事让其朋友和同事深感震惊，引发了一场耗时多年的跨州调查：乔纳森·卢纳如何身亡？死亡原因何在？围绕一堆模棱两可、有时相互矛盾的证据，出现了多种推测。分析人员利用**年表法与时间轴线法**、**简单假设法（Simple Hypotheses）**、**多种假设生成程序法™（Multiple Hypothese Generator™）**以及**竞争性假设分析法**等来追踪和评估事件，得到一系列合理解释，并严格评估该案例中令人疑窦丛生的证据。

表7.1　案例快照：谁谋杀了乔纳森·卢纳？

所用结构化分析方法	《情报分析：结构化分析方法》中所在章节	分析类别
年表法与时间轴线法	第四章	分解与可视化
简单假设法	第七章	假设生成与检验
多种假设生成程序法™	第七章	假设生成与检验
竞争性假设分析法	第七章	假设生成与检验

卢纳案件一直没能水落石出，它并不是一个有着最终正确答案指向某一杀手（无论其是卢纳本人，还是其他人）的不解之谜。在面对缺少重

要信息的案件时，分析人员应当首先集中精力设计并完成一个切实可行的分析流程，搭建出问题构架，理清案例中杂乱无章的数据、假定和信息空白。简言之，眼下的重点应集中在定义一个分析流程，增大分析人员发现和吸纳所出现信息的机会，并在未来找到谜底。

围绕本案例出现的争议及可以公开获得的详细信息，把本案例变成上佳的教学工具，教授学生掌握时间轴线法、年表法、假设生成法及竞争性假设分析法等，如何帮助分析人员系统地梳理、排列和分析数据群，将一组复杂的事件提炼成更优（若非完美）的焦点问题。这种做法还能充分说明地理空间可视化工具（譬如绘图软件）如何凸显原本可能被忽视的分析要点——例如距离、时间及定位等方面的异常情况。最后，正如采用人力情报、电子情报和新闻报道的所有案例一样，本案例彰显了分析中确定信息来源及其可信度的重要性，特别是在处理目击者报告、二手报告及事后回忆所得信息时。

一、方法1：年表法与时间轴线法

年表法与时间轴线法是一种简单但有用的工具，能够帮助人们按照事件的先后顺序将其排列，以图表形式将信息展示出来，且能够找出可能的信息空白、异常现象及相互关系。这一方法能够让分析人员跳出庞杂的证据表象，从更有利的战略位置审视信息资料。年表法可以与时间轴线法和绘图软件搭配使用，生成展示诸如时间、地点、地势、天气及其他出行状况等多层次信息的地理空间成果。

利用本案例的细节绘制一个带注释的时间轴线和地图，在确定关键证据、信息可信度及空白方面极其有用。

任务 1：画一条卢纳最后时光的时间轴线。

步骤 1：按照事件发生的日期和顺序找出与本案有关的信息，考虑如何以最佳方式按照时间轴线排列以上信息。以上信息中是否有可以归类者？

采用时间轴线法来排列本案例的数据资料，可以有很多方式。就本案例而言，一条完整的时间轴线能够反映出卢纳在纽约的青年时期直至其死亡，以至今日的信息。这条轴线会包括其死亡前有关各种活动的全部参考信息及调查得到的新信息。上述新信息应当反映在这条时间轴线上，显示其所发生的时间点。如果想让时间轴线更为精细，则还可包括一条单列的时间轴线，在上面标明报告上述信息的时间。采用这种方法不仅能够帮助分析人员看清信息展开的情况，还能让其知晓获得信息的时间。这样，分析人员即可能在信息报告模式中找出可能与欺骗假设相关的异常情况。

图 7.1 为从本案例时间轴线上截取的一段，说明如何双向展示相关信息，以反映包括假定和空白在内的证据和分析内容。该时间轴线将证据分为三类：卢纳的已知行动，卢纳轿车的移动轨迹，卢纳银行卡的使用情况。

步骤 2：审查该时间轴线，提出以下问题：

★ 是否有任何数据缺失？

在当天 17 时 30 分至卢纳于 23 时后回到办公室的这段时间里，有关其活动情况的信息缺失。这一信息空白引出若干重要问题。例如，他几点到家？他是否直接回了家？当晚他去办公室的准确时间是几点？打电话给对他持反对意见的律师时身处何地？

★ 以上任一似乎发生得过快或过慢的事件，是否按照信息资料所给的顺序和时间合理发生？

进行调查时，当局说对于从 0 时 57 分有人用卢纳的银行卡在特拉华州一个停车休息点的自动取款机上取款开始，到 2 时 47 分卢纳的轿车穿过 276 号州际公路上的特拉华河大桥收费广场，这 2 小时——他们无法做出解释。[1] 根据其驾驶时间

---

[1] 原注：Eric Rich and Allan Lengel, "US Prosecutor's Death Still Puzzling," *Washington Post,* December 3, 2004, Http: //www.washingtonpost.com/wp-dyn/articles/A29745–2004Dec2.html.

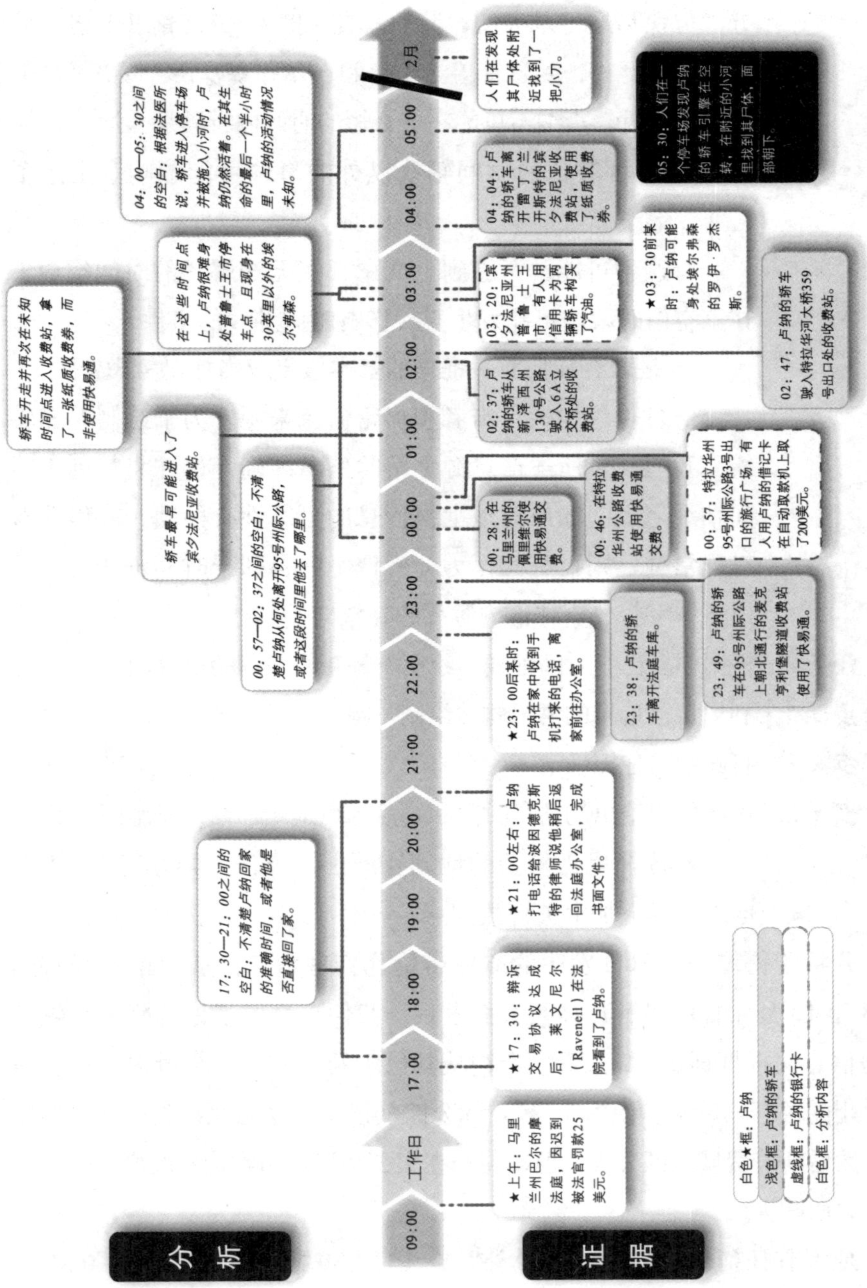

图 7.1 卢纳最后时光的时间轴线节选

判断，他进入宾夕法尼亚州收费站的最早时间可能是 1 时 45 分，但快易通记录表明，其轿车在 2 时 47 分之前并未进入该收费站。此外，到达普鲁士王市和埃尔弗森罗伊·罗杰斯的时间过于接近，卢纳不可能在这么短的时间内行驶那么远。

★ 是否有任何时间轴线以外的事件可能影响了上述活动?

有这种可能。考虑到上文中那些无法解释的时间空白，在该空白时段内可能发生直接影响时间轴线的事件。

★ 是否有任何有关证据的基本假定应当加以考虑?

信息来源包括目击者和秘密信息来源。为了绘制时间轴线，我们假设所述信息源上报的信息准确无误并将其列于时间轴线之上。如果对该上报信息的可靠性有疑问，或信息含有异常处，则可将其作为分析评论内容列于时间轴线之上。用斜体字将分析评论内容反映在该时间轴线上。

任务 2：根据你自己的时间轴线，绘制一幅带有注释的事件图。

步骤 1：利用自己选择的常用软件绘制一幅该地区的地图。

步骤 2：将路线盖住。

步骤 3：用案例中给出的适当时间和地点为该地图加注（见地图 7.2）。

若选择更为复杂的地理空间展示方法，则在表 7.2 中的地理坐标上加上关键数据点。

分析所得增值：事件发生的顺序带给你何种信息? 从卢纳离开家到 2003 年 12 月 4 日清晨其尸体被人们发现，我们只有关于他的轿车和银行卡的信息。根据地图 7.2 来看，卢纳从其巴尔的摩办公室绕道去了宾夕法尼亚州的兰开斯特县。他沿 95 号州际公路从巴尔的摩向北行驶前往特拉华州，然后朝着费城地区驶去，但接着却在宾夕法尼亚州收费站改变了行车方向，向西开去。

是否有任何信息空白应当填补? 在 17 时 30 分至 21 时之间、0 时 57 和 2 时 37 分之间，及在 4 时 04 分至 5 时 30 分之间出现空白，而 0 时 57

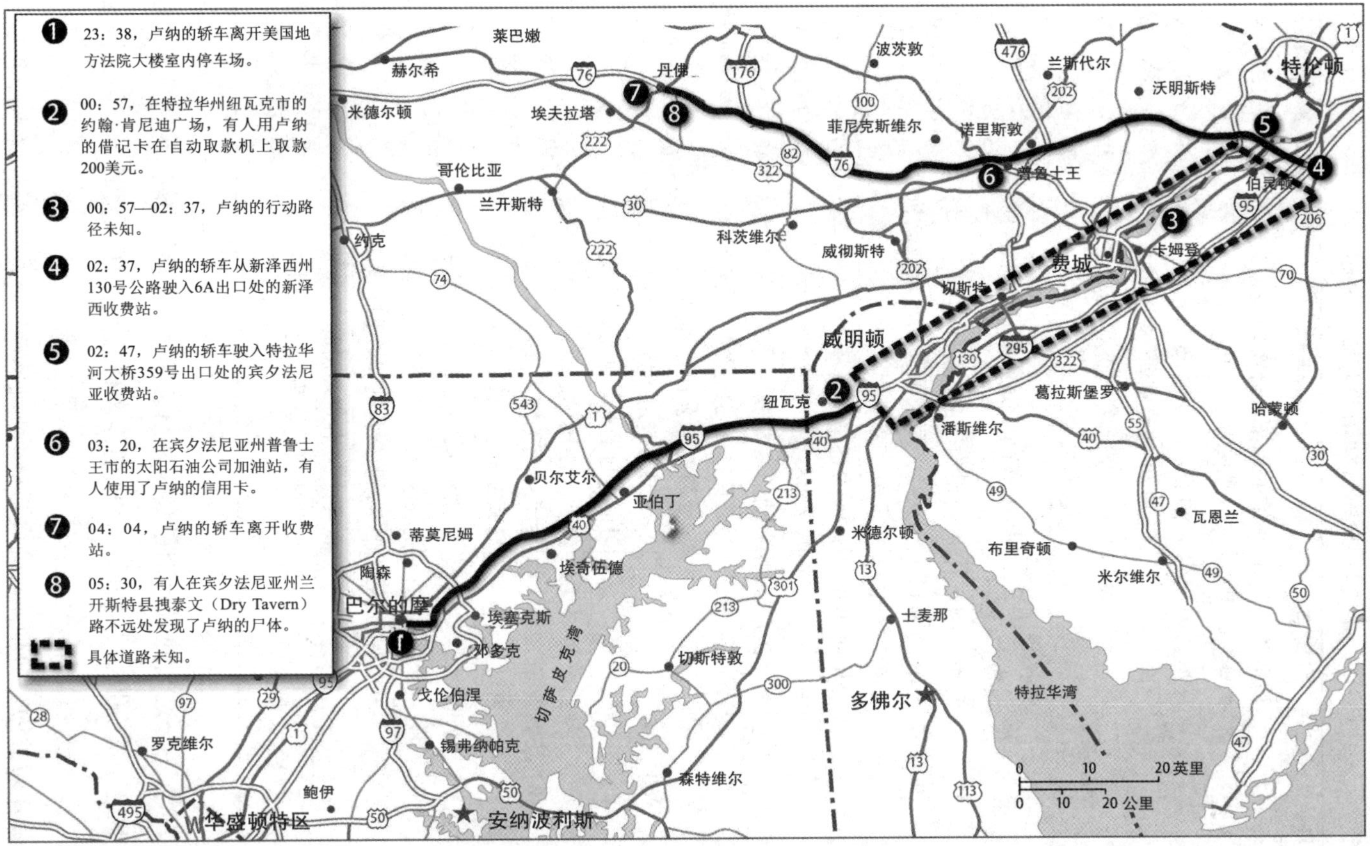

地图 7.2　卢纳生命最后时光的行动路线图

表7.2　卢纳行动路径的地理坐标

日期	时间	地点	活动	地理坐标
12月3日 周三	23：38	马里兰州巴尔的摩法院大楼	卢纳的轿车离开美国地方法院大楼室内停车场。	39°17′13.21″N 76°37′2.43″W
	23：49	马里兰州巴尔的摩	卢纳的轿车穿过95号州际公路上朝北通行的麦克亨利堡隧道收费广场。	39°15′39.12″N 76°34′38.87″W
12月4日 周四	00：28	马里兰州佩里维尔	卢纳的轿车穿过佩里维尔收费广场向北行驶。	39°35′15.68″N 76° 4′24.15″W
	00：46	特拉华州公路收费广场	卢纳的轿车穿过收费广场向北行驶。	39°38′42.39″N 75°45′52.56″W
	00：57	特拉华州纽瓦克市95号州际公路3号出口	有人用卢纳的借记卡在旅行广场的埃克森公司加油站的自动取款机上取了200美元。	39°39′45.30″N 75°41′25.71″W
	02：37	新泽西州收费站	卢纳的轿车从新泽西州130号公路驶入6A立交桥处的收费站。	40° 6′5.78″N 74°47′21.25″W
	02：47	宾夕法尼亚州特拉华河大桥	卢纳的轿车驶入特拉华河大桥359号立交桥处的宾夕法尼亚收费站。	40° 7′18.18″N 74°50′46.90″W
	03：20	宾夕法尼亚州普鲁士王市	在太阳石油公司加油站，有人使用了卢纳的信用卡购买汽油，同时还可能在自动取款机上取了款。	40° 5′22.03″N 75°22′15.61″W
	03：30	宾夕法尼亚州埃尔弗森，收费站	位于一停车休息点的罗伊·罗杰斯餐厅经理说她见过卢纳，联邦调查局调查人员对此表示怀疑。	40° 8′58.46″N 75°49′59.85″W
	04：04	宾夕法尼亚州收费站，雷丁/兰开斯特立交桥	卢纳的轿车从286号出口离开宾夕法尼亚收费站。虽然轿车配有快易通，但交给收费员的却是纸质收费券。	40°12′58.97″N 76° 4′29.27″W
	05：30以后	宾夕法尼亚州丹佛	森赛宁与韦弗公司的一名员工在该公司所属厂区发现了卢纳的轿车，轿车头朝下方栽进一条小河。	40°12′37.45″N 76° 3′30.58″W

分和2时37分之间的时段则最令人费解。因为我们不清楚他在新泽西130号公路处走哪条路，从约翰·肯尼迪停车休息点到了新泽西6A立交桥收费站。在这段时间内，他是否在中间逗留过？

你还应该搜寻何种补充信息？他是独处还是与他人在一起？在整个行车过

程中他是否自己驾车?他是否就是借记卡的使用者?缺乏信息回答上述问题。例如,另一个驾驶人可能用了纸质收费券,没有意识到卢纳的轿车配备了快易通。应寻找0时57分和2时37分之间有关卢纳行驶路径及其活动的更多信息。

你对信息来源的可信度有几分把握? 大多数上报的信息来自未提及名称的执法机构、目击者报告或有品德信誉的见证人,其结果是,分析应当反映上述信息来源的可靠性,特别是报告中含有冲突或异常内容时。再者,对于诸如大楼出入记录、快易通及银行记录等电子证据,应当注意其可信程度和潜在的假定。虽然报告内容可能反映出准确的时间印记,但我们仍然不知道轿车和借记卡的使用者是否为卢纳本人。

二、方法2:多种假设生成法:简单假设法

多种假设生成法是所有严谨分析过程的一部分,因为它能够帮助分析人员避免常见缺陷,例如过早得出结论或被第一印象过多影响等。同时,它还可以帮助分析人员对众多可能进行思路开阔和创造性的思考。这样做的目的是为了列出一份清单,囊括各种假设。对于这些假设,最终可以根据已有证据和将来可能出现的新资料再进行详细考察和检验。

简单假设法对本案十分适用。这种方法采用一种团队方式,在本案例中警方所给出的可能原因以外,对众多其他可能解释进行创造性的思考。采用团队方式有助于列出一份包含大量可能假设的清单,对其进行分组,提炼各组清单,得出表述清晰的可信假设,供进一步调查之用。

任务3:使用简单假设法列出一份乔纳森·卢纳死因的各种替代假设清单。

步骤1:要求小组所有成员分别在一张3英寸×5英寸的卡片或便利贴上写下3条合理替代假设或解释。要思路开阔,进行创造性思考,但要努力纳入以下构成良好假设的要素:

★ 表述明确;

★ 基于观察和知识;

★ 能够检验和证伪；

★ 包括一个自变量和一个因变量。

步骤 2：收集卡片，展示结果。合并假设，避免重复。合并后的这组假设可能与表 7.3 所示类似。

表7.3　卢纳案例之简单假设生成法：假设合并范例

卢纳被与其协商辩诉交易协议的那伙人所杀，他们对协商结果不满。
卢纳自杀身亡。
卢纳被与其办理另一起案件的相关人员所杀。
卢纳被与其确立关系的男情人或女情人所杀。
卢纳被与其确立关系的情人配偶所杀。
卢纳因未能付清欠债而遭到诱拐和谋杀。
卢纳与他在互联网色情网站上刚刚认识的人有过联系，双方关系恶化，导致其被捅伤。他掉入小河中死亡。
卢纳的妻子因发现其欺骗自己而将其杀害。
卢纳的律师同事因对其嫉妒，自己动手 / 让人将其杀害。
卢纳遭到敲诈，结果行动失败，他们遂将其杀害。

步骤 3：将假设按照其类同关系分组，并给每组标注。

考虑采用多种方法来展示上述各组内容。在本案例中，可根据凶手情况对假设进行分组，其中包括卢纳本人（自杀假设）、某一情人、某一职业杀手、卢纳的同事等。也可以选择其他方法，譬如根据“何故”（债务、工作相关问题、嫉妒和随机暴力等）对假设进行分组，这样能够极大地帮助分析人员找出互斥性，继而帮助其对“何人”的名单进行合并。

步骤 4：利用问题重述和反向思考引出新观点。

问题重述：卢纳的费城之旅为何采取如此迂回曲折的路径，且选择在深夜出行？

反向思考：卢纳不是自杀，而是他人暴怒行为的牺牲品。这种行为可能是随机暴力行为，也可能是情人、同事、以前曾被其起诉的罪犯或其债权人制造的一场谋杀。

这一过程说明卢纳有遭受随机暴力行为的可能。据称卢纳曾多次前往费城，而他当天晚上却选择了一条迂回曲折的行车路线，该路线首先直接将其导向费城。在 0 时 57 分他从自动取款机取款直至 2 时 47 分止的这两个小时的异常时段后，他的轿车才转向西行。他是否可能在前往费城的过程中成为暴力行为的受害者？在当天的案件中，关键证人在费城，卢纳是否可能因为工作原因在返回费城途中？

步骤 5： 更新替代假设清单。

在问题重述中纳入随机暴力行为，增加假设清单的内容。

步骤 6： 提出“何人？何事？如何？何时？何地？何故？”等问题，阐明每个假设的内容。

列出一份包括以上各类问题的总清单。回溯和考虑如何扩充每份清单所列举的问题。在“何人”清单中纳入同事、陌生人、情人、债权人、过去曾被其起诉的犯人等。细化总清单，强化各类问题的互斥性。这样做有助于阐明所做假设。例如，债权人、罪犯和同事都有雇用职业杀手的可能。

步骤 7： 选择最合理假设做进一步探究。

卢纳被与其协商认罪的一伙人、其债主或情人谋杀；卢纳自杀；卢纳被随机暴力行为所杀。

三、方法3：多种假设生成法：多种假设生成程序法™

多种假设生成程序法™对于拓宽合理假设的范围十分有用。如有一占支配地位的首要假设，这种方法更是极其有益。在本案例中，首要假设是“卢纳在死亡当晚独来独往，因此他一定是自杀身亡”。

多种假设生成程序法™这一工具最重要的方面是，其能够推动分析人员对众多貌似合理解释，特别是针对每个假设排列的可信度得分进行讨论。

重要的是要记住，可信度得分意在阐明需要进一步考察新的、可信的假设。虽然这一程序鼓励分析人员把注意力集中在可信度分值高的假设上，但不应完全抛弃可信度得分低的假设，因为它们的状态可能因新证据的出现而改变。

任务 4：使用多种假设生成程序法 TM 生成能够解释乔纳森·卢纳死因的替代假设并对其进行评估。如果你的系统没有安装多种假设生成程序法 TM 软件，可联系 Globalytica LLC 公司（邮箱：ThinkSuite@globalytica.com 或网址：Http: //www.globalytica.com），安装该软件。

步骤 1：利用“何人？何事？如何？何时？何地？何故？”等问题，确定首要假设及其组成部分。

卢纳因“个人问题”，包括债务及对其个人不道德行为可能进行的调查，而自杀身亡。

步骤 2、3：确定各个关键成分的多个合理替代内容，并尽量使其互斥。排除所有“既有”因素。

排除“如何”（溺亡）、“何地”（宾夕法尼亚州）、“何事”（被杀）、“何时”（2003 年 12 月 4 日）等成分，对所有假设而言，它们均保持不变。对剩余成分来一场头脑风暴，找到可能的替代成分。在本案例中，剩余成分就是“何人”和“何故”。将上述清单合并，使其尽可能互斥。例如，表 7.4 的范例中使用了“对手”的说法，以反映卢纳的敌人，或想杀害卢纳者的雇用人员，或与想杀害卢纳者相关的人员情况，而随机袭击者则可能反映出一起抢劫案或仇恨发泄式犯罪的情形。

表7.4　卢纳案例之多种假设生成程序法TM：头脑风暴替代选择范例

首要假设：卢纳因所面临的个人问题而自杀。		
组成部分	何人？	何故？
首要假设	自杀（卢纳）	欠债
头脑风暴替代选择	对手 / 职业杀手 情人 随机袭击者	与工作有关事务 嫉妒 意外事件

步骤4、5、6：生成一份可能的排列清单，放弃完全没有意义的排列。按照可信度的高低，用数字1（最低）到5（最高）评估剩余假设的排列。

表7.5为答案范例。

表7.5 卢纳案例之多种假设生成程序法™：假设排列与可信度得分范例

何人？	何故？	假设排列	可信度得分
自杀	欠债	卢纳因欠债而自杀。	2
	与工作有关事务	卢纳因工作遇到难题而自杀。	5
	嫉妒	卢纳因与情人出现问题而自杀。	1
	意外事件	卢纳因意外事件而自杀。	5
对手／职业杀手	欠债	对手因卢纳欠债而将其杀害。	4
	与工作有关事务	对手因卢纳在一起案件办理中的表现而将其杀害。	5
	嫉妒	对手因嫉妒卢纳而将其杀害。	1
	意外事件	对手因意外事件而将卢纳杀害。	1
情人	欠债	某个情人因卢纳欠债而将其杀害。	1
	与工作有关事务	某个情人因卢纳在一起案件办理中的表现而将其杀害。	1
	嫉妒	某个情人因嫉妒而将卢纳杀害。	3
	意外事件	某个情人因意外事件而将卢纳杀害。	2
随机袭击者	欠债	一个随机袭击者因卢纳欠债而将其杀害。	1
	与工作有关事务	一个随机袭击者因卢纳在一起案件办理中的表现而将其杀害。	1
	嫉妒	一个随机袭击者因嫉妒卢纳而将其杀害。	3
	意外事件	一个随机袭击者因意外事件而将卢纳杀害。	2

步骤 7： 按照可信度由高到低的顺序，再次排列剩余假设。表 7.6 为范例。

步骤 8： 以上述排列为假设重新进行叙述。

表 7.6 为假设排列。

步骤 9： 从清单最上部选出最值得关注的替代假设，并注明其值得关注的原因。

对于本案例而言，它们包括可信度得分等于和高于 3 分的假设（见表 7.7）。虽然得分本质上具有主观性，但反映了能够用来淘汰无意义或极不可能假设的推理过程。没有用到的假设不应抛弃，而应保留下来。如有新信息出现，则应对该清单重新进行考量。

表7.6　卢纳案例之多种假设生成程序法™：假设分类与得分范例

假设排列	可信度得分
卢纳因工作遇到难题而自杀。	5
卢纳因意外事件而自杀。	5
对手因卢纳在一起案件办理中的表现而将其杀害。	5
对手因卢纳欠债而将其杀害。	4
某个情人因嫉妒而将卢纳杀害。	3
一个随机袭击者因嫉妒卢纳而将其杀害。	3
卢纳因欠债而自杀。	2
某个情人因意外事件而将卢纳杀害。	2
一个随机袭击者因意外事件而将卢纳杀害。	2
卢纳因与情人出现问题而自杀。	1
对手因嫉妒卢纳而将其杀害。	1
对手因意外事件而将卢纳杀害。	1
某个情人因卢纳欠债而将其杀害。	1
某个情人因卢纳在一起案件办理中的表现而将其杀害。	1
一个随机袭击者因卢纳欠债而将其杀害。	1
一个随机袭击者因卢纳在一起案件办理中的表现而将其杀害。	1

表7.7　卢纳案例之多种假设生成程序法™：需深究假设范例

需深究假设	推理
卢纳因工作遇到难题而自杀。	自杀——无论是有意自杀或过失自杀，均为官方的首要假设。官方迄今为止并未披露其认为卢纳死亡当晚独身一人的原因。
卢纳因意外事件而自杀。	据称，此种意外自杀的主要动机是为了试图博得同情，或逃避与对他正在进行的一项调查有关的测谎。
对手因卢纳在一起案件办理中的表现而将其杀害。	卢纳的职业使其可能成为众多人的袭击目标。无论其身亡是职业杀手所为，还是遭到熟人袭击，这一与工作相关的对手假设应当进一步深究。
对手因卢纳欠债而将其杀害。	卢纳的信用卡有欠债。是否有其他欠债可能让某一对手有意或无意间剥夺其性命。
某个情人因嫉妒而将卢纳杀害。	即此次袭击具有所谓的“个人性质”，包括生殖器的伤口在内，可能表明有其情人牵涉其中。
一个随机袭击者因嫉妒卢纳而将其杀害。	考虑到其曲折行车路线的停车情况及在0时57分取款后有关行车路线本身的信息空白，因此必须考虑是否为随机袭击者作案。

分析所得增值：哪些假设应进一步探究? 就本案例而言，卢纳系自杀的首要假设，肯定应该进一步探究。对于随机暴力行为的新假设，也应如此。

应考虑哪些动机，为什么? 一整套动机，包括嫉妒、欠债、工作及意外情况在内，也应当全部加以探究。

初始清单中哪些假设已被搁置一旁，为什么? 思考有多少假设及哪些假设应当进行深究，应由分析人员决定。根据一般经验，假设的数量超过5个就会有累赘之感，会表明其互斥性可能有问题。在此种情况下，应鼓励分析人员将假设集中起来，或审查可信度得分的依据。同样，分析人员也常常会将在初始清单上没有证据支持的假设包括进去。在本案例中，学生可以提出卢纳被其配偶杀害的可能。在头脑风暴的初始阶段，不应阻止进行此类创造性思考。但没有基于观察或知识的假设，不应成为深究的首要假设。然而，分析人员应明确讨论有些假设为何没有被纳入最终清单，以及将来如果有新信息出现，这种情况会发生怎样的变化。

四、方法4：竞争性假设分析法

分析人员面临一个持久存在的挑战——处理不完整、模糊、异常和有时具有欺骗性的信息资料。此外，对分析时间的严格限制和“打个电话问问”的需要，常常与众多天然的人类认知倾向纠缠在一起，导致判断不精确或不完整。竞争性假设分析法（ACH）要求分析人员利用大范围的数据、假定和信息空白，识别和辩驳可能假设，增大其战胜以上挑战的机会。

任务5： 使用多种假设生成程序法™生成的假设中最具可能性的假设，对卢纳案进行竞争性假设分析。如果你的系统中未安装基础版软件或协同版软件（Te@mACH®），可与 Globalytica LLC 公司联系购买，邮箱：ThinkSuite@globalytica.com 或网址：Http: //www. globalytica. com。

步骤1： 列出所有需要考虑的假设，努力使其互斥。

多种假设生成程序法™与简单假设法有助于确保找出互斥并做出穷尽各种可能的假设，这样就会大大有助于提高竞争性假设分析法的效果。

竞争性假设分析法矩阵能够纳入分析人员需要的全部假设。但如果假设数量超过5个，则通常会成为累赘，在互斥上会出现问题。在本案例中，自杀假设方面有重叠之处，但动机方面（意外与故意自杀）的互斥却足够强大，能让两者均保留在矩阵之内。因此，概念性假设清单就可能包括：卢纳因工作遇到难题而自杀；卢纳因意外事件而自杀；对手因卢纳在一起案件办理中的表现而将其杀害；某个情人因嫉妒而将卢纳杀害；一个随机袭击者因嫉妒卢纳而将其杀害。

步骤2： 列出一份所有相关信息清单，包括重要证据、论据、空白和假定。图 7.2 为信息清单范例。

- 联邦调查局说卢纳整夜都是独自行动；
- 轿车里有第二个人的血迹；
- 纸质收费券上有血迹；
- 被他自己的小刀杀害；
- 尸体上有很多戳刺痕迹；
- 将电话和眼镜落在办公室；
- 托马斯·迪比亚吉奥（Thomas DiBiagio）公开声称卢纳没有丢掉工作的危险；
- 卢纳感到丢工作的危险；
- 加油站工作人员说，在6个月的时间内，她每月都能看到卢纳一次，都是在深夜时分；
- 卢纳的同事说卢纳是因为案件的缘故多次前往费城；
- 卢纳在互联网上寻求与女人发生性关系；
- 官方评估认为色情方面的事情与案件无关；
- 电脑里的色情文件；
- 提出贷款申请，后又撤销；
- 对其妻子隐瞒了一些债务；
- 至少在16张信用卡上欠债25000美元；
- 巴里·沃普（Barry Walp）认定是他杀；
- 在搜泰文路附近发现卢纳尸体；
- 因与联邦调查局证人之间出现问题而协商辩诉交易协议；
- 法医柯克纳将其死亡定性为他杀；
- 后座上有一摊血；
- 颈部有外伤；
- 有人指控联邦调查局虐待线人；
- 线人说就在作为证物的36000美元失踪后，卢纳拥有了10000美元；
- 迪比亚吉奥私下向同事承认，他在卢纳有丢掉工作危险一事上说了谎；
- 联邦调查局就该局特工与卢纳风流韵事的指控一事展开内部调查；
- 3时30分出现在罗伊·罗杰斯，时间上有点奇怪；
- 卢纳在太阳石油公司加油站时看起来很冷静；
- 调查人员说他们敢99%地肯定没有第二辆轿车跟着卢纳；
- 拿了纸质收费券，而没有使用快易通；
- 在0时57分至2时47分之间的时间段存在空白，不知道其行车路径；
- 购买了两辆轿车用的汽油；
- 在自动取款机上取了200美元；
- 沿95号州际公路向北行驶；
- 只在办公室待了几分钟；
- 准备一早将辩诉交易协议用传真发给辩护方；
- 当时通过谈判敲定的辩诉交易协议让起诉被告的罪行减轻；
- 当时正起诉贩毒共谋案的案犯；
- 以往曾起诉过暴力罪犯；

(续图)

- 他与妻子是“天生绝配”；
- 截至1999年，情绪一直激动、充满理想；
- 在法学院当过班长；
- 在混乱的邻里环境中长大；
- 死于溺水；
- 法医沃普说尸体上没有抵抗造成的伤口；
- 卢纳尸体上有抵抗性伤口；
- 有受到限制的迹象；
- 生殖器受伤；
- 36处戳伤（法医）；
- 衣着完整，钱包、钱、工作证都在；
- 卢纳尸体在小河中面部朝下；
- 钱与手机散落在车内；
- 驾驶员专用车门与左前挡板上的血迹；
- 发现卢纳的轿车头朝下栽入小河中，引擎仍在空转。

图 7.2 卢纳案例：竞争性假设分析法基本证据清单

步骤 3：针对各个假设，提出问题：“这些信息是高度不一致、不一致、介于一致与不一致之间、不适用、一致，还是高度一致？”，以评估相关信息。（Te@mACH® 软件并不包括“介于一致与不一致之间”这个类别的信息。）

使用基础版竞争性假设分析法软件的分析人员，可以选择高度一致（CC）、一致（C）、不一致（I）、高度不一致（II）、不适用（NA）或介于一致与不一致之间（N）。基础版竞争性假设分析法或“我的矩阵”与 Te@mACH® 软件一起使用时，要逐行解释证据，换言之，即要沿着矩阵横向进行解释，而非逐个地解释假设，或垂直向下解释矩阵内容。这样做十分重要，能够帮助分析人员首先针对每个假设完整地思考每项证据，然后再处理下一项证据。这一过程可以让分析人员盯住每项证据，而不是证明其自身所喜爱假设的真伪。Te@mACH® 软件中的“调查”选项能够随机生成单元格，从而避免这一问题的出现。

输入和解读数据信息时，全部证据设定的可信度得分默认值为中间值。分析人员也可以输入高或低可信度分值。以这种方式使用这一软件能够算出不一致分值的加权值，反映出分析人员对该数据信息可信度的判断。对于本案例，证据的可信度极具重要性。例如，法医巴里·沃普直接的专家证据，就可被认为非常可信，来自匿名执法机构的间接证据只可列为具有中等可信度的信息。迪比亚吉奥充满矛盾的报告则只具有低可信度。所有纳入矩阵的可信度问题均应包括在最终书面分析中，因为它们是嵌入分析之中的假设。利用 Te@mACH® 软件，人们可以检查一个专门设置的“关键假定”框，用于记录和解释与具体某条相关信息有关的关键假定。图 7.3 为两个竞争性假设分析法软件包的矩阵编排。

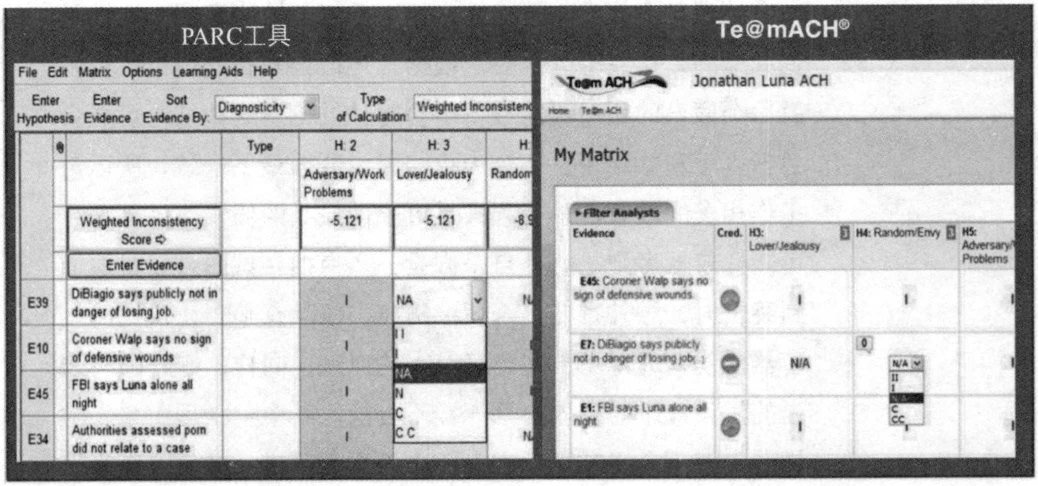

图 7.3 卢纳案例：PARC ACH 与 Te@mACH® 软件的矩阵编排外观差异

步骤 4： 评估每条相关信息的可信度。

步骤 5： 重新思考以上假设，提炼该矩阵。若合并两个假设、增加一个新假设或拆解某一现有假设，是否有意义？

如果上述假设并不互斥，则在编排矩阵的过程中还没有显示出互斥的假设，至此阶段就会显现出来。若分析人员在编排矩阵时发现自己是在“阐明”假设，则应考虑将其拆分开来。如果仅仅考虑到一个基础性的自杀假设，本案例就会出现这种情况。随着对证据的编排，做出一个独立、意外 / 自导自演自杀假设的必要性会凸显出来。在这一编排过程中，这种必要性的诱因或指标就会出现。如果有一条与故意自杀不一致的证据，通常的做法是阐明“如果他是在试图自导自演自杀，结果失手，则该证据可能与故意自杀一致”，这说明需要另一个假设。

步骤 6：就各假设的相对可能性得出暂时性结论，软件会计算出不一致分值。不一致分值最低的假设暂时为最可能的假设，不一致分值最高的假设则暂时为最不可能属实的假设。得分最低的假设会出现矩阵左边，得分最高者则出现在矩阵右边。

处理每个假设的可能性，而不是简单地确定其可能性最低和最高，这点十分重要。根据上述假设和相关信息，可以就每个假设的相对可能性得出暂时性结论。这些结论可能会包括以下观察结果。迄今为止，因为证据最不一致，所以与工作相关的故意自杀看起来是可能性最小的假设。另外一个可能性较低者则是意外自杀假设——卢纳在试图自导自演遭到袭击时，意外将自己杀死。例如，他没有必要让自己的生殖器受伤，或现场出现第二个人的血迹。同样，遭到随机袭击的假设几乎与意外自杀一样不可能。其中一个理由是，随机袭击者不会用被害者本人的小刀发起袭击。最后，充满嫉妒的情人假设与信息一致程度最高，而与工作相关的袭击假设则紧随其后，名列第二。对最可能的假设进行批判性检查也同样重要。如果有众多不一致与最具可能性的假设相关，则可能意味着漏掉了一个假设。然而，如果这些不一致证据能被驳倒，则可将其视为“柔性”不一致，而该假设则或许是最具可能性的解释。

步骤 7：利用上述软件根据证据的诊断价值对其分类，若你所得出暂时性结论的证据中有几点关键证据解释出现了变化，分析该结论对这一变化的敏感性。

上述所有假设均将至少包含一些不一致信息。本步骤的目标是了解哪些证据对假设的相对可能性最具整体影响，以及如果这些证据发生变化，结果会怎样。

根据诊断价值进行假设分类时，显然有些最具潜在诊断价值的证据已经成为争论根源。例如，沃普说他没有看到抵抗伤的痕迹。因为与自杀假设一致，所以这一信息本身就是极具有诊断价值的证据，但它却与其他假设不一致。虽然我们对这条第一手信息相当确信，但数个执法部门的人士却报告说卢纳的确有抵抗伤及受到限制的迹象。因此，应当进一步审查这一关键性证据。

托马斯·迪比亚吉奥公开声称卢纳并没有丢掉工作的危险，也是另外一项具有诊断价值的证据，原因是它既与自杀假设不一致，也与对手因工作关系对其进行袭击的假设相矛盾。但有专项报告援引内部人士的说法称，有关卢纳的工作状况一事，为了保护卢纳的家人，迪比亚吉奥说了谎话。然而，假如从矩阵中删除迪比亚吉奥公开和私下的说法，则卢纳自杀就成为与该信息最为矛盾的假设。结果这项证据就不像最初所认为的那么至关重要，其原因是，迪比亚吉奥的说法高度适用于自杀假设，但不适用于其他更具可能性的假设。

另外一项极具有诊断价值的证据是，联邦调查局所持的卢纳整夜都是独自一人的说法。因为竞争性假设分析法矩阵的缘故，这项“证据”可以视作一项假设。假如此假设属实，因其与自杀以外的所有假设均高度不一致，所以它至关重要。因此，追踪支持这一假设的基础证据就十分重要。联邦调查局并未将这一证据公开，所以分析人员应当考虑，哪些指标会提升或降低他们对这一假设精准度的信任程度。

继续推进上述过程，直至审查完全部诊断价值证据。

步骤 8：思考所有假设的相对可能性，报告结论。

敏感性分析可以揭示需要进一步审查的领域，但在缺乏更多信息的情况下，有关假设相对可能性的暂时性结论可以采纳。但所有书面分析均应包括对冲突性信息、信息空白和分析所依据假定，以及何种新信息会改变假设可能性的完整叙述。

步骤 9：确定日后观察所需的指标或标志性事件。

上述竞争性假设分析法过程表明，分析人员应关注能够证实或否定法医沃普的结论、联邦调查局关于卢纳独身一人的说法，或轿车内第二人血迹有关信息的新信息。上述信息会进一步拉开自杀假设与其他假设之间的距离。有关卢纳可能遇到了与工作相关的问题、其对手、他最近接触的人员、婚外情及往昔威胁等信息可以作为重要证据，将情人谋杀假设与其工作相关假设区别开来。这些信息会严重影响假设的可能性程度，因而应该确定为未来搜集计划中进一步调查的关键领域。

分析所得增值：根据你的分析结果，可能性最大和最小的假设是哪些？与工作问题有关的自杀假设与意外自杀身亡的假设可能性最小。随机袭击假设与意外自杀假设同样不可能。与相关信息最不一致的是情人嫉妒和与工作问题有关的袭击假设。

最具诊断价值的信息有哪几条？除了上文中讨论的诊断价值证据外，人们宣称的卢纳生殖器受伤、对联邦调查局虐待一个关键线人的指控、轿车中可能有第二个人的血迹，以及卢纳被自己小刀所杀的事实，均最具诊断价值。

支持信息资料的假定有哪些（如有）？有一个隐含假定就是，沃普与联邦调查局的公开声明均为非常可信的信息源，且比媒体报道援引的众多执法机构信息源的可信度更高。

相关信息是否有任何空白可能会影响到你的信心？有关验尸报告的缺失、联邦调查局声称卢纳独自一人的说法、已知的卢纳对手或婚外关系，以及卢纳财务状况的细节，均构成可能影响整体可信度的重要信息空白。

你对自己做出的最具可能性假设的评估有几分确信？鉴于在证据方面存在众多信息空白和矛盾之处，所以任何评估均应包括较低的总体可信度，但对于分析过程所揭示的有待未来进行研究和搜集的关键领域，分析人员应抱有较高信心。

为什么你认为该案并未结案？虽然不可能肯定本案为何没有结案，但重大证据空白、异常情形及公共记录中的不确定情况，最可能起了作用。

五、重要收获

★ 写下来！出现矛盾性证据时，审查关键假定及全部信息的可靠性必不可少。退后一步思考并提出问题，为何如此？

★ 对照上述证据思考全部假设，过一段时间后再回头审查本案例分析。可能会有多个纠缠不清的解释，或随着更多信息的出现，假设可能发生变化。做好充分准备，针对每条新信息评估所有可能性。

[第八章]

贝·布托遇刺

内容提要

2007年，在为了赢得总统大选支持的一次政治集会中，巴基斯坦第一位女总理贝·布托（Benazir Butto）遇刺。此次刺杀事件强烈震撼了国际社会，掀起了一场针对幕后黑手的指控与反指控浪潮。尽管事件调查持续了很长时间，但有关刺杀行动幕后指使者的问题依然悬而未决。本案例采用了**年表法与时间轴线法**，帮助分析人员把证据组合到一起，找出信息空白，形成一幅**思维导图（Mind Map）**，让其以创造性的思维方式思考罪犯可能是何人。**竞争性假设分析法**也同时被用来帮助对一系列可能解释做出评估。

表8.1 案例快照：贝·布托遇刺

所用结构化分析方法	《情报分析：结构化分析方法》中所在章节	分析类别
年表法与时间轴线法	第四章	分解与可视化
思维导图 [1]	第四章	分解与可视化
竞争性假设分析法	第七章	假设生成与检验

[1] 编注：Mind Map，《情报分析：结构化分析方法》中译作“思维图”。

围绕谁应对贝·布托死亡负责这一问题，人们仍然争论不休。很多人具有这种暗杀动机，不止一个人或团体可能轻而易举地暗地策划将其杀害。在面对缺少重要信息的案件时，分析人员应当首先集中精力设计并完成一个切实可行的分析流程，搭建出问题框架，理清案例中杂乱无章的数据、假定和信息空白。总之，分析人员应在分析之初就先定义出一个分析流程，增大其识别和综合所出现信息的机会，以解开这一谜团。

围绕本案件的最初争议及可以通过公开途径获得的详细信息，使本案例成为一个极佳的展示工具——展示时间轴线法、年表法、思维导图、假设生成法及竞争性假设分析法等分析方法，如何帮助分析人员系统地对数据群进行分类、排列和分析，将一组复杂的事件整理成清晰度更高（若非完整）的焦点。最后，正如采用人力情报、技术情报和新闻报道的所有案例一样，本案例凸显了在分析中确定信息来源及其可信度的重要性，特别是在处理目击者报告、二手报告及可能意在掩盖真相或误导分析人员的信息时。

一、方法1：年表法与时间轴线法

年表法与时间轴线法是一种简单但有用的工具，能够帮助人们按照事件的先后顺序将其排列，以图表形式将信息展示出来，且能够找出可能的信息空白、异常现象及相互关系。这一方法能够让分析人员跳出庞杂的证据表象，站在更有利的战略位置审视信息资料。鉴于本案例中存在大量复杂的、相互矛盾的数据，分析人员使用带有注释的时间轴线，能最有效地发现最关键的证据，确定各种报告的可信度，并找到信息空白。

任务1：围绕贝·布托之死生成事件的时间轴线。

步骤1：按照相关报道，给案例叙述中提及的相关事件信息标上日期和顺序。思考采用何种方式才能最好地按时间轴线排列上述信息。这些信息能否按其类别加以组织？

针对本案例研究，有许多方法可以构建出一条时间轴线。完整的时间轴线应至少追溯至 1977 年，当时齐亚 · 哈克（Zia al Haq）将军推翻了佐勒菲卡尔 · 阿里 · 布托（Zulfikar Ali Bhutto）政权，开始让巴基斯坦伊斯兰化，着手培养激进团体，以期扩大巴基斯坦在阿富汗、印度及在巴基斯坦国内的已知利益。这条轴线应当包括导致贝 · 布托 2007 年 12 月 27 日被刺身亡的所有事件，及全部以其死因为中心的后续信息，也应包括贝 · 布托及其家人和密友们对关键政策所持立场的全部参考信息，以及其所有政治对手和政敌的声明与活动。

但因为本项练习的缘故，我们把时间轴线练习限制在贝 · 布托被杀当日，及其死后出现的有关其如何身亡的信息上，这样会更实用可行。绘制这一时间轴线的关键目标是，捕捉调查中没有发现的所有关键信息。这些信息应当按照据称所发生的时间在时间轴线上反映出来。在某些情况下，最好对信息报告时间专门做出引述。这样做不仅能够帮助分析人员了解事件发展的过程，还能知道信息何时得到公开。分析人员因此可以寻找信息报告模式上的异常，使其成为支持欺骗假设的根据。

图 8.2 中的时间轴线是本案例整个较长时间轴线上所截取的一段，展示了如何沿数个指示该事件 4 个维度的平行轨道列出相关信息。这 4 个维度是：贝 · 布托的行动、政府的行动与声明、袭击者与塔利班的行动，及媒体的作用。

步骤 2：审查时间轴线，同时提出以下问题：

★ 信息资料是否存在空白？

时间轴线上的关键突出问题，显然是围绕贝 · 布托确切死因的争论。这一时间轴线可以帮助分析人员对已知事实与媒体引述的政府官员及其他人的各种声明做出比较，透彻梳理这一问题。绝大部分最初报道都说她死于枪伤。后来，政府声明说她实际上死于其座车附近大爆炸所导致的头部创伤。很多人认为，政府过早清理了犯罪现场，而如果做一次更有条理的调查可能会找到更多关键证据。这次暗杀牵涉

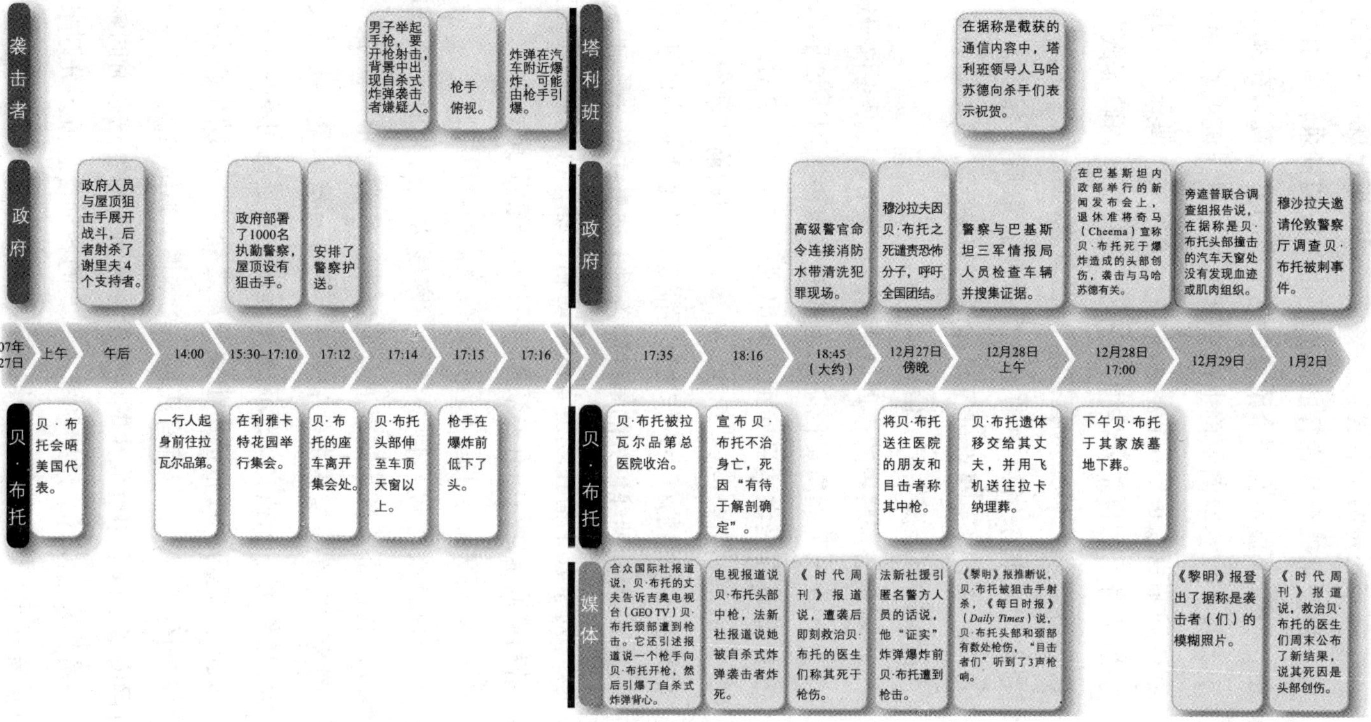

图 8.2　时间轴线节选：贝·布托遇刺

一个刺客还是两个刺客？围绕这一问题也出现了一些争论。唯一提及第二个炸弹客的地方是由一段模糊录像所引起的猜测，该录像显示有一个戴着白色围巾的男子就站在被指为枪手者身后。本案例中再也没有其他地方提到该男子。伦敦警察厅的调查人员争辩说，只牵涉一个男子，他在开了几枪后引爆了身上的自杀式炸弹背心。与此相反，内政部截获的通信内容表明，被指为犯案者的巴基斯坦塔利班组织，曾计划在此次刺杀密谋中动用 5 个杀手。最后，有些人会质疑贝·布托丈夫不要求进行尸体解剖的决定，因为他们希望适当的解剖可能提供更多信息。

★ 信息资料中的事件持续时间和发生顺序是否说得通？

有些人可能质疑巴基斯坦政府发表声明似乎过早，是否在掩盖其在提供适当安全方面出现的失误，甚至对这场刺杀贝·布托的阴谋还有些纵容。许多人援引政府快速做出决定、清理犯罪现场的行为，作为其可能是此次犯罪同谋的证据。

★ 时间轴线以外的事件能否对上述事件产生影响？

对于几个潜在攻击者的活动和行踪，特别是与巴基斯坦塔利班或基地组织有关系者，所知信息微乎其微。

★ 有关证据的基本假定是否应该加以思考？

信息来源包括目击者和秘密线人。因为时间轴线的缘故，我们将所有新闻报道分离出来，作为一个独立信息流。因为政府在报道该事件的方式上可能存有偏见，所以政府信息也作为一个独立信息流加以提供。报道的可靠性有时会令人产生疑问，或报道中出现异常之处时，可以在这些报道上注明分析评论，以标有底色的文本框单独给出。

分析所得增值：以上事件发生顺序带给你何种信息？这条时间轴线可以帮助分析人员将来自媒体、政府和家人朋友的各种信息流区分开来。将各信息流相互隔离开，他们能够更好地对其进行评估。时间轴线还显示了媒体报道与随后政府所发声明之间的差异。前者说贝·布托死于枪伤，而后者则声称其死于附近爆炸所导致的头部创伤。此外，轴线给出了有待于进一步调查的关键数据点，如在爆炸之前，各事件发生的确切顺序，及爆炸情形的各种表述。

上述信息是否存在需要补充的空白？出现了几处重大空白，包括缺乏有关据称为袭击者的信息、只牵涉一个还是数个袭击者的谜云、模糊录像里人群中戴白围巾男子的身份或其与行刺事件的关系，以及未能从尸体解剖中获得更多信息等。

你还应该搜寻何种补充信息？需要追索的关键主题包括，有关刺杀事件前的密谋信息、巴政府及巴基斯坦三军情报局与贝图拉·马哈苏德或其他可能以贝·布托为目标的人员之间勾结的证据，以及警察得到命令过早清理现场的具体证据等。

你对信息来源的可信度有几分把握？所画时间轴线表明，应当仔细研究媒体报道和目击者报告的信息。此外，在评估所有信息报告来源的动机时，应多留个心眼，确定其是否有欺骗调查人员或公众的意图。

二、方法2：思维导图

思维导图常用于以视觉方式表达个人或团体对相关主题的看法。思维导图包括两个基本要素：一是有关任一主题在思考过程中形成的观点；二是展示和简要描述上述观点之间联系的线索。无论何时，只要你想把一系列观点归纳在一起，你就可以利用文字或图形以视觉形式对其进行表达，用代表它们相互关系本质的直线将其连接起来。针对任何目的所做的任何思考，无论是个人决定，还是对某一情报问题的分析，均可采用这一图示方法。实际上，思维导图的出现，最初目的只是为了方便学生在听报告和讲座时能够快速、有效地记下笔记。

在类似本案的案例中，可靠证据最初很少，猜测居多。因此要大面积撒网，确保无所遗漏，这点极其重要。由于巴基斯坦政府迅速得出结论，指责在巴基斯坦活动的所谓巴基斯坦塔利班为罪魁祸首，因此更应如此。尽管巴政府给出的假设似乎可信，但更为重要的问题却是，它是否为唯一值得考虑的假设。

任务2：画出一张思维导图，研究贝·布托遇刺案幕后的可能真凶。

步骤 1：确定调查的焦点问题或逻辑起点。将焦点问题写在纸张页面中心，并围绕该问题画一个圆圈。

本练习的焦点问题是，“谁是刺杀贝·布托的幕后黑手？”，而以“谁刺杀了贝·布托？”这个问题充当焦点问题则不恰当，原因在于关键问题是谁在幕后策划了此次行刺，而非具体到是哪个人扣动了扳机或引爆了炸弹。但独狼式袭击的情景可能例外。几乎可以肯定凶犯是某个具有更大权势者的代理人。

步骤 2：利用头脑风暴方法，形成一份回答焦点问题的所有可能答案清单。

步骤 3：将上述答案进行分组。既可以按照共同点分组，亦可按与被分析事情的关联情形（直接或间接原因）进行分组。

步骤 4：给各组答案贴上标签，环绕焦点问题将标签摊铺开来。画线将焦点问题与各标签连起来。

课堂讨论中通常出现 5 组答案标签：

★ 巴基斯坦政府，包括总统穆沙拉夫及其政府中的高级官员在内；

★ 政敌；

★ 伊斯兰教激进分子；

★ 家庭成员；

★ 民族国家。

步骤 5：画一条直线，将各标签分别连接至与其相关的某一问题或理念，单独一个标签可以放射出多条连线，而与该标签连接的同一问题也可以呈放射状与四面连接。

步骤 6：继续扩大图面，直至该问题或案例的所有方面均囊括无余。

如图 8.3 所示，如果利用不同形状和颜色（深浅）表示标签体系的各个层级，则思维导图会更加通俗易读。在本案例中，中心问题由圆圈表示，按照方框加以分类，采用椭圆形表示具体实体和个人。还利用了颜色深浅将诸如民族国家或组织之类的实体与个人区别开来。

圆圈里列出的焦点问题是，“谁是刺杀贝 · 布托的幕后黑手？”。语言描述覆盖了 5 个答案分类：巴基斯坦政府、政敌、民族国家、家庭成员和伊斯兰教激进分子。各个分类均包括数个与之相关的实体或个人。例如，贝 · 布托的两个亲属（其侄女和丈夫）与其“家庭成员”类别有关系。巴基斯坦政府的归类较为复杂，有一人（穆沙拉夫总统）与其相关，同时又与另外两个实体——巴基斯坦情报局和高级官员相关。上述各实体均与数个名称相关，可以从案例研究中摘录出来。

步骤 7：在绘制思维导图时，考虑各问题间相互横向联系的可能。使用单向或双向箭头标明其方向性。

思维导图上有几个关系值得关注，特别是穆沙拉夫总统与贝图拉 · 马哈苏德领导的巴基斯坦塔利班之间的关系。巴基斯坦情报局局长哈米德 · 古尔与塔利班之间的关系也值得关注。这两种关系表明，贝图拉 · 马哈苏德要么可能单独行动，要么是在巴政府的支持下采取了行动。对贝图拉 · 马哈苏德与基地组织的关系也应加以描述，说明这种关系可能成为怀疑贝图拉 · 马哈苏德的另一原因。最后，艾特扎兹 · 沙阿供出的与巴基斯坦塔利班之间的联系，也需要关注并进行可能的进一步讨论。

步骤 8：在绘制思维导图时，考虑出现相互矛盾证据或理念的可能。如果出现，则通过在其圆圈内或方框内标上颜色、写上名称、画上图形，或打上星号或其他符号的方式将其区分开。

在本案例中，用颜色深浅标出可能基于贫乏信息而确立

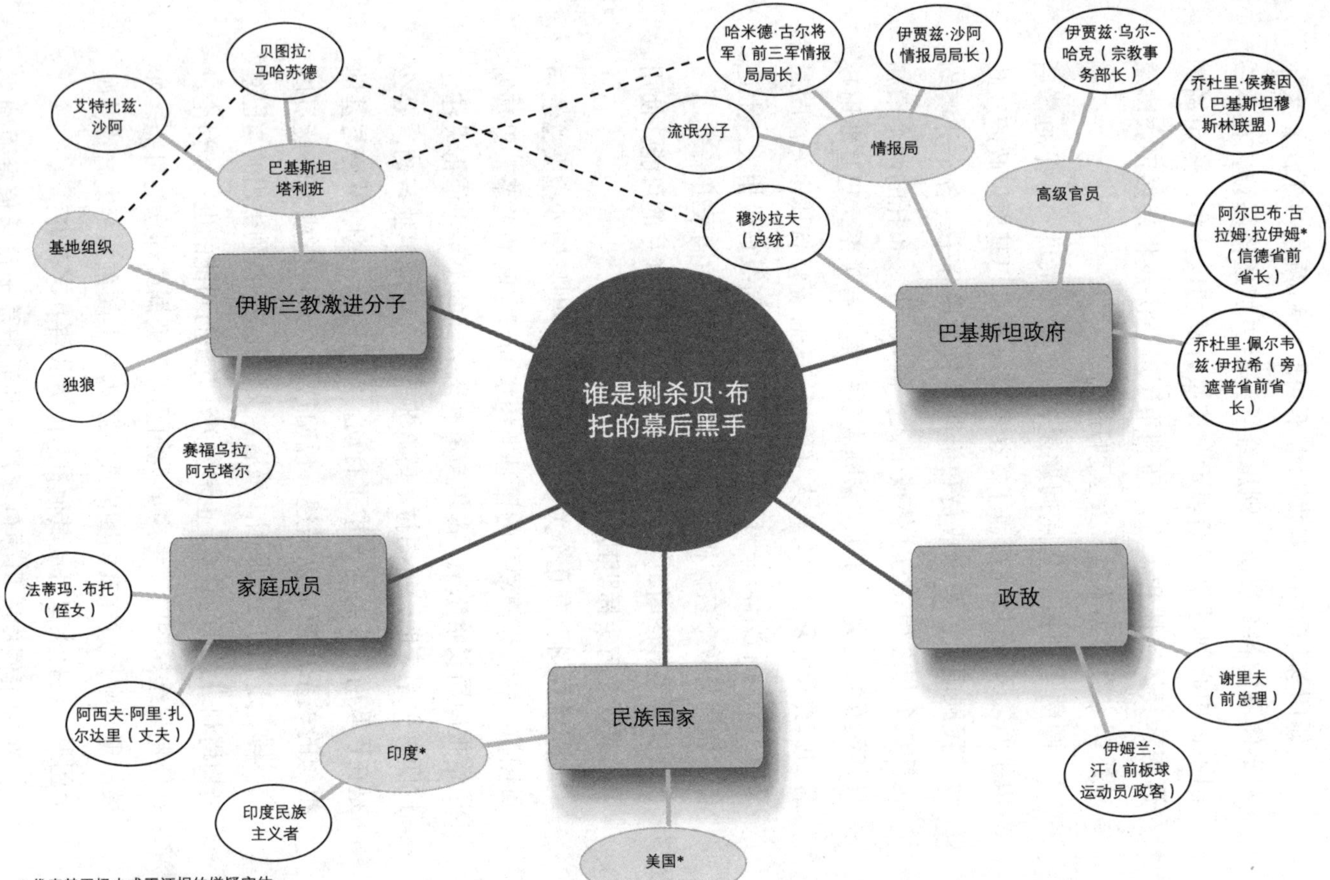

* 代表基于极少或零证据的嫌疑实体；
带底色的椭圆代表诸如民族国家或组织之类的实体。

图 8.3 谁是刺杀贝·布托的幕后黑手：思维导图

的联系或假设，或者是可能意在欺骗而提供的信息，这样做会很有用处。贝·布托指控现任及前任巴基斯坦官员有动机刺杀她的信息，在本案例中并未得到其他信息的佐证。考虑到以往历史上的紧张关系，有一定的理由把诸如印度、美国等民族国家说成嫌疑方，但本案例并无任何信息可以支持这一说法。在思维导图中纳入此类嫌疑方，拟出一份综合性嫌疑方清单是个好主意，但用颜色深浅或图标指明支持上述嫌疑方的证据很贫乏，也有助于分析。

步骤 9：必要时重新定位、提炼思维导图并扩大其构架。

完成思维导图后，最后再看一眼，考虑一下所有方框和圆圈的排列方式是否最为有效。例如，虚线连接的方框应相互靠近。有时将最重要的分类信息置于导图上部，因为看图者最有可能首先将注意力集中在那里，这点十分重要。在本思维导图中，将“伊斯兰教激进分子”和“巴基斯坦政府”置于导图上部，就实现了上述两个目标。

完成思维导图后，下一个任务是审查得到的所有选项，列出一份回答“谁是刺杀贝·布托的幕后黑手？”这一问题的替代答案清单。开列清单最有效的方法是画一个表，列出思维导图的各分支内容，在内容所涉人物或团体处标出其动机。

步骤 10：列出本起刺杀案幕后的所有嫌疑个人或实体，及其最为可能的动机。

潜在谋划方及其动机见表 8.2。绘制思维导图练习得到的结果是，找出了近 20 个个人或团体。

步骤 11：找出最有可能想杀害贝·布托的个人或实体。

审查潜在谋划方清单，选出动机最强且有能力精心组织此次刺杀者。表 8.3 列出了 5 个嫌疑候选人清单，他们包括：

★ 巴基斯坦塔利班领导人贝图拉·马哈苏德；据称他就是所截获通信信息的始作俑者。在该信息中，他对他

表8.2　贝·布托遇刺案例：潜在谋划方与动机清单

个人或实体	可能动机
巴基斯坦总统穆沙拉夫	贝·布托是威胁其统治的政敌；
巴三军情报局流氓分子	贝·布托重新掌权会威胁到其权力和地位；
前三军情报局局长哈米德·古尔	贝·布托认为他在密谋加害于她；
情报局局长伊贾兹·沙阿	贝·布托认为他在密谋加害于她；
宗教事务部长伊贾兹·乌尔·哈克	将贝·布托的归来视为没必要，认为她会破坏巴基斯坦的稳定；
巴基斯坦穆斯林联盟领导人乔杜里·侯赛因	强烈反对与贝·布托达成妥协；
信德省前省长阿尔巴布·古拉姆·拉伊姆	贝·布托认为他在密谋加害于她；
旁遮普省前省长乔杜里·佩尔韦兹·伊拉希	贝·布托认为他在密谋加害于她；
前总理谢里夫	贝·布托在即将到来的选举中要与其一争高下；
前政客伊姆兰·汗	曾经通过媒体严厉斥责贝·布托是腐败政客；
美国	人们认为她过度反美，或将来不会成为可靠同盟者；
印度	贝·布托重新执掌政权会让历史上的紧张关系再次出现；
印度教极端民族主义者	她的回归对所有印度教徒和印度人都构成威胁；
阿西夫·阿里·扎尔达里（贝·布托的丈夫）	她的死亡可能为其打开政治大门，保护其免遭腐败指控；
法蒂玛·布托（贝·布托的侄女）	法蒂玛认为贝·布托应为其父死亡负责；
赛福乌拉·阿克塔尔	此前曾试图发动政变，是10月爆炸案的嫌疑人；
伊斯兰教独狼	认为她过于世俗和柔弱，是令人难以接受的穆斯林；
基地组织	认为她过于世俗和亲美；
巴基斯坦塔利班领导人贝图拉·马哈苏德	认为贝·布托过于亲美、过于世俗并反对塔利班组织。

表8.3 贝·布托遇刺案例：可能性最大的谋划方

最有可能的候选方	可能动机
巴基斯坦塔利班领导人贝图拉·马哈苏德	认为贝·布托过于亲美、过于世俗并反对塔利班组织；
巴基斯坦总统穆沙拉夫	贝·布托是威胁其统治的政敌；
前总理谢里夫	贝·布托在即将到来的选举中要与其一争高下；
巴三军情报局流氓分子	贝·布托重新掌权会威胁到其权力和地位；
法蒂玛·布托（贝·布托的侄女）	法蒂玛认为贝·布托应为其父死亡负责。
最不可能的候选方	**可能动机**
伊斯兰教独狼	认为她过于世俗和柔弱，是令人难以接受的穆斯林；
基地组织	认为她过于世俗和亲美；
赛福乌拉·阿克塔尔	此前曾试图发动政变，是10月爆炸案的嫌疑人；
前三军情报局局长哈米德·古尔	贝·布托认为他在密谋加害于她；
情报局局长伊贾兹·沙阿	贝·布托认为他在密谋加害于她；
宗教事务部长伊贾兹·乌尔·哈克	将贝·布托的归来视为没必要，认为她会破坏巴基斯坦的稳定；
巴基斯坦穆斯林联盟领导人乔杜里·侯赛因	强烈反对与贝·布托达成妥协；
信德省前省长阿尔巴布·古拉姆·拉伊姆	贝·布托认为他在密谋加害于她；
旁遮普省前省长乔杜里·佩尔韦兹·伊拉希	贝·布托认为他在密谋加害于她；
前政客伊姆兰·汗	曾经通过媒体严厉斥责贝·布托是腐败政客；
印度教极端民族主义者	她的回归对所有印度教徒和印度人构成威胁；
阿西夫·阿里·扎尔达里（贝·布托的丈夫）	她的死亡可能为其打开政治大门，保护其免遭腐败指控；
印度	贝·布托重新执掌政权会让历史上的紧张关系再次出现；
美国	人们认为她过度反美，或将来不会成为可靠的同盟者。

手下成功实施袭击给予了表扬，从而证明其有罪。

★ 巴基斯坦总统穆沙拉夫；他把贝·布托的回归和受欢迎视作对其政权的威胁。
★ 巴基斯坦前总理谢里夫；他是贝·布托的主要政治对手。
★ 巴基斯坦三军情报局的流氓分子；他们决定自己采取行动，清除他们生意路上及其与其他伊斯兰教激进团体联系的潜在拦路虎。
★ 贝·布托的侄女法蒂玛·布托；她认为贝·布托应为其父之死负责，称贝·布托是巴基斯坦最危险的人物。

分析所得增值：思维导图的绘制是否启发你想到了更多可能答案或假设？思维导图的绘制可以推动分析人员在项目实施之初就思考范围更广的替代方案。例如，一旦分析人员决定将法蒂玛列为潜在谋划者，他就会立即想到，其他家庭成员，例如贝·布托的丈夫，是否也应纳入思维导图。绘制思维导图时还可以利用简单的展示法罗列大量替代解释和假设，这样更容易进行增减和提炼。

是否帮助你“深挖”了各个假设，从而思考了第二和第三层次的问题？在本项练习中，思维导图法激发分析人员思考所描述团体与个人之间的可能联系，找出可能在幕后进行谋划的具体人员。例如，在思考伊斯兰教激进分子选项时，绘制思维导图可以提示分析人员探究几个问题，例如：

★ 除了巴基斯坦塔利班外，还有哪些关键激进团体，例如巴基斯坦伊斯兰“圣战”运动组织，应当引起注意？
★ 上述所涉各类行动方如何联系在一起？
★ 为了刺杀贝·布托，他们是否会联手行动？
★ 他们是否有能力发起杀害贝·布托的袭击？

是否帮助你找到潜在的知识差距？思维导图法不仅可以暴露出你知识方面的关键差距，也有助于你打开一扇思考之门，想到多个实体可能同时试图刺杀贝·布托，及在贝·布托被刺身亡时可能有不止一个密谋方案在实施中。

三、方法3：竞争性假设分析法

分析人员面临一个持久存在的挑战——处理不完整、模糊、异常和有时具有欺骗性的信息资料。此外，对分析时间的严格限制和“打个电话问问”的需要，常常与众多天然的人类认知倾向纠缠在一起，导致判断不精确或不完整。竞争性假设分析法要求分析人员利用大范围的数据、假定和信息空白，识别和辩驳可能假设，增大其战胜以上挑战的机会。

任务 3：用思维导图或其他假设生成方法形成最可信假设，对贝·布托一案进行竞争性假设分析。如果你的系统中未安装相关软件，可与 Globalytica LLC 公司联系购买基础版软件或协同版软件（Te@mACH®），邮箱：ThinkSuite@globalytica.com 或网址：Http: //www. globalytica.com。

步骤 1：列出有待考虑的假设，努力使其互斥。

思维导图方法能够为完成一套假设提供有用的出发点。在本案例思维导图中，将近有 20 个团体和个人被确定为可能下命令杀害贝·布托的嫌疑对象。引导学生讨论各实体的全部可能动机，然后选择看起来最具说服力和值得认真思考的假设。在本案例研究中，通常出现的首要假设有：

- ★ 巴基斯坦政府（包括总统穆沙拉夫及其他高级官员）；
- ★ 巴基斯坦塔利班（包括其领导人贝图拉·马哈苏德）；
- ★ 贝·布托的政敌（具体为穆沙拉夫、贝·布托大选竞争路上的主要对手）；
- ★ 巴基斯坦三军情报局的流氓分子（他们不一定在执行其领导人的具体命令）。

课堂练习中，有效的做法通常是，至少包括另外一个说服力较弱的假设（例如贝·布托的家人），以显示竞争性假设分析法这一工具的力量。纳入可能性较低的嫌疑对象常会使该假设的不一致得分很高，从而展示竞争性假设分析法如何揭露出证据较少假设的薄弱点。

步骤 2：列出一份所有相关信息的清单，包括重要证据、论据、信息空白和假定。

步骤 3：针对各个假设，提出“这些信息是高度不一致、不一致、介于一致与不一致之间、不适用、一致，还是高度一致？”的问题，对相关信息加以评估。（Te@mACH® 软件并不包括“介于一致与不一致之间”这个类别的信息。）

步骤 4：评估每条相关信息的可信度。

图 8.4 为本案例研究中选出的 50 条相关信息的部分清单内容，可能有助于实施竞争性假设分析法。针对图中的 5 个候选假设，每条信息均用 5 分制进行评估，即“高度一致”“一致”“不一致”“高度不一致”或“不适用”。

查看完成后的矩阵时，值得注意的是，相关信息中的各条内容有一半几乎毫无诊断价值：评估认为它们与全部 5 个假设一致或对其不适用。但有 5 条信息与一个假设一致，而与另外 4 个假设不一致或高度不一致，因此，它们极具诊断价值。而在这 5 条相关信息中，有 2 条因为假设其他幕后谋划者不可能利用自杀式炸弹袭击者刺杀贝 · 布托，而极具诊断价值。对于全部评估为具有“中等”可信度的最具诊断价值的证据，除一条外，最好给出提醒信息。例如，案例中截获的通信信息被视为极具诊断价值，但在其真实性得到确认前，不应让其过度影响分析。

步骤 5：重新思考以上假设，提炼该矩阵。若合并两个假设、增加一个新假设或拆解某一现有假设，是否有意义？

当前这 5 个假设相互不同，足以否定将其中之一归为一个独立假设。考虑到巴基斯坦塔利班为嫌疑对象假设所具有的力度，应思考一下是否应当探讨“伊斯兰教激进分子”类

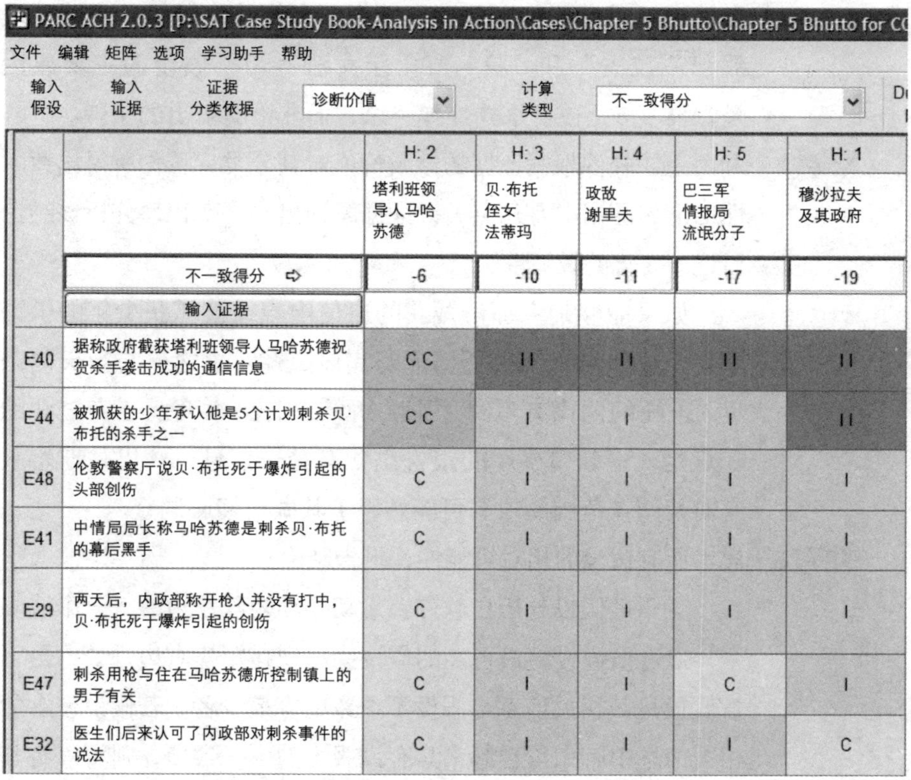

		H: 2	H: 3	H: 4	H: 5	H: 1
		塔利班领导人马哈苏德	贝·布托侄女法蒂玛	政敌谢里夫	巴三军情报局流氓分子	穆沙拉夫及其政府
	不一致得分 ⇨	-6	-10	-11	-17	-19
E40	据称政府截获塔利班领导人马哈苏德祝贺杀手袭击成功的通信信息	C C	I I	I I	I I	I I
E44	被抓获的少年承认他是5个计划刺杀贝·布托的杀手之一	C C	I	I	I	I I
E48	伦敦警察厅说贝·布托死于爆炸引起的头部创伤	C	I	I	I	I
E41	中情局局长称马哈苏德是刺杀贝·布托的幕后黑手	C	I	I	I	I
E29	两天后，内政部称开枪人并没有打中，贝·布托死于爆炸引起的创伤	C	I	I	I	I
E47	刺杀用枪与住在马哈苏德所控制镇上的男子有关	C	I	I	C	I
E32	医生们后来认可了内政部对刺杀事件的说法	C	I	I	I	C

图 8.4 贝·布托遇刺案例：竞争性假设分析法矩阵范例

别中的其他假设，例如独狼、巴基斯坦伊斯兰“圣战”运动组织或基地组织的行动人员。

步骤 6：就各假设的相对可能性得出暂时性结论，软件会计算出不一致分值。不一致分值最低的假设暂时为最可能的假设，而不一致分值最高的假设则暂时为最不可能的假设。

不一致得分最高的两个假设是“巴基斯坦三军情报局流氓分子”和“穆沙拉夫及其政府”。排除上述假设最有说服力的论据是以下事实：雇用了一名自杀式炸弹袭击者，政府戒备森严，贝·布托停止直接抨击穆沙拉夫政府，及迄今为止多数自杀式爆炸均以巴三军情报局和军队为目标。排除“政敌穆沙拉夫”和“贝·布托侄女法蒂玛”假设的主要原因是，贝·布托被自杀式炸弹所杀，而非枪支射出的子弹。

步骤 7：利用上述软件根据证据的诊断价值对其分类，若你所得出暂时性结论的证据中有几点关键证据解释出现了变化，分析该结论对这一变化的敏感性。

如果能够确定那份截获的通信内容或被抓获少年的供词不实，或如果出现新证据证明其他嫌疑对象之一与当天刺杀贝·布托的阴谋有瓜葛，则分析结果将会大变。还应关注的一点是，伦敦警察厅的报告里含有警告信息——巴基斯坦政府对其调查范围的限制可能妨碍了其做出彻底调查。

步骤 8：思考所有假设的相对可能性，报告结论。

竞争性假设分析法软件会自动挪动矩阵左边的（一个或多个）最可信假设。最可能的假设会出现在矩阵右边远处，最可信假设是其相关信息与假设不一致内容最少者。若假设包含的相关信息中有大量看起来具有说服力的不一致项，则可以将其抛弃，除非后来发现其中有些内容具有欺骗性或不够精确。

在本案例研究中，“塔利班领导人马哈苏德”看起来是刺杀贝·布托最可能的幕后黑手。只有 6 条相关信息被标注为与本假设一致，其中有 3 条得到的可信度级别为“低级”。例如，巴三军情报局前局长古尔抱怨说，当局用水带冲洗犯罪现场的做法，可以解释为自私自利（selfserving），同时又企图为塔利班洗白。更令人担心的是，伦敦警察厅得出结论说，人群中只有一个袭击者，并无其他可疑人员。这个结论似乎与据称是截获的通信内容相互矛盾，通信中贝图拉·马哈苏德被告知有 3 个男子参与此次暗杀。可能有 3 个男子参加谋划，但只有一个自杀式炸弹袭击者被派往集会处。

步骤 9：确定日后观察所需的指标或标志性事件。

如果在调查过程中有包含以下内容的更多信息浮出水面，则可证明贝图拉·马哈苏德为贝·布托遇刺案幕后黑手的依据会增强：

- ★ 塔利班谋划利用自杀式炸弹袭击者刺杀贝·布托的细节；
- ★ 出现贝图拉·马哈苏德或塔利班于12月27日谋划实施袭击的证据；
- ★ 出现更具说服力的证据，将贝图拉·马哈苏德与被逮捕少年联系在一起；
- ★ 穆沙拉夫或巴三军情报局承诺保护贝·布托，并做出额外努力确保其安全的证据。

分析所得增值：根据你的分析结果，可能性最大和最小的假设是哪些？

根据竞争性假设分析法的结果，可信度最高的假设是贝图拉·马哈苏德为幕后黑手。其他假设的相关信息中均有大量不一致项，从而大大降低了假设成立的可能性。虽然贝图拉·马哈苏德是可能性最大的嫌疑者，但我们却有理由认为他代表着一群伊斯兰教激进分子嫌疑人。该分类中的其他个人和团体也应予以认真审查。这表明需要再次做竞争性假设分析法练习，将证据用于基地组织、赛福乌拉·阿克塔尔及可能的独狼式穆斯林极端分子。

“穆沙拉夫及其政府”与“巴三军情报局流氓分子”这两个假设均有大量不一致项，使其可能性降到最低。但在本案例思维导图的练习中，历史联系被提了出来，将情报局与塔利班领导层联系在一起。尽管竞争性假设分析法可以给出强力理由，否决巴基斯坦官员导演此次自杀式炸弹袭击以清除贝·布托的说法，但如果有论据表明这些官员要么与伊斯兰教极端分子相互勾结杀害贝·布托，要么鼓励其如此行事，则排除其为嫌疑人的理由就会弱化。

最具诊断价值的信息有哪几条？最具诊断价值的证据是那份截获的通信内容，及后来被捕少年承认自己是贝·布托刺杀小组成员的供词。降低其他假设可能性的最具说服力的逻辑是，利用了自杀式炸弹袭击者。其他嫌疑人则缺乏招募实施自杀式袭击者的能力，且几乎肯定会选择利用狙击手或枪手实施刺杀。

支持信息资料的假定有哪些（如有）？ 最重要的假定是，只有伊斯兰教激进分子才会采用自杀式炸弹袭击者来行刺贝 · 布托。另一关键假定则只牵涉一个刺杀情景。贝 · 布托被多方视为严重威胁，所以可能有不止一个人当天试图对她行刺。

相关信息是否有任何空白可能会影响到你的信心？你对自己做出的最具可能性假设的评估有几分确信？ 关键空白是，不知道那份截获的通信内容及所抓获少年供词的真伪。另一空白是，炸弹爆炸时人群中是否有不止一个袭击者。

四、结论：联合国报告

人们对贝 · 布托被刺身亡事件一直饶有兴趣，这导致巴基斯坦政府和联合国安理会要求联合国秘书长指定一个调查委员会，调查刺杀前后发生的事件及刺杀后果。一个 3 人调查委员会在巴基斯坦进行了 250 多次访谈，访谈了政府官员和了解行刺情况的普通公民。委员会还仔细研读了伦敦警察厅的报告，翻阅了数百份文件、照片及巴政府提供的其他文件资料。2010 年 3 月 30 日，该委员会公布了调查报告，其中部分关键调查结果如下：

> 如果采取的安全措施适当，则贝 · 布托女士的被刺即可避免……穆沙拉夫将军掌控的联邦政府……在降低（威胁）或确保采取与上述威胁程度相称的安全措施方面并不积极。[1]
>
> 一个 15 岁半的自杀式炸弹袭击者在其座车附近引爆了炸弹，贝 · 布托女士身亡，（但）无人相信这个男孩在单独行动。[2]

---

[1] 原注：United Nations, *Report of the United Nations Commission of Inquiry into the Facts and Circumstances of the Assassination of Former Pakistani Prime Minister Mohtarma Benazir Bhutto*, March 30, 2010, Http: //www.un.org/News/dh/infocus/Pakistan/UN_Bhutto_Report_15April2010.pdf, 2.

[2] 原注：United Nations, *Report of the United Nations Commission of Inquiry into the Facts*

纳西德·汗女士回忆说，她听到3声枪响后，贝·布托女士立刻瘫软在车上，然后她就立刻感觉到了爆炸的威力……她看到贝·布托女士不再动弹，鲜血也从她的耳部流出。[1]

（巴基斯坦官员）逮捕了5人：艾特扎兹·沙阿、谢尔·泽曼、候斯南·古尔、穆罕默德·拉法夸特和拉希德·艾哈迈德。此外，（巴基斯坦官员）还指控纳斯鲁拉、阿布杜拉、贝图拉·马哈苏德与毛拉·撒希卜为"正式明确的罪犯"……上述遭到指控者被指为自杀式炸弹袭击者的训导者和后勤支持者，或是刺杀贝·布托女士计划的知情者。[2]

对贝·布托女士被刺案及与其同时死亡者的调查缺少指导，效率很低，缺乏找到所有罪犯并将其绳之以法的献身精神。[3]

该（联合调查组）……没有采取行动，找到指控马哈苏德先生的理由，只是将奇马准将公之于众的截获通信内容当作其犯罪的决定性证据。美国国际集团（AIG）的马吉德告诉委员会，他认为没有必要确认该段通信内容的真实性，或者将其作为分析依据，包括对其声音进行识别及翻译，以用作贝·布托女士被刺案的

---

and Circumstances of the Assassination of Former Pakistani Prime Minister Mohtarma Benazir Bhutto, March 30, 2010, Http: //www.un.org/News/dh/infocus/Pakistan/UN_Bhutto_Report_15April2010.pdf, 2.

[1] 原注：United Nations, *Report of the United Nations Commission of Inquiry into the Facts and Circumstances of the Assassination of Former Pakistani Prime Minister Mohtarma Benazir Bhutto*, March 30, 2010, Http: //www.un.org/News/dh/infocus/Pakistan/UN_Bhutto_Report_15April2010.pdf, 28.

[2] 原注：United Nations, *Report of the United Nations Commission of Inquiry into the Facts and Circumstances of the Assassination of Former Pakistani Prime Minister Mohtarma Benazir Bhutto*, March 30, 2010, Http: //www.un.org/News/dh/infocus/Pakistan/UN_Bhutto_Report_15April2010.pdf, 41.

[3] 原注：United Nations, *Report of the United Nations Commission of Inquiry into the Facts and Circumstances of the Assassination of Former Pakistani Prime Minister Mohtarma Benazir Bhutto*, March 30, 2010, Http: //www.un.org/News/dh/infocus/Pakistan/UN_Bhutto_Report_15April2010.pdf, 2.

参考信息。[1]

这份联合国调查报告澄清了此次调查的几个关键之处。报告说没有在那辆卡车天窗发现血迹和肌肉组织，这让人对贝 · 布托倒下时头部是否撞击到天窗产生怀疑。[2] 该报告还否定了指称医生们刻意改动贝 · 布托身受枪伤的初始诊疗结果的报道。更为重要的是，调查委员会说并未发现任何能够表明贝 · 布托遭枪击受伤的可信的新信息。[3]

报告说，包括当地"圣战"组织、巴基斯坦塔利班、基地组织及巴政府和政治精英在内的许多人，可能希望贝 · 布托受伤。[4] 贝 · 布托在卡拉奇遭到袭击后，她的律师说他收到了一封手书的信件，写信人声称自己是"自杀式炸弹袭击者的头子及基地组织的一个朋友"，他威胁说要以可怕手段刺杀贝 · 布托。基地组织发言人穆斯塔法 · 阿布 · 耶齐德，在《亚洲时报在线》(*Asia Times Online*) 的一次采访中，也声称对贝 · 布托遭到刺杀负责。[5]

---

[1] 原注：United Nations, *Report of the United Nations Commission of Inquiry into the Facts and Circumstances of the Assassination of Former Pakistani Prime Minister Mohtarma Benazir Bhutto*, March 30, 2010, Http: //www.un.org/News/dh/infocus/Pakistan/UN_Bhutto_Report_15April2010.pdf, 41.

[2] 原注：United Nations, *Report of the United Nations Commission of Inquiry into the Facts and Circumstances of the Assassination of Former Pakistani Prime Minister Mohtarma Benazir Bhutto*, March 30, 2010, Http: //www.un.org/News/dh/infocus/Pakistan/UN_Bhutto_Report_15April2010.pdf, 40.

[3] 原注：United Nations, *Report of the United Nations Commission of Inquiry into the Facts and Circumstances of the Assassination of Former Pakistani Prime Minister Mohtarma Benazir Bhutto*, March 30, 2010, Http: //www.un.org/News/dh/infocus/Pakistan/UN_Bhutto_Report_15April2010.pdf, 32–33.

[4] 原注：United Nations, *Report of the United Nations Commission of Inquiry into the Facts and Circumstances of the Assassination of Former Pakistani Prime Minister Mohtarma Benazir Bhutto*, March 30, 2010, Http: //www.un.org/News/dh/infocus/Pakistan/UN_Bhutto_Report_15April2010.pdf, 3.

[5] 原注：United Nations, *Report of the United Nations Commission of Inquiry into the Facts*

根据联合国的这份报告，许多巴基斯坦高级官员认为，贝图拉·马哈苏德是行刺贝·布托巨大阴谋的一部分，但报告撰写者同时也观察到上述官员中有多人可能有除掉贝·布托的动机，因为贝·布托重新掌权即可能对其构成威胁。[1] [2] 马哈苏德于 2009 年 8 月遭无人机袭击而毙命，所以他是否参与了此次行刺的真相，可能永远不会为世人所知。[3]

调查委员会曾经安排巴基斯坦警察专注于调查低级别行动人员，而没有探究是否有高级官员参与谋划、筹款或实施行刺。[4]但这些警察的调查行动却十分勉强，所以委员会认为其部分原因是，担心巴基斯坦情报局可能在此次刺杀事件中扮演了某种角色。[5]

---

and Circumstances of the Assassination of Former Pakistani Prime Minister Mohtarma Benazir Bhutto, March 30, 2010, Http: //www.un.org/News/dh/infocus/Pakistan/UN_Bhutto_Report_15April2010.pdf, 48.

[1] 原注：United Nations, *Report of the United Nations Commission of Inquiry into the Facts and Circumstances of the Assassination of Former Pakistani Prime Minister Mohtarma Benazir Bhutto*, March 30, 2010, Http: //www.un.org/News/dh/infocus/Pakistan/UN_Bhutto_Report_15April2010.pdf, 50.

[2] 原注：United Nations, *Report of the United Nations Commission of Inquiry into the Facts and Circumstances of the Assassination of Former Pakistani Prime Minister Mohtarma Benazir Bhutto*, March 30, 2010, Http: //www.un.org/News/dh/infocus/Pakistan/UN_Bhutto_Report_15April2010.pdf, 51.

[3] 原注：United Nations, *Report of the United Nations Commission of Inquiry into the Facts and Circumstances of the Assassination of Former Pakistani Prime Minister Mohtarma Benazir Bhutto*, March 30, 2010, Http: //www.un.org/News/dh/infocus/Pakistan/UN_Bhutto_Report_15April2010.pdf, 41.

[4] 原注：United Nations, *Report of the United Nations Commission of Inquiry into the Facts and Circumstances of the Assassination of Former Pakistani Prime Minister Mohtarma Benazir Bhutto*, March 30, 2010, Http: //www.un.org/News/dh/infocus/Pakistan/UN_Bhutto_Report_15April2010.pdf, 3.

[5] 原注：United Nations, *Report of the United Nations Commission of Inquiry into the Facts and Circumstances of the Assassination of Former Pakistani Prime Minister Mohtarma Benazir Bhutto*, March 30, 2010, Http: //www.un.org/News/dh/infocus/Pakistan/UN_Bhutto_Report_15April2010.pdf, 3.

五、重要收获

★ 对于分析中“深陷其中”的倾向，应通过确定全部相关信息和评估所有可能解释这一流程予以淡化。

★ 年表法与时间轴线法始终是启动分析的最佳方式，它们不仅可以帮助分析人员组织数据资料，还能够揭示出关键空白、不一致处及数据资料的相互关系。

★ 在调查之初采用更具系统性的流程，诸如思维导图之类，有助于搭建问题的框架，同时还有助于尽早设定一套更为全面的假设。

★ 根据全部相关信息思考各种假设，然后返回本分析。可能会出现多种相互交织的解释，或出现多个经过一段时间后随着更多信息的补充而可能发生改变的假设。准备根据每条出现的新信息评估各种可能性。

·推荐阅读书目·

Jones, Owen Bennett. *Pakistan: Eye of the Storm*. New Haven, CT：Yale University Press, 2009.

MacBrayne, John. “Scotland Yard Statement on Bhutto Report [press release].” *Wall Street Journal,* February 8, 2008. Http://online.wsj.com/article/SB120246987508353681.html.

Rashid, Ahmed. *Descent into Chaos: The US and the Disaster in Pakistan, Afghanistan, and Central Asia*, paperback ed. New York：Penguin Books, 2009.

United Nations. *Report of the United Nations Commission of Inquiry into the Facts and Circumstances of the Assassination of Former Pakistani Prime Minister Mohtarma Benazir Bhutto*. March 30, 2010. Http：//www.un.org/News/dh/infocus/ Pakistan/ UN_ Bhutto_ Report_ 15April2010.pdf.

[第九章]

美国西南部居民死亡

内容提要

1993 年春，在美国西南部的“四州交界”（Four Corners）地区，有居民出乎意料地快速死亡。一开始医生怀疑是恶性流感作祟，但试验结果不确定，病人死亡率高企，这一事实令医生们大惑不解。可资利用的可靠数据几乎没有，摆在他们面前的是一个令人望而却步、需要紧急做出诊断的挑战。本案例利用**结构化头脑风暴（Structured Brainstorm）**帮助分析人员进行创造性思维，穷尽引起居民死亡的可能原因，利用**星爆法**组织围绕关键问题进行的思考，利用**多种假设生成程序法**™生成各种替代假设，利用**关键假定检查法**和**竞争性假设分析法**来详细审查证据，降低最合理解释的数量。

表9.2　案例快照：美国西南部居民死亡

所用结构化分析方法	《情报分析：结构化分析方法》中所在章节	分析类别
结构化头脑风暴	第五章	观点生成
星爆法	第五章	观点生成
关键假定检查法	第八章	因果评估
多种假设生成程序法™	第七章	假设生成与检验
竞争性假设分析法	第七章	假设生成与检验

本案例研究将学生置于疾病控制中心调查人员及当地医疗部门所处的境地，他们身处重重压力之下，要确定看起来健康的人为何突然濒临死亡。虽然本书给出了详细结论，简要描述了问题事实上如何得到解决的过程，但其中很多信息却被略去，无法让学生更好理解分析人员必须频繁地根据手头相对稀少的可靠信息做出艰难判断。设计结构化头脑风暴练习的目的是，推动学生在案例一开始就思考全部可能的替代选项，无论其当时看起来可能有多么不切实际。星爆法练习则是通过对头脑风暴所得结果加以组织和结构化的方式，帮助其从发散分析模式转向趋同分析模式。多种假设生成程序法 ™ 可以利用一个更为系统的方法，生成替代假设。在以上 3 种方法中，多种假设生成程序法 ™ 可能是保证替代假设互斥的最佳方法。

阅读完案例叙述（见《情报分析案例》一书）后，学生通常会迅速说出他们认为最可能的解决方案。关键假定检查法与竞争性假设分析法两者均可推动分析人员更加严格地仔细审查其观点。关键假定检查法迫使分析人员明确列出假定，事实几乎总会证明其中有些毫无根据。竞争性假设分析法则要求分析人员思考众多替代假设，然后系统地进行评估，根据叙述中的相关信息是否与各个假设一致，找出最为可能的假设。

一、方法1：结构化头脑风暴

头脑风暴是一个团体性活动过程，该过程按照预先设计的具体规则和步骤来激发新观点和新理念，所产生创造性的激励力量来自两名或多名分析人员相互撞击思想迸出的火花。在头脑风暴讨论会上，分析人员通常会接触到超出其本人思考范围以外的更多思想和看法，其典型的成果是能够获得更好的分析产品。

结构化头脑风暴方法包含 12 个步骤（见下文所述），是一个执行团体头脑风暴的更具系统性的过程。在此过程中，需要安排一名协调人，部分原因是所有参与者在头脑风暴讨论会中均不能说话。结构化头脑风暴最常用于确定某一具体情况下可能发挥作用的关键驱动因素，或全部力量和因素。

文本框 9.1　头脑风暴成功八原则

1. 明确头脑风暴讨论会的目标和主题。

2. 不要非难任何观点，无论其听起来多么怪异、背离传统或毫无可能。相反，应研究如何将该观点用于当前任务。

3. 每次只允许一人发言，并确保人人都有发言机会。

4. 为头脑风暴讨论会安排充裕的时间。

5. 让所有与会者参与讨论。有时需要采取“无声的头脑风暴”方法，例如让全体静默 5 分钟，然后让其将自己的关键观点写在 3 英寸 ×5 英寸的卡片上，接着讨论各人在卡片上写下的内容。

6. 尽量安排一至多名“局外人”参加小组讨论，以避免出现团体迷思并激励发散性思考。这些“局外人”应机敏善思，其知识体系或视角与小组成员不同，但应对讨论主题有一定了解。

7. 将讨论内容记录下来！使用白板、黑板架或便利贴对讨论内容进行跟踪。

8. 讨论会结束时，对关键结果进行总结。在与会人员离开前，要求他们将其主要收获或学到的精华写在一张 3 英寸 ×5 英寸的卡片上。此后，进行简短总结并将其分发给与会者（与会人员可以对内容进行补充）和其他对该主题感兴趣者（包括未能参会者）。

任务 1：进行结构化头脑风暴练习，探究这对年轻健康的纳瓦霍族夫妇为何突然死亡。

步骤 1：召集一组拥有一些医药知识并对四州交界地有一定程度了解的分析人员。

让头脑风暴小组同时吸纳研究该主题的专家和能够提供多种观点的多面手，会极其有益。如果只吸纳直接牵涉该问题的人员，则头脑风暴小组常常倾向于聚焦所得的最新信息或最容易获得的资料，结果是关键假定得不到质疑，历史类比被忽视。在本案例中，如果有人既了解纳瓦霍人文化，又熟悉基本医疗实践和四州交界地的情况，将成为一大优势。

步骤 2：向所有参与者发放便利贴和记号笔，告知其在头脑风暴练习的这一环节不允许交谈。

使用颜色不同的便利贴，鼓励参与者写下 3 到 5 字的短语。

步骤 3：向练习人员提出下述问题：可能解释一对年轻纳瓦霍族夫妇突然死亡的所有力量和因素有哪些？

尽可能让问题笼统化，以免无意中限制了创造性头脑风暴的过程。这样做也有助于询问小组成员是否理解了该问题，是否认为应该采用不同词语进行表达。花几分钟时间，确保大家都理解问题的意思，很有效果。学生应将案例研究置于手边，随时参考。

步骤 4：要求小组人员在便利贴上写下几个关键词，给出问题答案。练习者每写下一个答案，就将其交给协调人。协调人则大声将其读出。练习人员应使用记号笔或签字笔在便利贴上书写，以便在练习后期仍能看清所写答案。

在教室里四处走动，收集便利贴。给学生几分钟时间思考该问题，并在开始读答案前简略写下几个观点。缓慢读出答案，边读边将其随机贴在墙上或白板上。例如有些便利贴可能有这样的内容：该病是否为传染病？还有谁得病？此类症状以前是否曾观察到？这对夫妇的活动模式是否与其他患病者相同？是否与其他已知患者在同一地点逗留过？是否有该地区设有有毒化学品垃圾场的报道？农民们是否在使用新型除草剂或其他新引进的化学品？是否系恐怖分子所为？是否为仇恨发泄式犯罪？何人希望此事发生？

步骤 5：将全部便利贴按照其被读出的顺序贴在墙上。对所有观点均一视同仁。鼓励参与者相互在对方观点的基础上补充发挥。

步骤 6：练习一开始时各种观点通常接踵而至，接着参与者会陷入对各个问题的思考。经常每隔 5 至 10 分钟会有 1 分钟左右的停顿。这种渐缓的节奏表明，分析人员已经“穷尽了脑海中显而易见的答案”，正在形成新观点、新看法。虽然这种停顿让人不舒服，但也应避免交谈。

提醒小组人员在进行这部分练习时不要讲话。倾听别人的建议十分重要，因为这样可以激发出新观点，供其简单记下。同时也要注意自己不要讲话太多。参与者需要安静思考。教师也不要打断他们的思考进程，这点极其重要。最安静的时刻，常常是最佳思考正在进行的时刻。

步骤 7：在两三次长时间停顿后，结束本次头脑风暴讨论会的发散性思考环节。

步骤 8：让所有参与者（或一个小组）走到贴有便利贴的墙前面，重新排列具有类同关系的各组便利贴（有某些相同特点的各组便利贴）。有些便利贴可能会被移动几次，如果有些观点适用于多个具有类同关系的便利贴组，则可将便利贴复制后加以应用。

如果只有一部分小组成员走到墙前重新排列便利贴，则让其他成员留在座位上，再组成几个分支小组，根据教师读便利贴时所听到的主题，列出一份问题或关键领域的关键维度清单，供进一步研究之用。这样就可以让大家全部忙碌起来，并对站在墙前小组成员的排列结果进行有效检查。

步骤 9：排列好各组便利贴后，让参与者小组选出一个最能概括每组内容的词或短语。

在这部分练习中，通常会出现 4 到 5 个主题。

- ★ **接触**。这对夫妇（及其他患者）接触了有毒物质，导致其患病。这种接触可能是出于意外或有意而为，可能是一次性接触或是较长时间的接触。例如，患者可能在温盖特堡工作过，接触了致命化学品或生物物质。

★ **身份**。这对年轻夫妇生病是因为他们是纳瓦霍人，归属于某一特殊部落，生活在某一特殊院落，或身为某一犯罪帮派的成员或同伙。

★ **受害人**。这两名纳瓦霍年轻人是国际恐怖分子、白人至上主义者或其他极端团体所策划阴谋的受害人。他们本人可能成为该阴谋既定的袭击目标，或仅仅是在错误地点和错误时间点成为目标。

★ **自然原因**。这对夫妇被大自然中具有特殊毒性的病原体或病毒所侵害。某一访客最近从世界其他地区将病原体携带至该地区，或当地环境中的某些东西导致该病发生。

步骤 10：找出每组便利贴中的异类，并思考该异类是无用的噪声，还是一个值得进一步关注的观点胚芽。

常常有一两个异类便利贴值得被指出，它们会提供新鲜观点，或给出具有潜在价值的新调查思路。下面举几例说明：

★ 一张便利贴说，“温盖特堡”可能会引发一场有关该堡以何种方式与此病相关的激烈讨论。过去温盖特堡是否储存过生物或化学武器？该地是否有已知有毒垃圾场？这对夫妇或其同伴是否在该堡工作过？该地是否有白人至上团体活动？如果有，他们是否设有网站？该网站是否包含纳瓦霍保留地的重要信息？

★ 另一张便利贴说，“老鼠”可能会引出问题。例如，四洲交界地的本土老鼠是何种类型？已知这种老鼠携带何种疾病的病毒？疾病如何从老鼠身上传染给人类？在何种情况下，老鼠会对人类构成较大威胁？

步骤 11：评估小组讨论取得的成果。你能找出 4 到 5 个关键因素或力量，用于解释这对年轻纳瓦霍夫妇为何死亡吗？

与小组一起，就三四个主题形成共识，这些主题应当是有关此问题或解释这对夫妇潜在死亡原因的最重要维度。在白板上写下候选解释。本练习阶段最常生成的主题如下：

- **接触有毒物质**。这对夫妇接触了周围的有毒化学品或生物物质，导致其生病。
- **自然原因**。这对夫妇接触了最近在其生活环境中出现的新病原体，或死于一种致命型流感。
- **袭击受害者**。恐怖分子或国内极端分子在其居住环境中投放了剧毒生物物质，意图恐吓人们，导致纳瓦霍人死亡或引起人们对温盖特特堡的注意。

步骤 12：报告结果并描述值得调查问题的关键主题或维度。

小组最后应形成数量为 3 至 5 个的一组假设，它们应能充分解释这对年轻纳瓦霍夫妇为何突然死亡。本阶段练习中的假设可以相当笼统，以防阻碍可行替代假设的形成。其中有些示例假设如下：

- 这对年轻的纳瓦霍夫妇接触了剧毒化学品或生物物质；
- 这对年轻的纳瓦霍夫妇是一次刻意以纳瓦霍部族为目标的仇恨发泄式犯罪受害者；
- 这对夫妇是一起首次涉及生物武器使用的恐怖阴谋的附带损害牺牲品；
- 该夫妇死于大自然产生的剧毒病原体；
- 两人身体有其他健康问题，导致其更易感染普通流感。

分析所得增值：我们是否挖掘了导致纳瓦霍年轻夫妇死亡的所有可能力量和因素？是否已将所有观点按照其内在的类同关系加以分组？结构化头脑风暴是生成多种不同观点的有力工具，可以挖掘出各小组成员专业知识和以往经验的潜力，使其平等地提出观点。要求将其全部观点纳入类同关系小组，迫使其严格审查可能导致该对夫妇死亡的潜在力量和因素，同时还可以避免出现“满意即可”的认知缺陷。列出上述问题所得答案的简短清单时，不要让这一过程承受潜在严格要求的压力。

这种无声的结构化头脑风暴是一种强力方法，往往能够剥茧抽丝，产生以前从未思考的新观点和概念。该方法可以避免盯住房间内知识最为渊博者不放的缺陷，给所有参与者平等但又不发声的机会来表达自己的观点。

我们采取何种方式处理异类观点（即那些似乎只属于它们自己一组的便利贴）？这些异类观点是否带来了新线索？我们给各组便利贴的命名是否准确抓住了其精髓？在进行结构化头脑风暴练习时，注意在大家思考过程中的长时间静默后，是否有人冒出了特别有用和具有创造性的观点，这点很实用。如果确实出现了此种情形，重要的是就这一现象对全组给出警示。将类似观点归入关系类同的观点组可能富有挑战性，但让没有站在白板前的人提出他们自己的分类观点，常常能够起到进行合理明智检查的作用。要始终对异类观点给予适当注意，它们常常能够指向此前不曾考虑过的新调查线索或维度。

二、方法2：星爆法

星爆法是结构化头脑风暴的一种形式，有助于催生尽可能多的问题。这种方法对研究项目的拓展极其有益，也有助于引出有关传统观点的众多问题和观点。在采用星爆法的过程中，分析人员能够从众多不同角度考虑手上的问题，从而提高其可能发现至当时为止尚未被思考的某一问题或新观点的概率，为该问题或观点带来新的分析见解。

任务 2：画出一幅星爆图，就这对年轻健康的纳瓦霍夫妇早逝事件，探讨下列问题：何人？何事？如何？何时？何地？何故？

步骤 1：利用《情报分析案例》一书图 9.1 中的星爆法模板或绘制一个六角星，在六角星的各角分别写上以下各词之一：何人？何事？如何？何时？何地？何故？

步骤 2：开始头脑风暴讨论会，一次使用上述词语之一，就该主题提出问题。在讨论会期间，不要试图回答所提问题，只把精力集中在提出尽可能多的问题上。

学生应当能够在六角星的各角提出至少 2 到 4 个问题，如图 9.2 所示。

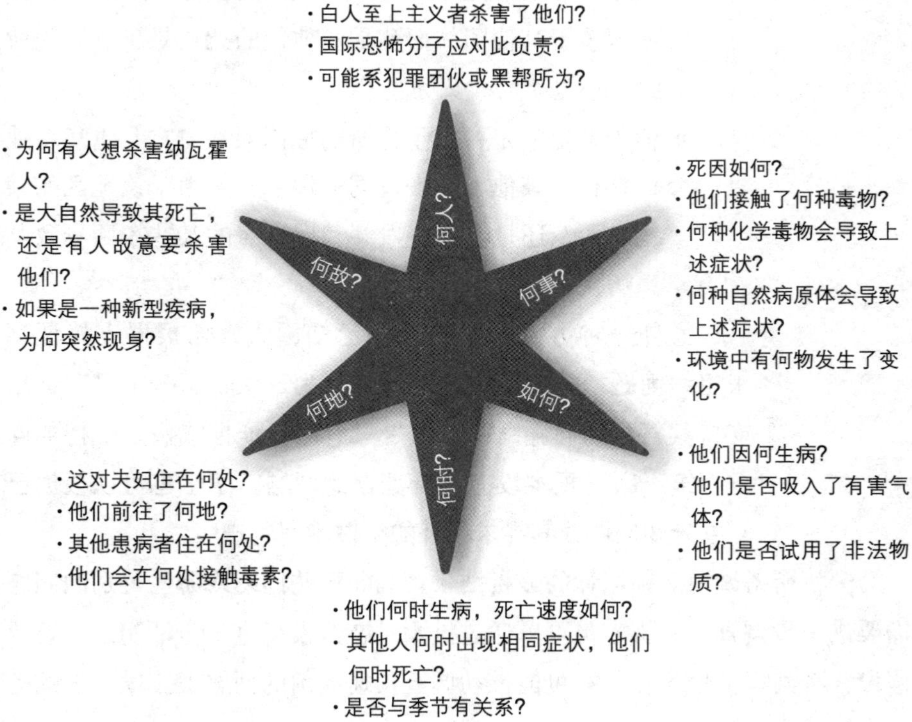

图 9.2　美国西南部居民死亡案例：星爆法范例

步骤 3：利用上述 6 个词语作为开头语提出问题后，小组应根据待回答问题的重要性进行排序，或将这些问题按照逻辑进行分类。

学生可以选择根据他们在结构化头脑风暴练习中得到的类同关系问题组，对问题加以归类，这取决于他们提出的具体问题。在本案例中，可以出现以下配对：

★ **何事？**他们的死亡能归因于接触一种已知传染病、一种新型天然病原体，还是诸如新型除草剂之类的某种化学毒物？

★ **何人？**国际恐怖分子、国内恐怖分子，还是犯罪分子可能应该对他们的死亡负责？

★ **何故？**他们是否因身为纳瓦霍部落成员而身亡？抑或因属于其他团体而死亡？他们的死亡是自然原因所致，还是有人故意为之？

★ **何处？**他们是否由于住所的原因而致身亡？患病前他们是否与其他患者去过同一地点？是由于该地区的某些东西，还是温盖特堡某特定地点的某些东西导致其患病？

另外一种方法是根据某一已知因素，如根据支持证据来组织问题。例如，这些问题可分为三组：第一组是有证据支持其答案的问题，第二组是只有间接证据或假定支持的问题，第三组是根本没有支持证据的问题。学生也可以根据已知的未知问题或其寻求填补的空白给问题排序。

分析所得增值：根据你的分析结果，判断哪些问题或哪些类别的问题需要进一步调查。分析人员可以通过排除潜在假设或进一步证实某一首要假设，将其评估聚焦在最有可能推动调查快速向前的问题上。以上面的范例来说，这些问题可能包括：

★ 不属于纳瓦霍部落的人是否也会死亡？

★ 互联网上是否有任何迹象表明某些团体在以纳瓦霍部落为袭击目标？

★ 证明该病为传染病的指标有哪些？

★ 我们可以从患病者身上找出哪些相同之处？

★ 是否有全部受害者可能都去过的已知有毒废物场所？

★ 这种疾病的症状是否与比普通流感更为致命的其他病毒或疾病相符？

三、方法3：关键假定检查法

关键假定检查法是一种系统性活动，能够明确和质疑那些引导分析人员解读有关具体问题的证据和推理时所做的假定。分析人员必须处理不完整、模糊和有时具有欺骗性的信息，而做出假定通常是填补信息空白必不可少的手段。做出假定的动力来自分析人员所受的教育、培训和经验，包括其工作于其中的组织环境。识别假定可能很难，因为很多假定是人们所坚信的社会文化信念，或在不知不觉中占据人们的脑海，以至于它们被假定为真理，不受任何质疑。但当条件发生变化时，识别此类假定并评估其整体影响，则是严谨分析过程中至关重要的组成部分。

任务 3：就人们的最初说法——“这对年轻纳瓦霍夫妇死于一种致命的常见流感病毒”，进行一次关键假定检查。

步骤 1：召集一小组研究该问题的人员，外加几个“局外人”。这一主要分析单位已经按照既定的思维模型进行了研究，因此需要“局外人”带来其他观点。

在此种情况下，纳瓦霍部落巫医和疾病控制中心的专家实际上充当了“局外人”的角色，而事实证明部落巫医的历史视角对解决本案例的问题至关重要。

步骤 2：最好要求参与者与会时带来一份假定清单，若没有清单，则以一次无声的头脑风暴专题会开始会议。让每个参与者在 3 英寸 × 5 英寸的卡片上写下数个假定。

步骤 3：收集卡片，在一块白板上列出以上假定供大家查看。可以使用表 9.3 中的简单模板。

在调查早期，大部分的注意力集中在几乎所有受害者均为纳瓦霍人的事实上。他们是否因身份原因而成为袭击目标，还是这种疾病与其居住地点有关？一个关键但没有根据的早期假定是，该病为传染病，可能迅速传染给其他人群。

表9.3 关键假定检查法模板

关键假定	评论	有支持依据	给出警示	缺乏支持依据
1.				
2.				
3.				
4.				

步骤 4：引出更多假定。沿着分析主线回溯至支持该主线的关键论据。利用各种工具来帮助激发参与者的思考。提出记者式的标准问题：何人？何事？如何？何时？何地？何故？诸如“将始终”“将永不”或“将要”之类的用语，表明某一观点未受到质疑，可能应该如此。诸如“根据”或“一般来说”之类的用语，表明正在做出一个质疑假定。

在本案例中，因为假定温盖特堡牵涉到化学和生物武器的开发，所以有一个关键假定是，温盖特堡可能是问题根源。所面对的挑战是，确立温盖特堡所建设施与死者和患病者之间的可信联系。可能还有理由做出更多研究，查明记录在案的啮齿类动物数量增加是否可能与突然上升的死亡人数有关。已知啮齿类动物携带何种疾病会导致出现被报道死亡者的那些症状？啮齿类动物将这种疾病从自己身上传染给人类，需要哪些条件？

步骤 5：确定完一整套假定后，严格审查各个假定。提出以下问题：

- ★ 我为什么相信这个假定正确？
- ★ 这一假定在何种情况下可能不实？
- ★ 该假定是否可能过去正确，但现在已不再正确？
- ★ 我对该假定有效的自信度有多大？
- ★ 若该假定被证明无效，将对分析产生多大影响？

步骤 6：利用表 9.3，将各个假定归入以下三类之一：

★ 基本有支持依据；

★ 有些警示正确；

★ 缺乏支持依据或有问题——针对“关键不确定处”。

步骤 7：提炼该清单，删除经不起仔细审查的假定，加入讨论中出现的新假定。

在此种情况下，得到了一份有 12 个关键假定的最终清单。经过严格审查，清单中有 4 个属于“有支持依据”类假定，4 个属于“给出警示”类假定，4 个属于“缺乏支持依据”类假定。具体如表 9.4 所示。“有支持依据”类假定出自信誉度高的信息源——要么是处理该案的医生，要么是受人敬重的研究单位。“给出警示”类假定，有可能被事实证明正确，但当时证据不足以证明其准确无误。认为该疾病会迅速传染的假定，在调查之初公共安全成为首要关注点时可能有些道理，但不应将其用作支持做出涉及重大资源决策的理由，因为患病者的看护人员并未染上该病。认为纳瓦霍人是袭击目标的假定，只不过纯属猜测，没有任何已知数据资料可以证明。

表9.4 美国西南部居民死亡案例：关键假定检查法范例

关键假定	评论	有支持依据	给出警示	缺乏支持依据
1. 死因是致命流感病毒。	症状与流感相似，但流感菌株对不同地区而言均应独一无二。		√	
2. 疾病能够快速传播。	这是真正令人担忧的地方，但尚无传播至四州交界地以外地区的证据。			√
3. 疾病死亡率极高。	大多数患病者在几日内死亡。	√		
4. 快速出现的死亡表明这是一次恐怖行动。	没有证据显示恐怖分子以四州交界地为目标。			√
5. 可以用抗生素治疗该病。	有些人确实康复了，但没有证据表明是因为使用了抗生素。		√	

（续表）

6. 大多数受害者是纳瓦霍人。	死亡者主要是纳瓦霍部落成员。	✓		
7. 纳瓦霍人被人盯上。	没有证据表明有人专门盯上了纳瓦霍人。			✓
8. 接触毒物导致了死亡。	许多症状与接触毒物有关联。		✓	
9. 死亡的纳瓦霍人是一场仇恨发泄罪行的受害者。	没有证据支持这种说法。			✓
10. 这种疾病不是传染病。	至今尚无医务人员感染此病。		✓	
11. 啮齿类动物是已知的疾病传播者。	啮齿类动物是很多症状类似疾病的已知传播者。	✓		
12. 1992 年至 1993 年间，啮齿类动物数量增长了 10 倍。	生态研究人员记载了这一事实。	✓		

步骤 8： 考虑是否应将关键不确定处转化为情报搜集需求或研究课题。

关键假定检查法应推动分析人员把注意力集中在构成关键不确定处的“缺乏支持依据假定”上面。评估时他们可以盯住最有可能推动调查进展的问题，其中可能包括以下问题：

- ★ 不属于纳瓦霍部落的人是否也会死亡？
- ★ 证明该病为传染病的指标有哪些？
- ★ 这种疾病的症状是否与比普通流感更为致命的其他病毒或疾病一致？
- ★ 有无关于旅游者罹患该病或在他们回家后将其传播至该城其他区域的报道？
- ★ 在互联网或博客上是否有批评纳瓦霍部落的信息？
- ★ 我们可以从患病者身上找出哪些相同之处？
- ★ 是否有全部受害者可能都去过的已知有毒废物场所？

★ 在温盖特堡与患病者或死于该病者之间能否建立某种联系？

★ 在激增的啮齿类动物数量与纳瓦霍人突然患病之间能否建立某种联系？部落巫医及纳瓦霍部落历史会告诉我们有关两者潜在联系的何种信息？

分析所得增值：当疾病控制中心的调查人员抵达现场并与医生交流后，他们是否接受了能够影响其组织调查效率的关键假定？疾病控制中心调查人员认真研读了现场看护人员提供的全部信息，并开始展开确立疾病模式和寻找其相似处的新研究。更为重要的是，他们跳出了常规调查圈子，从纳瓦霍部落巫医处寻求信息，以期获得更多有关此种情况的看法。这种做法使其有可能得知他们正在应对或许有过历史先例的现象，即啮齿类动物数量的猛增导致其与人类接触大幅增多，把一种致命疾病传播给居住在该地区的人们，而这些人大多数是纳瓦霍人。

四、方法4：多种假设生成法：多种假设生成程序法™

多种假设生成法是所有严谨分析过程的一部分，因为它能够帮助分析人员避免常见缺陷，例如过早得出结论或被第一印象过多影响。同时，它还可以帮助分析人员对众多可能进行思路开阔和创造性的思考。这样做的目的是列出一份清单，囊括各种假设。对于这些假设，最终可以根据已有证据和将来可能出现的新资料再进行详细考察和检验。

多种假设生成程序法™是一种有用的工具，可以拓宽合理假设所覆盖的范围，特别是当有一个占据支配地位但其说服力却越来越弱的首要假设存在时，这一工具极为有用。在本案例中，这一首要假设是——这对年轻健康的纳瓦霍夫妇因接触致命的普通流感病毒而死亡。

任务4：使用多种假设生成程序法™生成并评估替代假设，解释这对纳瓦霍夫妇为何死亡。如果你的系统中未安装多种假设生成程序法™软件，可与 Globalytica LLC 公司联系，邮箱：ThinkSuite@globalytica.com 或网址：Http: //www.globalytica.com。

步骤 1：利用"何人？何事？如何？何时？何地？何故？"等问题，确定首要假设及其组成部分。

这一首要假设是："这对年轻健康的纳瓦霍夫妇因接触一种致命的普通流感病毒而死亡"。其关键组成部分包括何人（仅仅是纳瓦霍人还是全部人口）患病，何物导致他们患病，他们如何患病，以及可能在何处患病（患病与某一设施或地点相关）？

步骤 2、3：针对 2 到 3 个相关性最强的关键组成部分，确定合理替代内容，并尽量使其互斥。抛弃被视为"既有"因素的关键组成部分所构成的问题。

可以形成两个回答"何人"问题的答案：只有纳瓦霍人（具有相同身份、遗传基因或特定纳瓦霍部落文化习俗）或普通人群中的任何人。"何事"问题的答案，可以是常见流感、其他疾病或天然病原体，或某种化学毒物。"如何"这个问题的答案，可以是该疾病或自然环境中存在的毒物，或毒物因人类活动而存在。在后一种情况下，可能有人故意让受害者接触生物或化学试剂，也可能是受害者意外接触了装有化学或生物毒物的容器，或涉足了有化学或生物毒物存在的地点。若有人故意为之，则罪犯可能是美国国内的极端分子，例如刻意盯上纳瓦霍人的白人至上主义者团体，或者是国际恐怖分子，想在普通人群中煽动恐怖情绪。意外接触毒物可能发生在举行部落庆典活动的过程中，或者在储存或搬运温盖特堡的化学或生物试剂过程中出现不当行为所致。

因为"何时"的问题是"既有"信息，所以可以抛弃。本案例确立的时间框架是 1993 年春。有些学生可能选择将"何故"问题拆分为"散布恐怖情绪"或"杀害纳瓦霍人"

等子问题，但这些问题一般与“如何”或“何事”重叠。因此，我们不建议采用此种做法。

表 9.5 为多种假设生成程序法™针对首要假设得出的结果范例。

表9.5 多种假设生成程序法™：美国西南部居民死亡案例之替代假设

首要假设：身体健康的纳瓦霍人死于接触一种致命型普通流感病毒。			
组成部分	**何人？**	**何事？**	**如何？**
首要假设组成部分	纳瓦霍人	致命型普通流感	天灾
头脑风暴替代组成部分	任何人	未知疾病（天然病原体）、化学毒物	有人蓄意所为、意外接触

步骤 4、5：列出一份可能的假设排列清单，放弃毫无意义的排列。

列出各种假设排列的最好方法是，画出一幅有多个分支的树形表，如表 9.6 所示。列出所有假设排列后，马上就可以看出，一些假设排列因毫无意义可以抛掉。例如，人群中只有一部分人（例如纳瓦霍部落成员）容易患上普通流感，就没有意义。同样，如果有人故意伤害或恐吓他人，他们就不会利用普通流感作为武器。

步骤 6：用数字 1 到 5 评估剩余假设排列的可信度，1 代表可信度最低，5 代表可信度最高。

认为只有纳瓦霍人死于新型病原体或化学毒物的两个假设排列，不太可能属实，但不能完全排除，因此可信度得分为 1 分。例如，部落巫医在部落庆典中可能无意使用了一种致命新毒物。可信度稍高的假设排列得分为 2 分。例如，最近可能出现了自然产生的化学毒物，或者它的毒性增强，导致有些人死亡。

得分为 3 分或 3 分以上的假设排列，人们认为其内在逻辑更具说服力。如果证明它们正确，则大家不会惊诧不已。

表9.6 多种假设生成程序法™：美国西南部居民死亡案例之假设排列树形表

何人？	何事？	何故？	假设排列	可信度得分
只是纳瓦霍人	致命型普通流感	天灾	只有纳瓦霍人死于这种致命型普通流感	排除
		有人蓄意为之	有人在用这种致命型普通流感杀害纳瓦霍人	排除
		意外接触	只有纳瓦霍人死于意外接触这种致命型普通流感	排除
	未知疾病（天然病原体）	天灾	只有纳瓦霍人死于一种未知的新型天然病原体	1
		有人蓄意为之	有人利用一种未知的新型天然病原体杀害纳瓦霍人	3
		意外接触	只有纳瓦霍人死于意外接触一种未知的新型天然病原体	排除
	化学毒物	天灾	只有纳瓦霍人死于一种天然的化学毒物	1
		有人蓄意为之	有人利用一种化学毒物杀害纳瓦霍人	2
		意外接触	只有纳瓦霍人死于意外接触的一种化学毒物	排除
任何人	致命型普通流感	天灾	人们死于一种致命型普通流感	4
		有人蓄意为之	有人利用一种致命型普通流感杀人	排除
		意外接触	人们死于意外接触这种致命型普通流感	排除
	未知疾病（天然病原体）	天灾	人们死于一种未知的新型天然病原体	4
		有人蓄意为之	有人利用一种未知的新型天然病原体杀人	4
		意外接触	人们死于意外接触一种未知的新型天然病原体	3
	化学毒物	天灾	人们死于一种天然的化学毒物	2
		有人蓄意为之	有人利用一种化学毒物杀人	2
		意外接触	人们死于意外接触一种化学毒物	3

在本案例中，没有假设排列的说服力强到能够赢得 5 分的程度。但随着更多信息的出现，上述得分可能会提高或降低，具体则要看新信息会揭示出何种内容。

步骤 7：按照可信度由最高到最低的顺序，再次排列剩余假设，如表 9.7 所示。

在本案例研究中，有 3 个假设排列得到 4 分，另外 3 个得到 3 分。应对它们进行认真思考，其获得高分的几个原因如下：

表9.7 多种假设生成程序法™：按可信度对美国西南部居民死亡案例的假设重新分类

假设排列	可信度得分
人们死于一种致命型普通流感；	4
人们死于一种未知的新型天然病原体；	4
有人用一种未知的新型天然病原体杀人；	4
有人用一种未知的新型天然病原体杀害纳瓦霍人；	3
人们死于意外接触一种未知的新型天然病原体；	3
人们死于意外接触一种化学毒物；	3
有人在用一种化学毒物杀害纳瓦霍人；	2
人们死于一种天然化学毒物；	2
有人在用一种化学毒物杀人；	2
只有纳瓦霍人死于一种天然化学毒物；	1
只有纳瓦霍人死于一种未知的新型天然病原体；	1
只有纳瓦霍人死于一种致命型普通流感；	排除
有人在利用一种致命型普通流感杀害纳瓦霍人；	排除
只有纳瓦霍人死于意外接触一种致命型普通流感；	排除
只有纳瓦霍人死于意外接触一种未知的新型天然病原体；	排除
只有纳瓦霍人死于意外接触一种化学毒物；	排除
有人在利用一种致命型普通流感杀人；	排除
人们死于意外接触一种致命型普通流感。	排除

★ 普通流感在美国每年都导致数千人死亡，以往也多次出现流感病毒变种导致异乎寻常高死亡率的情况。

★ 该地区同样有可能出现不同于普通流感的某种天然的新病毒，一种新型病原体导致健康人死亡。

★ 在美国曾出现多例激进极端分子利用生物试剂致人患病的案例。另外还有一个著名案例——1995 年 3 月 20 日，日本的一个恐怖团体奥姆真理教组织，在东京的地铁系统里释放了沙林毒气，导致数百人伤亡。

下面 3 种可信度可能稍低：

★ 美国历史充斥着以少数族裔为目标的仇恨发泄式犯罪故事。用生物试剂对付纳瓦霍人并不会令人吃惊，特别是近来曾经出现一位科学家利用邮件向国会议员和媒体人士发送炭疽菌的案例。

★ 四州交界地以农村地区为主，农民们最近可能引入了一种新化学物质或除草剂，导致人们患病及一些人死亡。

★ 某些地方的人（可能是温盖特堡人），可能意外接触了一种新型天然病原体，这种病原体当时正作为武器研制计划的一个组成部分，处于开发和加工过程中，对某些人来说具有致命危害。

步骤 8：以上述排列为假设重新进行叙述。

可以采用以下方式将前 6 个排列表述为假设：

★ 四州交界地的人们死于一种致命型普通流感。

★ 四州交界地的人们死于一种未知的新型天然病原体。

★ 有人（极可能是国际恐怖分子）在散布一种致命生物病原体，恐吓当地人。 美国其他地方可能也会遭到类似袭击。

★ 有人（极可能是白人至上主义者团体）在利用一种类似蓖麻毒素或炭疽菌的致命生物试剂，杀害纳瓦霍部落成员。

★ 在温盖特堡工作的人们意外接触了一种未知的新型天然病原体。

★ 居住在纳瓦霍部落的人们意外接触了一种化学毒物。

步骤 9：从清单最上部选出最值得关注的替代假设，并注明其最值得关注的原因（见表 9.8）。

患病或死亡者的大多数症状都表明，虽然大多数受害者均为纳瓦霍部落成员，但自然原因却是引发该疾病的最可能元凶。调查至此，一个关键问题是，“何事”可能导致这种新型天然病原体出现，还是有人蓄意要利用这种病原体来恐吓或杀害纳瓦霍部落成员？该地区的温盖特堡也引发出一种可能——在该处工作的人们，意外接触了该处武器项目所用的致命化学或生物物质。

表9.8 多种假设生成程序法™：美国西南部居民死亡案例之高分值假设

高分值假设	可信度得分
1. 人们死于一种致命型普通流感；	4
2. 人们死于一种未知的新型天然病原体；	4
3. 有人在利用一种未知的新型天然病原体杀人；	4
4. 有人利用一种未知的新型天然病原体杀害纳瓦霍人；	3
5. 人们死于意外接触一种未知的新型天然病原体；	3
6. 人们死于意外接触一种化学毒物。	3

分析所得增值：哪些假设应进一步探究？应该进行更多医学检验，帮助确定一种新型病毒是否可能是导致问题的元凶。研究人员还需要调查受害者如何染上病原体。在受害者工作地点、玩耍地点、他们可能常去哪些地点方面，存在哪些相同之处，或他们可能从事哪些相同的劳动活动？如果国内激进极端分子或恐怖分子是元凶，则需要研究调查他们为何盯上四州交界地，或者更具体地说，为何盯上纳瓦霍部落的成员。例如，此类团体最近是否在网上发帖，说明他们袭击纳瓦霍部落成员有理？如果多数患病者在温盖特堡工作或有亲戚或熟人在那里工作，则温盖特堡是问题根源的概率就会大大增加。假如温盖特堡确实是问题根源之所在，几乎可以肯定媒体会加以报道，当地社区中会出现大面积“街头巷尾的议论”。

在6个关键组成部分（何人？何事？如何？何时？何地？何故？）中，哪些因为是“已知者”而可以搁置一旁，原因何在？因为上述问题的很多答案重叠，所以本案例研究富有挑战性。例如，对于“何地”问题，如果地点是农场或牧场，答案将会是自然原因；如果查明最近几周全部受害者经常去某一具体地点，则答案是有人蓄意为之。回答“何故”这一问题也面临类似挑战，从最低限度来说，分析的注意力也应聚焦在具体是何种团体具有发起袭击纳瓦霍部落或四州交界地的动机。

初始清单中有哪些假设被排除，原因何在？上述多数被排除的假设，均因其内容的内在逻辑经不起仔细审查而遭放弃。例如，恐怖分子不可能利用普通流感来制造大面积恐慌，利用普通流感也不可能造成大量人员死亡。

五、方法5：竞争性假设分析法

分析人员面临一个持久存在的挑战——处理不完整、模糊、异常和有时具有欺骗性的信息资料。此外，对分析时间的严格限制和“打个电话问问”的需要，常常与众多天然的人类认知倾向纠缠在一起，导致判断不精确或不完整。竞争性假设分析法要求分析人员利用大范围的数据、假定和信息空白，识别和辩驳可能假设，增大其战胜以上挑战的机会。

任务 5：设定一组假设，然后利用竞争性假设分析法软件，识别出哪些假设对本案例中的死亡原因给出了最为可信的解释。如果你的系统中未安装该软件基础版或协作版 Te@mACH®，可与 Globalytica LLC 公司联系，邮箱：ThinkSuite@globalytica.com 或网址：Http: //www.globalytica.com。

步骤 1：根据结构化头脑风暴、星爆法或多种假设生成程序法™练习的结果，得出一组假设，努力使其互斥。

为了便于对此进行说明，根据前面所做的练习，选择以下 4 个假设。建议在这组假设中纳入最初的首要假设或公认的流行观点（accepted common wisdom）。

- ★ 死亡原因是接触了某种致命型普通流感；（普通流感）
- ★ 死亡原因是意外接触了某种毒物，例如化学除草剂；

（毒物）

★ 纳瓦霍人是仇恨发泄式犯罪者的蓄意侵害目标；（仇恨发泄式犯罪）

★ 人们受害于一种新型病原体——某种神秘疾病。（新型病原体）

步骤2：列出一份所有相关信息清单，包括重要证据、论据、信息空白和假定。

认真阅读本案例叙述（见《情报分析案例》）后，应能找到15至20条可以输入多种假设生成程序法™软件的证据或相关信息。图9.3列出了其中最重要的16条相关信息。

	输入证据
E16	互联网上没有反纳瓦霍人的报道
E15	近几年冬季潮湿，啮齿类动物数量增多10倍
E14	威力巨大的疾病与潮湿的冬天和啮齿类动物数量增多有关
E13	1918年和1933年许多人患上类似重病突然死亡
E12	许多症状与毒物存在的情况相符
E11	患病者腹部/背部疼痛，血小板数量下降
E10	调查表明并非所有患病者都去过相同地点
E9	多数患病者都居住在四州交界地区
E8	附近有温盖特堡储存的军火和演示设施
E7	有些人用抗生素治疗后康复
E6	普通流感和细菌试剂检验呈阴性
E5	高死亡率
E4	身体健康的年轻成人死亡
E3	几乎所有受害者均为纳瓦霍人
E2	医务人员未受传染
E1	受害者出现类似患上流感的症状，快速发展为呼吸衰竭并死亡

图9.3　美国西南部居民死亡案例：竞争性假设分析法证据清单

步骤3：针对各个假设，通过提出“这些信息是高度一致、一致、高度不一致、不一致、介于一致与不一致之间，或不适用于该假设？”的问题，对相关信息加以评估。（Te@mACH® 软件并不包括“介于一致与不一致之间”这个类别的信息。）

使用基础版竞争性假设分析法软件的分析人员可以选择高度一致（CC）、一致（C）、不一致（I）、高度不一致（II）、不适用（NA）和介于一致与不一致之间（N）等选项。基础版竞争性假设分析法或“我的矩阵”与 Te@mACH® 软件一起使用时，要逐行解释证据，换言之，即要沿着矩阵横向进行解释，而非逐个解释假设或垂直向下解释矩阵内容。这样做十分重要，能够帮助分析人员首先针对每个假设完整地思考每项证据，然后再处理下一项证据。这个过程可以让分析人员盯住每项证据，而不是证明其自身所喜爱假设的真伪。Te@mACH® 软件中的“调查”选项能够随机生成单元格，从而避免这一问题的出现。

输入和解读数据信息时，全部证据可信度得分的设定默认值为中间值。分析人员也可以输入高或低可信度分值。以这种方式使用这一软件能够算出不一致分值的加权值，反映出分析人员对该数据信息可信度的判断。

Te@mACH® 软件有一个专门的“关键假定”空格，可以通过检查它来记录和解释与某条特定相关信息关联的任何关键假定。在本案例中，针对“有些人用抗生素治疗后康复”这条信息，有人可能想注明医生们难以证明患者的康复与使用抗生素直接相关。输入的信息“附近有温盖特堡储存的军火和演示设施”，也暗含一个假定——生物或化学武器现在或以前曾在该堡加工处理，任何在那里工作的人都可能接触有毒物质。

步骤 4：评估每条相关信息的可信度。

步骤 5：重新思考以上假设，提炼该矩阵。若合并两个假设、增加一个新假设或拆解某一现有假设，是否有意义？

如果上述假设并不互斥，则在编排矩阵过程中尚未显示出互斥性的假设，至此阶段就会显而易见。在编排矩阵时，一旦分析人员发现自己是在“阐明”假设，则应考虑将其拆分开来。在编排矩阵的过程中，拆分的必要诱因或指标会显现出来。例如，“系极端分子蓄意而为”这个假设，应拆分为两个假设——一个是可能希望以普通人群为目标的恐怖分子，另一个则是只希望以纳瓦霍人或白人以外人群为目标的白人至上主义者。

有时，假设可以分解为一组假设。例如，接触毒物可能涉及一种化学或生物物质，也可能涉及除草剂或某些以前的良性物质。首先敲定支配性假设，效率通常更高。如果支配性假设看起来可能是事实，则可以将其拆分为几个互斥的构成部分，进行第二次竞争性假设分析。同样，如果仇恨发泄式犯罪假设能说得通，则应认真考虑恐怖主义假设或黑帮火拼假设。

步骤 6：就各假设的相对可能性得出暂时性结论，软件会计算出不一致分值。不一致分值最低的假设暂时为最可能的假设，不一致分值最高的假设暂时为最不可能的假设。将不一致分值最低的各个假设列在矩阵左边，最高的列在右边。

确定各个假设的可能性，而非仅仅是可能性最高和最低的假设，这点十分重要。根据上述假设和相关信息，可以得出各个假设相对可能性的暂时性结论，各结论将包括以下观察内容：

- ★“普通流感”假设可能不一致项最多，最容易排除；
- ★“仇恨发泄式犯罪”假设也有几个不一致项，不可能正确；
- ★剩下的两个假设不一致项最少，似乎值得认真思考和进行进一步调查。

严格审查相关信息的不一致项，找出最有可能的假设也同样重要。如果许多不一致项与全部最有可能的假设关联，这可能说明缺少一个假设。但如果对不一致证据的最好描述也只是“柔性”不一致，则该假设可能是最具可能的解释。

步骤 7：若你所得出暂时性结论的证据中有几点关键证据解释出现了变化，分析该结论对这一变化的敏感性，如图 9.4 所示。如果使用基础版 ACH 软件，根据诊断价值来给证据分类，最具诊断价值的信息就会出现在矩阵顶部。而 Te@mACH® 软件则会在矩阵顶部自动显示最具诊断价值的信息。

上述所有假设将至少包括部分不一致数据资料。本步骤的目标是了解相关信息中有哪些证据对这些假设的相对可能性整体影响最强，及如果这些证据出现变化，情况可能会怎样。

		H: 4	H: 2	H: 3	H: 1
		纳瓦霍人难以抵抗新型病原体	接触有毒物质	纳瓦霍人系仇恨发泄式犯罪的目标	致命型流感病毒
	加权不一致得分 ⇨	-1.0	-3.0	-5.0	-10.0
	输入证据				
E6	普通流感和细菌试剂检验呈阴性	C	I	I	II
E11	患病者腹部/背部疼痛，血小板数量下降	CC	I	I	I
E7	有些人用抗生素治疗后康复	I	N	I	I
E16	互联网上没有反纳瓦霍人的报道	NA	N	II	NA
E10	调查表明并非所有患病者都去过相同地点	N	I	N	I
E12	许多症状与毒物存在的情况相符	N	CC	C	I
E4	身体健康的年轻成人死亡	C	C	C	I
E3	几乎所有受害者均为纳瓦霍人	C	C	CC	I
E2	医疗人员未受传染	C	C	C	I
E1	受害者出现类似患上流感的症状，快速发展为呼吸衰竭并死亡	C	C	C	I
E15	近几年冬季潮湿，啮齿类动物数量增多10倍	C	NA	NA	N
E14	重病与潮湿冬季和啮齿类动物数量增多有关	C	NA	NA	N
E13	1918年和1933年许多人突然患上类似重病死亡	C	NA	NA	N
E9	多数患病者都居住在四州交界地区	C	C	C	C
E8	附近有温盖特堡储存的军火和演示设施	N	CC	C	NA
E5	高死亡率	C	C	C	C

图 9.4　美国西南部居民死亡案例：基于诊断价值的竞争性假设分析分类

步骤 8：思考上述所有假设的相对可能性，报告结论。

敏感性分析可以揭示需要进一步审查的领域，但在缺乏更多信息的情况下，有关假设相对可能性高低的暂时性结论可以采纳。但所有书面分析均应包括对竞争性信息、信息空白和分析所依据假定，以及何种新信息会改变假设可能性的完整叙述。

步骤 9：确定日后观察所需的指标或标志性事件。

做出上述竞争性假设分析的过程表明，分析人员应认真关注能够证实或否定两个首要假设——“新型病原体”和“毒物”的新信息。“新型病原体”假设应当进一步调查的关键问题如下：

- ★ 何种病原体与报道的症状最为匹配？
- ★ 纳瓦霍人为何似乎对这种新型病原体特别易感？他们的生活环境发生了何种变化，导致其更容易感染或接触一种新型病原体？
- ★ 某些啮齿类动物是否构成特别威胁？人们是否知晓它们中有些携带能够引起上述症状的病原体？这些啮齿类动物是否为纳瓦霍人居住地区的原生物种？

有待进一步调查的“毒物假设”的关键问题有：

- ★ 四州交界地区的农民近来是否引进了任何新除草剂？
- ★ 在纳瓦霍部落的土地上，是否有任何可能构成问题根源的有毒场地？
- ★ 是否有受害人在温盖特堡工作？该堡是否有毒物倾倒地点，或是制造或储存生物或化学武器？

所得分析增值：根据你的分析结果，可能性最大和最小的假设是哪些？最具可能性的假设是，生活在四州交界地的人们受到了一种新型病原体的袭击，或者最近接触了一种毒物。

最具诊断价值的信息有哪几条？最具诊断价值的信息是流感检验结果呈阴性，出现腹部/背部疼痛和血小板数量低的症状，互联网上没有出现反纳瓦霍人的报道，及看护人员没有患上相同疾病的事实。

支持信息资料的假定有哪些（如有）？调查之初，疾病控制中心的调查人员展开调查的依据是两个关键假定——患病或死亡原因要么是一种未知病原体，要么是一种生物恐怖主义行为。第二个假定带来的结果就是，居民们在温盖特堡接触了一种没有公开或没有查明的生物化学溢出物。

相关信息是否有任何空白可能会影响到你的信心？正如头脑风暴和关键假定练习所示，证据中有很多信息空白。

你对自己做出的最具可能性假设的评估有几分确信？我们能够相当肯定死因不是普通流感，中等程度地肯定纳瓦霍人并非恐怖分子或国内极端分子蓄意袭击的目标。但在我们能够确定死因是一种引入的新型病原体或近来突然接触的一种致命化学毒物之前，还需要做更多研究。

六、结论：来自亚特兰大的答案

经过一周的紧张工作，医疗调查人员得出结论说，该病通过人与人之间的接触来传播，但他们仍然没有查明病因。6 月 4 日，疾病控制中心打电话告知了他们检查受害者血液得到的结果。他们说，死亡原因是一种“此前从未见过的”汉坦病毒菌株。汉坦病毒的名称源自流经朝鲜和韩国的汉坦河，因其在朝鲜战争期间导致数千名联合国军人死亡而得名。此前确定的汉坦病毒曾导致人体肾衰竭，但这种新发现的菌株却会导致病人呼吸衰竭，致人死亡的能力要强大很多。[1][2] 因此，人们在美国又发现了一种新型病毒性出血热。

---

[1] 原注：David Perlin and Ann Cohen, “Hantavirus: Four Corners, United States,” 2002, Http: //www.infoplease.com/cig/dangerous-diseases-epidemics/hantavirus-four-corners-united-states.html.

[2] 原注：Tom Paulson, “Doctor on Trail of Another Deadly Virus,” *Seattle Post-Intelligencer,* April 9, 2003, Http: //www.seattlepi.com/default/article/Doctor-on-trail-of-another-deadly-virus-1111862.php.

医疗调查人员得知该病病因后，转而开始查找该病毒的携带者并阻止其传播。疾病控制中心的调查人员马上怀疑到某种啮齿类动物身上。像其他汉坦病毒一样，啮齿类动物可能是其携带者。不同的汉坦病毒似乎“偏爱”不同的啮齿类动物。本案例的关键问题是，“哪种啮齿类动物是病毒携带者？”10 天后，疾病控制中心给出了答案：鹿鼠。[1]

虽然元凶已被找到，但仍有很多问题没有得到解答：这种病毒如何传播？病毒在该地区存在了多久？部落长老们是否知晓，部落家庭中如果有啮齿类动物存在，会让其部落的人们接触到这些动物的排泄物，从而陷入危险之中。[2] 为了避免患病，长老们建议烧掉受污染衣物，隔离食物供应源。对生态学家搜集和保存的塞维尔他野生动物保护区（Sevilleta Wildlife Refuge）的动物组织试样的检验表明，1993 年传染病暴发前，这种现在被称为“辛努柏”（Sin Nombre）或“无名”的病毒，已经在纳瓦霍部落的啮齿类动物群中至少存在了 10 年。根据部落巫医的口述历史，流行病学家怀疑，自 20 世纪早期以来，啮齿类动物传播的疾病就已经存在于四洲交界地区。[3]

1993 年，降雨量骤减（实际上是返回到正常水平），可供食用的植物食物来源枯竭，数量增多的啮齿类动物就开始在新环境中——例如粮仓和人们的家中，寻找食物。这种病毒在啮齿类动物群中并不致病，但会通过它们的唾液、便液或排泄物传播给人类。与炭疽菌感染类似，当上述物质的气雾被人类吸入或接触到破损的皮肤时，人类就会被感染。该病集中发生于纳瓦霍人群的原因是，当地环境条件及农业种植活动让人们与被感染的啮齿类动物接触增多。在纳瓦霍部落地区远足或宿营过的访客也因与鹿

[1] 原注：Centers for Disease Control, “Tracking a Mystery Disease: The Detailed Story of Hantavirus Pulmonary Syndrome (HPS),” updated May 17, 2011, Http: //www.cdc.gov/hantavirus/hps/history.html.

[2] 原注：Linda Moon Stumpff, “Hantavirus and the Navajo Nation—A Double Jeopardy Disease,” Evergreen State College, 2010, Http: //nativecases.evergreen.edu/collection/cases/hantavirus-navajo.html.

[3] 原注：Ecological Society of America, “Ecological Research Benefits: The Hantavirus Case Study,” Http: //www.esa.org/education_diversity/pdfDocs/hantavirus.pdf.

鼠的接触而染病受害。[1][2]

后期对这次传染病暴发的研究确定，有 50% 的人在其家中或住宅四周被感染，10% 的人在工作地点被感染，5% 的人在进行娱乐活动时被感染，其余感染则出于综合性或未知原因。感染这种病毒的常见情形是，打开某一长期没有使用的小屋或在里面居住，其原因可能与几个因素有关：人们的进入使鹿鼠不安，它们逃走时常常会撒尿；封闭的小屋缺少通风，且屋顶会阻止阳光中的紫外线使病毒失去活性。[3]

汉坦病毒常常致人快速死亡。有 30% 到 40% 的患病者通常在入院后 24 至 48 小时内死亡，即使在管理有方的重症监护室内也是如此。汉坦病毒存在的最明显指标是，发现血小板数量下降或低到异乎寻常。约有 40% 的病人不需要将塑料导管置入其气管，来保护呼吸道和进行人工呼吸。治疗其余病人则可能非常棘手。但存活下来的病人常常会在 2 到 3 周内出院，且通常看不出生病对其有太大影响。[4]

定期随访

在该病及病毒携带者确认后，公共健康官员告诫当地居民和前往该地区的外来访客，避免从事会导致与野生啮齿类动物接触的活动，避免干扰啮齿类动物洞穴，以降低吸入干燥排泄物的可能。鼓励看到啮齿类动物侵扰迹象的房屋主人设置捕捉器，清洗床上用品，戴上橡胶手套、用稀释漂

[1] 原注：Perlin and Cohen, "Hantavirus: Four Corners, United States."

[2] 原注：Ecological Society of America, "Ecological Research Benefits: The Hantavirus Case Study."

[3] 原注：C. J. Peters and Ali S. Khan, "Hanta Pulmonary Syndrome: The New American Hemorrhagic Fever," *Clinical Infectious Diseases* 34 (2002):1224–31, Http: //www2.medicine.wisc. edu/home/ files/domfiles/infectiousdisease/Hantavirus.pdf.

[4] 原注：C. J. Peters and Ali S. Khan, "Hanta Pulmonary Syndrome: The New American Hemorrhagic Fever," *Clinical Infectious Diseases* 34 (2002):1224–31, Http: //www2.medicine.wisc.edu/home/files/domfiles/infectiousdisease/Hantavirus.pdf.

白剂或消毒剂擦洗台板、橱柜和墙面。

自 1993 年以来，32 个州共计出现 560 例这种病毒的病例，约四分之三的受感染者来自乡村，其中 63% 的上报病例为男性。这种病毒无法治疗或无有效疗法。[1][2]

七、重要收获

★ 开始一项计划或调查前值得考虑大量的替代选择。

★ 在一项计划或调查之初，一个首先要提出的问题是，我可能需要利用何种外部专业知识或外部资源来圆满完成任务？

★ 根据全部相关信息思考各种假设，然后返回本分析。可能会出现多种相互交织的解释，或出现多个经过一段时间后随着更多信息的补充而可能发生改变的假设。准备根据出现的每条新信息评估所有可能性。

[1] 原注：Centers for Disease Control and Prevention, "Reported Cases of HPS," Http: //www.cdc.gov/hantavirus/surveillance/index.html (accessed June 14, 2011).

[2] 原注：University of Wisconsin, "Scary New Diseases that Seem to Come Out of Nowhere," Http: //www.medmicro.wisc.edu/undergraduate/courses/554/pdf/scary_new_diseases.pdf (site discontinued).

[第十章]

亚特兰大奥运会爆炸案

内容提要

1996 年，一枚炸弹在奥林匹克世纪公园的人群中发生剧烈爆炸，炸死 1 人，炸伤 111 人。当局义愤填膺，随即展开了搜查，寻找此次袭击的罪魁祸首。一名此前曾就可疑包裹警告过当局的前保安迅速浮出水面，成为案件的主要嫌疑人。**关键假定检查法**可以帮助分析人员评估当局启动该案件时采取行动的过程，**“赞成—反对—错误—纠正”法（Pros-Cons-Faults-and-Fixes）**则为分析人员提供了一个评估有利和不利于主要嫌疑人证据的框架，而**多种假设生成程序法**™ 能帮助分析人员识别其他疑似犯罪者。

表10.1　案例快照：亚特兰大奥运会爆炸案

所用结构化分析方法	《情报分析：结构化分析方法》中所在章节	分析类别
关键假定检查法	第八章	因果评估
“赞成—反对—错误—纠正”法	第十一章	决策支持
多种假设生成程序法™	第七章	假设生成与检验

警方调查人员面临着巨大压力，他们要找出主要嫌疑人，将其绳之以

法。炸弹炸死 1 人，炸伤 100 多人，所以公众有理由担心奥运会的安全。在这种情况下，警方调查人员面临着快速结案和找出主要嫌疑人的沉重压力。此种情形容易让分析和调查人员走向团体迷思，更有可能采用“满意即可”策略，以取悦所有关键利益相关各方。

应对此类压力，最佳方式是采用结构化分析方法，它们能够支持调查分析人员拿出一小部分时间仔细思考其所了解的情况及需要知道的信息，然后再全力处理案例。在本案例研究中，我们探讨了如何利用 3 种结构化分析方法——关键假定检查法、“赞成—反对—错误—纠正”法和多种假设生成程序法™，更好地构建问题框架，并避免让调查进入死胡同。其中每种方法只需花费较少时间——通常只需要一两个小时，就能避开不会带来结果的线索，从而为调查人员节省大量时间。上述方法还能提高调查效率，让分析人员把注意力聚焦在关键信息空白，及在帮助结案方面最具说服力的补充信息类型上。

一、方法1：关键假定检查法

关键假定检查法是一种系统性活动，能够明确和质疑那些引导分析人员解读有关具体问题的证据和推理时所做的假定。分析人员必须处理不完整、模糊和有时具有欺骗性的信息，而做出假定通常是填补信息空白必不可少的手段。做出假定的动力来自分析人员所受的教育、培训和经验，包括其工作于其中的组织环境。识别假定可能很难，因为很多假定是人们所坚信的社会文化信念，或在不知不觉中占据人们的脑海，以至于它们被假定为真理，不受任何质疑。但当条件发生变化时，识别此类假定并评估其整体影响，则是严谨分析过程中至关重要的组成部分。

任务 1： 假定你是调查本次爆炸案的联邦调查局团队成员。克里尔院长已致电联邦调查局亚特兰大办公室，说出了他将理查德 · 朱厄尔视为本案主要嫌疑人的理由。在与华盛顿总部磋商后，你的小组已经决定将朱厄尔列为本案主要嫌疑人。为了帮助展开调查，已要求你与你的队友一起做一次关键假定检查，仔细审查团队就朱厄尔和世纪公园爆炸案正在做出的假定。你的任务是指导团队按照下述 8 个步骤做一次关键假定检查。

步骤 1：召集一小组研究该问题的人员，外加几个“局外人”。这一主要分析单位已经按照既定的思维模型进行了研究，因此需要“局外人”带来其他观点。

在本案例中，联邦调查局的调查团队如果在头脑风暴过程中吸纳某些地方或州一级的执法官员加入，会受益良多。

步骤 2：最好要求参与者与会时带来一份假定清单，若没有清单，则以一次无声的头脑风暴专题会开始会议。让每个参与者在 3 英寸×5 英寸的卡片上写下数个假定。

步骤 3：收集卡片，在一块白板上列出以上假定供大家查看。可以使用《情报分析案例》一书表 10.2 中的简单模板。

步骤 4：引出更多假设。沿着分析主线回溯至支持该主线的关键论据。利用各种工具来帮助激发参与者的思考。提出记者式的标准问题：何人？何事？如何？何时？何地？何故？诸如“将始终”“将永不”或“将要”之类的用语，表明某一观点未受到质疑，可能应该如此。诸如“根据”或“一般来说”之类的用语，表明正在做出一个质疑假定。表 10.5 提供了一份可能的关键假定清单。

步骤 5：确定完一整套假定后，严格审查各个假定。提出以下问题：

- ★ 我为什么相信这个假定正确？
- ★ 这一假定在何种情况下可能不实？
- ★ 该假定是否可能过去正确，但现在已不再正确？
- ★ 我对该假定有效的自信度有多大？
- ★ 若该假定被证明无效，将对分析产生多大影响？

表10.5 亚特兰大奥运会爆炸案例：关键假定范例

关键假定	有支持依据	给出警示	缺乏支持依据
1. 此次袭击是涉及一枚炸弹的单一事件；	✓		
2. 假如理查德·朱厄尔没有就该背包向警察报警，会有更多人伤亡；	✓		
3. 朱厄尔拨打了 911 报警电话；			✓
4. 制造炸弹的材料随处可得；	✓		
5. 朱厄尔有可能制造了该炸弹；		✓	
6. 朱厄尔应该知道如何在不被人看到的情况下放置炸弹；			✓
7. 该炸弹意在不加选择地大量杀害民众；		✓	
8. 爆炸事件并不具有政治性；			✓
9. 朱厄尔计划让炸弹在不到 30 分钟内爆炸，原因是他想让普通人都离开该区域，只伏击警察和安全官员；		✓	
10. 瑞·克里尔说的是真心话，这样说并非出于对朱厄尔怀有怨恨；		✓	
11. 朱厄尔接受过执法机构或军队的炸弹制造训练；		✓	
12. 朱厄尔想在亚特兰大警界谋得一职；	✓		
13. 朱厄尔制造爆炸事件的目的是想成为英雄；		✓	
14. 朱厄尔的个性符合有人想制造事端以便能以英雄面目现身的罪犯形象刻画；		✓	
15. 朱厄尔的个性符合该形象刻画，因为他在爆炸后高调示人；			✓
16. 在谈论受害者时，朱厄尔似乎出于内疚表现出不安，所以他可能是炸弹客；			✓
17. 朱厄尔声称他想在亚特兰大警察局谋一职位，这一做法不当，可能表明他有作案的动机；			✓
18. 执法机构官员每天都收到炸弹威胁信息。	✓		

很多假定表面上看起来合情合理，但认真审查就会发现它们经不住推敲。例如，有几个假定说朱厄尔在爆炸发生后做出的阐述表明他可能是炸弹客，这根本毫无根据。朱厄尔找工作的理由合法，因为他希望在奥林匹克运动会结束后能被聘用，多数媒体机构找到他的原因是，他有拯救了许多人性命的动人故事可讲。他放置炸弹制造事件以成为英雄的假定，不能完全排除。但考虑到朱厄尔动荡不定的工作史及以前他在执法工作中出现的问题，他的这种做法也可以理解。

朱厄尔拨打了 911 报警电话的假定，没有事实根据，因为他从世纪公园到戴斯酒店需要更多时间。虽然这一点有力否定了他拨打报警电话的假定，但出现了另一问题：假如朱厄尔有个同谋，情况会怎样？这个同谋可能拨打了报警电话，且两人有可能通过手机相互沟通。

步骤 6：利用表 10.2，将各个假定归入以下三类之一：

★ 基本有支持依据；

★ 有些警示正确；

★ 缺乏支持依据或有问题——针对“关键不确定处”。

确定将某一假定归入某类时可以采用的一种方法是，提出下述问题：我能根据这一假定做出调动资源或人员的决定吗？如果答案是“能”，那么该假定可归类为“有支持依据”。如果答案为“视具体情况而定”，该假定则应归入“给出警示”，要将这些警示记录下来。而如果根据该假定不适合或难以给出调动人员或资源的合理理由，则该假定为“缺乏支持依据”。

在本案例中，有 5 个假定看起来可靠，7 个假定需要给出警示信息，6 个关键假定毫无根据。“炸弹意在杀害大量民众”的假定，有炸弹使用铁钉和弹片的事实作为依据。但有一个可信的替代假定是，因为朱厄尔拨打了报警电话，所以他的本意是最大限度地减少伤亡人数，将死亡只限制在少数执法人员和安全官员身上。其他假定则需要就有关朱厄尔是不是为了成为英雄和得到一份好工作而制造爆炸事件，给出警示信息。尽管没有直接证据来支持这一假定，但朱厄尔以前在执法机构时存在的问题却说明该假定值得调查。

练习中常常冒出的关键问题是，克里尔打电话的动机是什么？如果他没有致电联邦调查局现场办公室说出他自己的想法，朱厄尔可能永远不会成为主要嫌疑人。克里尔可能对朱厄尔怀恨在心，打电话的目的只是为了让其陷入与警方辩白的窘境。在展开进一步调查前，对克里尔说了实话这个假定的思考，至少应怀有警觉之心。最后，朱厄尔接受过执法机构和军队的炸弹制造训练是个正确假定，但也应怀有警觉之心，因为我们不知道这种训练能否教会他制造爆炸案中使用的真实炸弹。

步骤 7：提炼该清单，删除经不起仔细审查的假定，加入讨论中出现的新假定。

考虑到时间差的原因，“朱厄尔拨打了 911 报警电话”这个假定必须排除，或者用“朱厄尔的同谋拨打了这个报警电话”的假定加以替代。时间差至少提供了认真研究和证实事件时间顺序关键构成的论据。

步骤 8：考虑是否应将关键不确定处转化为调查线索、情报搜集需求或研究课题。

关键假定检查法表明有几条新线索需要调查。例如，应努力确定克里尔是否有不可告人的动机，才向联邦调查局告知其想法。此外，我们是应该假定朱厄尔自己单独行动，还是考虑可能有多个罪犯？如果时间节点表明朱厄尔主要想杀害警察和安全人员，炸弹的放置是否也支持这个观点？朱厄尔是否可能知道很快就会有一大群执法官员聚集到现场？朱厄尔如何获取这一信息？这是否表明朱厄尔可能已经监视现场达数日之久？如果是这样，安全监控摄像头是否会记录此类活动？果真如此的话，朱厄尔会不会担心这些摄像头拍摄到他放置炸弹的情形？朱厄尔是否已经知道这些摄像头的存在？

分析所得增值：在开始调查时，执法分析人员和官员们都做出了什么假定（如有）？执法官员迅速将注意力集中到一个单一的首要假定——朱厄尔放置了那枚炸弹，目的是将其报告给警方，以获得最大限度降低人员伤亡的好评。他们假定了作案动机和作案能力，并随着新信息的出现，确定如何才能让该信息符合这一首要假定。与其不符的信息，例如不可能拨打 911 电话并在一分钟后向世纪公园的警方报警说有炸弹，却被忽略了。

他们是否受到他人所做关键假定的影响？（这些人包括想协助他们工作的媒体和访谈的专家。）联邦调查局的调查人员最初适当回应了皮埃蒙特学院院长克里尔打来的电话，认为该假定值得进一步调查，但公共记录中并无信息资料表明他们对“克里尔为人诚实、未对朱厄尔怀恨在心”的假定产生怀疑。

朱厄尔的同事还举出了其他例证，说明他患上了“想要成为英雄”综合征，调查人员随即就掉进了“满意即可”的陷阱。以其为根据，针对该案件做出的解释或提出的观点很快就被大家所接受，因其符合多数关键事实，满足了上司和公众的需求。

调查人员是否掉入了团体迷思的陷阱，或其是否有充分理由盯住朱厄尔，将其作为嫌疑人？调查人员很快就掉进了团体迷思的陷阱，让克里尔院长的建议和人们（对朱厄尔在事故中的表现给予好评，将其描绘成英雄一般的人们）传颂的几则奇闻逸事控制了思路。在执法过程中审查朱厄尔的历史过往时，他们迅速将关联性和因果关系混为一谈。另外，案例研究说朱厄尔被控冒充警察，但并未说明事实上是否给他定了罪。尽管他有就业问题史，但其个人历史上并无任何资料表明他会走向极端，制造杀人炸弹并让其在奥运会上爆炸。

关键假定对联邦调查局组织调查的效率产生了何种影响？如果调查人员认真检视其全部关键假定，叩问自己在何种情况下各假定可能不对，他们就可能不会那么容易匆匆得出结论，说朱厄尔是炸弹客。执行一次关键假定检查法，可以发现另外几个值得给予更多关注的问题：(1)“如果朱厄尔无法拨打报警电话，是否应将其视为主要嫌疑人？”(2)“如果朱厄尔发现一枚尚未爆炸的炸弹，他成功的概率难道不会更高吗？”(3) 还有一个更一般性的问题，“炸弹客是单独行动吗？”

二、方法2：“赞成—反对—错误—纠正”法

“赞成—反对—错误—纠正”法（PCFF）是一种评估各类决策的简单策略，包括发起警方调查的决策在内。在本案例中，执法人员面临巨大的压力，需要确定理查德·朱厄尔是否应该对本起爆炸案负责。“赞成—反对—错误—纠正”法尤其适用于决策者必须快速采取行动的局面，因为这一方法能够以快速和有组织的方式对一项决策进行详细说明，并解释和排除分析障碍，以便所有决策参与者都能分享和讨论该决策。

任务 2：使用“赞成—反对—错误—纠正”法帮助你确定理查德·朱厄尔是否为世纪公园爆炸案的责任人，如表 10.6 所示。

步骤 1：清楚地阐明所提议的行动或选择。

要解决的问题是：“朱厄尔是否把炸弹放在世纪公园？”

步骤 2：列出支持该决策的所有赞成意见。进行开放性和富有创造性的思考，列出所有收益、优点或其他有益因素，越多越好，将重复的赞成意见合并在一起。

步骤 3：列出所有反对所提议内容的意见或论据，对这些反对意见进行审查与合并。若两个反对意见相似或重叠，则将两者合二为一，避免冗赘。

表10.6　亚特兰大奥运会爆炸案例：赞成与反对意见范例

问题：朱厄尔是否在世纪公园放置了炸弹？	
赞成意见	**反对意见**
1. 他向警察报警，带其找到装有炸弹的那个背包。	1. 他不可能同时拨打 911 报警电话并向警察报警，告知其背包位置。
2. 他喜欢吸引公众注意。	2. 他不可能把其他警察当成主要目标。
3. 他在以往的工作中遇到问题，日后需要一份工作。	3. 他不可能制造杀人炸弹。
4. 他以前接受过炸弹制造训练。	4. 他没有理由提前 30 分钟引爆炸弹。
5. 炸弹制造粗糙。	5. 没有目击者或任何法医证据把他和这次袭击联系在一起。

步骤 4：尽可能多地对反对意见进行纠正。具体做法是，提出一个修正方案，该方案应该能够大幅降低反对意见成为难题的风险。确定一项预防措施，大幅降低反对意见成为难题的机会。制定一个应急方案，应包括在观察到某些指标后需要做出的改变，或者判定是否需要进一步调查或搜集信息，以证实或证伪反对意见成为难题的假定。

针对几个反对意见可以给出以下纠正意见：

★ 他不可能同时拨打 911 报警电话并向警察报警，告知其背包位置——朱厄尔有个同谋。

★ 他不可能把其他警察当成主要目标——爆炸造成的伤害越大，他就越能被描绘成英雄。

★ 他不可能制造杀人炸弹——爆炸造成的伤害越大，他就越能被描绘成英雄。

★ 他没有理由提前 30 分钟引爆炸弹——炸弹意外爆炸。

★ 没有目击者或任何法医证据把他和这次袭击联系在一起——他知道自己可能成为嫌疑人，所以刻意避免留下任何指纹。

步骤 5：挑赞成意见的错。给出赞成意见行不通或难以带来所说收益的理由，准确描述可能与赞成意见相伴生的副作用；或者说明需要进一步调查，以证实或证伪赞成意见行得通或能够带来收益的假定。

对以下赞成意见还可以这样挑错：

- ★ 他向警察报警，带其找到装有炸弹的那个背包——他在按照训练要求完成自己的本职工作。
- ★ 他喜欢吸引公众注意——只有在数次采访后且他意识到一夜成名的乐趣无穷时，这一点才能凸显出来。
- ★ 他在以往的工作中遇到问题，日后需要一份工作——他的过往历史中没有涉及制造炸弹、拥护极端思想或威胁说要实施暴力的行为。
- ★ 他以前接受过炸弹制造训练——对大多数警察而言，这是常事。
- ★ 炸弹制造粗糙——能够像朱厄尔一样有能力制造这种炸弹的人比比皆是。

步骤 6：将赞成意见（包括错误在内）与反对意见及其纠正意见进行比较，如表 10.7 所示。

总的来说，反对意见比赞成意见更有力度。同样，反对意见的纠正意见也相对较弱，而赞成意见的错误意见更具说服力。在时间节点上，朱厄尔不能同时拨打 911 报警电话及向警察报警的事实，最有说服力。如果进一步考察，人们可能会提出质疑——一个“想要成为英雄”的人，特别是在还需要利用一个同谋、无法控制事件关键部分的情况下，是否需要操心费力地打电话报警。按照同样道理，如果朱厄尔的主要动机仅仅是不丢掉工作，则选择使用杀人装置难以说通。

表10.7　亚特兰大奥运会爆炸案例："赞成—反对—错误—纠正"法范例

错误意见	正方意见	反方意见	纠正意见
朱厄尔在履行自己的本职工作。	他向警察报警，带其找到装有炸弹的那个背包。	他不可能同时拨打911报警电话并向警察报警，告知背包位置。	他有个同谋。
最初没想招惹公众注意，只是人们认为他喜欢一夜成名。	他喜欢吸引公众注意。	他不可能把其他警察当成主要目标。	爆炸造成的伤害越大，他就越能被描绘成英雄。
他没有制造炸弹或发表激进言辞的过往历史。	他在以往的工作中遇到问题，日后需要一份工作。	他不可能制造杀人炸弹。	爆炸造成的伤害越大，他就越能被描绘成英雄。
大多数警察都接受过炸弹制造训练。	他以前接受过炸弹制造训练。	他没有理由提前30分钟引爆炸弹。	炸弹意外爆炸。
很多人可能会造出这枚炸弹。	炸弹制造粗糙。	没有目击者或任何法医证据把他和这次袭击联系在一起。	假如他是嫌疑人，他就会刻意避免留下指纹。

分析所得增值：根据你对赞成和反对意见的评估，你能否提出说服力较强的理由，说明理查德·朱厄尔在世纪公园内放置了炸弹？ 利用"赞成—反对—错误—纠正"法指出针对朱厄尔的理由均为旁证，不应将其定为主要调查对象，更不能作为唯一调查对象。但调查进行至目前阶段，在追踪更深层次的调查线索前，将其从可能的嫌疑人名单上撤下，似乎也不够审慎。追加调查的关键线索包括：

- ★ 视频监控摄像头是否反映出有人将该背包放在长凳下面？
- ★ 监控摄像头是否反映出爆炸前数日内监控现场出现的所有可疑人员？
- ★ 朱厄尔在炸弹制造方面有何种实际经验？
- ★ 朱厄尔的汽车里、衣服上或其寓所，是否有任何物证表明他拥有制造炸弹的材料？
- ★ 我们能否确定，有人从戴斯酒店拨打报警电话时朱厄尔身处世纪公园？

★ 在朱厄尔发表激进言论，说明其有理由采用暴力或威胁使用暴力行为方面，是否有任何证据？

★ 拨打911报警电话的做法，是否符合以往炸弹威胁的模式；在警察每日收到的大量威胁中，这种做法是否与众不同？

三、方法3：多种假设生成法：多种假设生成程序法™

多种假设生成法是所有严谨分析过程的一部分，因为它能够帮助分析人员避免常见缺陷，例如过早得出结论或被第一印象过多影响。同时，它还可以帮助分析人员对众多可能进行思路开阔和创造性的思考。这样做的目的是列出一份清单，囊括各种假设。对于这些假设，最终可以根据已有证据和将来可能出现的新资料再进行详细考察和检验。

多种假设生成程序法™是一种有用的工具，可以拓宽合理假设所覆盖的范围。当有一个首要假设占据支配地位时，这一工具极为有用。在本案例中，这一首要假设是“理查德·朱厄尔在世纪公园放置了炸弹；此举是其密谋计划的一部分，目的是让其本人成为英雄，并在奥运会结束后能够在执法机构获得职位”。

多种假设生成程序法™这一工具的最重要方面是，它能够激发分析人员就众多看似合理的假设，特别是针对各种假设排列的可信度展开讨论。需要记住的是，可信度得分意在发掘新的可信假设，用于进一步考察，这一点很重要。虽然这一过程鼓励分析人员把注意力集中在可信度得分高的假设上，但不应完全抛弃可信度得分低的假设，因为它们的状态有可能会因新证据的出现而改变。

任务3：使用多种假设生成程序法™为世纪公园爆炸案生成并评估替代假设（见表10.8）。如果你的系统中未安装多种假设生成程序法™软件，可与Globalytica LLC公司联系，邮箱：ThinkSuite@globalytica.com或网址：Http://www.globalytica.com。

表10.8　亚特兰大奥运会爆炸案例之多种假设生成程序法™：头脑风暴替代假设范例

首要假设：为了成为英雄并得到一份工作，朱厄尔放置了这枚炸弹。				
组成部分	**首要假设**	**替代假设**		
何人？	朱厄尔	国际恐怖分子	国内暴力极端分子	心怀不满的承包商
何事？	杀人炸弹			
何时？	1996 年 7 月 27 日			
何故？	得到一份工作	造成伤害	推动政治议程	抗议失业
何地？	世纪公园			
如何？	预先放置炸弹			

步骤 1：借助《情报分析案例》一书表 10.4，利用“何人？何事？如何？何时？何地？何故？”等问题，确定首要假设及其组成部分。

朱厄尔将炸弹放在世纪公园的一个长凳下面，向警方报警，告诉他们有炸弹，并在炸弹爆炸前帮助清场。他这样做的原因是，他认为人们永远不会知道是他放置了炸弹，且会因为拯救了多人性命而被视为英雄。这样他就会变得大名鼎鼎，容易找到像警察这样的全职工作。

步骤 2、3：确定各关键组成部分的合理替代假设，并尽量使其互斥，抛弃所有“既有”因素。

这里的“既有”因素包括“何事”（杀人炸弹）、“何地”（世纪公园）、“何时”（1996 年 7 月 27 日 1 时 20 分）及“如何”（预先放置炸弹）。对于所有假设，它们均保持不变。通过头脑风暴找出各个剩余假设构成的替代成分。在本案例中，剩余假设构成是“何人”与“何故”。将清单内容合并为互斥的替代假设，排斥性越强越好。例如，基地组织采取行动的动机就会与国内激进极端组织不同。

步骤 4：生成一份可能的假设排列清单。

步骤 5：排除所有无任何意义的假设排列。

步骤 6：用数字 1（最低）到 5（最高）评估剩余假设的可信度高低。

表 10.9 中得分为 0 的 3 个假设，因为几乎没有意义，所以可以排除。例如，恐怖分子制造爆炸事件来抗议遭到解雇，就毫无意义。

表10.9 亚特兰大奥运会爆炸案例之多种假设生成程序法™：假设排列与可信度得分范例

何人？	何故？	假设排列	可信度得分
国际恐怖分子	造成伤害	国际恐怖分子放置该炸弹以造成伤害；	4
	推动政治议程	国际恐怖分子放置该炸弹以推动政治议程；	1
	抗议失业	国际恐怖分子放置该炸弹以抗议失业。	0
国内暴力极端分子	造成伤害	国内暴力极端分子放置该炸弹以造成伤害；	2
	推动政治议程	国内暴力极端分子放置该炸弹以推动政治议程；	4
	抗议失业	国内暴力极端分子放置该炸弹以抗议失业。	0
心怀不满的工人	造成伤害	心怀不满的工人放置该炸弹以造成伤害；	1
	推动政治议程	心怀不满的工人放置该炸弹以推动政治议程；	0
	抗议失业	心怀不满的工人放置该炸弹以抗议失业。	3

步骤 7：如表 10.10 所示，按照可信度由最高到最低的顺序，重新排列剩余假设。

步骤 8：以上述排列为假设重新进行叙述。

表 10.10 是重新排列的假设。

步骤 9：从清单最上部选出最值得关注的替代假设，并注明其最值得关注的原因（见表 10.11）。

可信度得分等于和高于 3 分的 4 个最合理假设为：

★ 朱厄尔放置了该炸弹，以成为英雄并得到一份工作；

表10.10 亚特兰大奥运会爆炸案例之多种假设生成程序法™：假设分类与得分范例

首要假设与假设排列	得分
朱厄尔放置了该炸弹，以成为英雄并得到一份工作；	4
国际恐怖分子放置了该炸弹以造成伤害；	4
国内暴力极端分子放置了该炸弹以推动政治议程；	4
心怀不满的工人放置了该炸弹以抗议失业；	3
国内暴力极端分子放置了该炸弹以造成伤害；	2
国际恐怖分子放置了该炸弹以推动政治议程；	1
心怀不满的工人放置了该炸弹以造成伤害。	1

表10.11 亚特兰大奥运会爆炸案例之多种假设生成程序法™：需深究假设范例

需进一步研究的假设	推理过程
朱厄尔放置了该炸弹，以成为英雄并得到一份工作。	朱厄尔的往昔就业史使其成为“想要”发动袭击的候选者。
国际恐怖分子放置了该炸弹以造成伤害。	国际恐怖分子数次袭击美国，而奥运会则是具有象征意义的目标。
国内暴力极端分子放置了该炸弹以推动政治议程。	例如，白人至上主义者可能反对奥运会所具有的多民族性特点，或者无政府主义者也可能以奥运会为目标，传递其无政府主义者的信息。
心怀不满的工人放置了该炸弹以抗议失业。	近来被裁掉的保安人员对失业深表愤怒。

★ 国际恐怖分子放置了该炸弹，以达到伤害美国的目的；

★ 国内暴力极端分子放置了该炸弹以推动政治议程；

★ 心怀不满的工人放置了该炸弹以抗议失业。

如果上述4个得分最高的假设没有给出值得认真调查的线索，则应给予其他得分稍低的假设更多关注。

“心怀不满的工人”有可能出于一般意义上的失业愤怒而

放置了该炸弹，但他们却不可能把愤怒发泄到参加奥运会的人身上。他们更可能袭击的目标应该是附近的美国电话电报公司（AT&T）。国际恐怖分子一般未曾采用恐怖主义手段来推动他人实现自己的国内政治目标，但双方却可能相互勾结，发动对奥运会人员的袭击，因为奥运会是具有象征意义的合适目标。

虽然可信度得分本质上具有主观性，但反映了能够用来淘汰无意义或极不可能假设的推理过程。没有用到的假设不应抛弃，而应被保留下来。如有新信息出现，则应重新考量该清单。

分析所得增值：哪些假设应进一步探究？利用多种假设生成程序法™标记出至少与首要假设同样可信的新假设。考虑到最近TWA800航班被击毁事件，不将国际恐怖分子考虑为可能黑手则不够审慎，而国内的暴力极端分子可能拥有更强的动机和能力来实施此次爆炸事件。由于所用炸弹类型及其所放位置的原因，“心怀不满的工人”这一假设或许可能性更低，但在调查开始时却不应放弃。

应考虑哪些动机，为何要予以考虑？练习中会出现一些更具可能性的假设——炸弹客具有个人目标（想成为英雄）、意识形态方面的目标（发表政治声明或推动极端分子的事业——如白人至上、国家主权至上、反对堕胎或反对国际主义等），或者意在伤害人员或机构（可能包括从地方无政府主义者到基地组织的罪犯）等。

初始清单中哪些假设已被搁置一旁，原因何在？分析人员应决定有哪些假设应当做进一步研究。根据一般经验，假设的数量超过5个就会有累赘之感，表明在互斥性方面可能有问题。在此种情况下，应鼓励分析人员在初次审查手头证据时就将假设集中起来，同时还应鼓励他们一开始就把初始清单上证据支持很少或没有证据支持的假设包括进去，以期之后能够得到新信息，支持最初的异类假设。但那些并非基于观察、逻辑或有依据的假定，不应视为首要假设。分析人员应明确说明某些假设为何没被纳入最终清单，并记录将来何种新信息能够改变其状态。

四、结论

爆炸案发生两天后，克林顿总统告诉美国公众奥运会将按原计划举行，表明美国不会被恐怖主义行径所吓倒。他说："类似此次爆炸案的恐怖主义行为意在打击我们的民主精神，这点明白无误。我们一定不要让这些袭击阻挡我们前进的脚步，我们不能让恐怖压垮我们，（果真如此的话，）那就不是美国人的风格。"[1]

1996 年 10 月 26 日，朱厄尔得到通知说，他不再是亚特兰大奥运会爆炸案的调查目标。联邦调查局曾发起一次内部调查——查明朱厄尔作为主要嫌疑人的身份是否被泄露给媒体，但最后该局没有确定此次所谓的泄密是否发生，也没有为此处罚过任何人员。[2]

经历了此番煎熬后，朱厄尔对数家媒体机构提起了口头和书面诽谤诉讼。[3] 美国全国广播公司、美国有线电视新闻网和《纽约邮报》各自结案，付给了朱厄尔补偿款，但数额保密。曾聘用朱厄尔的皮埃蒙特学院，也付给朱厄尔数额保密的补偿款，以了结此案。包括克里尔在内的几名学院雇员，此前曾在联邦调查局约谈他们时，说了朱厄尔的坏话。

数月后，朱厄尔的律师林 · 伍德（Lin Wood）说，对于他的委托人被视为嫌疑人，媒体起了关键作用。他说："我们知道联邦调查局对朱厄尔感兴趣，但并未真正确定他是否为可能的嫌疑人或是有潜在价值的目击者。不过在他们还没来得及实施计划前，媒体就以通栏大标题将此事公之于众，于是突然之间联邦调查局开始在一次公开调查中认真对待朱厄尔。

---

[1] 原注：BBC, "1996: Bomb Rocks Atlanta Olympics," Http: //news.bbc.co.uk/onthisday/hi/dates/stories/july/ 27/newsid_3920000/3920865.stm.

[2] 原注：Iver Peterson, "Head of FBI Says It Can't Trace Disclosure in Olympic Bombing Case," *New York Times*, December 20, 1996, Http: //www.nytimes.com/1996/12/20/us/head-of-fbi-says-it-canttrace-disclosure-in-olympic-bomb-case.html.

[3] 原注：Harry R. Weber, "Former Olympic Park Guard Jewell Dies," *Washington Post*, August 30, 2007, Http: //www.washingtonpost.com/wp-dyn/content/article/2007/08/30/AR2007083000324.html.

我认为媒体的这种做法改变了联邦调查局所持的整个立场。”[1]

2007 年 8 月 29 日，朱厄尔因自然原因去世，享年 44 岁。此前他一直患有严重心脏病、肾病和糖尿病。[2]

追捕埃里克 · 鲁道夫

在爆炸案发生后两年的时间里，东南炸弹专案组的特工们约谈了数千名目击者，追踪调查了该炸弹的几乎每个部件。该专案组由联邦调查局、美国烟酒枪械管理局（Bureau of Alcohol, Tobacco, and Firearms，ATF）、佐治亚州调查局、亚拉巴马州调查局、伯明翰警察局的人员及美国司法部检察官组成。此外，众多地方和州一级的执法单位也对专案组提供了支持。[3]

1998 年 10 月 14 日，联邦当局控告埃里克 · 鲁道夫（Eric Rudolph）实施了 1996 年 7 月 27 日亚特兰大世纪公园的致命爆炸案。鲁道夫之所以成为调查目标，部分原因是，田纳西州的一对夫妇认出他就是从他们那里购买无烟火药的人，而这些火药据信被用于制造亚特兰大奥林匹克公园爆炸案的炸弹。[4]

联邦当局还指控鲁道夫实施了两起爆炸案：1977 年 1 月 16 日发生在北亚特兰大桑迪斯普林斯专家大楼保健室的一起连环爆炸案，及 1997 年 2 月 21 日发生在亚特兰大“爱则赛德”同性恋者夜总会的一起爆炸案。[5] 在桑迪斯普林斯爆炸案中，第一枚炸弹导致大楼后部严重损坏，而第二枚炸

---

[1] 原注：David Kohn, “Falsely Accused,” 60 Minutes II, CBS Worldwide, June 26, 2002, Http: //www.cbsnews. com/stories/2002/01/02/60II/main322892.shtml.

[2] 原注：Kevin Sack, “Richard Jewell, 44, Hero of Atlanta Attack Dies,” *New York Times,* August 30, 2007, Http: //www.nytimes.com/2007/08/30/us/30jewell.html?n=Top/Reference/Times%20Topics/Subjects/O/Olympic%20Games.

[3] 原注：Department of Justice, “Eric Rudolph Charged in Centennial Olympic Park Bombing” [press release], October 14, 1998, Http: //www.fas.org/irp/news/1998/10/477crm.htm.

[4] 原注：BBC, “1996: Bomb Rocks Atlanta Olympics.”

[5] 原注：Department of Justice, “Eric Rudolph Charged in Centennial Olympic Park Bombing.”

弹，据美国烟酒枪械管理局局长称，则被设计用来“杀死杀伤匆忙赶来现场伸出援手的救援人员、护理人员、消防员和警察”。[1] 在“爱则赛德”夜总会爆炸案中，也发现了第二枚炸弹，但在其爆炸前该区域已被清场。

除此之外，鲁道夫还被指控实施了 1998 年 1 月 29 日亚拉巴马州伯明翰“新女性全女子卫生保健中心”（New Woman All Woman Health Care Clinic）爆炸案，导致伯明翰警官罗伯特 · 桑德森死亡，中心护士长艾米丽 · 莱昂丝身受重伤。在公开对鲁道夫指控的同时，联邦政府声明，将对提供证明鲁道夫有罪信息的人给予 50 万美元的奖赏，对提供线索致鲁道夫被捕者给予高达 100 万美元的奖赏。[2]

鲁道夫是美国逃避司法制裁的 10 个顶尖通缉逃犯之一。[3] 一支规模可观的执法小分队，配备有红外装备的直升机和追踪警犬，被派往北卡罗来纳州西部的南塔哈拉林区，搜索这块面积为 51.7 万英亩 [4] 的土地，寻找鲁道夫的踪迹。[5][6]

2003 年 5 月，在逃亡超过 5 年后，鲁道夫被抓获。当时他正在北卡罗来纳州墨菲市的一个垃圾箱附近，显然是在搜寻食物，被警察发现。[7]2004 年 7 月，他被押上审判席，被指控实施了亚特兰大桑迪斯普林斯专家大楼保健室爆炸案和“爱则赛德”夜总会爆炸案、亚拉巴马州“新

[1] 原注：Department of Justice, “Eric Rudolph Charged in Centennial Olympic Park Bombing.”

[2] 原注：Department of Justice, “Eric Rudolph Charged in Centennial Olympic Park Bombing.”

[3] 原注：“Key Dates in Hunt for Eric Rudolph,” Fox News, June 2, 2003, Http: //www.foxnews.com/story/0,2933,88269,00.html.

[4] 编注：1 英亩≈ 4046.9 平方米。

[5] 原注：“Search for Rudolph Continues 5 Years After Bombing,” CNN, July 23, 2001, Http: //articles.cnn.com/2001–07–23/justice/rudolph.search_1_emily-lyons-eric-robert-rudolph-doublebombing.

[6] 原注：Paul Nowell, “Search for Bombing Suspect Resumes,” *Washington Post*, July 12, 1999, Http: //www. washingtonpost.com/wp-srv/national/longterm/rudolph/rudolph.htm.

[7] 原注：Associated Press, “Raw Data: Timeline in Eric Rudolph Case,” Fox News, June 2, 2003, Http: //www.foxnews.com/story/0,2933,88269,00.html.

女性全女子卫生保健中心”堕胎室爆炸案，及此次世纪公园爆炸案。[1] 鲁道夫告诉联邦调查人员说，他在世纪公园放置炸弹是因为反对堕胎合法化，想给那次奥运会抹黑，让美国政府丢脸。[2]

2005 年 4 月，鲁道夫承认犯下了上述罪行，并根据辩诉交易，被免除死刑，判处连服 4 个无期徒刑，不得假释。[3] 鲁道夫的嫂子黛博拉 · 鲁道夫说，她的内弟接受了政府提出的条件——以认罪换取无期徒刑，不得假释，目的是“保护其家人，使其不再遭到监视”。[4] 鲁道夫表示，他的决定“纯粹是一种策略性选择”。用这种手段让鲁道夫认罪，承认实施了 4 起爆炸案，这种做法是否合法，让人心生疑问。[5]

五、重要收获

★ 面临尽快找出罪犯或得出分析结论的巨大压力时，脑海中应当警钟长鸣，告诉自己在这种情况下应用结构化分析方法正当其时。

★ 利用诸如关键假定检查法或“赞成—反对—错误—纠正”法等，只需花费几个小时，就可以为调查人员节省数日（若非数周）的精力，否则他们就必须把时间浪费在追踪低价值线索，或处理经过认真审查后证明无用的假设上。

★ 事实常常证明，在调查之初就思考多种可信假设（或嫌疑人），比

[1] 原注：BBC, “1996: Bomb Rocks Atlanta Olympics.”

[2] 原注：Mike Lopresti, “A Decade Later, Atlanta Olympic Bombing Overshadowed,” *USA Today,* July 23, 2006, Http: //www.usatoday.com/sports/columnist/lopresti/2006–07–23-lopresti-atl-10-years_x.htm.

[3] 原注：BBC, “1996：Bomb Rocks Atlanta Olympics.”

[4] 原注：Henry Schuster, “Why Did Rudolph Do It?” CNN, April 15, 2005, Http: //www.cnn.com/2005/US/04/11/schuster.column/index.html.

[5] 原注：Associated Press, “Eric Rudolph Gets Life Without Parole,” Fox News, July 18, 2005, Http: //www. foxnews.com/story/0,2933,162790,00.html.

按部就班地进行调查——先追踪一个重要嫌疑人，难以奏效后再追踪第二个嫌疑人，然后是第三个嫌疑人的方法，总体来说效率要高很多且耗时较少。考虑多个嫌疑人也有助于把注意力集中在最具诊断价值的证据上。

·推荐阅读书目·

Federal Bureau of Investigation, Counterterrorism Division, Counterterrorism Threat Assessment and Warning Unit, National Security Division. "Terrorism in the United States：1996." Http: //www.fbi.gov/stats-services/publications/terror_96.pdf.

Ostrow, Ron. "Richard Jewell and the Olympic Bombing：Case Study." Pew Research Center's Project for Excellence in Journalism. February 15, 2003. Http: //www.journalism.org/node/1791.

[第十一章]

华盛顿特区恐怖主义狙击手

内容提要

2002 年,“9 · 11”恐怖袭击仅仅一年后,恐怖氛围再次笼罩华盛顿特区。在这个大都会区域,出现了一个开枪行凶的狙击手,将男女老幼打死打伤。当局迅速行动起来,寻找罪魁祸首。他们收到了大量目击者报告、打入电话者提供的建议以及其他信息。但要评估上述信息却困难重重。本案例采用**关键假定检查法**帮助分析人员揭示和质疑能够影响现有证据评估的隐含假定,采用**多种假设生成程序法** ™ 和**经典象限处理法** ™（**Classic Quadrant Crunching™**）帮助人们系统地做出各种可能解释并加以评估。

表11.1　案例快照：华盛顿特区恐怖主义狙击手

所用结构化分析方法	《情报分析：结构化分析方法》中所在章节	分析类别
关键假定检查法	第八章	因果评估
多种假设生成程序法 ™	第七章	假设生成与检验
经典象限处理法 ™	第五章	观点生成

身处危机之中,人们容易被所发生事件的节奏影响,首先得出最明显的答案。本案例凸显了在项目早期利用一个系统化流程来抵御这一诱惑的重要性。这些方法可以帮助分析人员质疑错误的思维模型,并做出全方位

的可能解释，从而有效地构建问题框架。关键假定检查法能够完成这一流程，帮助分析人员解释和质疑有关狙击手的隐含假定。多种假设生成程序法 TM 和经典象限处理法 TM 练习可以提供两面棱镜，供分析人员通过它们系统地发展和评估众多可能解释。在本案例中，多种假设生成程序法 TM 突出表明了扩大考虑嫌疑人范围的必要性，而经典象限处理法 TM 则有助于揭示需要思考的新维度，其中有许多对案件的真正结果有着直接影响。

一、方法1：关键假定检查法

关键假定检查法是一种系统性活动，能够明确和质疑那些引导分析人员解读有关具体问题的证据和推理时所做的假定。分析人员必须处理不完整、模糊和有时具有欺骗性的信息，而做出假定通常是填补信息空白必不可少的手段。做出假定的动力来自分析人员所受的教育、培训和经验，包括其工作于其中的组织环境。识别假定可能很难，因为很多假定是人们所坚信的社会文化信念，或在不知不觉中占据人们的脑海，以至于它们被假定为真理，不受任何质疑。但当条件发生变化时，识别此类假定并评估其整体影响，则是严谨分析过程中至关重要的组成部分。

任务 1：人们对该枪手的最初推测是——此人极可能与传统系列杀手形象吻合，即他是一位具有军队经历的孤身白人男子。对这一推测实施关键假定检查法。

步骤 1：召集一小组研究该问题的人员，外加几个“局外人”。这一主要分析单位已经按照既定的思维模型进行了研究，因此需要“局外人”带来其他观点。

在这种情况下，各种电视网络上的专家级评论者，以及全体公众，充当了“局外人”的角色。事实证明，这些专家级评论者的观点与联邦调查局最可能采用的判断标准接近，主要认为此案是系列杀手所为。在其他选项应得到认真考虑的情况下，他们的这一观点强化了案犯系一孤身白人男子的观点。

步骤 2：最好要求参与者与会时带来一份假定清单，若没有清单，则以一次无声的头脑风暴专题会开始会议。让每个参与者在 3 英寸 × 5 英寸的卡片上写下数个假定。

步骤 3：收集卡片，在一块白板上列出以上假定供大家查看。可以使用《情报分析案例》一书表 11.2 中的简单模板。

在调查早期，首要假定有 4 个关键组成部分：

- **孤身一人**——在多起射击案中只涉及一个枪手；
- **白人**——系列杀手的身份几乎始终是白种人；
- **男性**——系列杀手几乎总是男子；
- **从军经历**——要射击如此精准，该杀手必须具有从军经历，甚至可能是个神枪手。

步骤 4：引出更多假定。沿着分析主线回溯至支持该主线的关键论据。利用各种工具来帮助激发参与者的思考。提出记者式的标准问题：何人？何事？如何？何时？何地？何故？诸如“将始终”“将永不”或“将要”之类的用语，表明某一观点未受到质疑，可能应该如此。诸如“根据”或“一般来说”之类的用语，表明正在做出一个质疑假定。

因为本案例研究的缘故，最好让交流对话集中在“孤身一人的白人男子是狙击杀手”这一观点上，同时也考虑其他解释，包括射手可能是国外恐怖分子、国内极端分子、白人至上主义者（因数个有色人种的人士被杀），或射击发生地点迈克尔工艺美术品商店、家得宝连锁店或加油站处闹情绪的员工。

步骤 5：确定完一整套假定后，严格审查各个假定。提出以下问题：

- 我为什么相信这个假定正确？
- 这一假定在何种情况下可能不实？
- 该假定是否可能过去正确，但现在已不再正确？

★ 我对该假定有效的自信度有多大？

★ 若该假定被证明无效，将对分析产生多大影响？

步骤 6：利用表 11.2，将各个假定归入以下三类之一：

★ 基本有支持依据；

★ 有些警示正确；

★ 缺乏支持依据或有问题——针对“关键不确定处”。

认真审查上述假定，可以看出有三个假定属于“给出警示”类别，一个属于“缺乏支持依据”类别，如表 11.5 所示。

表11.5 关键假定检查法：华盛顿特区狙击手是系列杀手

关键假定	评论	有支持依据	给出警示	缺乏支持依据
1. 孤身一人	实证研究表明 80% 的系列杀手独自行动，只有 12% 与伙伴一起行事。为制订计划，做出这一假定相当不错，但分析人员应关注其有同伙的可能。		✓	
2. 白人	实证研究表明在所有系列杀手中，约 80% 是白人。如果我们假定杀手是白人，我们就将排除 20% 的潜在嫌疑目标——这是个更严重的错误。		✓	
3. 男性	实证研究表明在所有系列杀手中，约 85% 是男性。同样，这是个不错的假定，但我们却应当保持警觉，留意表明本案件可能例外的任何指标。		✓	
4. 有从军经历	使用的武器是高水准的大毒蛇公司所产步枪。多数人只需要几个小时的训练，即可学会使用该步枪，且能达到一定准确度。特别是在配有瞄准镜及支架或其他稳定射击台的工具时，更是如此。			✓

步骤 7：提炼该清单，删除经不起仔细审查的假定，加入讨论中出现的新假定。

★ 考虑到 12% 的系列杀手有同伴，所以“一个系列杀手独自行动”被列为“给出警示”的假定。[1] 因为本案例性质恶劣，人们对射击情况几乎一无所知，忽视杀手与同谋一块行动的可能为时过早。事实上，学生可能指出本案的一个特点——射击发生时既没有人看到枪手，也无人看到有人离开案发现场，这可能说明枪手在使用一个移动射击台，并需要一名司机确保其迅速逃走。

★ 假定“枪手一定是个白人”会大错特错，因为这样就会排除全部可能嫌疑人中 20% 的人数，且还不论没有证据表明枪手是个白人。[2] 事实上，关于迈克尔工艺美术品商店的第一次枪击，有一份检查报告说，有人看到两名黑人男子离开了停车场，形迹可疑。

★ 知道全部系列杀手中有 85% 系男性，说明它将会是一个发起调查的可靠假定。[3] 但考虑到案例的恶劣性质、问题的急迫性及现阶段调查的证据缺乏，不排除任何选项并将本假定列为“给出警示”的假定，会更有道理。

★ “枪手一定有从军经历”的假定有其合理性，但肯定不具有确定性。多数人能够在几乎没有得到训练的情况下学会用大毒蛇公司的枪支射击。更为重要的是，对这一假定的探讨，应激发学生对如此准确地用枪射击他人需要具备何种条件，进行更富有成果的研究。当

---

[1] 原注：James Alan Fox and Jack Levin, “An Anatomy of Serial Murder,” chap. 3 in *Extreme Killing*: *Understanding Serial and Mass Murder* (London: Sage, 2005), 38. Available at Http: // www. sagepub. com/ upm- data/5396_Fox_Final_Pages_Chapter_3.pdf.

[2] 原注：James Alan Fox and Jack Levin, “An Anatomy of Serial Murder,” chap. 3 in *Extreme Killing: Understanding Serial and Mass Murder* (London: Sage, 2005), 38. Available at Http: // www. sagepub. com/ upm- data/5396_Fox_Final_Pages_Chapter_3.pdf.

[3] 原注：James Alan Fox and Jack Levin, “An Anatomy of Serial Murder,” chap. 3 in *Extreme Killing*: Understanding Serial and Mass Murder (London: Sage, 2005), 38. Available at Http: // www. sagepub. com/ upm- data/5396_Fox_Final_Pages_Chapter_3.pdf.

学生被问到这一问题时，多数会立即回答说枪上应有瞄准镜。如果再给他们稍多点时间，他们通常会说可能用了支架或其他东西来稳定枪支。因为尚无人看到过枪手，所以就会引出两个问题：枪手射击地点是何处？他如何稳定射击台？有一个答案是，他可能从一辆有内置射击台的厢式货车或其他车辆上开枪射击。

步骤 8：考虑是否应将关键不确定处转化为情报搜集需求或研究课题。

分析所得增值：联邦调查局的调查人员接手该案件时，是否同时接受了任何影响其案件调查效率的关键假定？进行重大调查伊始就实施关键假定检查法有何价值？关键假定对调查执行方式有何影响？在本案例中，如果做了关键假定检查法练习，则会强化蒙哥马利郡警察局局长穆斯的观点，即调查不应过早地只集中在白人身上，而应将各族裔人员都纳入嫌疑人的考虑范围。练习还会警告调查人员调查时不要给予从军经历过高权重。此外，关键假定检查法可能会激发一场讨论——杀手如何射击？可能涉及何种车辆？罪犯是否需要一个帮凶？最后，它有可能让调查人员想到几种难以预知的可能性——杀手可能不是个白人、可能是个女性或与一个同伴一起行动。尽管从历史角度来看上述可能性为真的概率较低，但如果在以后调查中出现证据，指向上述三种可能性中任何一种，则会有助于预置一个“盒子”来收纳证据。事实上，案例发端时就出现了证据，多数采用目击者叙述的形式，说看到一个以上的黑人男子在犯罪现场附近行踪可疑。调查进行到一半时，表明牵涉到一个以上射击者的证据开始浮出水面。

二、方法2：多种假设生成法：多种假设生成程序法™

多种假设生成程序法™是一种有用的工具，可以拓宽合理假设所覆盖的范围。当有一个首要假设占据支配地位时，这一工具极为有用。在本案例中，这一支配性首要假设是联邦调查局对案犯所做的形象刻画——但几乎没有事实对其加以佐证或反驳。这一工具最重要的方面是，能够推动分析人员就合理假设的范围进行讨论，特别是就各种假设排列的相对可信度进行讨论。重要的是，要记住可信度评分意味着能够对新出现的可信假设做进一步审查。在这一过程中，虽然鼓励分析人员专注于可信度评分最高的假设，但不应完全排除可信度评分较低的假设，因为有可能出现新证据，让这些假设更加可信。

任务 2：使用多种假设生成程序法™（见《情报分析案例》一书表 11.3）生成和评估替代假设。如果你的系统中未安装多种假设生成程序法™软件，可与 Globalytica LLC 公司联系，邮箱：ThinkSuite@globalytica.com 或网址：Http://www.globalytica.com。

步骤 1：确定首要假设及其组成部分。

在本案例中，“何人”“何故”与“何事”问题已研究过，首要假设的最佳说法可能如下：一名白人男子驾驶一辆白色厢式货车，为敲诈钱财而持枪杀人。其关键构成部分是“白人男子”“白色厢式货车”和“为敲诈钱财而持枪杀人”。由于枪击案发生的情况是事实，且弹道试验确认了所用武器的类型，所以它们可被视为静态信息，无须纳入假设排列内容。

步骤 2、3：确定假设的各关键组成部分的合理替代内容，并尽量使其互斥。排除所有“既有”因素，例如对全部假设均相同的“如何”问题（枪击）。表 11.6 为头脑风暴所得到的替代假设结果。

表11.6 华盛顿特区狙击手案例之多种假设生成程序法™：替代假设矩阵

首要假设：一名白人男子驾驶一辆白色厢式货车，为敲诈钱财而持枪杀人。			
组成部分	**首要假设**	**替代假设 / 头脑风暴**	
何人？	白人男子	黑人男子	白人女子
何事？	白色厢式货车	轿车	步行
何故？	敲诈钱财	寻求出名	制造恐怖

学生可能会提出更多替代假设，但事实一般会证明上面所列的两组替代假设对阐述这一方法最为有效。例如，“白人

男子”的其他替代假设可能是“西班牙裔”或“中东地区人士”。同样，“白色厢式货车”的替代假设可能是“公共交通工具”“摩托车”或“自行车”。上述各项均可用“步行”加以替代。“何故”问题通常会引发一场激烈讨论，几乎任何替代假设都值得考虑，其中包括“仇恨发泄式犯罪”“群体性冤屈”“加入帮派”或“政治抗议”等。因为被射杀有色人士数量较多的原因，当时有些人认为“仇恨发泄式犯罪”是犯罪动机，射杀白人则系其故意做出伪装，掩盖其真正动机。基于同样理由，有些分析人员认为杀手是射击发生地点迈克尔工艺美术品商店、家得宝连锁店或加油站中蒙受冤屈的员工。

步骤 4、5、6：列出一份可能的假设排列清单，放弃毫无意义的排列，用数字 1 到 5 评估剩余假设排列的可信度，1 代表可信度最低，5 则代表可信度最高。

表 11.7 为全部假设排列清单及其相应的可信度得分。全部假设排列均有道理，所以全部保留下来。

表11.7 华盛顿特区狙击手案例之多种假设生成程序法™：假设排列树形表

何人？	何事？	何故？	假设排列	可信度得分
白人男子	白色厢式货车	敲诈钱财	一白人男子为敲诈钱财而杀人，驾驶的是一辆白色厢式货车；	4
		恐吓	一白人男子为制造恐怖而杀人，驾驶的是一辆白色厢式货车；	5
		寻求出名	一白人男子为寻求出名而杀人，驾驶的是一辆白色厢式货车。	3
	轿车	敲诈钱财	一白人男子为敲诈钱财而杀人，驾驶的是一辆轿车；	4
		恐吓	一白人男子为制造恐怖而杀人，驾驶的是一辆轿车；	5
		寻求出名	一白人男子为寻求出名而杀人，驾驶的是一辆轿车。	3
	步行	敲诈钱财	一白人男子为敲诈钱财而杀人，步行作案；	1
		恐吓	一白人男子为制造恐怖而杀人，步行作案；	1
		寻求出名	一白人男子为寻求出名而杀人，步行作案。	1

(续表)

白人女子	白色厢式货车	敲诈钱财	一白人女子为敲诈钱财而杀人，驾驶的是一辆白色厢式货车；	2
		恐吓	一白人女子为制造恐怖而杀人，驾驶的是一辆白色厢式货车；	2
		寻求出名	一白人女子为寻求出名而杀人，驾驶的是一辆白色厢式货车。	2
	轿车	敲诈钱财	一白人女子为敲诈钱财而杀人，驾驶的是一辆轿车；	2
		恐吓	一白人女子为制造恐怖而杀人，驾驶的是一辆轿车；	2
		寻求出名	一白人女子为寻求出名而杀人，驾驶的是一辆轿车。	2
	步行	敲诈钱财	一白人女子为敲诈钱财而杀人，步行作案；	1
		恐吓	一白人女子为制造恐怖而杀人，步行作案；	1
		寻求出名	一白人女子为寻求出名而杀人，步行作案。	1
黑人男子	白色厢式货车	敲诈钱财	一黑人男子为敲诈钱财而杀人，驾驶的是一辆白色厢式货车；	4
		恐吓	一黑人男子为制造恐怖而杀人，驾驶的是一辆白色厢式货车；	5
		寻求出名	一黑人男子为寻求出名而杀人，驾驶的是一辆白色厢式货车。	3
	轿车	敲诈钱财	一黑人男子为敲诈钱财而杀人，驾驶的是一辆轿车；	4
		恐吓	一黑人男子为制造恐怖而杀人，驾驶的是一辆轿车；	5
		寻求出名	一黑人男子为寻求出名而杀人，驾驶的是一辆轿车。	3
	步行	敲诈钱财	一黑人男子为敲诈钱财而杀人，步行作案；	1
		恐吓	一黑人男子为制造恐怖而杀人，步行作案；	1
		寻求出名	一黑人男子为寻求出名而杀人，步行作案。	1

评估上述假设的可信度时，要单独分开考虑各个元素，横向处理假设排列表，这很重要。下文中的讨论描述了这一过程，并列举了给可信度评分的基础事实和假定。

★ 枪击者根本不可能藏着枪击案所用口径的步枪步行往返，同时又成功避开他人而不被发现，因此全部包含有“步行”的假设排列的可信度得分均为 1 分。

★ 由于以往历史表明狙击手是女性的可能性较低，所以“白人女子”狙击手的假设排列得分为 2 分。但这一得分高于上一批（步行）假设排列，因为曾有女子发起恐怖袭击，所以我们不能仅仅因为缺乏证据而完全排除这些假设。

★ 在剩下的“白人男子”狙击手的假设排列中，狙击手可能在“白色厢式货车”里开枪或在“轿车”里开枪的假设排列同样有理，因此两者得分一样。

★ 狙击手的活动在制造恐怖方面十分成功，因此这一假设排列得 5 分。

★ 因为狙击手在部署敲诈当局钱财方面有困难，所以“敲诈钱财”得到了稍低的 4 分。

★ 狙击手可能怀着寻求出名的愿望而行动，但案例中支持这一替代假设的证据却较少，因此“寻求出名”的假设排列得 3 分。

★ 对于剩下的各“黑人男子”假设排列，同“白人男子”假设排列一样，“白色厢式货车”和“轿车”并没有区别。也像“白人男子”假设一样，“寻求出名”假设得分为 3 分。

★ 对于各“白人男子”假设排列，“敲诈钱财”与“恐吓”假设排列得分为 4 分和 5 分，反映了白人男子在历史上发动过类似袭击的事实。虽然本案例可能挑战这一历史先例，但仍然没有充分理由降低这一得分。

步骤 7： 按照可信度由最高到最低的顺序，重新排列剩余假设，如表 11.8 所示。

表11.8　华盛顿特区狙击手案例：按照可信度重新排列的假设

假设排列	可信度得分
一白人男子为制造恐怖而杀人，驾驶的是一辆白色厢式货车；	5
一白人男子为制造恐怖而杀人，驾驶的是一辆轿车；	5
一黑人男子为制造恐怖而杀人，驾驶的是一辆白色厢式货车；	5

（续表）

一黑人男子为制造恐怖而杀人，驾驶的是一辆轿车；	5
一白人男子为敲诈钱财而杀人，驾驶的是一辆白色厢式货车；	4
一白人男子为敲诈钱财而杀人，驾驶的是一辆轿车；	4
一黑人男子为敲诈钱财而杀人，驾驶的是一辆白色厢式货车；	4
一黑人男子为敲诈钱财而杀人，驾驶的是一辆轿车；	4
一白人男子为寻求出名而杀人，驾驶的是一辆白色厢式货车；	3
一白人男子为寻求出名而杀人，驾驶的是一辆轿车；	3
一黑人男子为寻求出名而杀人，驾驶的是一辆白色厢式货车；	3
一黑人男子为寻求出名而杀人，驾驶的是一辆轿车；	3
一白人女子为敲诈钱财而杀人，驾驶的是一辆白色厢式货车；	2
一白人女子为制造恐怖而杀人，驾驶的是一辆白色厢式货车；	2
一白人女子为寻求出名而杀人，驾驶的是一辆白色厢式货车；	2
一白人女子为敲诈钱财而杀人，驾驶的是一辆轿车；	2
一白人女子为制造恐怖而杀人，驾驶的是一辆轿车；	2
一白人女子为寻求出名而杀人，驾驶的是一辆轿车；	2
一白人男子为敲诈钱财而杀人，步行作案；	1
一白人男子为制造恐怖而杀人，步行作案；	1
一白人男子为寻求出名而杀人，步行作案；	1
一白人女子为敲诈钱财而杀人，步行作案；	1
一白人女子为制造恐怖而杀人，步行作案；	1
一白人女子为寻求出名而杀人，步行作案；	1
一黑人男子为敲诈钱财而杀人，步行作案；	1
一黑人男子为制造恐怖而杀人，步行作案；	1
一黑人男子为寻求出名而杀人，步行作案。	1

步骤 8：以上述排列为假设重新进行叙述。

表 11.8 为重新排列的假设。

步骤 9：从清单最上部选出最值得关注的替代假设，并注明其最值得关注的原因。

对于本案例，根据步骤6详细描述的推理过程（见表11.9），我们选择了得分等于或超过3分的假设排列作为最值得关注者。

表11.9 华盛顿特区狙击手案例之多种假设生成程序法™：高分值假设

假设排列	可信度得分
一白人男子为制造恐怖而杀人，驾驶的是一辆白色厢式货车；	5
一白人男子为制造恐怖而杀人，驾驶的是一辆轿车；	5
一黑人男子为制造恐怖而杀人，驾驶的是一辆白色厢式货车；	5
一黑人男子为制造恐怖而杀人，驾驶的是一辆轿车	5
一白人男子为敲诈钱财而杀人，驾驶的是一辆白色厢式货车；	4
一白人男子为敲诈钱财而杀人，驾驶的是一辆轿车；	4
一黑人男子为敲诈钱财而杀人，驾驶的是一辆白色厢式货车；	4
一黑人男子为敲诈钱财而杀人，驾驶的是一辆轿车；	4
一白人男子为寻求出名而杀人，驾驶的是一辆白色厢式货车；	3
一白人男子为寻求出名而杀人，驾驶的是一辆轿车；	3
一黑人男子为寻求出名而杀人，驾驶的是一辆白色厢式货车；	3
一黑人男子为寻求出名而杀人，驾驶的是一辆轿车。	3

分析所得增值：就你的调查结果而言，华盛顿特区狙击手案件的调查人员本应如何利用这些信息？他们还应调查哪些新的嫌疑人？将得分等于或超过3分的假设排列在一起时，有一点变得显而易见——专案组可能需要考虑的嫌疑人范围很大。可信度得分表明，该狙击手从厢式货车或轿车里开枪射击都同样有理。专案组可能需要将白人男子和黑人男子都当成嫌疑人加以寻找，这点也变得明白无误。确切动机的重要性低于弄清“何人”和“何事”这两个问题。但审查潜在原因，可能有助于调查人员确定调查方法及将来如何与狙击手进行潜在沟通。利用多种假设生成程序法™能够以严格手段评估替代假设的各个方面，明确描述支持各项可信度得分

的事实和假定的详细信息。上述会话沟通常常具有启发性，但如不使用这一方法，则可能无从发生。

三、方法3：经典象限处理法™

经典象限处理法™将关键假定检查法和多种情景生成法综合在一起，用于生成一系列替代情景或情节。由于有联邦调查局案犯形象刻画给出的隐含假定、目击报告中的白色货车以及敲诈短信的内容，这一流程对破解华盛顿特区狙击手案极有帮助。这一方法允许其使用者审查和质疑关键假定。当与多种假设生成程序法™配合使用时，该方法可为发展和思考替代解释与情景提供强大基础。

任务3：使用经典象限处理法™质疑案例中的下列关键假定。

步骤1、2：陈述你的首要假设或关键假定，将其拆分为各个组成部分。为了方便此次练习，采用的首要假设是：为了敲诈钱财，一名白人男子驾驶一辆白色货车持枪射击杀人。

“孤身一人”“白人”“白色厢式货车”及“敲诈钱财”这些词语是需要探究的假设构成元素。因为事实上枪击案正在发生，弹道试验也确定了所用步枪的类型，但这些情况均未纳入假设。

步骤3：根据《情报分析案例》一书表11.4中的模板，确定相反假定及两个相反维度。

表11.10描述了头脑风暴得出的相反假定及两个相反维度。

表11.10 华盛顿特区狙击手案例：经典象限处理法™维度

关键假定	相反假定	相反维度	
A. 孤身一人的袭击者	多个袭击者	团伙	跟风模仿的杀手
B. 白人	其他族裔	黑人	西班牙裔
C. 白色厢式货车	其他交通工具	轿车	步行
D. 敲诈钱财	其他动机	寻求出名	制造恐怖

学生可能会提出更多相反维度，但表 11.10 列出的各对维度却能够有效说明这一方法的效力。例如，对于“其他交通工具”类假定，其他可能假设为“公共交通工具”“摩托车”或“自行车”，其中任何一种均可替代“步行”假定。同样，在“多个袭击者”类假定中，有些人可能提出“几个互不相干的枪击者”假定。而在“其他族裔”类假定中，有些人可能给出“中东地区人员”假定。“其他动机”类假定通常会引发一场激烈讨论，但几乎任何替代假定都值得考虑，包括“发泄仇恨式犯罪”“群体性冤屈”等。因为被射杀有色人士数量大的原因，当时有些人认为犯罪动机是“发泄仇恨式犯罪”，而射杀白人则系其故意做出伪装，掩盖其真正动机。基于同样理由，有些分析人员认为杀手是射击发生地点迈克尔工艺美术品商店、家得宝连锁店或加油站中蒙受冤屈的员工。

步骤 4：以 2 × 2 矩阵排列上述相反假定构成的组合。

如表 11.11 所示，相反维度中，针对全部 24 个单元格的 6 个矩阵为可能假定。为了方便讨论，每个 2 × 2 矩阵和象限均配有字母和数字标识符。例如，在第一个矩阵中，A/B-1 指一伙黑人枪击杀手。

步骤 5：生成各象限的情景。

根据各矩阵中每个单元格的内容，举出 1 至 3 个该情景可能如何发生的情形。例如，象限 A/B-1 是一伙黑人狙击枪手在整个大华盛顿特区的多个地点实施袭击。他们在去年的某个时间点组成了一个团伙，经过数月策划和训练后，启动了基于充分演习的计划。单元格中该团伙组成的具体情况及人员数量为未知数。因此，这个团伙规模很小，他们能够一次次发动袭击。如果该团伙规模较大且人员分散，他们就可能按照预定时间节点发动协同袭击。

在某些案例中，这一情景可能已经算是凭空想象。而在其他象限里，想得出一个可信情景都将十分困难。但其中有几个象限通常能够拓宽分析人员的思考范围，促使他们以新的不同方法来思考各种态势。

表11.11 华盛顿特区狙击手案例之经典象限处理法™：2×2矩阵

A/B	多个袭击者 / 族裔		
1	团伙 黑人	3	团伙 西班牙裔
2	跟风模仿的杀手 黑人	4	跟风模仿的杀手 西班牙裔
A/C	**多个袭击者 / 交通工具**		
1	团伙 轿车	3	团伙 步行
2	跟风模仿的杀手 轿车	4	跟风模仿的杀手 步行
A/D	**多个袭击者 / 动机**		
1	团伙 寻求出名	3	团伙 制造恐怖
2	跟风模仿的杀手 寻求出名	4	跟风模仿的杀手 制造恐怖
B/C	**族裔 / 交通工具**		
1	黑人 轿车	3	黑人 步行
2	西班牙裔 轿车	4	西班牙裔 步行
B/D	**族裔 / 动机**		
1	黑人 寻求出名	3	黑人 制造恐怖
2	西班牙裔 寻求出名	4	西班牙裔 制造恐怖
C/D	**交通工具 / 动机**		
1	轿车 寻求出名	3	轿车 制造恐怖
2	步行 寻求出名	4	步行 制造恐怖

步骤 6：选出最值得关注的情景（单元格）。

审查步骤 5 得出的全部情景，根据预定判断标准选出最值得关注者。在本案例中，需要采用的判断标准可能要覆盖最难察觉或阻止的情景，其中会包括一伙人步行作案，但很难包括离开犯罪现场而不被察觉的各种情景。同样，跟风模仿的杀手可能难于做出敲诈钱财的安排。

在本案例中，减少单元格中情景数量的另一种方法是，排除那些因已知事实或可靠历史先例而具有较低可能性者。最后，以下情景会被排除：

- ★“跟风模仿的杀手”单元格中的假设，因为弹道试验表明案犯使用的只是一种 0.223 英寸子弹的大毒蛇公司所产步枪，而模仿他的狙击枪手似乎极不可能使用同一武器，所以认为它们的可能性较低。
- ★“步行”单元格的情景，因为枪手在犯罪现场拿着步枪步行而不被人注意似乎极不可能，因而被排除。虽然有些步枪能够很快拆解，但通过检查能够发射 0.223 英寸圆形弹头的武器，确定其是否很容易拆解，可以很容易地进一步反驳这一假设。此外，检查枪击现场附近可以找到的公共交通工具，也可以进一步排除这一情景。

从上述过程得到的结果是，在情景组合清单上优先考虑的 24 个情景中，有 11 个被排除。在本案例中，所有上述情景都能够被定义为噩梦般的情景，因为它们都具有概率未知，但影响巨大的特点：大华盛顿特区被笼罩在一个射杀率很高的狙击枪手带来的恐怖之下。所有剩余情景共有且最需要进一步关注的主要元素是：

- ★“团伙”单元格能够解释枪手为何能够快速撤离——一个人开枪射击，另一人开车 / 望风；
- ★“轿车”单元格能够解释寻找白色厢式货车的大网为何未能逮住狙击枪手的原因；

★ 带"族裔"选项的单元格看起来可能性相等，除了"枪手系白人"的首要假设外，其余两者都值得考虑；

★ 因为袭击带来了严重和广泛的恐惧，所以"制造恐怖"单元格看起来符合现实。

虽然我们已经确定有些单元格的假设应得到最多关注，但我们却不应删减或排除其他单元格中的假设，这点很重要。我们有可能找到增强其合理性的新信息。

步骤 7：制定所选择情景的指标。

制定针对各情景的指标，旨在帮助调查人员寻找和了解众多情景及某一情景可能正在出现的表征。例如，一个黑人狙击枪手利用轿车作案的 B/C-1 情景，其指标就会鼓励调查人员不要忽视有关多辆轿车离开该区域的其他报告，并审查此前的报告内容及联系曾报告称见过一辆轿车的目击者。有关枪手打电话时操西班牙裔口音的报告，是除白人外还应考虑可能为西班牙裔凶手的有力根据。但对于聚焦族裔和动机的 B/D 矩阵，其讨论应当能揭示黑人、白人及西班牙裔人员均可操西班牙裔口音这一事实，这是加勒比地区常见的情形。如果不通过这一过程严格审查所有可信替代假设，警方就可能过早错误地把注意力集中在西班牙裔人员身上，而忽略其他可信嫌疑人。

分析所得增值：调查人员还应考虑哪些替代情景，为什么？通过认真检查各假定及相反假定可能会如何演变，分析人员可以更好地评估其对自己预测的自信程度、其首要假设的力度及其首要情景的可能性高低。在本案例中，应用这一方法可以凸显出值得关注的可能，否则就可能不考虑它们。因为其中有些带底色单元格——具体为 A/B-1、A/C-1 与 B/C-1，所描述的情景实际上正在发生，所以这点特别值得注意。包含"黑人""团伙"和"轿车"的假设是准确的。尽管狙击枪手的动机至今仍然有点扑朔迷离，但金钱肯定是其中因素之一，制造恐怖和寻求出名也是部分原因。事实上，错误的单元格只有“步行”“跟风模仿的杀手”和“西班牙裔”。在 24 个单元格中，13 个被确定为应予以认真关注者，而其中 9 个包含有准确成分。

四、结论

2002 年 10 月 24 日，这场恐怖活动最终画上句号。一个名为约翰·艾伦·穆罕默德的黑人男子和一个名叫约翰·里·马尔沃的牙买加裔黑人男孩，被警方逮捕。前者曾在美国陆军服役。当时他们正在马里兰州 70 号州际公路旁的一个停车休息点呼呼大睡。[1] 马尔沃的牙买加口音此前曾被误以为是西班牙裔口音，而他们睡觉的汽车则是一辆蓝色 1990 年款雪佛兰 Caprice 轿车。[2] 这两个狙击枪手改装了这辆轿车，他们拆掉了后座和行李箱之间的隔板，在牌照上方开了个孔，以便他们能够从轿车里面开枪。[3] 警方在车里找到了一把大毒蛇公司产的步枪，人们普遍认为这种枪容易使用。[4] 他们同时还找到了一个瞄准镜与三脚架。[5]

庞德罗萨牛排屋留下的字条确实用了复数代词“我们”，而在枪击约翰逊后留下的字条用的也是“我们”。[6] 穆罕默德和马尔沃还曾多次试图联系警察。事实上，就是在他们试图联系警察的过程中，暴露了关键信息。

---

[1] 原注："A Byte Out of History: The Beltway Snipers, Part 1," FBI Online, October 22, 2007, Http: //www.fbi.gov/news/stories/2007/october/snipers_102207.

[2] 原注："Closing the Net: How They Cracked the Case," CNN, October 25, 2002, Http: // edition.cnn.com/2002/US/ South/10/24/sniper.case.cracked/index.html.

[3] 原注："A Byte Out of History: The Beltway Snipers, Part 1," FBI Online.

[4] 原注："Bushmaster .223: Accurate, Inexpensive," CNN, October 24, 2002, Http: // articles.cnn.com/2002–10–24/us/sniper.bushmaster.rifle_1bushmaster-semi-automatic-rifle-weapon.

[5] 原注："Closing the Net: How They Cracked the Case," CNN.

[6] 原注：Sari Horwitz and Michael E. Ruane, *Sniper: Inside the Hunt for the Killers Who Terrorized the Nation* (New York: Random House, 2003), 170, 188.

这两个狙击枪手提到亚拉巴马州蒙哥马利市的一起罪案，该案后来证明对找出嫌疑人具有无可估量的价值。[1] 在该起罪案中，警方获得了指纹和弹道信息，把专案组的目光直接引向了马尔沃，又通过马尔沃把线索引向穆罕默德。[2] 除此之外，10 月 17 日，穆罕默德以前在部队中的一个密友报了警并于 10 月 22 日接受了访谈。

这一拨大肆杀戮的确切动机仍然不明。据报道，马尔沃给出了至少两个理由。第一个是“白人曾试图伤害路易斯 · 法拉堪”。[3] 当被直接问道金钱是否为杀戮的原因时，马尔沃表示肯定，声称之所以选中蒙哥马利市，“是因为那里是‘有钱人’住的地方”。[4] 审讯穆罕默德时，公诉人辩称其动机是为了复仇——穆罕默德在与其妻子的监护权之争中败北。[5] 马尔沃作证说，具体计划是制造一场大混乱，以掩护穆罕默德实施绑架自己三个子女的计划。

> 远期目标……是以停止杀戮为条件来敲诈执法机构，然后穆罕默德先生带着敲诈得来的金钱、三个子女及马尔沃迁居至加拿大。在加拿大……穆罕默德先生计划建立一个训练场，训练 140 名无家可归的青年人，将其派出去制造类似混乱，在全美城市挑起事端。[6]

---

[1] 原注：Sari Horwitz and Michael E. Ruane, *Sniper: Inside the Hunt for the Killers Who Terrorized the Nation* (New York: Random House, 2003), 163–65.

[2] 原注：“A Byte Out of History: The Beltway Snipers, Part 1,” FBI Online.

[3] 原注：Horwitz and Ruane, *Sniper: Inside the Hunt for the Killers Who Terrorized the Nation*, 234.

[4] 原注：Horwitz and Ruane, *Sniper: Inside the Hunt for the Killers Who Terrorized the Nation*, 235.

[5] 原注：“Jury Convicts Malvo of Sniper Murder,” CNN, December 19, 2003, Http: //articles.cnn.com/2003–12–18/justice/sprj.dcsp.malvo.trial_1_jury-convicts-malvo-lee-boyd-malvo-michael-arif.

[6] 原注：“Washington-Area Sniper Convicted of 6 More Killings,” *New York Times,* May 31, 2006, Http: //www. nytimes. com/2006/05/31/us/31sniper.html.

审讯马尔沃时，他进一步阐述了此次杀戮的金钱动机。他说穆罕默德打算“在加拿大”创立“一个黑人组成的乌托邦，成员为未接触过种族主义的 70 个男孩和 70 个女孩”。[1]

2004 年 5 月 4 日，穆罕默德在弗吉尼亚州被判处死刑。2006 年 6 月 1 日，他在马里兰州被判处 6 个无期徒刑，不得假释。[2][3] 2009 年 8 月 7 日，美国第四巡回上诉法庭（Fourth US Circuit Court of Appeals）维持了死刑判决；2009 年 11 月 10 日，他在弗吉尼亚州被执行死刑。[4][5]

2003 年 12 月 19 日，马尔沃在弗吉尼亚州被判处无期徒刑，不得假释。2006 年 11 月 8 日，他又在马里兰州被判在原无期徒刑的基础上再多服刑 6 年，全部刑期必须连续服完。[6][7]

五、重要收获

★ 基于错误假定的决策会妨碍调查。要始终明确确定和评估隐含假定

[1] 原注：“Jury Convicts Malvo of Sniper Murder,” CNN.

[2] 原注：“Sniper Muhammad Sentenced to Death,” CNN, May 5, 2004, Http: //edition.cnn.com/2004/LAW/03/09/sniper/index.html.

[3] 原注：Associated Press, “D.C.-Area Sniper Gets 6 Life Terms in Maryland,” MSNBC Online, June 1, 2006, Http: //www.msnbc.msn.com/id/13082594/ns/us_news-crime_and_courts/t/dc-areasniper-gets-life-terms-maryland.

[4] 原注：Associated Press, “Appellate Court Upholds D.C. Sniper Conviction,” *Richmond* (Virginia) *Times-Dispatch,* August 8, 2009, Http: //www2.timesdispatch.com/news/2009/aug/08/snip08_20090807–215605-ar-34831.

[5] 原注：Josh White and Maria Glod, “Muhammad Is Executed for Sniper Killing,” *Washington Post,* November 11, 2009, Http: //www.washingtonpost.com/wp-dyn/content/article/2009/11/10/AR2009111001396.html.

[6] 原注：“Jury Convicts Malvo of Sniper Murder,” CNN.

[7] 原注：Stephen Manning, “Malvo Gets Life in 6 Md. Sniper Killings,” Associated Press, *Washington Post*, November 8, 2006, Http: //www.washingtonpost.com/wp-dyn/content/article/2006/11/08/AR2006110801764. html.

可能给调查带来的影响。

★ 应设计一个流程，以确认所有证据，评估所有可能的解释，来调和“深陷其中”的倾向。

★ 如果调查一开始未能考虑替代解释，就会降低调查速度，让真凶逃脱法网。

★ 调查之初应利用更具系统性的流程来构建问题框架，这样有助于在调查早期确定哪些是白费力气的“死胡同”，从而加以绕避。

·推荐阅读书目·

Horwitz, Sari, and Michael E. Ruane. *Sniper：Inside the Hunt for the Killers Who Terrorized the Nation*. New York：Random House, 2003.

[第十二章]

哥伦比亚革命武装力量袭击美国本土

内容提要

哥伦比亚革命武装力量（Revolutionary Armed Forces of Colombia，西班牙语缩写为 FARC）是拉美规模最大、历史最长、能力最强的叛乱组织，该组织有着绑架、暗杀及无差别暴力活动的历史，是哥伦比亚最受鄙视的组织之一。但该组织却从未在美国行动过。本案例帮助分析人员采用**红帽分析法（Red Hat Analysis）**、**结构化头脑风暴**、**多种情景生成法（Multiple Scenarios Generation）**、**指标法（Indicators）**和**指标验证因子法™（Indicators Validator™）**，评估哥伦比亚革命武装力量袭击美国本土的可能性，就其众多可能的袭击情景，启发分析人员进行创造性思维，并识别出能够告诫当地官员袭击已迫在眉睫的具体征兆。

表12.2　案例快照：哥伦比亚革命武装力量袭击美国本土

所用结构化分析方法	《情报分析：结构化分析方法》中所在章节	分析类别
红帽分析法与结构化头脑风暴	第八章、第五章	因果评估，观点生成
多种情景生成法	第六章	情景与指标
指标法	第六章	情景与指标
指标验证因子法™	第六章	情景与指标

在本案例中，分析人员面对的挑战是将一种十分广义的威胁警告（哥

伦比亚革命武装力量 [FARC] 计划对美国本土发动袭击）转化为一个分析框架，而现场人员和决策者均能利用这一框架来保护美国，避免其遭受可能的恐怖袭击。以下练习会让学生从头到尾体验整个分析过程——利用红帽分析法、结构化头脑风暴、多种情景生成法、指标法和指标验证因子法™来预测敌手最可能的举动，描绘出一系列最有可能的恐怖活动进程，识别出敌人正在开始实施某一具体行动的迹象，并针对现场具体元素量身定做出搜集要求。

本案例将学生置于处理此类案例的联邦调查局、执法机构或国土安全分析人员的境地。应告知学生案例本身植根于事实——书中描述的历史和策略均为现实情况。再者，虽然案例中的威胁为虚构，但模拟了这样一种现实——具体的警告通知已经发出，分析人员必须快速展开工作，以指导情报搜集人员并为决策者及时提供可执行的、决定能否躲开灾难的分析成果。

一、方法1、2：红帽分析法与结构化头脑风暴

哥伦比亚军队及其美国军队支援者在哥伦比亚打击 FARC 取得了重大胜利，开创了一个新局面。在这种局面下，FARC 发现自己受到严重削弱，绝望情绪日益加剧，因此决心证明自己并非强弩之末。FARC 以前曾威胁说要对美国干涉哥伦比亚内政实施报复，其领导人认为现在时机已经到来。在这一虚构情景中，FARC 书记处成员和军队高层指挥官们在亚马孙丛林中聚首，制定了袭击美国的报复性策略。

美国分析人员面对的挑战是，预测袭击最可能以何种方式发起，并通过该预测帮助联邦、州级、地方和部落官员们阻止这一袭击，或减轻其带来的损害。面对这一挑战，很多学生的第一反应是，建议美国政府向所有州级、地方和部落官员签发一份一般性警告，告知其 FARC 可能即将袭击本土，要求他们留心任何表明 FARC 正在策划袭击或实施袭击的可疑活动。不幸的是，此类指导信息毫不具体，对执法官员缺少价值。本项练习

的目的是，展示分析人员如何利用结构化分析方法，生成一系列应该得到关注的合理情景，并制定出对指挥部、联邦调查局现场办公室和融合中心具有行动价值、量身定制的搜集需求清单。

任务 1：进行红帽分析法 / 结构化头脑风暴练习，确定哪些因素最能影响 FARC 袭击美国本土的决策。[1]

步骤 1：召集一小组了解 FARC 书记处，作战环境，高级决策者个性、动机及思想风格的分析人员。

在头脑风暴小组中纳入有关该主题的专家和能够提供更多不同视角的通才，会对分析很有帮助。如果小组只吸收分析该问题的人员，则小组视角常常会局限于每日所读的报告流方面。其结果则是，关键假定可能一直无人质疑，而历史类比可能被忽略。

步骤 2：向所有与会人员发放便利贴和记号笔，告知其在头脑风暴练习的这一环节不允许交谈。

利用颜色不同的便利贴，鼓励参与人员写下 3 至 5 个单词的短语，而非冗长的句子。

步骤 3：向与会人员提出下述问题：如果你是 FARC 书记处成员，在策划袭击美国本土时，你个人会考虑的全部问题有哪些？之所以首先询问与会人员将如何反应，原因是要确立一条基准线，用来评估敌人是否可能做出不同反应。

让这个问题尽可能笼统，以防其无意间限制了创造性头脑风暴的过程。询问小组成员是否理解该问题，及是否认为该问题应该以不同措辞表达，也会有助于分析。花几分钟时间确保大家全部理解问题的含义，这样做总能赢得良好回报。

要求学生站在 FARC 的立场上，模拟其领导人将如何回

[1] 原注：本案例中"红帽分析法"的描述取自《情报分析：结构化分析方法》第一版，后来该书第二版又强化了这一方法，使其更加严谨，但并未用于本案例研究。

应。强调避免镜像思维的必要性。这个问题是“如果你站在他们的立场上，你会怎样行事？”，而不是“考虑到 FARC 领导层的背景、以往经验及当前形势，他们会如何解决这个问题？”。强调避免镜像思维的必要性，十分重要。在教室环境中，很多学生可能对 FARC 知之甚少，这就是为何要确保所有参与者都认真研读过本案例研究，获得相关背景资料的原因。他们还应该将本案例研究放在手边，供随时参考。

步骤 4：要求小组成员在便利贴上写下几个关键词，给出问题答案。练习者每写下一个答案，就将其交给协调人。协调人则大声将其读出。练习人员应使用记号笔在便利贴上书写，以便将其贴在墙上或白板上时容易看清所写答案。

给学生几分钟时间思考该问题，并且简略写下几个观点。然后在练习室四处走动，收集便利贴。缓慢读出答案，边读边把答案贴在墙上或白板上。譬如有些便利贴可能涉及诸如筹资、武器类型、目标、拒止、与美国联系的必要、逃生计划、动机、后勤保障、渗透、合作伙伴及获取技术等。

步骤 5：将全部便利贴按照其被读出的顺序贴在墙上。对所有观点均一视同仁。鼓励参与者相互在对方观点的基础上补充发挥。练习一开始时各种观点通常接踵而至，接着参与者会不时地陷入思考中。经常每隔 5 至 10 分钟会有 1 分钟左右的停顿。这种渐缓的节奏表明，分析人员已经“穷尽了脑海中显而易见的答案”，正在形成新观点、新看法。虽然这种停顿让人不舒服，但也应避免交谈。

做这部分练习时，提醒小组成员不要谈话。让他们倾听他人提出的看法很重要，因为他们可能因为受到启发，产生并记下新观点。还要注意的是，不要花费过多时间自已高谈阔论。参与者需要安静思考，教师则不应打断其思考过程，这点极其重要。常见的情形是，最佳观点在最安静时刻蹦出。

步骤 6：在两三次长时间停顿后，结束本次头脑风暴讨论会的发散性思考环节。

步骤 7：让所有参与者（或一个小组）走到贴有便利贴的墙前面，重新排列具有类同关系的各组便利贴（有某些相同特点的各组便利贴）。有些便利贴可能会被移动几次，而有些观点适用于多个具有类同关系的便利贴，则可将便利贴复制后加以应用。

如果小组的一部分成员走到墙前重新排列便利贴，则要求坐在原处没动的小组成员组成几个分支小组，根据他们听到的主题把在老师读便利贴时想到的该问题关键驱动因素或维度列在一份清单上。这样可让大家全部忙碌起来，对墙上的便利贴内容做出有益的检查。

步骤 8：排列好各组便利贴后，让与会人员选出一个最能概括每组内容的词或短语。

在这一部分练习中，通常出现四五个主题：

- ★ 众多潜在目标，包括美国军事设施（特别是迈阿密的美军南方司令部）、联邦调查局及美国禁毒局的设施（大部分位于华盛顿特区和美国南部国境线上），及可能成为暗杀或绑架目标的美国高级官员。
- ★ 可能使用的武器类型，包括 FARC 在哥伦比亚使用的自制丙烷气迫击炮（*rompas*）、步枪或其他小型武器、先进的大规模杀伤性武器，及诸如掺有毒药或其他毒物的可卡因之类的毒品。
- ★ 袭击动机与预期结果，包括直接实施军事报复、希望恐吓更多美国民众、希望引起重大经济损失、转移美国对哥伦比亚的注意力，或通过暗杀高级官员实施的单纯性复仇。
- ★ 后勤保障方面的考虑，包括如何为行动提供资金、让行动人员渗透进入美国、确定美国国内的支持网络、编制适当文件，及制订行动结束后的有效逃跑计划。

★ 在设计和实施袭击方面，FARC 是否会寻求他人帮助。如果他们在考虑实施一次复杂程度较高的袭击，则需要化学、生物、放射或核战争（chemical, biological, radiological, or nuclear warfare，CBRN）方面的专家。该组织还可能指望过去的合作伙伴，如爱尔兰共和军或西班牙的埃塔组织，提供如何策划对先进西方国家发动恐怖袭击的专门技术。最后，FARC 可能把手伸向已经在美国境内活动的毒品分销网络。

步骤 9：要求与会人员明确表述，在考虑以上所有因素的情况下，他们将如何精心安排一次袭击，并解释为何他们认为应该如此行事。要求他们列出激励其行为或行动的核心价值或核心假定。这一步骤可以再次确立一条基准线，用于评估 FARC 书记处为何可能做出与你和队友不同的反应。

步骤 10：在讨论小组令人信服地解释其为何选择该种行动方式的原因后，要求组员将自己置于 FARC 书记处的境地，模拟其做出反应的方式，重复步骤 4 至 8。强调避免镜像思维的必要性。问题不是"如果你处于他们的境地，你会如何行事？"，而是"根据其背景、以往经验及当前形势，FARC 领导层将如何解决这个问题？"。

步骤 11：将全部便利贴贴到白板上之后，寻找不能恰当归入任何一组的便利贴。考虑这一异类便利贴是无用的噪声，还是值得进一步关注的观点胚芽。

常有一两个异类便利贴会提供新的视角，或者有潜在价值的新调查线索，所以值得向组员们指出。现举例如下：

★ 有张便利贴说"海洛因"可以开启探讨之门——探讨 FARC 是否会考虑毁坏目前美国境内的海洛因供应，

迫使吸毒者转向可卡因,将其作为更安全的毒品选项。

★ 有张便利贴说“袭击位于波哥大的美国大使馆”。一开始它可能会因其超出原问题的范围而遭到否决，但教师应注意到，参与者提出这一问题事实上质疑了练习的关键假定（袭击应发生在美国本土），在现实中可能会推动小组进行一次关键假定检查，更加认真地审查这一假定。

步骤 12：评估小组取得的成果。你是否能够找出四五个最可能影响 FARC 领导层袭击美国本土方式的关键因素、力量、主题或维度?

与小组成员一起，就本话题最重要驱动因素构成的 4 个主题达成一致看法。在白板上写下候选驱动因素并在每个驱动因素下画一直线。直线代表该因素的可度量范围，在每个被考虑的可度量范围或驱动因素端点上做个标记。例如，如果有一个驱动因素是“武器的先进程度”，则在其下方直线的右端写下“CBRN”或“大规模杀伤性武器”，在其左端写上“小型武器”或“简单武器”，或者“步枪”。

本阶段练习中最常出现的主题如下：

★ 武器的先进程度（像步枪一样的简单武器或暗杀，或者袭击使用的诸如 CBRN 之类的高度先进武器）；

★ 动机（从直截了当的报仇到恐吓美国民众）；

★ 目标（从袭击美军基地的战术性目标，到攻击五角大楼或华盛顿高级官员的战略性目标）；

★ 合作伙伴（从“自己独自行动”到与其他如爱尔兰共和军或埃塔组织等恐怖团体携手，或者取得美国毒品分销网络的支持）。

做多种情景生成法练习时，可能出现其他主题，但其分析效果通常不如上述主题，它们包括：

★ 成本 / 收益（动用最少的资源和人员，还是主要资源和人员）；
★ 渗透进入 / 暗中撤出美国（是让 FARC 人员渗透进美国，还是将袭击“承包”给已经在美国活动的贩毒网络或激进极端分子）；
★ 愿意承担风险（FARC 领导人是否愿意考虑发动一次声势浩大、可能促使美国向哥伦比亚发起大规模报复性攻击的行动，还是选择规模较小的袭击、能够发出信号，但能降低美国对其队伍实施报复性攻击的可能？）；
★ 时机选择（将袭击作为一次快速回应，容易让人们将其与哥伦比亚近期的事件联系起来，还是精心策划一次可能花费数月甚至数年才能完成的复杂程度更高的袭击？）；
★ 目标安全性（FARC 会盯住袭击难度大还是难度小的目标？）。

步骤 13：此时讨论小组应当提问：“FARC 书记处是否与我们所持的军事行动价值观或动机、方法一致？”如若不然，两者的分歧会如何引导书记处以我们此次练习前可能没有预测到的方式采取行动？

步骤 14：报告结果，描述曾考虑过的替代选择，并选择小组认为 FARC 书记处最可能采取路径的论据。考虑采用不那么常规的方式提交分析结果，如以下方式：

★ 以第一人称描述 FARC 书记处讨论该问题时的假想会话；
★ 起草一份 FARC 书记处可能制定的文件（一系列指令、军令或指示）。

在多数情况下，小组应提交一份讨论结果，以某种版本的形式描述以下 4 个关键驱动因素及相关可度量范围：武器类型、袭击动机、袭击目标，及是否寻求外部援助。

应鼓励学生采用第一人称的形式，假定他们就是策划这次袭击的 FARC 成员，陈述其关键思考结果。

分析所得增值：无声的结构化头脑风暴是一种形成新观点和理念的强力方法，这些观点和理念以前我们从未考虑过。它可以给每人平等但安静的机会酝酿观点，避免“听从最博学多才者观点”的缺陷。在做结构化头脑风暴练习时，注意在大家思考过程中的长时间停顿后，是否出现了特别有用和具有创造性的观点，这样做十分有益。如果确实有这种想法出笼，告诫整个小组要注意这种现象，这点非常重要。

在我们以换位思考方式判断 FARC 书记处的反应时，是否注意避免了镜像思维？站在 FARC 书记处的立场上，分析人员更有可能把注意力聚焦在那些让 FARC 能够实现最佳定位、成功发动袭击，从而成为可能性最高的情景上。应用红帽分析法，学生通常盯住的不仅是如何发动袭击，还有他们所选定的计划可能招致何种报复的问题。将力量暗中撤出美国，常常与暗中将其渗透进美国一样重要。

我们是否已经探究了可能会影响 FARC 袭击美国本土方式的所有可能力量和因素？便利贴应捕捉到各种力量和因素，包括后勤保障准备、资金筹集、首选目标、所用武器类型、保障行动安全的能力、暗中将力量渗透进入和撤出美国的机制，以及是否寻求来自其他团体/伙伴的援助等。

我们的观点本身是否形成了具有类同关系、条理清晰的观点群？我们如何处理异类意见，或本身并不属于任何具有类同关系观点群的便利贴？上述异类意见是否引出了新研究线索？将各种观点归入具有类同关系的观点群是个具有挑战性的任务，而要求没有走到便利贴墙前的学生提出他们自己的观点，常常能够提供有益的合理检查。要始终从容不迫地适当关注异类观点。结构化头脑风暴练习总是能够激发出起初似乎稀奇古怪的观点，或并不直接与分析任务挂钩的想法。在小组讨论中，询问该便利贴主人是在何种因素推动下形成该想法，十分有益。给出的解释有时会将小组其他人不可能想到的一个观点或理念牵出水面。例如，有张便利贴说

"使用潜艇"，这个观点一开始可能让人觉得有点奇怪，但潜艇或潜水装置却被越来越多地用于从哥伦比亚将毒品运往美国，所以 FARC 暗杀团队有可能对其改造后加以利用。

我们给各个具有类同关系的观点群贴上的标签，是否准确捕捉到该组便利贴的精髓？避免给便利贴标上明显标签（例如"政治、经济、社会"，或"国内外"）的缺陷，在这点上各小组常常面临困难。鼓励学生提出一系列"为什么"或"原因是什么"的问题，跳出上述明显分类的观点范围。

二、方法3：多种情景生成法

情报分析人员和决策者必须处理复杂和发展变化中的不确定局势，在此种情况下，未来并不容易预测。分析人员此时的最佳做法是，确定可能决定未来结果的驱动因素，并在这些力量相互作用以形成未来的过程中对其加以监视。而生成多个情景就是完成上述任务的主要工具。情景是关于未来脉络可能展开的合理且有时具有争议性的情节集合（plausible and sometimes provocative stories）。在分析人员明确勾勒出各种替代未来情形时，决策者们可以在脑海中预演此类未来情形并发问，"我现在应该做些什么以应对这些情形？"

情景分析可以为考虑各种合理未来提供一个框架。对高级官员和决策者而言，试图预言或预测单一结果是一种典型的帮倒忙行为。生成多个情景可以帮助分析人员专注于最有可能影响形势发展的关键基础力量和因素。多种情景生成法能够生成大量可能的情景，这样做的目的是确保不会忽略任何东西。情景一旦生成，分析人员便可快速对其进行筛选，而无须逐个进行详细分析。在对不同情景有所感知后，分析人员往往会转移注意力，关注某些枝枝蔓蔓的数据，而这些数据显示事件的发展方式与此前所想象者迥然不同。

任务 2：使用多种情景生成法，确定 FARC 考虑在美国本土实施报复性袭击的最合理情景。

步骤 1： 明确定义未来情景练习的焦点问题和具体目标。

在对具体威胁几乎没有相关情报，但对潜在凶犯拥有大量信息的情况下，多种情景生成法就是一种有益的工具，可以用来确定问题范围、以富有创造性的方式思考潜在袭击情景并得到行动情报。在本案例中，焦点问题是，"FARC 会采取何种最合理方式发起对美国本土的袭击？"本项练习的目的是，首先利用"红帽分析法 / 结构化头脑风暴"练习中得到的四五个关键驱动因素生成大量可能的袭击情景，然后选择看起来最为合理、负责阻止或减轻其后果的人员最应该关注的情景。

步骤 2： 进行一次头脑风暴练习，确定在特定时段内最可能影响该问题进展的关键力量、因素或事件。在本案例中，利用任务 1 "红帽分析法 / 结构化头脑风暴"练习中得到的四五个关键驱动因素、主题或维度（完成此项练习）。

任务 1 中出现的 4 个关键驱动因素是：武器类型、袭击动机、最可能的袭击目标，及是否寻求外界帮助。

步骤 3： 确定上述每个关键驱动因素可度量范围的两端。

为了便于说明，可度量范围定义如下：

A. 武器（从像步枪一样的简单武器，到高度复杂的 CBRN 类袭击）；

B. 动机（从报复近来哥伦比亚的军事行动，到恐吓美国民众）；

C. 目标（从袭击美军基地的战术性目标，到攻击五角大楼或华盛顿高级官员的战略性目标）；

D. 合作伙伴（"自己独自行动"，还是与爱尔兰共和军携手采取行动）。

步骤 4： 利用一系列 2×2 矩阵为上述驱动因素配对。如有 4 个驱动因素，可将其配成 6 对，生成 6 个不同的矩阵。5 个驱动因素则可生成 10 个不同矩阵。

在本案例研究中，组成上述6个矩阵的配对驱动因素是：AB（武器/动机）、AC（武器/目标）、AD（武器/伙伴）、BC（动机/目标）、BD（动机/伙伴）和CD（目标/伙伴）。通常将成员分成多个小组来完成各个2×2矩阵。对于数量为6个的矩阵，指派3个小组各完成2个矩阵通常效率最高。指派时要注意让各小组有机会思考全部驱动因素，具体指派如下：小组1（矩阵AB与CD）、小组2（矩阵AC与BD）、小组3（矩阵AD与BC）。

步骤5：根据各2×2矩阵的每个象限编出一两个故事。

例如，要求小组2针对矩阵AC（武器/目标）编出4个故事（为矩阵每个象限各编1个），完成后得到的结果可能看起来如图12.2所示，其中的X轴代表从战术性目标到战略性目标的可度量范围，Y轴则代表由简单武器到先进武器的可度量范围。针对各矩阵内容，学生都应进行一次潜在袭击

图12.2 多种情景生成法：FARC袭击美国本土案例之矩阵范例

情景的头脑风暴。例如，用大规模杀伤性武器发起的战术袭击，可能牵涉到对美军基地供水的生物袭击，该基地曾支持美国在哥伦比亚实施军事行动。在另一象限中，旨在恐吓美国民众的简单袭击，可能是绑架诸如迈阿密等大都会警察局局长的儿子或女儿。学生选择提出绑架儿童的原因是，儿童不太可能有安全保护，所以会成为容易袭击的目标。

如果有一个小组的速度超过其他小组，教师可以要求该小组开始将其最满意情景的各指标清单搜集到一起。

针对驱动因素的全部 6 个组合，学生应给出类似矩阵。提交和讨论全部矩阵内容后，学生应当寻找在多个矩阵中现身或重复的主题。如果不同小组独立形成类似观点，则可能更应引起注意。学生还应讨论其中有哪些情景最应得到美国决策者和执法官员的关注，并给出支持其做出如此选择的理由。

步骤 6：从所有生成的情景中，选择三四个最值得关注的情景，这些情景应最能说明 FARC 最可能考虑的袭击范围。

讨论一段时间后，学生可能会就 4 个值得思考的情景达成一致意见，也可以通过投票确定最应关注的情景。小组应努力选出一套情景，以恰当定义最可能袭击的空间。若两个情景看起来十分相似，则应加以合并。

标准原则是允许参与者对考虑中的每 3 件事情投 1 票。在本案例中，如果生成了 24 个不同情景，则允许每个参与者投票选出 8 个自己认为最应得到关注的情景。得票最多者就是提交给用户的首要候选情景。

可能生成的情景范例如下：

★ 用自制丙烷气迫击炮袭击迈阿密的美军南方司令部指挥部。

★ 利用狙击手袭击与哥伦比亚军事行动有关的缉毒官员或军官。

★ 对援助哥伦比亚打击 FARC 军事行动的美军基地的食品供应或水供应实施污染。

★ 寻求爱尔兰共和军的支持，实施炸弹袭击——以哥伦比亚驻联合国大使或哥伦比亚驻华盛顿特区大使为目标。FARC 暗杀者可以打扮成哥伦比亚军官，而爱尔兰共和军行动人员则可以提供后勤支持。

★ 大量杀害美国吸毒人员，恐吓美国民众，并发出不得愚弄 FARC 和哥伦比亚的明确信息。

步骤 7： 考虑是否可以将你最终选择的几个情景之一描述为“不可预知的因素”（低概率 / 高影响情景）或“噩梦般的”情景。

虽然合理性是选择最应关注情景的主要判断标准，但在最终那组 4 个情景中有时仍应纳入极不可能的情景。其原因是，尽管不可能，但对美国的影响将是严重的，所以应警示决策者有这种可能。图 12.3 为可以如何选择 4 个情景的图示。

本项练习中可能会得出一些具有可能性的“不可预知的因素”或“噩梦般的”情景，具体如下：

★FARC 领导层决定买通美国境内的毒品经销商，让其往毒品内注入剧毒物质，并在派遣军队前往哥伦比亚的美军基地周围社区内售卖；

★FARC 成员试图暗杀美国禁毒局局长或局长助理。

分析所得增值：这一方法是否帮助我们生成了许多值得考虑的潜在情景？ 多种情景生成法是一种强有力的工具，能够带来常规分析可能永远不会考虑的新观点和袭击情景。

我们是否得到了，假如我们不使用这一具体方法可能难以想到的某些新情景？ 这一方法迫使分析人员采用不同方式重新搭建该问题的构架，各种组合经常会催生定义威胁环境的全新方法。这一方法应该促使分析人员更加相信他们已经捕捉到了整个威胁空间，获得了一些保证，确保其不太可能为事件的实际演变而惊诧不已。

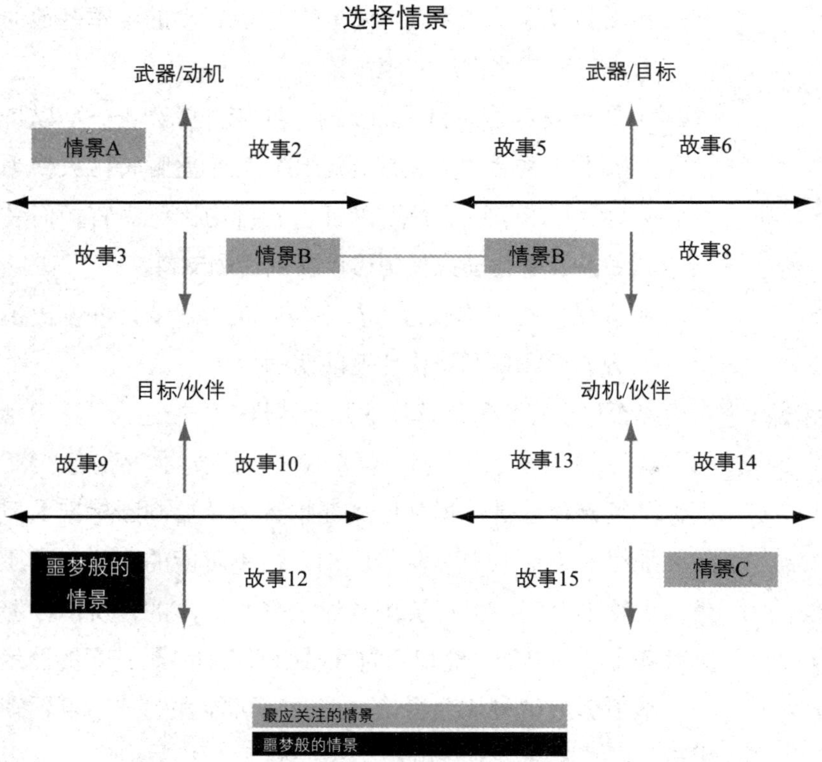

图 12.3 多种情景生成法：选择最值得关注的 FARC 袭击美国本土情景

即使考虑到多对不同驱动因素，类似主题是否出现于不同矩阵中？当类似主题出现在一个以上的矩阵中时，分析人员可以更加相信他们捕捉到一个应该得到决策者关注的关键维度。

最终选出的情景是否既合理又最值得关注？本项练习帮助分析人员避开下结论过早这一常见缺陷，同时又把注意力集中在首先想到的一两个合理情景上面。在选定最应得到关注的情景时，从此前得到认可的一组判断标准开始着手总会受益无穷。

三、方法4：指标法

指标是可以观察到或推理得出的现象，人们能够定期回顾这些现象来帮助追踪事件、区别竞争性假设、发现新兴趋势和对难以预料的变化给出预警。指标清单包含一组预先设定的行动、条件、事实或事件，它们同时发生时强烈表明有一种现象存在或某种假设正确无误。确定和监视指标的情况是情报分析的根本任务，因为它们是避免突发事件发生的主要手段。在情报分析中，指标经常被称为前瞻性或预测性指标。对执法界而言，指标常用于评估某一目标的行为举止是否符合某一既定模式或首要假设。此时，指标常被称为回顾性或描述性指标。

由一组学识渊博的分析人员开列一份详细指标清单的过程，对所有参与者通常也是一个良好的学习过程。对于来自不同组织或拥有不同类型专业知识（例如反恐或禁毒分析、基础设施防护及国家专业知识等）的分析人员来说，这一过程可成为知识交流的有用媒介。指标清单可成为实施调查、指导情报搜集活动及将相关信息传达给所有相关方的基础。通过辨识和监视表明某一情景正在形成的指标或路标，分析人员就能能够对未来发展方向给出早期预警，但这些早期迹象并非显而易见。人类习惯于见到其期望结果，而忽略意料之外的结果。只有在事先利用指标确定某一具体情景的背景下，指标方才具有意义。提前识别某一情景及相关指标，分析人员就可以做好思想准备，辨别并预防不良情景的出现，或助推某一良好情景的实现。

任务 3：针对任务 2 中生成的各个替代情景，创立多套不同指标。

步骤 1：自己一人或最好与小组合作，通过头脑风暴为各情景列出一份指标清单。

为了方便对本案例研究做出说明，我们给以下 4 个情景列出了指标：

A. 大量杀害美国吸毒人员，恐吓美国民众，并发出不得糊弄 FARC 和哥伦比亚的明确信息。

B. 用自制丙烷气迫击炮袭击迈阿密的美军南方司令部指挥部。

C. 寻求爱尔兰共和军的支持，实施以哥伦比亚驻联合国大使或哥伦比亚驻华盛顿特区大使为目标的炸弹袭击。FARC 暗杀者可以打扮成哥伦比亚军官，而爱尔兰共和军行动人员则可以提供后勤支持。

D. 买通美国境内的毒品经销商，让其往多数卖给青少年的大麻内注入致命剧毒物质，并在派遣军队前往哥伦比亚的美军基地周围社区内售卖。

针对各个情景，头脑风暴会议得出了如表 12.3 所示的指标。

表12.3 FARC袭击美国本土案例：指标清单

编号	指标
情景 A：FARC 往可卡因内注入毒物以恐吓美国民众。	
A-1	美国禁毒局的化学家收到有关在几个重要城市发现可卡因被注入毒物的报告，数量增多；
A-2	边境警察上报的截获大宗现金南移的案件有所减少；
A-3	线人上报说街上有不要买可卡因的“传言”；
A-4	数个城市上报的注射毒品过量者数量异常蹿升；
A-5	贩毒线人谈论有关当地毒品经销商得到了“特别报酬”；
A-6	FARC 在互联网上发帖说，要对美国支持哥伦比亚军队攻击 FARC 游击队实施报复；
A-7	城市戒毒中心收到人们提出的问题——可卡因最常与什么物质混合来增加体积和利润；
A-8	毒贩携带回哥伦比亚的现金数量减少；
A-9	美国毒品经销商与拉丁美洲之间的通信增多；
A-10	美国地方执法报告说，砷之类毒物的大宗购买数量增多。
情景 B：FARC 用自制丙烷气迫击炮袭击迈阿密的美军南方司令部指挥部。	
B-1	美军南方司令部的安全部门报告说，发现可疑车辆在司令部附近的街道上闲荡；
B-2	阅读 FARC 网站报告的分析人员称，FARC 会让美国军队为其罪行付出代价；
B-3	有人看到西班牙裔男子从远处拍摄美军南方司令部指挥部的照片；

（续表）

B-4	人们注意到迈阿密五金店有人购买液体石油气罐，形迹可疑；
B-5	美国政府线人报告说，委内瑞拉曾提供文件和护照给 FARC 成员，方便其国际旅行；
B-6	最近从 FARC 游击队叛逃过来的人说，亚马孙地区建造了一栋模型大楼，用作自制丙烷气迫击炮的射击练习目标；
B-7	美军南方司令部雇员告诉其上级说，有陌生人正接近他们，问指挥部内有哪些人在哪些地点工作；
B-8	据报自制丙烷气迫击炮在哥伦比亚发动袭击的次数增多。
情景 C：在爱尔兰共和军的帮助下，FARC 暗杀了哥伦比亚大使。	
C-1	有数份报告说 FARC 与爱尔兰共和军会面与沟通；
C-2	FARC 发表至美国总统的公开信，声明 FARC 不会被美国军队的行动吓倒；
C-3	哥伦比亚现场军官遭到绑架的数量增加；
C-4	多份情报报告说，爱尔兰共和军正派遣暗杀团前往北美；
C-5	FARC 游击队叛逃人员报告说，有人谈论要“在北边”大干一场；
C-6	纽约的哥伦比亚人报告说，有可疑人员在代表团办事处外闲荡；
C-7	FARC 网站声称 FARC 会让美军为其罪行付出代价；
C-8	发现进入美国的 FARC 可疑成员携有哥伦比亚军服；
C-9	一名 FARC 线人报告说，FARC 正在组建一支特遣队，实施重大行动。
情景 D：注入毒物的大麻导致美军基地附近的许多人丧命。	
D-1	街头线人报告说，西班牙裔社区有“传言”说 FARC 正在策划一场在美国实施的特别行动；
D-2	地方毒贩说有人在调查他们，调查一直上溯到他们的供应链，询问毒品吸食人群的细节；
D-3	地方卫生官员报告说，与毒品相关的青少年死亡数量增加；
D-4	美国禁毒局的化学家报告说，注入砷及其他毒物的大麻数量增加；
D-5	街头线人报告说，他们的供货商正在谈论轻松赚钱的事情；
D-6	脸书上出现一个新主题——吸食大麻可能比多数人怀疑的更危险；
D-7	分析人员注意到，FARC 在其网站上发帖称，美国要为侵犯哥伦比亚主权付出高昂代价；
D-8	线人报告说毒品吸食者越来越担心他们买到的毒品可能受到污染。

步骤 2：复核并精简各套指标，删除任一具体情景中的重复指标，合并类似指标。

在本案例中，情景 C-5 与 C-9 相似，可以合并为一个新指标："FARC 线人或游击队叛逃人员报告说，FARC 正在组建一支特遣队，要'在北边'展开一场重大军事行动"。同样，情景 C-2 与 C-7 应合并为"FARC 公开警告美国，声明不会再忍受美国对哥伦比亚内部事务的干涉，特别是武力干涉"。

步骤 3：考察各个指标，确定其是否符合下列 5 个标准，删除不合格指标。

1. **可观察性和可收集性**。这些指标（若有）能够被可靠线人观察并上报，必须对此抱有一定的合理期望。若将某一指标用于监视一段时间内的变化情况，则该指标在此过程中必须具有可收集性。
2. **有效性**。一项指标必须与分析人员试图预测或评估的最终状态明确关联，必须与全部或至少某些替代解释或结果不符，必须能够精准测定主题理念或现象。
3. **可靠性**。当使用比较法时，数据收集必须具有一贯性。观察和收集数据者必须观察相同的事物。为保证可靠性，应精确定义指标。
4. **稳定性**。一项指标必须能够随着时间的推移保持其有用性，以便分析人员做出比较并跟踪事件的发展。理想的情况是，在事件发展的早期，指标应具有可观察性，以便分析人员和决策者有时间做出相应反应。
5. **独特性**。一项指标应仅用于测量一个对象，并能与其他指标一起只表明被研究对象的情况。有价值的指标不仅与某一特定情景或假设相符，还与所有其他替代情景均不相符。

在本案例研究中：

★ 检验表明 A-8 不具有可观察性和可收集性，所以应从清单中剔除。截获的毒贩几乎无人带钱回哥伦比亚。而要弄清楚从美国流往哥伦比亚毒枭手中的现金总量是否减少，也十分困难。

★A-9 未能通过两项检验：既无独特性，也无有效性，需要改写如下："发现 FARC 领导人与美国毒品经销商之间有了新通信联系"。

★B-4 因缺乏独特性而无效，应改写为："有报告称 FARC 的已知支持者在购买液体石油气罐，数量可疑"。

★D-8 未能通过可观察性和可收集性指标检验，应改写为："线人报告说毒品吸食者在抱怨他们买到的毒品受到污染"。

表 12.4 为经过修改的指标清单。

表12.4 FARC袭击美国本土案例：指标修正

编号	指标
情景 A：FARC 往可卡因内注入毒物以恐吓美国民众。	
A-1	美国禁毒局的化学家收到有关在几个重要城市发现可卡因被注入毒物的报告，数量增多；
A-2	边境警察上报的截获大宗现金南移的案件有所减少；
A-3	线人上报说街上有不要买可卡因的"传言"；
A-4	数个城市上报的注射毒品过量者数量异常蹿升；
A-5	贩毒线人谈论有关当地毒品经销商得到了"特别报酬"；
A-6	FARC 在互联网上发帖说，要对美国支持哥伦比亚军队攻击 FARC 游击队实施报复；
A-7	城市戒毒中心收到人们提出的问题——可卡因最常与什么物质混合来增加体积和利润；
A-8	发现 FARC 领导人与美国毒品经销商之间有了新通信联系；
A-9	美国地方执法报告说，砷之类毒物的大宗购买数量增多。
情景 B：FARC 用自制丙烷气迫击炮袭击迈阿密的美军南方司令部指挥部。	
B-1	美军南方司令部的安全部门报告说，发现可疑车辆在司令部附近的街道上闲荡；
B-2	阅读 FARC 网站报告的分析人员称，FARC 会让美国军队为其罪行付出代价；
B-3	有人看到西班牙裔男子从远处拍摄美军南方司令部指挥部的照片；

（续表）

B-4	有报告称 FARC 的已知支持者在购买液体石油气罐，数量可疑；
B-5	美国政府线人报告说，委内瑞拉曾提供文件和护照给 FARC 成员，方便其国际旅行；
B-6	最近从 FARC 游击队叛逃过来的人说，亚马孙地区建造了一栋模型大楼，用作自制丙烷气迫击炮的射击练习目标；
B-7	美军南方司令部雇员告诉其上级说，有陌生人正接近他们，问指挥部内有哪些人在哪些地点工作；
B-8	据报自制丙烷气迫击炮在哥伦比亚发动袭击的次数增多。
情景 C：在爱尔兰共和军的帮助下，FARC 暗杀了哥伦比亚大使。	
C-1	有数份报告说 FARC 与爱尔兰共和军会面与沟通；
C-2	FARC 公开警告美国，声明不会再忍受美国对哥伦比亚内部事务的干涉，特别是武力干涉；
C-3	哥伦比亚现场军官遭到绑架的数量增加；
C-4	多份情报报告说，爱尔兰共和军正派遣暗杀团前往北美；
C-5	FARC 线人或游击队叛逃人员报告说，FARC 正在组建一支特遣队，要“在北边”展开一场重大军事行动；
C-6	纽约的哥伦比亚人报告说，有可疑人员在代表团办事处外闲荡；
C-7	发现进入美国的 FARC 可疑成员携有哥伦比亚军服。
情景 D：注入毒物的大麻导致美军基地附近的许多人丧命。	
D-1	街头线人报告说，西班牙裔社区有“传言”说 FARC 正在策划一场在美国实施的特别行动；
D-2	地方毒贩说有人在调查他们，调查一直上溯到他们的供应链，询问毒品吸食人群的细节；
D-3	地方卫生官员报告说，与毒品相关的青少年死亡数量增加；
D-4	美国禁毒局的化学家报告说，注入砷及其他毒物的大麻数量增加；
D-5	街头线人报告说，他们的供货商正在谈论轻松赚钱的事情；
D-6	脸书上出现一个新主题——吸食大麻可能比多数人怀疑的更危险；
D-7	分析人员注意到，FARC 在其网站上发帖称，美国要为侵犯哥伦比亚主权付出高昂代价；
D-8	线人报告说毒品吸食者在抱怨他们买到的毒品受到污染。

分析所得增值：在制定指标的过程中，是否发现了新标准或隐含标准？学生的答案会因其指标集的具体内容不同而出现差异，但优质指标群应能有助于分析人员确定追踪和判断事件进程的明确标准。有些情景，如用迫击炮袭击美军南方司令部指挥部等涉及监视行动和获得武器或进口武器之类，容易针对其生成指标。而对于其他情景，如暗杀策划等，则有一定难度。注意到这一点常常令人受益匪浅。

上述指标是否引出了更多搜集领域？这一点会因学生的指标集不同而出现差异，但精心设想的指标集应成为指导搜集行动和把相关信息传递给数个美国政府机构中所有利益相关方的基础。

四、方法5：指标验证因子法™

指标验证因子法™是一种用于评估指标诊断力的简单工具。分析人员制定出一套值得关注的情景或竞争性假设后，接着就要为各情景或假设设定指标。这样，当该具体情景开始崭露苗头或该具体假设演变为现实时，这些指标将会与其匹配。但有一个人们不常问及的关键问题是，某项具体指标是否只与其指向的情景或假设匹配得当，还是与一个或多个替代情景或假设匹配。数个情景或数个假设都可以通用的那些指标，并不具有诊断价值——这些指标在确定某一具体情景是否与其匹配，或某一具体假设是否真实无误时，并非特别有用。理想的指标对其所指向的情景具有高度的匹配可能性，而对于与其他情景的匹配，则具有高度不可能性。

任务4：使用指标验证因子法™评估你所设定指标的诊断价值。

步骤1：绘制一个与竞争性假设分析所用矩阵类似的矩阵。可以选择手动方式或使用指标验证因子法™软件完成这个矩阵。如果你的系统中未安装指标验证因子法™软件，可与Globalytica LLC公司联系，邮箱：ThinkSuite@globalytica.com或网址：Http://www.globalytica.com。在矩阵上方列出替代情景，在其左侧下方列出所生成各个情景的指标。

步骤 2：逐行评估每个情景的指标，评估其是否：

- ✶ 极可能发生。
- ✶ 有可能发生。
- ✶ 也许会发生。
- ✶ 不可能发生。
- ✶ 极不可能发生。

针对某一具体情景——主情景，所给出的指标，应属于“极可能”或“有可能”发生的指标。

如果没有上述软件，你也可以自行评分。如果针对主情景的指标属“极可能”，则其对于其他情景而言：

- ✶ 极可能发生为 0 分；
- ✶ 有可能发生为 1 分；
- ✶ 也许会发生为 2 分；
- ✶ 不可能发生为 4 分；
- ✶ 极不可能发生为 6 分。

若该指标在主情景中属“有可能”，则在其他情景中：

- ✶ 极可能发生为 0 分；
- ✶ 有可能发生为 0 分；
- ✶ 也许会发生为 1 分；
- ✶ 不可能发生为 3 分；
- ✶ 极不可能发生为 5 分。

步骤 3：如表 12.5 所示，逐行计算总分，然后给所有指标排序。

表12.5 FARC袭击美国本土案例：指标验证因子法^{TM}得分

编号	指标	情景 A	情景 B	情景 C	情景 D	得分
情景 A：FARC 往可卡因内注入毒物以恐吓美国民众。						

（续表）

A-1	美国禁毒局的化学家收到有关在几个主要城市发现可卡因被注入毒物的报告，数量增多；	HL	HU(6)	HU(6)	C(2)	14
A-2	边境警察上报的截获大宗现金南移的案件有所减少；	L	HU(5)	HU(5)	L(0)	10
A-3	线人上报说街上有不要买可卡因的“传言”；	HL	HU(6)	HU(6)	C(2)	14
A-4	数个城市上报的注射毒品过量者数量异常蹿升；	HL	HU(6)	HU(6)	HL(0)	12
A-5	贩毒线人谈论有关当地毒品经销商得到了“特别报酬”；	L	HU(5)	HU(5)	C(1)	11
A-6	FARC 在互联网上发帖说，要对美国支持哥伦比亚军队攻击 FARC 游击队实施报复；	HL	HL(0)	HL(0)	HL(0)	0
A-7	城市戒毒中心收到人们提出的问题——可卡因最常与什么物质混合来增加体积和利润；	L	HU(5)	HU(5)	C(1)	11
A-8	发现 FARC 领导人与美国毒品经销商之间有了新通信联系；	L	U(3)	U(3)	L(0)	6
A-9	美国地方执法报告说，砷之类毒物的大宗购买数量增多。	L	HU(5)	HU(5)	L(0)	10
情景 B：FARC 用自制丙烷气迫击炮袭击迈阿密的美军南方司令部指挥部。						
B-1	美军南方司令部的安全部门报告说，发现可疑车辆在司令部附近的街道上闲荡；	C(1)	L	C(1)	L(0)	2
B-2	阅读 FARC 网站报告的分析人员称，FARC 会让美国军队为其罪行付出代价；	HL(0)	HL	HL(0)	L(1)	1
B-3	有人看到西班牙裔男子从远处拍摄美军南方司令部指挥部的照片；	U(4)	HL	C(2)	C(2)	8
B-4	有报告称 FARC 的已知支持者在购买液体石油气罐，数量可疑；	HU(5)	L	U(3)	U(3)	11
B-5	美国政府线人报告说，委内瑞拉曾提供文件和护照给 FARC 成员，方便其国际旅行；	C(2)	HL	HL(0)	C(2)	4

（续表）

B-6	最近从 FARC 游击队叛逃过来的人说，亚马孙地区建造了一栋模型大楼，用作自制丙烷气迫击炮的射击练习目标；	U(3)	L	C(1)	U(3)	7
B-7	美军南方司令部雇员告诉其上级说，有陌生人正接近他们，问指挥部内有哪些人在哪些地点工作；	U(4)	HL	L(1)	C(2)	7
B-8	据报自制丙烷气迫击炮在哥伦比亚发动袭击的次数增多。	HU(6)	HL	C(2)	HU(6)	14
情景 C：在爱尔兰共和军的帮助下，FARC 暗杀了哥伦比亚大使。						
C-1	有数份报告说 FARC 与爱尔兰共和军会面与沟通；	U(4)	C(2)	HL	U(4)	10
C-2	FARC 公开警告美国，声明不会再忍受美国对哥伦比亚内部事务的干涉，特别是武力干涉；	L(1)	HL(0)	HL	L(1)	2
C-3	哥伦比亚现场军官遭到绑架的数量增加；	U(4)	C(2)	HL	U(4)	10
C-4	多份情报报告说，爱尔兰共和军正派遣暗杀团前往北美；	U(4)	C(2)	HL	U(4)	10
C-5	FARC 线人或游击队叛逃人员报告说，FARC 正在组建一支特遣队，要"在北边"展开一场重大军事行动；	U(3)	L(0)	L	U(3)	6
C-6	纽约的哥伦比亚人报告说，有可疑人员在代表团办事处外闲荡；	U(4)	U(4)	HL	U(4)	12
C-7	发现进入美国的 FARC 可疑成员携有哥伦比亚军服。	U(4)	U(4)	HL	U(4)	12
情景 D：注入毒物的大麻导致美军基地附近的许多人丧命。						
D-1	街头线人报告说，西班牙裔社区有"传言"说 FARC 正在策划一场在美国实施的特别行动；	C(1)	C(1)	U(3)	L	5
D-2	地方毒贩说有人在调查他们，调查一直上溯到他们的供应链，询问毒品吸食人群的细节；	C(1)	U(3)	U(3)	L	7

（续表）

D-3	地方卫生官员报告说，与毒品相关的青少年死亡数量增加；	L(0)	U(3)	U(3)	L	6
D-4	美国禁毒局的化学家报告说，注入砷及其他毒物的大麻数量增加；	C(2)	U(4)	U(4)	HL	10
D-5	街头线人报告说，他们的供货商正在谈论轻松赚钱的事情；	L(0)	U(3)	U(3)	L	6
D-6	脸书上出现一个新主题——吸食大麻可能比多数人怀疑的更危险；	C(2)	U(4)	U(4)	HL	10
D-7	分析人员注意到，FARC 在其网站上发帖称，美国要为侵犯哥伦比亚主权付出高昂代价；	HL(0)	HL(0)	HL(0)	HL	0
D-8	线人报告说毒品吸食者在抱怨他们买到的毒品受到污染。	HL(0)	U(4)	U(4)	HL	8

注释：HL = 极可能出现；L = 有可能出现；C = 可能会出现；U = 不可能出现；HU = 极不可能出现。

步骤 4：将指标重新分类，将得分最高者列在矩阵上方，得分最低者列在矩阵下方（见表 12.6）。最具辨别力的指标，在主情景中极可能出现，而在所有其他情景中则极不可能出现。最不具辨别力的指标，在所有情景中均属极可能出现。大多数指标都会介于上述两者之间。

表12.6　FARC袭击美国本土案例：基于诊断价值的指标排序

编号	指标	情景 A	情景 B	情景 C	情景 D	得分
A-1	美国禁毒局的化学家收到有关在几个主要城市发现可卡因被注入毒物的报告，数量增多；	HL	HU (6)	HU (6)	C (2)	14
A-3	线人上报说街上有不要买可卡因的“传言”；	HL	HU (6)	HU (6)	C (2)	14
B-8	据报自制丙烷气迫击炮在哥伦比亚发动袭击的次数增多；	HU (6)	HL	C (2)	HU (6)	14

（续表）

A-4	数个城市上报的注射毒品过量者数量异常蹿升；	HL	HU (6)	HU (6)	HL(0)	12
C-6	纽约的哥伦比亚人报告说，有可疑人员在代表团办事处外闲荡；	U(4)	U (4)	HL	U(4)	12
C-7	发现进入美国的 FARC 可疑成员携有哥伦比亚军服；	U(4)	U (4)	HL	U(4)	12
A-5	贩毒线人谈论有关当地毒品经销商得到了“特别报酬”；	L	HU (5)	HU (5)	C(1)	11
A-7	城市戒毒中心收到人们提出的问题——可卡因最常与什么物质混合来增加体积和利润；	L	HU(5)	HU (5)	C(1)	11
B-4	有报告称 FARC 的已知支持者在购买液体石油气罐，数量可疑；	HU(5)	L	U(3)	U(3)	11
A-2	边境警察上报的截获大宗现金南移的案件有所减少；	L	HU (5)	HU (5)	L (0)	10
A-9	美国地方执法报告说，砷之类毒物的大宗购买数量增多；	L	HU (5)	HU (5)	L (0)	10
C-1	有数份报告说 FARC 与爱尔兰共和军会面与沟通；	U(4)	C(2)	HL	U(4)	10
C-3	哥伦比亚现场军官遭到绑架的数量增加；	U(4)	C(2)	HL	U(4)	10
C-4	多份情报报告说，爱尔兰共和军正派遣暗杀团前往北美；	U(4)	C(2)	HL	U(4)	10
D-4	美国禁毒局的化学家报告说，注入砷及其他毒物的大麻数量增加；	C(2)	U(4)	U(4)	HL	10
D-6	脸书上出现一个新主题——吸食大麻可能比多数人怀疑的更危险；	C(2)	U(4)	U(4)	HL	10
B-3	有人看到西班牙裔男子从远处拍摄美军南方司令部指挥部的照片；	U(4)	HL	C(2)	C(2)	8
D-8	线人报告说毒品吸食者在抱怨他们买到的毒品受到污染；	HL(0)	U(4)	U(4)	HL	8

（续表）

B-6	最近从 FARC 游击队叛逃过来的人说，亚马孙地区建造了一栋模型大楼，用作自制丙烷气迫击炮的射击练习目标；	U(3)	L	C(1)	U(3)	7
B-7	美军南方司令部雇员告诉其上级说，有陌生人正接近他们，问指挥部内有哪些人在哪些地点工作；	U(4)	HL	L(1)	C(2)	7
D-2	地方毒贩说有人在调查他们，调查一直上溯到他们的供应链，询问毒品吸食人群的细节；	C(1)	U(3)	U(3)	L	7
A-8	发现 FARC 领导人与美国毒品经销商之间有了新通信联系；	L	U(3)	U(3)	L(0)	6
C-5	FARC 线人或游击队叛逃人员报告说，FARC 正在组建一支特遣队，要“在北边”展开一场重大军事行动；	U(3)	L(0)	L	U(3)	6
D-3	地方卫生官员报告说，与毒品相关的青少年死亡数量增加；	L(0)	U(3)	U(3)	L	6
D-5	街头线人报告说，他们的供货商正在谈论轻松赚钱的事情；	L(0)	U(3)	U(3)	L	6
D-1	街头线人报告说，西班牙裔社区有“传言”说 FARC 正在策划一场在美国实施的特别行动；	C(1)	C(1)	U(3)	L	5
B-5	美国政府线人报告说，委内瑞拉曾提供文件和护照给 FARC 成员，方便其国际旅行；	C(2)	HL	HL(0)	C(2)	4
B-1	美军南方司令部的安全部门报告说，发现可疑车辆在司令部附近的街道上闲荡；	C(1)	L	C(1)	L(0)	2
C-2	FARC 公开警告美国，声明不会再忍受美国对哥伦比亚内部事务的干涉，特别是武力干涉；	L(1)	HL (0)	HL	L(1)	2
B-2	阅读 FARC 网站报告的分析人员称，FARC会让美国军队为其罪行付出代价；	HL(0)	HL	HL(0)	L(1)	1

（续表）

A-6	FARC 在互联网上发帖说，要对美国支持哥伦比亚军队攻击 FARC 游击队实施报复；	HL	HL(0)	HL(0)	HL(0)	0
D-7	分析人员注意到，FARC 在其网站上发帖称，美国要为侵犯哥伦比亚主权付出高昂代价。	HL(0)	HL(0)	HL(0)	HL	0

注释：HL = 极可能出现；L = 有可能出现；C = 也许会出现；U = 不可能出现；HU = 极不可能出现。

步骤 5： 评级为“极不可能”和“不可能”的指标，最具辨别力，应该加以保留。

步骤 6： 评级不是“极不可能”和“不可能”的指标，则应予以放弃。

步骤 7： 自行判断是否保留或放弃得分较少的指标。一般而言，应放弃全部评级为“极不可能”和“不可能”的指标。但在某些情况下，与其他几个指标放在一起考察时觉得有用的指标，可能值得保留。

上表中的以下指标应予以剔除：B-5（4 分）、B-1（2 分）、C-2（2 分）、B-2（1 分）、A-6（0 分）与 D-7（0 分）。虽然 D-1 只得了 5 分，但在该行中却有一个不可能评级，所以保留下来。

步骤 8： 在排除不具辨别力的指标后，将剩余指标重新排在其主情景下方（见表 12.7）。

表12.7　FARC袭击美国本土案例：基于情景诊断价值的指标排序

编号	指标	情景 A	情景 B	情景 C	情景 D	得分
情景 A：FARC 往可卡因内注入毒物以恐吓美国民众。						
A-1	美国禁毒局的化学家收到有关在几个主要城市发现可卡因被注入毒物的报告，数量增多；	HL	HU (6)	HU (6)	C (2)	14
A-3	线人上报说街上有不要买可卡因的“传言”；	HL	HU (6)	HU (6)	C (2)	14

（续表）

A-4	数个城市上报的注射毒品过量者数量异常蹿升；	HL	HU (6)	HU (6)	HL (0)	12
A-5	贩毒线人谈论有关当地毒品经销商得到了“特别报酬”；	L	HU (5)	HU (5)	C (1)	11
A-7	城市戒毒中心收到人们提出的问题——可卡因最常与什么物质混合来增加体积和利润；	L	HU (5)	HU (5)	C (1)	11
A-2	边境警察上报的截获大宗现金南移的案件有所减少；	L	HU (5)	HU (5)	L (0)	10
A-9	美国地方执法报告说，砷之类毒物的大宗购买数量增多；	L	HU (5)	HU (5)	L (0)	10
A-8	发现 FARC 领导人与美国毒品经销商之间有了新通信联系。	L	U (3)	U (3)	L (0)	6
情景 B：FARC 用自制丙烷气迫击炮袭击迈阿密的美军南方司令部指挥部。						
B-8	据报自制丙烷气迫击炮在哥伦比亚发动袭击的次数增多；	HU (6)	HL	C (2)	HU (6)	14
B-4	有报告称 FARC 的已知支持者在购买液体石油气罐，数量可疑；	HU (5)	L	U (3)	U (3)	11
B-3	有人看到西班牙裔男子从远处拍摄美军南方司令部指挥部的照片；	U (4)	HL	C (2)	C (2)	8
B-6	最近从 FARC 游击队叛逃过来的人说，亚马孙地区建造了一栋模型大楼，用作自制丙烷气迫击炮的射击练习目标；	U (3)	L	C (1)	U (3)	7
B-7	美军南方司令部雇员告诉其上级说，有陌生人正接近他们，问指挥部内有哪些人在哪些地点工作。	U (4)	HL	L (1)	C (2)	7
情景 C：在爱尔兰共和军的帮助下，FARC 暗杀了哥伦比亚大使。						
C-6	纽约的哥伦比亚人报告说，有可疑人员在代表团办事处外闲荡；	U (4)	U (4)	HL	U (4)	12
C-7	发现进入美国的 FARC 可疑成员携有哥伦比亚军服；	U (4)	U (4)	HL	U (4)	12

（续表）

C-1	有数份报告说 FARC 与爱尔兰共和军会面与沟通；	U (4)	C (2)	HL	U (4)	10
C-3	哥伦比亚现场军官遭到绑架的数量增加；	U (4)	C (2)	HL	U (4)	10
C-4	多份情报报告说，爱尔兰共和军正派遣暗杀团前往北美；	U (4)	C (2)	HL	U (4)	10
C-5	FARC 线人或游击队叛逃人员报告说，FARC 正在组建一支特遣队，要“在北边”展开一场重大军事行动。	U (3)	L (0)	L	U (3)	6
情景 D：注入毒物的大麻导致美军基地附近的许多人丧命。						
D-4	美国禁毒局的化学家报告说，注入砷及其他毒物的大麻数量增加；	C (2)	U (4)	U (4)	HL	10
D-6	脸书上出现一个新主题——吸食大麻可能比多数人怀疑的更危险；	C (2)	U (4)	U (4)	HL	10
D-8	线人报告说毒品吸食者在抱怨他们买到的毒品受到污染；	HL (0)	U (4)	U (4)	HL	8
D-2	地方毒贩说有人在调查他们，调查一直上溯到他们的供应链，询问毒品吸食人群的细节；	C (1)	U (3)	U (3)	L	7
D-3	地方卫生官员报告说，与毒品相关的青少年死亡数量增加；	L (0)	U (3)	U (3)	L	6
D-5	街头线人报告说，他们的供货商正在谈论轻松赚钱的事情；	L (0)	U (3)	U (3)	L	6
D-1	街头线人报告说，西班牙裔社区有“传言”说 FARC 正在策划一场在美国实施的特别行动。	C (1)	C (1)	U (3)	L	5

注释：HL = 极可能出现；L = 有可能出现；C = 也许会出现；U = 不可能出现；HU = 极不可能出现。

步骤 9：如果某一特定情景的大量指标被排除，则应为该情景制定更具诊断价值的补充指标。

步骤 10：使用指标验证因子法™再次检查所有新指标的诊断价值。

在本表中，情景 B 只有 5 个指标被保留下来，表明至少还需要 2 个指标来确保其指标数量适当。在此种情况下，又给出 2 个指标，并审查了其诊断价值，如表 12.8 所示。

表12.8 FARC袭击美国本土案例：诊断指标补充

情景 B：FARC 用自制丙烷气迫击炮袭击迈阿密的美军南方司令部指挥部。						
B-9	FARC 线人报告说一个特别小组正被派往迈阿密；	U (4)	HL	U (4)	C (2)	10
B-10	在截获的笔记本电脑中，哥伦比亚政府发现了迈阿密和美军南方司令部指挥部地图。	U (4)	HL	C (2)	C (2)	8

注释：HL = 极可能出现；L = 有可能出现；C = 也许会出现；U = 不可能出现；HU = 极不可能出现。

分析所得增值：针对各个情景，是否都给出了一整套具有高诊断价值的严谨指标？是的，为情景 B 额外给出了 2 个诊断指标。

上述指标是否提供了有用线索，就正在形成过程中的合理、潜在威胁给联邦调查局现场官员和州与地方融合中心发出了警示？是的，这些指标具体详细，已经足够为现场办公室或融合中心提供有益的行动指导。

它们的重点突出程度是否足以向联邦、州和地方有关人员提出具体的信息搜集要求，让其对应追寻目标了解得更为具体明确？是的，本方法已经生成了一套严谨具体的指标，可以为现场官员提供有效指导。

五、重要收获

★ 在分析人员所拥有的信息资料很少且接到预测潜在恐怖袭击的命令时，最佳方法常常是利用想象技巧，生成大量可能结果。然后确定最合理或最应得到关注的选项，去粗取精，给所列举的可能结果清单“瘦身”。从长远来看，这可能是解决问题的更有效方法，尤其当关键目标是避免意外发生时。

★ 分析人员应始终评估其指标的诊断价值，凡是不能通过检验者均应立即予以剔除。如若不然，会给分析人员造成已经得到验证的假象，也会导致在给搜集人员布置任务时，使其在获取信息方面投入宝贵资源，而这些信息长远来看却无助于分析或帮助解决问题。

[第十三章]

解读“11月17日革命组织”

内容提要

理查德·韦尔奇（Richard Welch）是中央情报局雅典情报站站长，是中央情报局派往希腊的资深官员。1975 年，他被一个名不见经传的暴力极端团体——11 月 17 日革命组织（17N 组织）杀害。在此后 30 年内，该组织袭击并杀害了 20 多人，包括希腊、美国、英国和土耳其等国的政治人物、外交官、军官和知名商人。该组织还发动炸弹和火箭弹袭击，造成价值达数百万欧元的财产损失。但 2002 年前，人们却未能准确识别或逮捕该团体的任何成员。本案例研究利用**简单假设生成法（Simple Hypothesis Generation）**、**远景象限处理法™（Foresight Quadrant Crunching™）**和**若则分析法（What If？ Analysis，也译为“如果……那会怎样”分析法）**等，来评估这一令人难以捉摸团体的性质及其在活跃阶段所构成威胁的覆盖范围。

表13.2　案例快照：解读“11月17日革命组织”

所用结构化分析方法	《情报分析：结构化分析方法》中所在章节	分析类别
简单假设法	第七章	假设生成与检验
若则分析法	第九章	质疑分析
远景象限处理法™	第五章	观点生成

分析人员经常要应对信息短缺或信息并不确定的模糊局面，对 11 月 17 日革命组织（17N 组织）的调查正是如此。面对此类局面，采用简单假设法等诊断方法有助于系统探究替代观点和假设。若则分析法(配合指标法的推论方法）之类的质疑方法可以帮助分析人员借助分析可行性及其启示进行思考。远景象限处理法 ™ 之类的想象方法，则可以帮助分析人员质疑假定，探究特定假设的内在意蕴。

一、方法1：多种假设生成法：简单假设法

假设生成法指的是一类方法，用于生成有关事件、趋势或活动的潜在替代解释。假设生成法是严谨分析过程的一部分，可以帮助分析人员避免出现诸如下结论过早或受第一印象影响过度之类的常见缺陷。此外，这一方法还能帮助分析人员创造性地思考众多可能。假设生成法的目标是列出一份详细假设清单，分析人员可以在时间推移过程中，根据现有证据及将来可能获取的新资料，考察和检验这些假设。

简单假设法对本案尤其适用，此方法可以利用一个团体性流程就 17N 组织的动机和特点进行创造性思考，做出多种可能解释。而上述解释反过来可帮助那些了解和反击 17N 组织的调查人员，及美国驻雅典安全官员们扩宽思路。组织一个小组，让其列出一大串可能假设的清单，供以后调查之用。简单假设法的最佳使用者是由各色人员组成的小组，包括拥有多领域专业知识者和利益相关人员在内。此方法还包括对结构化头脑风暴的应用练习。

在会议室或工作场所的环境中，本技巧的应用方法有：把参与者拆分成多个小组，单独进行研讨、分析，或者更简单些——就在会议室里进行研讨分析。如果拆分为多个小组，则向各小组安排下文列举的任务。如果是在会议室里，则让参与者静静地写下可能假设，将其列举在一个白板上并加以分组，然后进行提炼。

任务 1：使用简单假设法探究关于 17N 组织性质的所有可能解释。

步骤 1：要求小组所有成员分别在一张 3 英寸 × 5 英寸的卡片或便利贴上写下 3 条合理替代假设或解释。要思路开阔，进行创造性思考，但要努力纳入构成良好假设的要素：

- ★ 表述明确；
- ★ 基于观察和知识；
- ★ 能够检验和证伪；
- ★ 包括一个自变量和一个因变量。

步骤 2：收集卡片，展示结果，合并假设，避免重复。

合并后的那组假设可能类似表 13.4。

表13.4　简单假设生成法：17N组织案例之假设合并范例

·17N 组织起初是个极左希腊恐怖团体，后来变身为犯罪集团。
·17N 组织始终是个假扮为恐怖团体的犯罪集团。
·17N 组织是更大规模的泛欧洲极端主义暴力运动的组成部分。

步骤 3：将假设按照其类同关系分组，并给每组标注。

考虑利用多种方法展示具有类同关系的各组假设。在本案例中，根据“自治”这一问题给假设分组，解决 17N 组织是单独行动，还是与在希腊和欧洲活动的其他暴力团体联合行动的问题。另外一个重要考虑事项是“动机”问题，17N 组织确实是激进政治活动的代表，或同时也是（或是）一个犯罪集团。

步骤 4：利用问题重述和反向思考引出新观点。

- ★ **问题重述：**将 17N 组织成员逮捕归案为何花了 27 年时间？
- ★ **反向思考：**17N 组织得益于官方庇护，得益于希腊警察和安全部门的限制。该组织因为袭击十分低调而免遭察觉。上述观点可以折射出 17N 组织的特征和动机，有助于扩大对该组织可能历史解释的覆盖面。还可以考虑其之所以能够长期存在，可能得益于其不断演化的本质。在活动期间，17N 组织是否始终如一，未出现任何变化？其动机、人员构成和目标是否已随着时间的推移而改变？

步骤 5：更新替代假设清单。

通过纳入与政府勾结或得到其庇护的可能，问题重述扩充了假设清单的内容，同时提出该团体的动机、目标和特性可能随时间的推移而演变。

步骤 6：提出问题："何人？何事？如何？何时？何地？何故？"以阐明各个假设。

列出一份包含各类假设的清单，退后一步思考如何扩大各清单内容。"何人"与"何事"可以表明可能身份：一个希腊暴力极端分子组成的自治团体、一个犯罪集团，还是一个大规模地区性极端主义暴力运动中的一个小团体？"何时"则可以解决 17N 组织的特性、构成与目标，多年来是始终如一，还是已经演变的问题。"何地"则针对行动地点：人们宣称的所有袭击均发生在雅典，但其他地方发生的袭击是否也可能系其所为，却没能归罪于它？"如何"则给出其能够取得长期成功的原因。如果是因其袭击在本质上低调而多年未被查出，这又说明了什么？"何故"可以解决动机问题：是为了掀起政治革命、为了赚钱，还是为了实现出资赞助官员的政治目标？提炼这份清单，让各类假设尽可能互斥，这样有助于对其进行阐明。

步骤 7：选择最合理假设做进一步探究。

★17N 组织是希腊的一个极左暴力团体，曾与其他希腊及 / 或外国暴力团体联手，试图掀起一场马克思主义革命。17N 组织是希腊的一个极端主义暴力团体，与希腊多个全国性、地区性犯罪集团相勾结，目标是既获得金钱收益，又实现政治目的。

★17N 组织是一个由在雅典从事腐败政治活动的希腊官员所操控或影响的团体。

分析所得增值：使用上述方法，能否帮助你就该组织性质及其动机问题向传统观点提出质疑？这一方法的应用带来了几种审视该组织的新方法，特别是引出了几种不同的动机问题。这一点之所以重要，是因为分析人员眼下要寻找能够证明或证伪各假设的更多指标。

是否揭示出如果只使用传统头脑风暴分析方法，你可能会错过的想法或理念？这一方法揭示了 17N 组织可能是完全或部分地出于犯罪动机而实施行动，可能已经随着时间的推移而发生演变。一定要对这两个观点做更多研究。

选出应当给予最多关注的假设，是否困难？随着结构化头脑风暴过程中多个主题的现身，利用这些主题做出一组扩充版假设来反映它们，会十分有益。如果分析人员根据定义优良假设构成的一组具体标准来操作，则选出最重要假设就会相对容易。

二、方法2：若则分析法

若则分析法首先假设某一事件已经发生，它可能产生重大正面或负面影响，然后再解释前因后果。当分析人员难以说服他人将注意力集中在某件会产生高影响 / 低概率事件的可能性或结果时，这一方法使用效果最佳。当某一思维定式根深蒂固时，使用这一分析法也很适当。20 世纪 90 年代晚期，美国国家安全官员一直担心可能会遭到 17N 组织的袭击。应用若则分析法，可以让分析人员将注意力焦点从某一事件是否会发生，转移到该事件会如何发生上，所以这一方法允许分析人员就此类进展（即使不可能有）是否可能真正发生，基于更丰富的信息做出判断。

任务 2：假设 1999 年你是正在美国驻雅典大使馆工作的分析人员，需要使用若则分析法分析 17N 组织对身处雅典的美国官员再次发动袭击的可行性及可能性质。从上次 17N 组织杀害一名美国官员之日起，8 年已过。1996 年向美国大使馆后门发射的火箭弹确系有人蓄意而为，但破坏力有限。美国驻雅典大使馆的安全等级一直很高。大使馆的高级官员不但配有装甲车和强力的安防装置，而且使馆建议所有工作人员改变其行走路线并保持低调。在如此之高的安全等级之下，假如 17N 组织仍然试图谋杀美国官员，要如何应对？情况将会如何？而这又将意味着什么？

步骤 1：首先假设可能发生的情况，事实上已经发生。1999 年 12 月，17N 组织无视严密的安防措施，袭击了另一美国官员。

步骤 2：根据证据并按照逻辑形成一条论据链，解释该事件有可能如何发生，应生成多个情景或论据链。在图 13.1 中，我们对上述情景做了描述。

情景 A：17N 组织射杀一名美国军官；

情景 B：17N 组织用炸弹炸毁了美国大使馆的一辆汽车；

情景 C：17N 组织在一名美国政务参赞动身去工作时将其暗杀。

> 时值 1999 年，当时北约在巴尔干半岛实施的军事行动达到高峰。大多数希腊人对塞尔维亚人抱有一种宗教和民族归属感，所以激烈反对西方国家发动军事打击，支持波斯尼亚人与科索沃人。民众的抗议活动表明，这一问题能够引起希腊人民的共鸣。17N 组织看到实现其目标的机遇，决定以与北约有关系的美国军官为目标（发动袭击）。美国高级军官或隶属于大使馆或系驻扎在雅典的武官，均有美国国防部及外交安全人员提供的严密安全保护。他们拥有装甲车，有时也有安全卫队护卫，而且他们的司机还小心谨慎地变换行车路线。所有进入大使馆院内的车辆均需经过检查，查看是否携带爆炸物。外人无法进入大使馆。上述人员的住所和家人也得到类似保护。低级别

（续图）

官员还接受安全训练，受命上报任何受到监视的迹象和反常行为。大使馆的全部当地雇员均经过严格筛选。

尽管有上述安全措施保驾护航，但17N组织仍然咬住其美国军官这个目标不放，发表声明控诉北约军事行动不道德，认为背后有美国的支持。该组织决定监视雅典中心区域的主要饭店和旅游地点，因为人们知道这些地方是美国大使馆人员的聚集之处。但他们发现这些地方的人员太多，难以确定哪些可能是有军队隶属关系的美国人。该组织派人监视进出大使馆的所有汽车，发现有些安全任务较少的低级别官员，总是对变换通勤路径漫不经心，特别是在上岗几个月之后。

其中有一个开一辆老旧本田车的年轻人，天天离开住所后取道同一条大路前往大使馆。他头上的短发表明，其可能有军队隶属关系。于是，17N组织决定以其为最佳枪击目标，策划在上午早高峰时段对其实施飞车枪击。该组织事先拟定了一份公告，指责这个无名美国人是“侵犯塞尔维亚主权空间”的核心人物。

图 13.1　若则分析法情景：17N组织枪击美国军官

步骤3： 为每个情景生成一份指标清单，这些指标可以表明事件正开始逐步发展。表13.5为一组指标范例。

表13.5　若则分析法：17N组织枪击美国军官情景的相关指标浮出水面

·守卫大使馆大门的安全人员报告了可能遭到他人监视的信息。
·报告称有来历不明或可疑车辆停泊在大使馆附近。
·17N组织发表声明，指责美国军事介入波斯尼亚事务不人道，充满政治偏见。
·希腊警察通知大使馆说，他们在街头听到“传言”说有人在策划恐怖袭击。
·积极主动监视17N组织惯常伏击地点的大使馆安全人员看到两个人形迹可疑，可能在踩点。

步骤 4： 评估各情景导致的危害或损坏程度，及克服这些危害或破坏的难度。

对于这次“美国军官遭到枪击”情景，此次刺杀表明 17N 组织仍在活动，所以不仅针对美国官员的安全措施要加强，对雅典其他外交岗位、希腊政府及私营部门的安全措施，也应如此。

步骤 5： 根据对实施难度和造成潜在影响严重程度的思考，按照最需要关注的程度给各个情景排序。

根据如何构建其他情景，按照实施难度由难到易的顺序，可能的情景排序如下：

- ✶ 情景 C：17N 组织在美国大使馆附近暗杀了美国政务参赞。
- ✶ 情景 A：17N 组织在美国军官去工作途中对其进行枪击。
- ✶ 情景 B：17N 组织用炸弹炸毁了美国驻雅典大使馆的车辆。

分析所得增值：上述方法是否帮助你引出了思考该问题的新思路？ 这一方法把谈话引向争议话题——“17N 组织是否依然是一个有活力的恐怖组织”之外，但并未就其可能发起何种袭击的问题激发出新观点。然而，它却实实在在地根据困难程度对具体类型的袭击可能进行了深入剖析。

是否有助于你对各个情景的实施难度进行评估？ 通过逐步分析各个情景，评估 17N 组织最可能如何发起各次袭击，并评估取得袭击成功的所需条件，则较为容易。

此项练习是否表明应采取新安全措施？ 通过详细描述如何发起袭击的过程——从策划阶段起至实施袭击，可以较容易地预测需要采取何种类型的安全措施，预先警告官员：有人可能在策划此类袭击。为某一情景生成指标是一项艰巨任务，特别是在对该组织或其关键成员知之甚少的情况下，但这一过程却可以帮助分析人员制定出一份清单，囊括人们可能观察和上报的情况。

三、方法3：远景象限处理法™

象限处理法™是一种将关键假定检查法和多种情景生成法综合在一起的方法，可以生成一系列替代情景或情节。近年来演化出了两个版本的象限处理法™，其发挥的分析功能不同：

经典象限处理法™：在使用这一方法时，分析人员首先从一个首要假设（例如“某犯罪集团侵入一家大型公司的数据库，试图窃取公司人员身份信息”）着手，然后将其分解成各个组成部分（*犯罪集团/窃取个人身份信息*），反转各组成部分的固有假定（*非犯罪集团/其他动机*），然后使用头脑风暴法分析与各反转假定相符的相反维度或解释（通常有1到3个，例如*业务竞争对手或域外国家，下载公司数据或篡改公司信息*）。此后，分析人员应采用2×2矩阵排列上述相反维度或解释，在各象限内生成独一无二的新袭击情景（如*业务竞争对手*为*下载公司数据*而侵入数据库、*业务竞争对手*为*篡改公司信息*而侵入数据库、*域外国家*为*下载公司数据*而侵入数据库、*域外国家*为*篡改公司信息*而侵入数据库）。随着对问题更多维度的考量，潜在情景的数量将迅速增加，因出现意料之外的新进展而大为惊诧的概率就会降低。

经典象限处理法™与多种情景分析法在以下两方面不同：①其分析重心是事情可能会发生的方式，而非人们一般期待的情况；②此方法依靠使用对相反维度与范围的比较来定义X轴与Y轴的终点。

远景象限处理法™：与经典象限处理法™不同，远景象限处理法™聚焦于事情可能发生的所有方式，而不仅仅盯着可能出现的差异。使用这一版本的象限处理方法时，首要假设的维度包含在分析之中。但在运用相反维度与范围的比较来定义X轴与Y轴终点方面，远景象限处理法™与经典象限处理法™类似。

再次以前例加以说明，分析人员首先从某一首要假设（例如“某犯罪集团侵入一家大型公司的数据库，试图窃取公司人员身份信息”）入手，然后将此假设分解成各个组成部分（*犯罪集团／窃取个人身份信息*）、反转各组成部分的固有假定（*非犯罪集团／其他动机*），然后使用头脑风暴法分析与各反转假定相符的相反维度或解释（通常有 1 到 3 个，例如*业务竞争对手或域外国家，下载公司数据或篡改公司信息*），然后列出所有可能组合，这些组合包括 9 种不同的袭击情景：

1. 犯罪集团侵入数据库窃取个人身份信息。
2. 犯罪集团侵入数据库下载公司数据。
3. 犯罪集团侵入数据库篡改公司信息。
4. 业务竞争对手侵入数据库窃取个人身份信息。
5. 业务竞争对手侵入数据库下载公司数据。
6. 业务竞争对手侵入数据库篡改公司信息。
7. 外国政府侵入数据库窃取个人身份信息。
8. 外国政府侵入数据库下载公司数据。
9. 外国政府侵入数据库篡改公司信息。

远景象限处理法™尤其适用于 17N 组织案例，其原因是：①在 17N 组织四处活动时，我们对该组织成员的身份或其计划几乎一无所知；②在数起案件中，仅有一个可信替代维度值得分析人员关注。远景象限处理法™有助于分析人员确定和质疑可能构成分析基础的关键假定，同时通过生成全面但互斥的一系列可信情景，帮助调查人员把注意力集中到最可能的袭击类型上，做出预测。

任务 3：现在是 2001 年，你是美国驻雅典大使馆的一名分析人员，负责为正在进行的 17N 组织调查提供支持。大使馆正开始将其注意力集中在筹备 2004 年雅典奥运会的工作上。使用远景象限处理法™，通过头脑风暴找出 17N 组织可能对美国人群体构成严重威胁的所有可能方式。

步骤 1：陈述你的首要假设。

该假设应该反映分析人员就可能袭击手段或当前传统观点所达成的共识，这一共识通常会反映此类袭击以往发生的方式。针对美国人目标，17N 组织所采用的传统袭击方式是，利用一把标志性手枪暗杀美国政府或军队官员。针对本项练习，我们将采用以下观点作为首要假设：17N 组织的行动人员将在 2004 年雅典奥运会召开之前射杀一名美国官员。

步骤 2：根据“何人？何事？如何？何时？何地？何故？”的记者式问题清单，将首要假设分解为各个组成部分。

步骤 3：确定上述组成部分中哪些对分析最为重要。

步骤 4：针对各个最重要组成部分，确定下表中的 1 或 3 个相反维度，如表 13.6 所示。

在本项练习中，确定了 6 个关键组成部分——上述 5W1H 问题各有一个。其中有 3 个关键组成部分（表 13.6 中未被底色覆盖者）值得认真思考和分析，原因是其相反维度可能会带来重大新挑战——2004 年雅典奥运会召开前及其召开期间，如何最好地保护美国官员免受 17N 组织袭击。

表13.6　远景象限处理法™：相反维度

关键假定	首要假设	相反维度	
何人？（目标）	美国官员	参加奥运会的游客	
何事？（战术）	暗杀	劫持或绑架人质	
如何？（武器）	使用标志性武器射击	遥控炸弹	火箭弹
何时？（时间）	2004 年 8 月奥运会召开前	奥运会召开期间	
何地？（地点）	雅典大都市区	雅典以外的地方（包括其他奥运场馆）	
何故？（动机）	扩大极端政治思想的传播	抗议在希腊举行奥运会	抗议希腊与美国的关系

★ **何人？**就其历史来看，17N 组织只以其认为犯下反对

希腊人民或希腊民族“罪行”的个人为袭击目标：美国、希腊、欧洲及土耳其军官和外交官，以及希腊富裕的社会名流。但随着希腊奥运会日程的确定，该组织可能决定改变策略，以参加奥运会者为袭击目标，以便为其运动赢得更多公众关注。17N 组织还可能认为，如果转而采用新战术，警察们采用与以往一直所用类型不同的安全缓冲策略来加以应对，则更易取得成功。

- **何事？** 多年来，17N 组织的活动一直采用不同运作程序，其袭击本质随着时间的推移而演变，而其行动的复杂程度也在加大，更加胆大妄为——从深夜在无人街道上实施枪击，到光天化日之下在雅典闹市区繁忙的十字路口发射简易火箭弹。因此，没有理由不探究其策略是否可能会继续改变——特别是当它认为，在奥运会上发动一次袭击会有助于其赢得国际关注时，可能演变为绑架或劫持人质。
- **何地？** 2004 年奥运会涉及的场馆遍布希腊各地。17N 组织可能认为雅典以外的地点更易发动袭击。尽管 17N 组织发动袭击的地点会位于其传统适宜活动区域——雅典大都市区以外，但它可能认为收益大于风险。

剩下的问题是，远景象限处理法™ 练习的候选对象都不太令人满意，原因是：(1) 首要假设的替代假设对如何进行分析不可能产生重大影响；(2) 这些替代假设并不需要采取不同的安全策略来降低风险。

- **如何？** 令人担心的主要问题是，致命袭击是否可能发生，而非该组织会使用何种武器杀人。在其活跃的 27 年里，17N 组织的袭击只有 3 种类型：用其标志性手枪射杀、用炸弹轰炸和用火箭弹袭击。这一点既能表明其**能力**，也能说明其**意图**。该组织盯住所选定的个人为目标，不实施会导致大量人员伤亡的袭击。它也慢慢明白其简易火箭弹常常难以操控。有一次，他们发射的一枚火箭弹未能击中目标（1990 年，袭击瓦尔蒂诺亚尼斯）。还有一次，他们不小心误杀了一名无辜旁观者（1992 年，刺杀帕里奥克拉赛斯）。这些结果表明它不太可能再采用这一策略。

* **何时?** 这个问题很重要，但袭击发生在奥运会前还是发生在奥运会期间，对如何进行分析的影响微乎其微，虽然这一点可能对奥运会管理者影响更大。但本练习可以提出一个不易回答的问题：17N 组织避免伤及“无辜市民”的做法是否影响其时间选择?
* **何故?** 此问题探究发动袭击的多种动机。该组织的袭击目的是宣传一种极端主义思想、抗议希腊参加或主办奥运会，还是更为通常地抗议希腊与美国之间的亲密关系？这些可能都不会改变袭击性质。

步骤 5：用 2×2 矩阵排列上述相反假定的组合。

在本练习中，根据首要假定和选出的相反假设构建 2×2 矩阵。

* **何人?（目标）：**美国官员或参加奥运会的游客；
* **何事?（战术）：**暗杀或劫持 / 绑架人质；
* **何地?（地点）：**雅典市区或雅典以外的地方（包括其他奥运场馆）。

上述各对维度必须经过配对形成 3 个不同矩阵，共计配出 12 种组合。为了便于讨论，各象限均配上一个数字标识符。例如，在第一个矩阵中，象限 1 指涉及一名美国驻雅典大使馆官员的袭击情景。表 13.7 给出了 12 种可能组合。

表13.7　远景象限处理法™：潜在袭击情景

目标 / 地点			
1	美国官员 雅典市区	3	美国官员 雅典以外地点
2	奥运会游客 雅典市区	4	奥运会游客 雅典以外地点
目标 / 战术			
5	美国官员 暗杀	7	美国官员 劫持 / 绑架人质
6	奥运会游客 暗杀	8	奥运会游客 劫持 / 绑架人质
地点 / 战术			
9	雅典市区 暗杀	11	雅典市区 劫持 / 绑架人质
10	雅典以外地点 暗杀	12	雅典以外地点 劫持 / 绑架人质

步骤 6：为各个象限生成 1 或 2 个可信情景。

针对各个矩阵的每个单元格，举出一两个该情景可能如何展开的例子。有些象限的情景，确定起来可能相对容易。例如，象限 1 和象限 5 生成的情景看起来像 17N 组织惯常的袭击。恐怖分子可能留在其适宜活动的区域内，按照既定模式选择一名大使馆官员，此人会是一个身处雅典的易袭击目标，而雅典这个城市的混乱和拥挤的人群，则会为行动人员提供某种程度的掩护。

象限 10 的情景，需要 17N 组织在其常规区域雅典市区以外的地方实施枪击。有些奥运比赛要在奥林匹亚或马拉松镇之类人口较少的地方举行，在这些地方发动袭击，可能意味着驾驶者会选择摩托车，并在袭击前减少露面次数。象限11则需要考虑伤及无辜旁观者的风险，这是该组织以往选择回避的事情。

在其他象限中，事实可能会证明得出可信情景很难，但针对上述所有象限生成情景通常会拓展分析人员的思路，推动他们以多种方式重新构建问题的框架。在这一过程中，他们几乎肯定能得到新见解，拿出一套更具有创造性的潜在袭击情景。

步骤7：将生成的所有情景排列在一份清单上，根据预先确定的标准，将最可信者置于清单上部，最不可信者置于清单下部。

在本案例中，可能采用的标准或许会包括以安全程度较低的低级别官员为目标的情景，或旨在提升人们对该组织能力认知的多次袭击情景。确立一套固定标准后，按照1至5分的分值评估各情景，得到5分表明该情景值得高度关注，得到1分的则说明官员们应将其相对推后考虑。将最值得关注的情景置于清单上部，最不可信的情景置于其下部。

如果某一情景意义很小或极不可能，则在其方格内打上“×”，并将其剔出需要进一步思考的情景清单。例如，一个涉及奥运会期间在雅典以外地点绑架人质的情景（象限12），其地点远远超出17N组织的行动范围，实施起来困难重重，可能要从清单上剔除。

剔除不可能情景后，下一个任务就是对剩余情景进行排序。表13.8是一个有用模板，不同分析人员可根据各情景的优势对其加以评估。例如，他们主要担心的是奥运会安全问题，还是大使馆工作人员的安全问题？他们以前是否分析过涉及劫持人质的案例，并认为这是其他分析人员动辄遭遇的切实威胁？

表13.8 远景象限处理法™：袭击情景得分

象限	替代情景	得分
5	在去参加奥运会途中，美国官员在雅典被暗杀；	5
9	观看奥运会的美国官员在离开宾馆时被暗杀；	5
3	美国官员在马拉松镇观看奥运会时遭到枪击；	4
1	载有美国官员的轿车在雅典街头遭到弹雨袭击；	3
6	数名美国游客在奥运会场馆内被狙击枪手射杀；	2
2	搭载美国游客从宾馆至雅典奥运会会场的大巴被炸；	2
10	从雅典以外地区去奥运会场馆途中，搭载美国游客的大巴被炸；	2
7	在去奥运会场馆途中，参会的美国官员被劫持为人质；	2
4	在雅典以外地区，搭载美国人去奥运会的大巴被炸；	2
11	住在雅典宾馆的美国人被劫持为人质，房间起火；	1
8	在某一奥运会场馆饭店进餐的美国人被劫持为人质；	×
12	在雅典以外的某一宾馆，美国人被劫持为人质。	×

分析所得增值：哪一情景最值得注意？恐怖分子遵循某个始终如一的行动模式——袭击经过精心策划、目标聚焦在美国政府或军队官员身上，同时又避免伤及无辜平民。对于在雅典市区采取行动，他们更为熟练，可能会继续青睐这一行动区域。

应当把注意力集中于某一情景，还是数个情景可能同时出现？认真思考得分超过3分的所有情景，可能是明智之举。尽管17N组织的行为模式一段时间以来具有一贯性，但新因素总有可能登场，例如出现一个倡导打破其传统模式的新领导人或派别。

在审查最有可能出现的一系列值得关注的情景时，是否发现了任何关键主题？最可能出现的主题是，17N组织可能会继续使用小型武器或炸弹，避免伤害无辜人员，但可能扩大其行动范围。

这一方法在竭力阻止袭击方面，是否帮助你确定了最值得关注的地方？这一方法帮助分析人员扩大了袭击的思考范围，制定出哪些袭击最可能发生的具体分析标准。通过推动分析人员思考发起各种袭击的行动难易程度，让其更好地理解何种袭击最为可行，从而更有可能发生。

此方法是否有助于你质疑有关袭击可能如何发生的关键假定？此方法有助于质疑数个假定。例如，袭击可能不一定发生在雅典的假定。对于也将举行奥运赛事的周围某一小镇，有些 17N 组织成员可能了如指掌。如果该处警察监视较少，该地点也可能成为更具吸引力的袭击环境。

四、结论

2002 年 6 月 29 日，17N 组织的一个核心成员试图实施炸弹袭击，结果因出现失误而遭到逮捕。此人名叫萨瓦斯 · 希洛斯（Savvas Xiros），他对所犯罪行供认不讳，随后又供出了该组织的情况。希腊警察却是第一次听到萨瓦斯 · 希洛斯这个名字。当时的情况是，在飞翔海豚公司比雷埃夫斯港的一个渡船售票厅后面，萨瓦斯 · 希洛斯放置了一枚自制爆炸装置。结果该装置提前爆炸，他身受重伤。此人通过自学掌握了如何制造炸弹，在这次爆炸中，他失去了数根手指，眼睛也受到永久性伤害。港口警察迅速对爆炸做出回应，他们发现了第二枚炸弹；更为重要的是，他们找到了一个装有枪支的袋子，该枪支与 1984 年 17N 组织的一次银行抢劫案有关联，当时有一名警官被杀身亡。[1] 在希腊电视节目公开了萨瓦斯的照片后，一个匿名打电话者提供了信息，将他与一个藏身地点联系起来。[2] 警察找到了两套公寓，里面塞满了 17N 组织袭击用的所有材料：盗窃得来的汽车牌照、钥匙、锻造材料、塑料管、枪支、子弹、服装、公告、监视笔记，以及一本可能最令人感兴趣的东西——根据该组织各行动人员假名和

[1] 原注：Tamara Makarenko and Daphne Biliouri, “Is this the end of 17N?” *Jane's Intelligence Review* 14 (2002): 9.

[2] 原注：Tamara Makarenko and Daphne Biliouri, “Is this the end of 17N?” *Jane's Intelligence Review* 14 (2002): 9.

时间顺序记录下来的包括成员工资和开支的账簿。[1]

在戒备森严的医院里，萨瓦斯苏醒过来，在以后的数周内接受了审问。警察们对其供词及该处藏身地点引出的所有线索均穷追不舍，在数日内逮捕了他的3个兄弟。3人都是希腊北部一个小村里一名希腊东正教神父的孩子。到7月中旬，又发现和逮捕了另外8名该组织的成员。

在萨瓦斯的同伙中，有一个房地产代理、一名教师、一个店主、一个话务员和一位音乐家，许多人通过家庭和村子联系在一起。他本人的职业则是圣像画画家。[2]17N组织的行动领导人兼账目管理人迪米特利斯·库方迪纳斯（Dimitris Koufondinas）——想方设法在希腊某个岛的天体海滩上躲藏了数周，但最后他还是主动向当局自首。他打了一辆计程车来到雅典的希腊警察总部，告诉值班警官说他就是希腊头号通缉要犯。[3]在此期间，他和他的一个伙伴靠养蜜蜂勉强维持生活。

在这个组织的基础架构中，还缺少一名精神领袖。调查把警察们引到了利普西岛——多德卡尼斯群岛的一个偏远小岛。岛上有个名叫亚历山德罗斯·吉奥普洛斯（Alexandros Giotopoulos）的人，他接受过法式教育，思想激进，是曾执掌政权的抵抗组织——人民革命抵抗组织（Popular Revolutionary Resistance）的前领导人。当时他正使用一个假名——米哈利斯·艾克诺姆，生活在岛上。吉奥普洛斯的父亲曾是著名的托洛茨基分子，[4]吉奥普洛斯与其法国妻子住在利普西岛上的一栋粉色住宅内。此人经常在当地酒馆谈论政治，吸引人们的注意，还曾与当地管理部门抗争不

---

[1] 原注：Kiesling, Brady, *Greek Urban Warriors: Resistance and Terrorism 1967–2012*, Athens: Lycabettus Press (forthcoming).

[2] 原注：Shawn Choy, "In the Spotlight" Revolutionary Organization 17 November," CDI Terrorism Project, August 5, 2002. www.cdi.org/terrorism/17N-pr.cfm

[3] 原注：George Kassimeris, "Fighting for Revolution? The life and death of Greece's revolutionary organization 17 November, 1975–2002," *Journal of Southern Europe and the Balkans* (6) 2004: 259.

[4] 原注：Choy, CDI Terrorism Project.

已，以获得违反规定将其住宅刷成白色的权利。正在他等候下一班轮渡前往土耳其时，雅典的警察及时赶到，将其逮捕。因为希腊对谋杀规定有20年的诉讼时效期，17N组织早期犯下的罪行从未得到法庭审判，吉奥普洛斯也从未承认与其有任何牵连[1]，但多数人认为他就是1975年射杀理查德·韦尔奇的那个男子。

曾是希腊最大未解之谜的17N组织成员的面纱最终得以揭开，他们不过是一个小圈子里的各色男子。但在身份未明时，这些人扮演了希腊社会中近乎神秘的人物，时间跨度几乎长达30年。浮出水面的真相是，17N组织就是个由本地居民自发组织的极左暴力团体，其寿终正寝的日子最后终于来临。

五、重要收获

★ 在信息有限或模棱两可的情况下，探索近似事实或可能为事实的替代解释，以便帮助找出被忽略的答案和调查线索，会给分析带来帮助。

★ 多种假设生成法有助于做出更细致的解释，如某一团体在一段时间内可能已经发生变动或演变的可能。

★ 利用远景象限处理法™之类的方法，分析人员能够更好地预测未曾预料之事，并想出替代情节或创立信息“储存箱”。在新获得的信息难以恰当吻合既定调查信息时，这些情节或“储存箱”可能证明有用。

★ 若则分析法有益于在行动中重新把注意力聚焦在潜在威胁和弱点并评估其可能性上面。

★ 上述3种方法均能让分析人员更加严格细致地评估该组织的能力和意图，获得飞跃式的新认识。

[1] 原注：Kassimeris, “Fighting for Revolution?” 270-272.

嫌疑人于 2002 年夏被拘捕。最右者为行动总策划人库方迪纳斯，其左为 17N 组织精神领袖吉奥普洛斯。

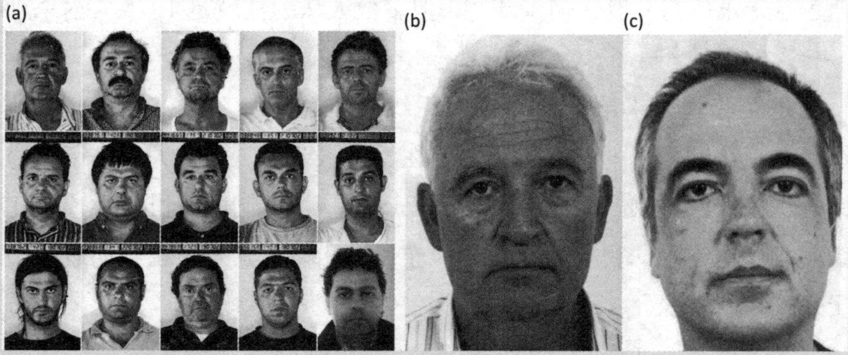

资料来源：(a) 美国联合通讯社照片 / 档案；(b) 美国联合通讯社照片 / 希腊警察总部；(c) 美国联合通讯社照片 / 档案。

图 13.2　17N 组织嫌疑人面部照片

[第十四章]

保卫孟买免遭恐怖袭击

内容提要

2008 年，美国向印度政府悄悄传递了一份情报，警示巴基斯坦恐怖分子计划袭击孟买的酒店和商务中心。查清袭击最可能发生的时间、袭击目标及袭击模式的工作，就落在印度情报和执法官员的肩上。**结构化头脑风暴、红帽分析法、经典象限处理法 ™、指标法和指标验证因子法 ™** 等，可以帮助分析人员评估恐怖分子最可能采用的交通方式，预测可能遭到袭击的目标及可靠的袭击情景，并确认出现某一特定情景的迹象。

表14.2　案例快照：保卫孟买免遭恐怖袭击

所用结构化分析方法	《情报分析：结构化分析方法》中所在章节	分析类别
结构化头脑风暴	第五章	观点生成
红帽分析法	第八章	因果评估
经典象限处理法 ™	第五章	观点生成
指标法	第六章	情景与指标
指标验证因子法 ™	第六章	情景与指标

现在是 2008 年 10 月中旬，你是一名在孟买警察局工作的分析人员，刚刚收到美国新德里情报局发出的有关孟买遭受恐怖袭击威胁的警告。你必须快速对此威胁做出分析，以便给出指导意见，帮助当局预测和查明正

在策划的袭击类型。虽然分析人员没有能够预知未来的水晶球，但他们有责任帮助执法官员和决策者预测对手的行动、勾勒出多种可能出现的未来情形，并辨识出某一特定未来情形正在出现的迹象。本案例所用方法——结构化头脑风暴、红帽分析法、经典象限处理法™、指标法和指标验证因子法™——有助于分析人员处理此项任务的各个部分。

在本案例中，执法分析人员面对的挑战是，预测此次袭击最可能如何发起。这种预测可以帮助当地官员和商人阻止此次袭击或减轻袭击带来的损害。面对这一挑战，很多学生的第一反应是，建议印度政府提高警惕，向当地官员发出警告，告知其孟买即将遭到恐怖袭击，要求他们留心提防表明此次袭击正在策划或实施中的任何可疑活动。遗憾的是，此类指导信息缺乏足够的特异性，对孟买执法官员和商人的价值不高。本项练习的目的是，展示分析人员如何利用结构化分析方法，生成一系列应该得到关注的合理情景，并制定出对当地执法官员和商人具有行动价值的搜集需求清单。

现在使用的指导资料系根据实际发生情况编制而成，但学生所做的成功分析却不必真正反映袭击当天发生的事件。相反，教师和学生应根据学生应用分析流程所取得效果的好坏，及其在深思熟虑后确定可行步骤的程度，判断分析结果的优劣，而情报工作者、执法官员及搜集机构则可以利用这些步骤来抗击这一威胁。

一、方法1：结构化头脑风暴

头脑风暴是一个团体性活动过程，该过程按照预先设计的具体规则和步骤来激发新观点和新理念，所产生创造性的激励力量来自两名或多名分析人员相互撞击思想迸出的火花。在头脑风暴讨论会上，分析人员通常会接触到超出其本人思考范围以外的更多思想和看法，其典型的成果是能够获得更好的分析产品。（见文本框 14.2 头脑风暴成功八原则）

文本框 14.2 头脑风暴成功八原则

1. 明确头脑风暴讨论会的目标和主题。

2. 不要非难任何观点，无论其听起来多么怪异、背离传统或毫无可能。相反，应研究如何将该观点用于当前任务。

3. 每次只允许一人发言，并确保人人都有发言机会。

4. 为头脑风暴讨论会安排充裕的时间。

5. 让所有与会者参与讨论。有时需要采取“无声的头脑风暴”方法，例如让全体静默 5 分钟，然后让其将自己的关键观点写在 3 英寸×5 英寸的卡片上，接着讨论各人在卡片上写下的内容。

6. 尽量安排一至多名“局外人”参加小组讨论，以避免出现团体迷思并激励发散性思考。这些“局外人”应机敏善思，其知识体系或视角与小组成员不同，但应对讨论主题有一定了解。

7. 将讨论内容记录下来！使用白板、黑板架或便利贴对讨论内容进行跟踪。

8. 讨论会结束时，对关键结果进行总结。在与会人员离开前，要求他们将其主要收获或学到的精华写在一张 3 英寸×5 英寸的卡片上。此后，进行简短总结并将其分发给与会者（与会人员可以对内容进行补充）和其他对该主题感兴趣者（包括未能参会者）。

结构化头脑风暴方法包含 12 个步骤，是一个执行团体头脑风暴的更具系统性的过程。在此过程中，需要安排一名协调人，部分原因是所有参与者在头脑风暴讨论会中均不能说话。结构化头脑风暴最常用于确定某一具体情况下可能发挥作用的关键驱动因素，或全部力量和因素。

任务 1： 进行结构化头脑风暴练习，确定袭击者进入孟买可能使用的所有类型交通方式。

步骤 1： 召集一组了解袭击目标及袭击者行动文化与环境的分析人员。

步骤 2： 向所有与会人员发放便利贴和记号笔，告知其在头脑风暴练习的这一环节不允许交谈。

步骤 3：向与会人员提出下述问题：袭击者进入孟买可能采用的所有类型交通方式有哪些?

步骤 4：要求与会人员假装是穆斯林恐怖分子，模拟其希望袭击者如何思考这一问题，应强调避免镜像思维的必要性。问题不是“假如你是他们，你将如何行事？”，而是“袭击者将如何考虑这一问题？”。

步骤 5：要求小组成员在便利贴上写下几个关键词，给出问题答案。练习者每写下一个答案，就将其交给协调人。协调人则大声将其读出。练习人员应使用记号笔在便利贴上书写，以便将其贴在墙上或白板上时容易看清所写答案。

步骤 6：将全部便利贴按照其被读出的顺序贴在墙上。对所有观点均一视同仁。鼓励参与者相互在对方观点的基础上补充发挥。练习一开始时各种观点通常接踵而至，接着参与者会不时地陷入思考中。经常每隔 5 至 10 分钟会有 1 分钟左右的停顿。这种渐缓的节奏表明，分析人员已经“穷尽了脑海中显而易见的答案”，正在形成新观点、新看法。虽然这种停顿让人不舒服，但也应避免交谈。

步骤 7：在两三次长时间停顿后，结束本次头脑风暴讨论会的发散性思考环节。

步骤 8：让所有参与者（或一个小组）走到贴有便利贴的墙前面，重新排列具有类同关系的各组便利贴（有某些相同特点的各组便利贴）。有些便利贴可能会被移动几次，如果有些观点适用于多个具有类同关系的便利贴，则可将便利贴复制后加以应用。

步骤 9：排列好各组便利贴后，让与会人员小组选出一个最能概括每组内容的词或短语。

步骤 10：找出每组便利贴中的异类，并思考该异类是无用的噪声，还是一个值得进一步关注的观点胚芽。

步骤 11：评估本次讨论会的成果。你已找出袭击者将一个团队送进孟买的哪些交通方式？

步骤 12：报告结果，描述有关该问题所得到的关键主题或维度。应采用非常规方式报告结果，譬如用第一人称的方式，进行一次恐怖分子头目讨论该问题的假想会话。

在练习过程中，学生应想出 20 至 50 个观点。对该地区或恐怖活动熟悉的小组，可能会想到更多观点。给学生答案分组的最明显方法是，按照从海上、陆地或空中进入孟买的行动将其区分开来。如果学生提出观点有困难或其想法过于笼统，则要求其深挖恐怖分子前来孟买的具体方式。表 14.4 为可能答案范例。鼓励学生发挥创造性，这通常会在其小组内激发出能量。例如，有些小组提出了利用滑翔机、降落伞，甚至电动车进入孟买。其他似乎出格但值得注意的想法是，骑自行车或利用人口贩卖网络等进入孟买。

表14.4　进入孟买的方式：头脑风暴形成观点范例

从海上	通过陆地	从空中
如果从巴基斯坦出发：	驾驶私人轿车。	从巴基斯坦搭乘商务飞机。
搭乘大船前往孟买。	驾驶商用卡车。	从印度搭乘商务飞机。
藏身运送集装箱的大船。	租用大型卡车。	驾驶飞机从巴基斯坦前往。
搭乘公共渡船。	坐火车去孟买。	驾驶飞机从印度前往。
如果采用两段式交通工具：	坐大巴去孟买。	劫持小型飞机前往。
先坐大船，然后利用潜水装置。	**如果采用两段式交通工具：**	藏身于货运飞机的大型集装箱内。
坐大船至孟买附近海岸，然后转乘充气橡皮艇。	驾驶大型商用卡车并在市郊劫持出租车或大巴。	**如果采用两段式交通工具：**
坐大船至孟买附近海岸，然后利用卡车、汽车或出租车。	搭乘火车，在火车站劫持大巴或出租车。	驾驶私人飞机至孟买附近，租用或劫持直升机进城。

分析所得增值：我们站在穆斯林恐怖分子策划者的立场思考时，是否小心翼翼地避开了镜像思维？虽然普通市民可能采用乘坐商务飞机或穿越边境进入印度，但我们不能假定这些恐怖分子会如此行事。这样理解风险太高。同样，如果恐怖分子需要随身运送武器和炸药进入孟买，有些观点可能不切实际。穿越边境或乘坐飞机可能很难实施，说明利用商务飞机之类的想法不可能实现。

在分析恐怖分子可能以何种方式进入孟买发动袭击时，我们是否已经考虑了所有可能力量和因素？清单覆盖了所有潜在交通工具，看起来很全面。

是否已将观点按照类同关系进行了分组？这些观点很容易被分为通过陆地、海上及空中三类。需要考虑的关键事项是，在袭击者前往孟买的整个过程中，特别是当他们从巴基斯坦经海路过来时，是否会采用同一交通工具，还是会采用海上两段式交通工具更为有效？人们能够想到的其他各组观点会基于如何获得交通工具，例如，购买、租用、劫持交通工具或者买票等。

我们对异类观点或便利贴做了何种处理？这些观点是否启发你获得任何新调查线索？头脑风暴练习应当能够得出几个异类想法，例如利用观光直升机发动袭击或利用出租车进行袭击。恐怖分子考虑的另外一个异类主意是，他们本人及其物资藏身于一架飞机或一艘轮船的一个大型集装箱内，在通过海关检查前再偷偷溜出，或贿赂海关检查人员使其视而不见。利用从哥伦比亚向美国走私毒品所用的潜水装置是个创新想法，虽然这可能是个开支颇高的方案。本项练习还可能激发学生考虑利用“内部人士”，例如为了赚钱或出于对行动目标的认可而同意提供车辆的孟买居民。

二、方法2：红帽分析法

分析人员经常要努力预测竞争对手或敌人的行动。预测时，分析人员需要避免出现镜像思维的常见错误，避免假定他人思考和理解世界的方式与自己相同的天然倾向。红帽分析法是设法从他人角度理解威胁和机遇的有用方法，但如果不能透彻理解所涉及的其他国家、团体或当事人的文化，这一方法本身价值有限。“观点取决于立场”（where you stand depends on where you sit）这一箴言很有道理。站在目标对象理解事物的立场对该形势展开想象，分析人员便能针对某一问题或难题得到不同却常常更为准确的观点。

重构难题，通常会对改变分析人员的视角——从观察和预测敌手行动的分析人员的视角，转变为必须在行动文化范畴内做出艰难决策的领导者的视角。这一重构过程常常能够引入崭新而不同的刺激因素，而这些因素可能并未被传统分析所考虑。

任务 2：使用红帽分析法，按照优先顺序列出一份恐怖分子进入孟买可能使用的各种交通方式的清单。[1]

步骤 1：召集一组对该目标、行动环境及恐怖组织动机和思想风格有深刻了解的专家。如果可能，尽量吸收那些十分熟悉孟买文化、说当地话、具有相同种族背景或长期居住在该地区的人员，加入这一专家小组。

步骤 2：要求小组成员制定一份标准清单，这些标准在确定个人选择进入孟买的交通方式时最有可能用到。之所以首先向小组提出如何行动的问题，是为了确立一条基准线，评估恐怖分子是否可能采取不同行动。

关键标准如下：

★ 最大限度降低计划实施前被发现的概率；

★ 最大限度降低在行动途中被发现的概率；

★ 最大限度降低在袭击过程中被发现的概率；

★ 采用适当手段运送恐怖分子的武器弹药；

★ 牢牢控制行动的时间节点和后勤保障；

★ 尽可能选择最简单的方法，以最大限度降低误算的可能；

[1] 原注：本案例中“红帽分析法”的描述取自《情报分析：结构化分析方法》第一版，后来该书第二版又强化了该方法，使其更加严谨，但并未用于本案例研究。

★ 行动结束时最大限度地提高逃走概率；

★ 最大限度降低对天气的依赖。

步骤 3：利用这份清单，将结构化头脑风暴讨论会上形成的各组类同观点按优先顺序排列出来，把本组最有可能的选择放在清单上部，而将最不可能的选择放在清单下部。

学生需要给拟出的清单重新归类。如果清单较短，可以简单地按照从最可能到最不可能的顺序重新排列这些观点。如果清单很长，学生可能希望先给每个观点打分，给最有可能的打 5 分，最不可能的打 1 分。如果进一步检查发现有些观点需要抛弃，则应打 0 分，并将其从清单中剔除。

优先选择潜在交通工具的另一机制是，让学生投票选出其认为最可信的观点。按照概测法，让每个学生针对每 3 个可能投出 1 票。上面的范例中涵盖 20 种交通工具，意味着每个学生可以分得 7 票。建议让学生在 3 英寸 × 5 英寸的卡片上写下其投票结果，然后老师收集卡片，给答案打分，公布投票结果。如果学生只是简单地走到白板前标出其选择，这样可能会扭曲结果，原因是他们可能容易选择其他学生已经选定的答案。

最后，学生可以利用成对比较法进行选择，这种方法在霍耶尔和弗森著作（2015 年）中的“排序、评分和区分优先次序”部分有详细描述。[1]

步骤 4：将各组类同观点按优先顺序排列后，列出一份包含所有清单的总清单。总体来说，最有可能实行的想法放在上部，而将最不可能实行者放在下部。

表 14.5 为重新排列的最终清单范例。最有可能的选择列在上部，评分为 5 分、4 分或 3 分。可信但可能性稍低的观

---

[1] 原注：Richards J. Heuer Jr. and Randolph H. Pherson, *Structured Analytic Techniques for Intelligence Analysis,* 2nd ed. (Washington, DC: CQ Press, 2015), 63（见《情报分析：结构化分析方法》第四章）.

点为 2 分或 1 分。经进一步审查确定得分为 0 分、难以满足判断标准的观点，应从最终清单中剔除。

步骤 5：在小组明确表明将以何种方式行事后，要求小组成员解释为何他们会采取这样的行动。要求他们列出一份促使其如此行事的核心价值标准和核心假定清单。同样，实施这一步骤的目的还是为了确立一条基准线，评估敌手为何可能做出不同回应。

表14.5　进入孟买优先选择交通工具清单范例

进入孟买的交通工具	得分
乘大船至孟买附近海岸，然后转乘小船或充气橡皮艇。	5
乘大船至孟买附近海岸，然后转乘汽车、卡车或出租车。	5
将武器藏在大型商用卡车里，驾驶私人轿车伴行。	4
先坐大船，然后在孟买海岸附近使用潜水装置。	4
驾驶私人飞机至孟买附近的小型机场，再利用直升机进城。	3
藏身于货运飞机的大型集装箱内，然后偷偷溜出。	3
藏身运送集装箱的大船，到达港口时偷偷溜出。	3
驾驶私人轿车去孟买。	2
驾驶大型商用卡车去孟买。	2
搭乘大船从巴基斯坦直接去孟买港。	1
租用陆地运输用大卡车去孟买。	1
搭乘公共轮渡直接去孟买港。	1
搭乘私人飞机从印度前往孟买机场。	0
搭乘大巴去孟买。	0
搭乘火车去孟买。	0
劫持小飞机飞往孟买机场。	0
搭乘私人飞机从巴基斯坦去孟买机场。	0
搭乘商务飞机从印度去孟买机场。	0
搭乘商务飞机从巴基斯坦去孟买机场。	0

步骤 6： 一旦小组成员以令人信服的方式解释了其选择如此行事的原因，则要求其站在恐怖分子的立场上，模拟其回应方式。重复步骤2—4。应强调避免陷入镜像思维的必要性。现在的问题不是“假如你是他们，你将如何行事？”，而是“根据恐怖分子的背景、以往经验及当前形势，他们会如何解决这一问题？”。

步骤 7： 练习至此，所有恐怖分子的观点均汇集到一起并按优先顺序排列完毕，专家小组应该提出以下问题：“恐怖分子与我们的价值标准或行动方式一致吗？”如果不一致，这些差异将如何引导他们按照我们进行此项练习前可能没有预料到的方式行动？

步骤 8： 提交上述结果，描述考虑过的替代选择，及恐怖分子最有可能选择这些交通方式的依据。考虑以非常规方式提交报告结果，譬如采用以下方式：

- ★ 用第一人称的方式，描述恐怖分子讨论该问题时进行的一次假想会话。
- ★ 起草一份恐怖组织领导人可能会拟定的文件（一系列指示、军事命令或指令）。

分析所得增值：你的标准清单够全面吗？表 14.4 已经相当全面，但始终建议鼓励学生多给出一些观点。恐怖团体可能极具创新性，出人意料的招数则会为其带来优势。

其中有些标准是否比其余标准更应得到倚重？在你评估各种观点时，是否反映出这一点？给各个观点评分的过程会让学生仔细思考其所制定的判断标准。在本案例中，采用分段式交通工具的理念似乎最实用。如果从海上走，袭击者需要一艘大船，在抵达孟买附近，转而采用不那么引人注目的交通工具。

学生通常会提出，在清单上增加判断标准。在这种情况下，出现的问题是，可能租用卡车（如曾在美国所为），还是在印度或巴基斯坦盗窃卡车。另一问题是，恐怖分子决定采用何种策略。如果其意图是发起自杀式炸弹袭击，则采用飞机的选项得分可能更高。

三、方法3：经典象限处理法™

经典象限处理法™将关键假定检查法[1]和“多种情景生成法”[2]综合在一起，用于生成一系列替代情景或情节。该方法对孟买恐怖袭击案尤其具有帮助作用，因为我们对于袭击者的确切计划和意图一无所知。这一方法有助于分析人员确定和质疑可能构成分析基础的关键假定，同时通过生成众多可信的替代情景，帮助执法人员把注意力集中到最可能的袭击类型上进行预测。

任务 3：利用经典象限处理法 ™ 进行头脑风暴，得出恐怖分子袭击孟买可能会采取的所有方式。按照最有可能出现到最不可能出现的顺序，列出各个情景。

步骤 1：陈述你的首要假设。

此假设要反映出分析单位就最可能采用的袭击手段所达成的共识，或当前的流行观点。这种观点通常反映以往发起此类袭击的方式。为了方便说明，我们将采用从袭击前最初收到的有限情报信息得出的假设：虔诚军通过（插入任务 2 中列出的得分最高选项或“从海上”）来到孟买，用小型武器和手榴弹袭击泰姬陵酒店，杀害了许多人。

步骤 2：根据记者式问题清单中的“何人？何事？如何？何时？何地？何故？”等问题，将该首要假设拆分成各个组成部分。

步骤 3：确定上述组成部分中哪些对分析最为关键。

---

[1] 原注：Richards J. Heuer Jr. and Randolph H. Pherson, *Structured Analytic Techniques for Intelligence Analysis,* 2nd ed. (Washington, DC: CQ Press, 2015), 209 (见《情报分析：结构化分析方法》第八章).

[2] 原注：Richards J. Heuer Jr. and Randolph H. Pherson, *Structured Analytic Techniques for Intelligence Analysis,* 2nd ed. (Washington, DC: CQ Press, 2015), 144 (见《情报分析：结构化分析方法》第六章).

步骤 4：针对各个关键组成部分，在一张表格中标明 2 或 4 个（偶数）相反维度，如表 14.6 所示。

表14.6　保卫孟买免遭恐怖袭击案例之经典象限处理法TM：相反维度范例

关键组成部分	首要假设	替代假设或相反维度	
何人？（袭击者）	虔诚军（LeT）	印度伊斯兰学生运动（SIMI）	穆罕默德军（JEM）
何事？（武器）	小型武器和手榴弹	小型爆炸装置	大型爆炸装置
何地？（目标）	泰姬陵酒店及其他酒店	经过地点（飞机 / 火车站或机场）	宗教场所（寺院、犹太教堂）
如何？（战术）	单一事件	多个事件同时发生	延伸事件
何故？（动机）	抗议伊斯兰教仇敌印度	抗议伊斯兰教仇敌西方或美国	抗议伊斯兰教仇敌以色列和犹太人
何时？（时间）	近期	在重要日子	一年后

在本项练习中，确定了 6 个关键组成部分——上述 5W1H 问题各有一个。其中有 3 个关键组成部分（表 14.6 中未涂底色者）值得认真思考和分析，原因是其相反维度可能会给如何以最佳方式保护这个城市带来重大新挑战。

何事？历史上，虔诚军依赖炸弹、小型武器和手榴弹来杀伤大量人员。在其几次规模较大的行动中，包括对克什米尔地区印度军队的数次袭击在内，所用策略均为深入目标腹地后发动袭击，然后尽可能多杀人。[1] 由于虔诚军曾用过许多武器和战术，因而关键问题是：虔诚军会使用何种武器袭击孟买？使用小型武器和手榴弹能否导致大量人员伤亡？使用

[1]　原注：Angel Rabasa et al., *The Lessons of Mumbai,* Santa Monica, CA: RAND Corporation, 2009. Available at Http: //www.rand.org/pubs/occasional_papers/2009/RAND_Op.249.pdf.

炸弹能否带来更大伤亡？实施一次大爆炸（或几处爆炸同时实施）能否引起更多国际关注？

何地？虔诚军是否会考虑除酒店以外的目标？最初获得的情报提到，泰姬陵酒店是此次袭击的主要目标。该酒店可能是袭击目标，但或许不是唯一目标。2008 年 2 月，印度当局报告说，在印度北部逮捕了一名恐怖嫌犯，发现其身上携有孟买各地地图，其中有些是 2008 年 11 月恐怖袭击的目标，包括泰姬陵酒店和孟买股票交易所（1993 年也曾是恐怖袭击目标）在内。奥拜罗三叉戟酒店（Trident-Oberei Hotel）是另一主要目标，其他大型公共空间如火车站和外国人时常光顾的饭店等，也是袭击目标。过去虔诚军曾袭击印度教寺院，近年来该组织反西方、反犹太人的言论也日益激烈，所以不应将印度与西方政府办事机构及孟买的关键基础设施排除在可能袭击目标之外。

如何？多年来，虔诚军在行动上采取了不同模式，对高价值目标既选择同步袭击，也选择武装突袭。从历史角度来看，虔诚军并未实施过包括劫持人质在内的延伸事件，但这一替代假设仍然值得考虑，原因是大规模事件，特别是涉及劫持人质者，能够推动其数个关键目标的实现——赢得更多国际关注，同时避免人们批评其实施无差别的暴力袭击。

首要假设的其余替代假设，其可能程度既不足以转移分析资源，也不能对分析方式带来重大影响，所以并非经典象限处理法™练习的合适选项。

何人？对虔诚军是袭击孟买的主要候选对象一事，可以提出强有力理由。优秀分析人员会质疑这一假定，而考虑其他可能袭击。例如，另一袭击方可能是印度教激进分子或分离主义组织，如锡克教徒或泰米尔人等。但为了说明这一方法，我们假设虔诚军在策划此次袭击。假如另一团体发起此次袭击，该团体可能考虑使用相同武器和战术。巴基斯坦政府可能对该袭击负有责任，或给袭击者提供支持的观点，值得作为不可预知的情景加以考虑。在本案例中，关键问题是袭击者可能得到巴基斯坦的何种支持，才能大大改变几个关键袭击情景带来的结果。

何时？这个问题很重要。但袭击于本周或明年发动对如何做出分析影响甚微。紧迫感已形成。但本练习提出了一个好问题——虔诚军是否会选择在某些特殊日期发动袭击，从而进一步强化其所发出的信息？

何故？这一问题探究多个袭击动机。虔诚军视印度为“十字军—犹太复国主义者—印度教徒”联盟的一个部分，是伊斯兰教的敌人。人口构成主要是穆斯林的克什米尔地区，由占印度人口大多数的印度教徒统治，这给虔诚军提供了特定理由。虔诚军日益将其在克什米尔地区的斗争描绘成一场国际性斗争，为其将包括外国人（特别是英国人和美国人）及犹太人宗教中心作为袭击目标的行为提供正当理由。

步骤 5：将上述相反假定的组合排列在多个 2× 2 矩阵中。

为了便于练习，各 2×2 矩阵根据“何事”（武器）问题的 2 个相反维度、“如何”（战术）问题的 2 个相反维度，以及“何地”（目标）问题 4 个相反维度中的 2 个构建共计 6 个相反维度。然后必须再将其配对，形成 3 个不同矩阵，共 12 种组合。为了方便讨论，各象限均配上一个数字标识符。例如，在第一个矩阵中，象限 2 指涉及大型爆炸装置和多个事件的袭击情景。表 14.7 列出了 12 个可能组合。

步骤 6：针对各个象限均生成一两个可信情景。

针对各矩阵中的各个单元格，举出一两个该情景如何展开的例子。例如，在象限 1 中，虔诚军袭击者精心策划了一系列小规模爆炸事件。其中有些炸弹可能预先放置，以使其

表14.7 保卫孟买免遭恐怖袭击案例之经典象限处理法™：2×2矩阵范例

<table>
<tr><th colspan="4">武器 / 战术</th></tr>
<tr><td>1</td><td>小型爆炸物
多个事件</td><td>3</td><td>小型爆炸物
延伸事件</td></tr>
<tr><td>2</td><td>大型爆炸物
多个事件</td><td>4</td><td>大型爆炸物
延伸事件</td></tr>
<tr><th colspan="4">武器 / 地点</th></tr>
<tr><td>5</td><td>小型爆炸物
所经过地点</td><td>7</td><td>小型爆炸物
宗教场所</td></tr>
<tr><td>6</td><td>大型爆炸物
所经过地点</td><td>8</td><td>大型爆炸物
宗教场所</td></tr>
<tr><th colspan="4">战术 / 地点</th></tr>
<tr><td>9</td><td>多个事件
所经过地点</td><td>11</td><td>延伸事件
所经过地点</td></tr>
<tr><td>10</td><td>多个事件
宗教场所</td><td>12</td><td>延伸事件
宗教场所</td></tr>
</table>

在数个酒店和主要火车站同时爆炸，另外一些炸弹则通过驾驶摩托车扔向人群，甚至有些炸弹还可能设计用来杀害警察和对第一波爆炸做出反应的其他响应人员。在象限 2 中，虔诚军可能在几个标志性地点放置大型炸弹或自杀式汽车或卡车炸弹。可能遭袭的目标包括泰姬陵酒店、奥拜罗三叉戟酒店、火车站和公交站。在象限 7 中，虔诚军袭击者可能将装有小型定时爆炸装置的背包放入犹太教教堂，让其在祈祷时爆炸。在象限 10 中，他们可能在几个关键宗教场所，包括寺院、犹太教教堂和基督教教堂等，发动同步袭击。

在有些象限中，确定最具可能的情景或许相对容易，而在另外一些象限中，要给出一个可信情景可能都很困难。但其中有几个象限通常会拓宽分析人员的思路，推动其以多种方式重新搭建该问题的构架。这样的话，他们几乎肯定能得到新见解，给出一个更具创造性的潜在袭击情景。

步骤 7：将所有生成的情景排列在一份独立清单中，将最可靠者置于清单上部，最不可靠者置于下部。

审查步骤 6 中生成的全部情景，根据预先制定标准选出最应关注的情景。在本案例中，可能需要采用的标准包括，那些会导致最大伤害、引起最多公众关注——特别是引起世界关注的情景，或最难察觉或防止的情景。这包括袭击著名标志物或机构、袭击外国人等，以吸引媒体的关注，或会袭击跨越数日，以便媒体有时间前来孟买报道此事。

另外一种给情景清单瘦身的方法是，剔除意义极小或无意义的情景。例如，涉及大规模爆炸的延伸事件（象限 4）可能超出虔诚军能力，表 14.7 将这一情景涂上底色，表明其或许可以放弃。

剔除不合逻辑情景后，下一任务就是按照剩余情景的可能性高低为其排序。表 14.8 为说明性清单。

分析所得增值：哪个情景最值得关注？传统上，虔诚军依赖武装袭击模式，而涉及复制这一模式发起一系列同步袭击的情景得分最高，所以最值得关注。

应将注意力集中于一个情景，还是数个情景都可能同时出现？袭击情景中有 4 个得分为 4 分或 5 分，表明虔诚军可能采用众多袭击选项，孟买保卫方应做好抗击其大量袭击选项的准备。

在回顾值得关注的最可能出现情景时，是否有关键主题出现？考虑到延伸事件的相反维度，可以认为恐怖分子或许会将劫持人质作为赢得更多世人关注的手段。考虑大规模爆炸的相反维度，则会让大规模自杀式汽车炸弹袭击成为可能。但考虑到预先设置此类炸弹的后勤挑战难度，这一选项的可能性较低。可能利用内部人员参与策划或直接参与袭击，也是一个值得考虑的主题。

在力图阻止袭击事件发生或减轻袭击带来的可能破坏时，这一方法是否有助于人们确定该把最多的关注投向何处？此项练习说明，数个袭击有可能同步实施，分析人员对这一假设应给予更多关注，而不要试图精确预测哪个情景最可能发生。在不确定性如此之高的情况下，针对数个袭击的发生做好准备是明智之举。

表14.8 保卫孟买免遭恐怖袭击案例：优先选择替代情景清单范例

象限	替代情景	得分
1	虔诚军利用小型武器和爆炸装置对数家酒店、火车站和数家餐馆发起同步袭击。	5
3	虔诚军利用小型武器和手榴弹，通过劫持人质袭击泰姬陵酒店，同时还使用小型爆炸装置令酒店起火。	4
10	虔诚军精心组织了一系列同步袭击，使用小型武器和手榴弹袭击多个印度教寺院和犹太教教堂，在上述两地劫持人质。	4
5	虔诚军袭击了一个火车总站、一处公交站及在多个公交站聚集的人们，他们骑着摩托车投掷小型爆炸物，在火车总站放置小型炸弹。	4
9	虔诚军精心组织了一系列连环袭击，一开始使用小型武器开火射击，后来升级为用大型炸弹发起袭击，目标为公交站、公交车停车场、火车及火车站等地点。	3
11	虔诚军袭击了火车站，劫持了数百名人质，竖起了一圈防卫围栏，引来大批警察组成了一个大包围圈。	3
2	虔诚军在多家酒店、火车站及数家餐馆处引爆大型自杀式汽车炸弹。	2
7	穿戴自杀式炸弹背心的虔诚军袭击者袭击了数个印度教寺院、一个犹太教教堂和一个基督教教堂。	2
12	虔诚军袭击一个犹太教宗教中心或犹太教教堂，还劫持了人质，引来大批警察组成了一个大包围圈。	2
6	大型炸弹在一个火车站和一个机场被引爆，导致大量人员伤亡。	1
8	在内部人员策应下，虔诚军在多个宗教场所引爆大型定时炸弹，后又伏击了第一批做出响应的人员。	1

四、方法4：指标法

指标是可以观察到或推理得出的现象，人们能够定期回顾这些现象来帮助追踪事件、预测敌人的袭击计划、发现新兴趋势、区别竞争性假设并对难以预料的变化给出预警。指标清单包含一组预先设定的行动、条件、事实或事件，它们同时发生时强烈表明有一种现象存在或即将出现，或者某种假设正确无误。确定和监视指标的情况是情报分析的根本任务，因为它们是避免突发事件发生的主要手段。执法界可以将指标用于评估某一目标的行为举止是否符合某一既定模式或首要假设。此时，上述指标常被描述为回顾性或描述性指标。在情报分析中，指标经常被描述为前瞻性或预测性指标。

由一组学识渊博的分析人员开列一份详细指标清单的过程，对所有参与者通常也是一个良好的学习过程。对于来自不同组织或拥有不同类型专业知识（例如反恐或禁毒分析、基础设施防护及国家专业知识等）的分析人员来说，这一过程可成为知识交流的有用媒介。指标清单可成为实施调查、指导情报搜集活动及将相关信息传达给所有相关方的基础。通过辨识和监视表明某一情景正在形成的指标或路标，分析人员就能够对未来发展方向给出早期预警，但这些早期迹象并非显而易见。人类习惯于见到其期望的结果，而忽略意料之外的结果。只有在事先利用指标确定某一具体情景的背景下，指标方才具有意义。提前识别某一情景及相关指标，分析人员就可以做好思想准备，辨别并预防不良情景的出现，或助推某一良好情景的实现。

任务 4： 为那些最值得关注的情景，包括在任务 3——经典象限处理法™练习中生成的情景，制定出多套不同的指标。

步骤 1： 为本案例制定一份最值得关注的待追踪情景清单。

应鼓励学生选择最应关注的情景，认识到时间至关重要，情景清单应简短明了，数量最好不超过 5 个。这通常需要合并具有相同特点的情景。表 14.9 为应关注情景的说明性清单。

表14.9 保卫孟买免遭恐怖袭击案例：最应关注情景范例

应关注情景	代表象限
1. **简单武装突袭**。虔诚军使用 AK-47 步枪和手榴弹，从海上向泰姬陵酒店发起武装突袭。	首要假设
2. **同步袭击**。虔诚军使用小型武器和爆炸装置，从海上同步袭击了数家酒店、一个火车站、多个宗教场所和饭店。	1、5、9、10
3. **自杀式袭击**。虔诚军精心组织了数次利用自杀式人体炸弹从海上发起的同步袭击，目标为数个公共场所，包括酒店、一个火车站及多个宗教场所。	2、7
4. **劫持人质**。虔诚军通过使用小型武器和劫持人质，从海上袭击泰姬陵酒店，同时还可能袭击其他地点，包括外国人时常光顾的地方。	3、10、11、2

步骤 2：自己一人或最好与小组合作，通过头脑风暴为各情景列出一份指标清单。

步骤 3：复核并精简各套指标，如表 14.10 所示，删除重复指标，合并类似指标。

表14.10 保卫孟买免遭恐怖袭击案例：最应关注情景的指标范例

编号	应关注情景
情景 1——简单武装突袭：虔诚军使用 AK-47 步枪和手榴弹，从海上向泰姬陵酒店发起武装突袭。	
1-a	线人报告说，虔诚军正在巴基斯坦进行小型武器 / 手榴弹使用训练；
1-b	观察只发现可疑人员在监视泰姬陵；
1-c	在泰姬陵租房数周的人员形迹可疑；
1-d	线人报告说泰姬陵是主要目标；
1-e	虔诚军在其网站上发帖，散布反印度言论；
1-f	有报告说虔诚军在巴基斯坦购买冲锋枪、手榴弹和弹药；
1-g	线人报告说袭击队伍规模很小（5 人或少于 5 人）；

（续表）

1-h	在孟买城内或其周围发现了小型武器隐藏地；
1-i	在截获的虔诚军文件中，只发现了泰姬陵酒店示意图。
情景 2——同步袭击：虔诚军使用小型武器和爆炸装置，从海上同步袭击数家酒店、一个火车站、多个宗教场所和饭店。	
2-a	线人报告说，虔诚军正在巴基斯坦的营地里进行小型武器、便携式炸弹、预设炸弹和手榴弹使用训练；
2-b	观察发现，可疑人员在对孟买的许多著名公共场所实施监视；
2-c	虔诚军在其网站上发帖，散布反印度言论；
2-d	有报告说虔诚军在购买或收购冲锋枪、手榴弹和弹药；
2-e	有报告说虔诚军在购买或收购旋风炸药和其他炸弹制造材料；
2-f	线人报告说袭击人员已组成多支队伍，数量超过 5 个；
2-g	有人在孟买街头看到可能正在进行中的袭击试验；
2-h	成为袭击目标的组织或设施人员报告说，收到即将遭到袭击的恐吓；
2-i	截获的虔诚军文件表明有几个目标可能遭袭。
情景 3—— 自杀式袭击：虔诚军精心组织了数次利用自杀式人体炸弹从海上发起的同步袭击，目标为数个公共场所，包括酒店、一个火车站及多个宗教场所。	
3-a	线人报告说，虔诚军正在招募自杀式炸弹袭击者；
3-b	线人报告说，虔诚军正在进行自杀式背心使用训练，或正在练习部署自杀式汽车炸弹；
3-c	线人报告说，虔诚军支持者正在练习发起自杀式炸弹袭击；
3-d	观察发现，可疑人员在对孟买的许多著名公共场所实施监视；
3-e	虔诚军在其网站发帖，散布反印度的恶毒言论，证明其利用自杀式炸弹袭击者正当有理；
3-f	有报告说虔诚军在购买或收购自杀式炸弹袭击者使用的材料；
3-g	线人报告说，突袭队伍只有很少人组成；
3-h	线人报告说，虔诚军营地并不看重小型武器训练；
3-i	虔诚军发布殉道者录像。
情景 4——劫持人质：虔诚军通过使用小型武器和劫持人质，从海上袭击泰姬陵酒店，同时还可能袭击其他地点，包括外国人时常光顾的地方。	
4-a	线人报告说，虔诚军正在巴基斯坦进行小型武器使用训练；

（续表）

4-b	观察发现，可疑人员在监视外国人时常光顾的场所；
4-c	虔诚军网站突出强调其组织所从事斗争的国际性；
4-d	有报告说虔诚军购买或收购了大量军火；
4-e	线人报告说，袭击人员组成了数支队伍；
4-f	观察发现，可疑人员在监视西方商贸场所、犹太教教堂和基督教教堂；
4-g	情报报告显示，有一项持续数日的袭击行动在进行中；
4-h	线人报告说，虔诚军行动人员将用背包携带手铐、胶带和电话；
4-i	线人报告说，虔诚军在搜寻易于防守的地点；
4-j	线人报告说，虔诚军营地在进行固定阵地防守训练。

步骤 4：考察各个指标，确定其是否符合下列 5 个标准，删除不合格指标。

1. **可观察性和可收集性**。这些指标（若有）能够被可靠线人观察并上报，必须对此抱有一定的合理期望。若将某一指标用于监视一段时间内的变化情况，则该指标在此过程中必须具有可收集性。
2. **有效性**。一项指标必须与分析人员试图预测或评估的最终状态明确关联，必须与全部或至少某些替代解释或结果不符，必须能够精准测定主题理念或现象。
3. **可靠性**。当使用比较法时，数据收集必须具有一贯性。观察和收集数据者必须观察相同的事物。为保证可靠性，应精确定义指标。
4. **稳定性**。一项指标必须能够随着时间的推移保持其有用性，以便分析人员做出比较并跟踪事件的发展。理想的情况是，在事件发展的早期，指标应具有可观察性，以便分析人员和决策者有时间做出相应反应。
5. **独特性**。一项指标应仅用于测量一个对象，并能与其他指标一起只表明被研究对象的情况。有价值的指标不仅与某一特定情景或假设相符，还与所有其他替代情景均不相符。

与追踪枪支、手榴弹和弹药采购有关的几个指标，十分难以观察（1-f、2-d、3-f 和 4-d）。虔诚军可能拥有自己稳固的供应链，在无处不在的巴基斯坦武器走私活动中，其采购不会凸显出来。

分析所得增值：上述指标是否全面且互斥？上述指标主要集中在发动袭击的准备与可能袭击的目标地点方面。其他值得注意的指标，则包括表明袭击者计划如何进入孟买者，及可能证明某一特定地点具有独特性者。

针对每一情景，是否都生成了数量足够的高质量指标，来完成有效分析？每一情景至少生成 9 个指标。因为角度不同，所以大多数头脑风暴生成的指标通常更多，但随着指标的增多，其质量往往降低。

上述指标能否用于查明有计划的袭击行动或阻止可能的敌对行为？其中有几个指标为孟买警察局的调查人员指明了有价值的潜在路径。例如，可以派遣反监控团队前往高价值目标，如泰姬陵酒店、火车站及其他外国人经常光顾的酒店和饭店等地。

五、方法5：指标验证因子法™

指标验证因子法™是一种用于评估指标诊断力的简单工具。分析人员制定出一套值得关注的情景或竞争性假设后，接着就要为各情景或假设设定指标。这样，当该具体情景开始崭露苗头或该具体假设演变为现实时，这些指标将会与其匹配。但有一个人们不常问及的关键问题是，某项具体指标是否只与其指向的情景或假设匹配得当，还是与一个或多个替代情景或假设匹配。数个情景或数个假设都可以通用的那些指标，并不具有诊断价值——这些指标在确定某一具体情景是否与其匹配，或某一具体假设是否真实无误时，并非特别有用。理想的指标对其所指向的情景具有高度的匹配可能性，而对于与其他情景的匹配，则具有高度不可能性。

任务 5：使用指标验证因子法 ™ 评估你所设定指标的诊断价值。

步骤 1：绘制一个与竞争性假设分析所用矩阵类似的矩阵。[1] 可以选择手动方式或利用指标验证因子法 ™ 软件完成这个矩阵。如果你的系统中未安装指标验证因子法 ™ 软件，可与 Globalytica LLC 公司联系，邮箱：ThinkSuite@globalytica.com 或网址：Http://www.globalytica.com。在矩阵上方列出替代情景，在其左侧下方列出所生成各个情景的指标。

步骤 2：逐行评估每个情景的指标，评估其是否：

- ★ 极可能发生。
- ★ 有可能发生。
- ★ 也许会发生。
- ★ 不可能发生。
- ★ 极不可能发生。

针对某一具体情景——主情景，所给出的指标，应该是“极可能”或“有可能”发生的指标。

如果没有上述软件，你也可以自行评分。如果针对主情景的指标属“极可能”，则其对于其他情景而言：

- ★ 极可能发生为 0 分；
- ★ 有可能发生为 1 分；
- ★ 也许会发生为 2 分；
- ★ 不可能发生为 4 分；
- ★ 极不可能发生为 6 分。

若该指标在主情景中属“有可能”，则在其他情景中：

- ★ 极可能发生为 0 分；
- ★ 有可能发生为 0 分；

[1] 原注：有关竞争性假设分析法的全面解释，见 *Structured Analytic Techniques for Intelligence Analysis*, 2nd ed. (Washington, DC: CQ Press, 2015), 181（见《情报分析：结构化分析方法》第七章）。

★ 也许会发生为 1 分；

★ 不可能发生为 3 分；

★ 极不可能发生为 5 分。

步骤 3：逐行计算总分，然后给所有指标排序。

表 14.11 为如何给各情景的各个指标排序，排序结果旁边的数字为得分。提醒学生排序为“有可能”的“主情景”指标评分不同于排序为“极可能”者，这点很重要。表格最右栏里的数字为各指标的总得分。

表14.11 保卫孟买免遭恐怖袭击案例：指标验证因子法™得分范例

编号	指标	情景 1	情景 2	情景 3	情景 4	得分
情景 1——简单武装突袭：虔诚军使用 AK-47 步枪和手榴弹，从海上向泰姬陵酒店发起武装突袭。						
1-a	线人报告说，虔诚军正在巴基斯坦进行小型武器 / 手榴弹使用训练；	HL	HL (0)	L (1)	HL (0)	1
1-b	观察只发现可疑人员在监视泰姬陵；	HL	HL (0)	HL (0)	HL (0)	0
1-c	在泰姬陵租房数周的人员形迹可疑；	HL	L (1)	L (1)	HL (0)	2
1-d	线人报告说泰姬陵是主要目标；	HL	HL (0)	HL (0)	HL (0)	0
1-e	虔诚军在其网站上发帖，散布反印度言论；	L	L (0)	L (0)	L (0)	0
1-h	在孟买城内或其周围发现了小型武器隐藏地；	L	L (0)	C (1)	L (0)	1
1-i	在截获的虔诚军文件中，只发现了泰姬陵酒店示意图。	HL	U (4)	U (4)	C (2)	10
情景 2——同步袭击：虔诚军使用小型武器和爆炸装置，从海上同步袭击数家酒店、一个火车站、多个宗教场所和饭店。						
2-a	线人报告说，虔诚军正在巴基斯坦的营地里进行小型武器、便携式炸弹、预设炸弹和手榴弹使用训练；	C (2)	HL	U (4)	HL (0)	6
2-b	观察发现，可疑人员在对孟买的许多著名公共场所实施监视；	U (3)	L	L (0)	L (0)	3

（续表）

2-c	虔诚军在其网站上发帖，散布反印度言论；	L (0)	L	L (0)	L (0)	0
2-e	有报告说虔诚军在购买或收购旋风炸药和其他炸弹制造材料；	HU (6)	HL	L (1)	L (1)	8
2-f	线人报告说袭击人员已组成多支队伍，数量超过 5 个；	U (4)	HL	C (2)	C (2)	8
2-h	成为袭击目标的组织或设施人员报告说，收到即将遭到袭击的恐吓；	U (3)	L	C (1)	C (1)	5
2-i	截获的虔诚军文件表明有几个目标可能遭袭。	U (3)	HL	C (2)	C (2)	7
情景 3——自杀式袭击：虔诚军精心组织了数次利用自杀式人体炸弹从海上发起的同步袭击，目标为数个公共场所，包括酒店、一个火车站及多个宗教场所。						
3-a	线人报告说，虔诚军正在招募自杀式炸弹袭击者；	U (4)	U (4)	HL	HU (6)	14
3-b	线人报告说，虔诚军正在进行自杀式背心使用训练，或正在练习部署自杀式汽车炸弹；	HU (6)	HU (6)	HL	HU (6)	18
3-c	线人报告说，虔诚军支持者正在练习发起自杀式炸弹袭击；	HU (6)	HU (6)	HL	HU (6)	18
3-d	观察发现，可疑人员在对孟买的许多著名公共场所实施监视；	U (3)	HL (0)	L	HL (0)	3
3-e	虔诚军在其网站发帖，散布反印度的恶毒言论，证明其利用自杀式炸弹袭击者正当有理；	U (4)	L (1)	HL	C (2)	7
3-h	线人报告说，虔诚军营地并不看重小型武器训练；	HU (5)	HU (5)	L	HU (5)	15
3-i	虔诚军发布殉道者录像。	U (3)	U (4)	L	U (4)	11
情景 4——劫持人质：虔诚军通过使用小型武器和劫持人质，从海上袭击泰姬陵酒店，同时还可能袭击其他地点，包括外国人时常光顾的地方。						
4-a	线人报告说，虔诚军正在巴基斯坦进行小型武器使用训练；	HL (0)	HL (0)	L (1)	HL	1
4-b	观察发现，可疑人员在监视外国人时常光顾的场所；	L (0)	HL (0)	L (0)	L	0

（续表）

4-c	虔诚军网站突出强调其组织所从事斗争的国际性；	HL (0)	HL (0)	L (1)	HL	1
4-e	线人报告说，袭击人员组成了数支队伍；	U (2)	HL (0)	C (1)	L	3
4-f	观察发现，可疑人员在监视西方商贸场所、犹太教教堂和基督教教堂；	U (4)	HL (0)	HL (0)	HL	4
4-g	情报报告显示，有一项持续数日的袭击行动在进行中；	U (4)	C (2)	HL (0)	HL	6
4-h	线人报告说，虔诚军行动人员将用背包携带手铐、胶带和电话；	U (2)	U (2)	U (2)	L	6
4-i	线人报告说，虔诚军在搜寻易于防守的地点；	U (2)	C (1)	U (2)	L	5
4-j	线人报告说，虔诚军营地在进行固定阵地防守训练。	U (2)	U (2)	U (2)	L	6

注释：HL = 极可能出现；L = 有可能出现；C = 也许会出现；U = 不可能出现；HU = 极不可能出现。

步骤 4：将指标重新分类，将得分最高者列在矩阵上部，得分最低者列在矩阵下部。最具辨别力的指标，在主情景中极可能出现，在所有其他情景中则极不可能出现。而最不具辨别力的指标，在所有情景中均属极可能出现。大多数指标都会介于上述两者之间。

步骤 5：评级为“极不可能”和“不可能”的指标，最具辨别力，应该加以保留。

步骤 6：评级不是“极不可能”和“不可能”的指标，则应予以放弃。

步骤 7：自行判断是否保留或放弃得分较少的指标。一般而言，应放弃全部评级为“极不可能”和“不可能”的指标。但在某些情况下，与其他几个指标放在一起考察时觉得有用的指标，可能值得保留。

如表 14.12 所示，以下指标因其得分低和缺乏“不可能”或“极不可能”的排序结果，所以应予以放弃：1-c（2 分）；1-a、1-h、4-a 和 4-c（1 分）；1-b、1-d、1-e、2-c 和 4-b（0 分）。但几个得分为 3 分的指标（2-b、3-d 和 4-e）却被保留下来，原因是至少对一个情景来说它们被定为“不可能”。

表14.12 保卫孟买免遭恐怖袭击案例：基于诊断价值的指标排序范例

编号	指标	情景 1	情景 2	情景 3	情景 4	得分
3-b	线人报告说，虔诚军正在进行自杀式背心使用训练，或正在练习部署自杀式汽车炸弹；	HU (6)	HU (6)	HL	HU (6)	18
3-c	线人报告说，虔诚军支持者正在练习发起自杀式炸弹袭击；	HU (6)	HU (6)	HL	HU (6)	18
3-h	线人报告说，虔诚军营地并不看重小型武器训练；	HU (5)	HU (5)	L	HU (5)	15
3-a	线人报告说，虔诚军正在招募自杀式炸弹袭击者；	U (4)	U (4)	HL	HU (6)	14
3-i	虔诚军发布殉道者录像；	U (3)	U (4)	L	U (4)	11
1-i	在截获的虔诚军文件中，只发现了泰姬陵酒店示意图；	HL	U (4)	U (4)	C (2)	10
2-e	有报告说虔诚军在购买或收购旋风炸药和其他炸弹制造材料；	HU (6)	HL	L (1)	L (1)	8
2-f	线人报告说袭击人员已组成多支队伍，数量超过 5 个；	U (4)	HL	C (2)	C (2)	8
2-i	截获的虔诚军文件表明有几个目标可能遭袭；	U (3)	HL	C (2)	C (2)	7
3-e	虔诚军在其网站发帖，散布反印度的恶毒言论，证明其利用自杀式炸弹袭击者正当有理；	U (4)	L (1)	HL	C (2)	7
2-a	线人报告说，虔诚军正在巴基斯坦的营地里进行小型武器、便携式炸弹、预设炸弹和手榴弹使用训练；	C (2)	HL	U (4)	HL (0)	6
4-g	情报报告显示，有一项持续数日的袭击行动在进行中；	U (4)	C (2)	HL (0)	HL	6

（续表）

4-h	线人报告说，虔诚军行动人员将用背包子携带手铐、胶带和电话；	U (2)	U (2)	U (2)	L	6
4-j	线人报告说，虔诚军营地在进行固定阵地防守训练；	U (2)	U (2)	U (2)	L	6
2-h	成为袭击目标的组织或设施人员报告说，收到即将遭到袭击的恐吓；	U (3)	L	C (1)	C (1)	5
4-i	线人报告说，虔诚军在搜寻易于防守的地点；	U (2)	C (1)	U (2)	L	5
4-f	观察发现，可疑人员在监视西方商贸场所、犹太教教堂和基督教教堂；	U (4)	HL (0)	HL (0)	HL	4
2-b	观察发现，可疑人员在对孟买的许多著名公共场所实施监视；	U (3)	L	L (0)	L (0)	3
3-d	观察发现，可疑人员在对孟买许多著名公共场所实施监视；	U (3)	HL (0)	L	HL (0)	3
4-e	线人报告说，袭击人员组成了数支队伍；	U (2)	HL (0)	C (1)	L	3
1-c	在泰姬陵租房数周的人员形迹可疑；	HL	L (1)	L (1)	HL (0)	2
1-a	线人报告说，虔诚军正在巴基斯坦进行小型武器 / 手榴弹使用训练；	HL	HL (0)	L (1)	HL (0)	1
1-h	在孟买城内或其周边发现小型武器隐藏地；	L	L (0)	C (1)	L (0)	1
4-a	线人报告说，虔诚军正在巴基斯坦进行小型武器使用训练；	HL (0)	HL (0)	L (1)	HL	1
4-c	虔诚军网站突出强调其组织所从事斗争的国际性；	HL (0)	HL (0)	L (1)	HL	1
1-b	观察只发现可疑人员在监视泰姬陵；	HL	HL (0)	HL (0)	HL (0)	0
1-d	线人报告说泰姬陵是主要目标；	HL	HL (0)	HL (0)	HL (0)	0
1-e	虔诚军在其网站上发帖，散布反印度言论；	L	L (0)	L (0)	L (0)	0
2-c	虔诚军在其网站上发帖，散布反印度言论；	L (0)	L	L (0)	L (0)	0
4-b	观察发现，可疑人员在监视外国人时常光顾的场所。	L (0)	HL (0)	L (0)	L	0

注释：HL = 极可能出现；L = 有可能出现；C = 也许会出现；U = 不可能出现；HU = 极不可能出现。

步骤 8： 在排除不具辨别力的指标后，将剩余指标重新排在其主情景下方。

共有 20 个指标被视为具有诊断价值，10 个因在分析中诊断价值不足以达到有用的程度而被放弃。按表 14.13 所示，根据情景重新给这 20 个指标分类，马上就可以看出“情景 1——简单武装突袭”的诊断指标数量不足。

表14.13 保卫孟买免遭恐怖袭击案例：情景诊断指标范例

编号	指标	情景 1	情景 2	情景 3	情景 4	得分
情景 1——简单武装突袭：虔诚军使用 AK-47 步枪和手榴弹，从海上向泰姬陵酒店发起武装突袭。						
1-i	在截获的虔诚军文件中，只发现了泰姬陵酒店示意图。	HL	U (4)	U (4)	C (2)	10
情景 2——同步袭击：虔诚军使用小型武器和爆炸装置，从海上同步袭击数家酒店、一个火车站、多个宗教场所和饭店。						
2-e	有报告说虔诚军在购买或收购旋风炸药和其他炸弹制造材料；	HU (6)	HL	L (1)	L (1)	8
2-f	线人报告说袭击人员已组成多支队伍，数量超过 5 个；	U (4)	HL	C (2)	C (2)	8
2-i	截获的虔诚军文件表明有几个目标可能遭袭；	U (3)	HL	C (2)	C (2)	7
2-a	线人报告说，虔诚军正在巴基斯坦营地里进行小型武器、便携式炸弹、预设炸弹和手榴弹使用训练；	C (2)	HL	U (4)	HL (0)	6
2-h	成为袭击目标的组织或设施人员报告说，收到即将遭到袭击的恐吓；	U (3)	L	C (1)	C (1)	5
2-b	观察发现，可疑人员在对孟买的许多著名公共场所实施监视。	U (3)	L	L (0)	L (0)	3
情景 3—— 自杀式袭击：虔诚军精心组织了数次利用自杀式人体炸弹从海上发起的同步袭击，目标为数个公共场所，包括酒店、一个火车站及多个宗教场所。						
3-b	线人报告说，虔诚军正在进行自杀式背心使用训练，或正在练习部署自杀式汽车炸弹；	HU (6)	HU (6)	HL	HU (6)	18
3-c	线人报告说，虔诚军支持者正在练习发起自杀式炸弹袭击；	HU (6)	HU (6)	HL	HU (6)	18

（续表）

3-h	线人报告说，虔诚军营地并不看重小型武器训练；	HU (5)	HU (5)	L	HU (5)	15
3-a	线人报告说，虔诚军正在招募自杀式炸弹袭击者；	U (4)	U (4)	HL	HU (6)	14
3-i	虔诚军发布殉道者录像；	U (3)	U (4)	L	U (4)	11
3-e	虔诚军在其网站发帖，散布反印度的恶毒言论，证明其利用自杀式炸弹袭击者正当有理；	U (4)	L (1)	HL	C (2)	7
3-d	观察发现，可疑人员在对孟买的许多著名公共场所实施监视。	U (3)	HL (0)	L	HL (0)	3
情景 4——劫持人质：虔诚军通过使用小型武器和劫持人质，从海上袭击泰姬陵酒店，同时还可能袭击其他地点，包括外国人时常光顾的地方。						
4-g	情报报告显示，有一项持续数日的袭击行动在进行中；	U (4)	C (2)	HL (0)	HL	6
4-h	线人报告说，虔诚军行动人员将用背包携带手铐、胶带和电话；	U (2)	U (2)	U (2)	L	6
4-j	线人报告说，虔诚军营地在进行固定阵地防守训练；	U (2)	U (2)	U (2)	L	6
4-i	线人报告说，虔诚军在搜寻易于防守的地点；	U (2)	C (1)	U (2)	L	5
4-f	观察发现，可疑人员在监视西方商贸场所、犹太教教堂和基督教教堂；	U (4)	HL (0)	HL (0)	HL	4
4-e	线人报告说，袭击人员组成了数支队伍。	U (2)	HL (0)	C (1)	L	3

注释：HL = 极可能出现；L = 有可能出现；C = 也许会出现；U = 不可能出现；HU = 极不可能出现。

步骤 9： 如果某一特定情景的大量指标被排除，则应为该情景制定更具诊断价值的补充指标。

步骤 10： 使用指标验证因子法 TM 再次检查所有新指标的诊断价值。

在本案例中，学生应针对“情景 1”制定出一套新诊断指标，但难题在于它是个相当基本的情景，且大多元素能够并入其他情景的袭击计划中。罗列出来的指标，至少会帮助分析人员确定从海上袭击泰姬陵酒店的计划在密谋中，或虔诚军正在厉兵秣马，准备发动一次袭击。但情报人员已经说明，恐怖分子正在考虑发动此次袭击。在这种情况下，上述指标能够确认已经得到的情报，但无法区分他们正在考虑发动何种类型的袭击。“情景 1”的任何新指标的可能焦点，均应是表明复杂程度较高的袭击被排除在外的活动或声明，例如以下情形：

- ★ 虔诚军的通信内容表明，其招募自杀式爆炸袭击者的行动失败；
- ★ 虔诚军强调必须让行动至简，以确保成功；
- ★ 线人报告说，只有少量武器和弹药将被用于军事行动。

分析所得增值：针对各个情景，是否都给出了一整套具有高诊断价值的严谨指标？制定出诊断指标是个良好开端，但额外的头脑风暴应当会得出一套更加严谨的诊断指标。这样就需要邀请其他专家加入，特别是熟悉虔诚军和此类恐怖行动的专家，以期为头脑风暴提供帮助。

这些指标清单能否提供有用的线索，让当地官员和商人（诸如酒店、饭店老板之类），对合理的袭击情景保持警觉呢？上述指标的重点突出程度是否足以生成具体的搜集需求或后续任务，让当地官员和商人更具体地了解要寻找什么？这些指标为执法机构的分析人员提供了许多有用线索，同时还提供了一系列优质问题，供其与可能的袭击目标地点的管理人员和安全负责人分享，这些目标地点包括泰姬陵酒店、火车站、各类高知名度的西方设施及外国人经常光顾的公共场所。

六、结论

2008 年 11 月 26 日，一组虔诚军行动人员最终在遍布孟买全城的多个目标地发动了协同袭击（见地图 14.3）。袭击者悄无声息地从海上进入印度，用小型武器和爆炸装置袭击了基础运输设施、酒店、其他商贸设施和一个宗教场所。有关袭击造成的伤亡人数，各信息来源所给出的数字不同，但几次估算统计表明，在 60 个小时的疯狂袭击中，有 160 多人死亡，300 余人受伤。[1]26 名死者为外国人，其中 6 个为美国人。[2]

地图 14.3　2008 年 11 月 26 日孟买恐怖袭击目标

[1] 原注：Sebastian Rotella, "On the Trail of a Terrorist," ProPublica, *Washington Post*, November 14, 2010, Http: //www.washingtonpost.com/wp-dyn/content/article/2010/11/13/AR2010111304345.html.

[2] 原注：Sebastian Rotella, "On the Trail of a Terrorist," ProPublica, *Washington Post*, November 14, 2010, Http: //www.washingtonpost.com/wp-dyn/content/article/2010/11/13/AR2010111304345.html.

更多情报报告

在美国最初发来威胁报告与此次袭击发生日期之间的一个月里，印度政府在美国的帮助下，一直在锲而不舍地追踪有关这一阴谋的更多信息。11 月初，印度情报局截获了巴基斯坦虔诚军一位领导人的通信内容，通话中提及对孟买多家酒店实施一次袭击。[1] 有关虔诚军即将对泰姬陵酒店和其他外国人与美国人经常光顾场所发动袭击的计划，美国情报部门还提供了更多情报。[2]11 月 19 日，印度情报部门得到情报说，有一艘可疑轮船可能在驶往孟买的途中，对孟买城的袭击迫在眉睫。[3][4]

孟买之旅

2008 年 11 月 22 日 8 时，10 名虔诚军成员在卡拉奇登上了一艘轮船，前往"爱尔 - 胡赛尼"号小船集结。小船船主是虔诚军指挥官扎基 - 厄尔 - 拉赫曼。[5][6] 第二天，"爱尔 - 胡赛尼"号遇到了"科布尔"号拖网渔船，该船体长 45 英尺。[7] 两只船在阿拉伯海上相遇是预先安排，还是碰

[1] 原注：Richard Esposito, Brian Ross, and Pierre Thomas, "US Warned India in October of Potential Terror Attack," *ABC World News*, December 1, 2008, Http: //abcnews.go.com/Blotter/story?id=6368013.

[2] 原注：Rotella, "On the Trail of a Terrorist."

[3] 原注：Pranab Dhal Samanta, "Mumbai Sea Attack Alert Came Nov. 19," *Indian Express*, November 30, 2008, Http: //www.indianexpress.com/news/mumbai-sea-attack-alert-came-nov-19/392351.

[4] 原注：Rotella, "On the Trail of a Terrorist."

[5] 原注：Government of India, "Mumbai Terrorist Attacks: Nov. 26–29, 2008," Federation of American Scientists website: Http: //www.fas.org/irp/eprint/mumbai.pdf.

[6] 原注：Rotella, "On the Trail of a Terrorist."

[7] 原注：New York Police Department Intelligence Division, "Mumbai Attack Analysis," December 4, 2008, Http: //publicintelligence.net/nypd-law-enforcement-sensitive-mumbai-attack-analysis.

巧为之，现在已不得而知。虔诚军的武装分子登上了“科布尔”号，将其占据，4 名船员被转移到“爱尔 - 胡赛尼”号上惨遭杀害。[1] 只有“科布尔”号的船长阿尔玛 · 辛格 · 索兰基被留在这艘遭到劫持的船上。印度官员认为，索兰基帮助这些武装分子把拖网渔船开到了孟买，而孟买则距离两船相遇处有 550 海里。[2]

乘坐“科布尔”号去孟买的虔诚军行动人员到底有多少，仍然是个未知数，但印度调查人员搜集到的用品数量表明，它们至少够 15 个人使用。[3] 船上找到的卫星电话显示，在前往印度的航行途中，上船的这伙人与拉赫曼和虔诚军的其他高级官员保持着密切联系。在乘坐拖网渔船期间，从卡拉奇不远处登上“爱尔 - 胡赛尼”号的 10 个人，每人都得到了一个袋子，里面装有一支卡拉什尼科夫冲锋枪、一把 9 毫米口径的手枪、一些弹药、几枚手榴弹和一个用军用炸药（旋风炸药）制造的简易爆炸装置。[4]11 月 26 日，“科布尔”号抵达孟买海岸，减慢了行驶速度，慢慢游荡，直至夜幕降临。袭击开始前，袭击者最后通了几次电话。在其中一次通话中，一位不知名的虔诚军官员从巴基斯坦下令将拖网渔船船长杀掉。通话结束后，武装分子就按照命令将索兰基斩首。[5]

袭击过程

印度官员相信，虔诚军袭击者于 11 月 26 日夜晚乘坐充气艇上岸，登陆地点为孟买南部的拜德瓦公园。[6] 其他线人则争辩说袭击者乘坐了两只充气艇，分别于拜德瓦公园和阿波罗港渔业码头抵岸。[7] 上岸后他们就分

---

[1] 原注：Government of India, “Mumbai Terrorist Attacks: Nov. 26–29, 2008.”

[2] 原注：Government of India, “Mumbai Terrorist Attacks: Nov. 26–29, 2008.”

[3] 原注：New York Police Department Intelligence Division, “Mumbai Attack Analysis.”

[4] 原注：Government of India, “Mumbai Terrorist Attacks: Nov. 26–29, 2008.”

[5] 原注：Rabasa et al., *The Lessons of Mumbai.*

[6] 原注：Government of India, “Mumbai Terrorist Attacks: Nov. 26–29, 2008.”

[7] 原注：Government of India, “Mumbai Terrorist Attacks: Nov. 26–29, 2008.”

成 5 拨，每拨 2 人，然后向各自的目标奔进。全部目标似乎都已事先选好。[1] 此次袭击后对一个恐怖分子的审问显示，袭击前的数月，这些目标一直处于大范围监视之下。虔诚军成员有时甚至还在其感兴趣的酒店里租住客房，详细了解每栋大楼的布置情况。[2] 至少在两处袭击中，袭击者利用了公共出租车接近其目标。[3] 恐怖分子将炸弹留在两辆出租车上，后来均发生爆炸，炸死了车上的两个司机和至少一名旁观者。[4]

在巴基斯坦，有人利用从互联网上得到的数码照片和地图向这 10 名激进分子进行了简要描述，使其熟悉孟买的布置情况及其袭击目标位置。与此同时，虔诚军还事先在一个安全藏身处或酒店里设立了一个遥控指挥站。印度官员认为，该指挥站位于巴基斯坦拉合尔或卡拉奇。在这处藏身地，里面摆满了电脑、电视、网络电话和卫星电话，6 个虔诚军恐怖分子利用它们，在各拨恐怖袭击者穿越孟买城时与其保持联系。[5]

有关最先遭袭的地点并无确切说法，但最早的暴力袭击报告之一来自利奥波德咖啡馆。该馆是历史上有名的饭店和酒吧，深受当地人和外国人喜爱。[6]21 时过后不久，哈菲兹 · 阿萨德和纳赛尔进入人头攒动的利奥波德咖啡馆，开始用机枪向里面的顾客扫射，[7] 其中一人还往店里投掷了一枚手榴弹。据一位目击者称，袭击开始时发出的声音像灯泡破裂声，然后"店里拥挤的人群随着枪弹的扫射发出了尖叫"。[8] 袭击照片显示，咖啡馆

---

[1] 原注：Government of India, "Mumbai Terrorist Attacks: Nov. 26–29, 2008."

[2] 原注：New York Police Department Intelligence Division, "Mumbai Attack Analysis."

[3] 原注："How Mumbai Attacks Unfolded," BBC News, November 30, 2008, Http: //news.bbc.co.uk/2/hi/south_ asia/7757500.stm.

[4] 原注："How Mumbai Attacks Unfolded," BBC News, November 30, 2008, Http: //news.bbc.co.uk/2/hi/south_ asia/7757500.stm.

[5] 原注：Rotella, "On the Trail of a Terrorist."

[6] 原注：Government of India, "Mumbai Terrorist Attacks: Nov. 26–29, 2008."

[7] 原注：New York Police Department Intelligence Division, "Mumbai Attack Analysis."

[8] 原注：Aaron O. Patrick, "Eyewitness Account: Chaos at the Leopold Café," *Wall Street Journal*, November 28, 2008, Http: //online.wsj.com/article/SB122788875924764393.html.

的窗户和墙上都有弹孔和爆炸造成的其他损伤。[1] 印度调查人员说，恐怖分子在店里停留了约 5 分钟，杀害了 10 人，其中 2 人为美国人，然后奔向泰姬陵酒店。[2]

在利奥波德咖啡馆遭到袭击的同一时间，阿布·伊斯梅尔·汗和穆罕默德·阿吉马·卡萨布走进了拥挤不堪的贾特拉帕蒂·希瓦吉终点站（Chhatrapati Shivaji Terminus，或称维多利亚终点站），开始不加选择地向站台上的人们开火。[3] 卡萨布后来在法庭上回忆说，“我在开枪，而阿布在猛投手榴弹”，[4] “我站在阿布前面，在这个位置上，没人能看到他。我向一名警察开了火，此后他那边就没了枪声”。两名袭击者后来被一小队警察从车站候车厅赶走，而这之前共有 58 人死亡，104 人受伤。[5] 来到外面后，两名袭击者穿过一座人行天桥逃走，并直奔卡马与艾尔布莱斯医院。两人联手伏击了一辆载有警察和反恐官员的厢式货车，车里的 7 人中有 6 人被打死。他们误认为车里的人员全部死亡，于是将几具尸体扔到路上，然后自己抢占了货车。警员阿伦·贾达夫是此次袭击的唯一幸存者，他打开了对讲机，以现场直播的方式直接从货车后部通过音频传送这两个激进分子紧急驶过街道，对临时目标开火的情形。[6] 贾达夫说，他们在驾车途中也对警察开火。他说，打死一名警察后，其中一人大笑着说，“看呀，他们都穿着（防弹）背心”。[7]

货车接近迈得奥碧格电影院（Metrobig Cinemas）时，两人减慢了车

---

[1] 原注：New York Police Department Intelligence Division, “Mumbai Attack Analysis.”

[2] 原注：Government of India, “Mumbai Terrorist Attacks: Nov. 26–29, 2008.”

[3] 原注：“How Mumbai Attacks Unfolded,” BBC News.

[4] 原注：Gethin Chamberlain, “Gunmen’s Blow-by-Blow Account of Mumbai Attack after Change of Plea,” *Guardian* (London), July 20, 2009, Http: //www.guardian.co.uk/world/2009/jul/20/mumbaiterrorist-attacks-gunman-trial.

[5] 原注：Government of India, “Mumbai Terrorist Attacks: Nov. 26–29, 2008.”

[6] 原注：New York Police Department Intelligence Division, “Mumbai Attack Analysis.”

[7] 原注：Rajanish Kakade, “Mumbai Cop, Left for Dead, Rides with Gunmen,” Associated Press, *FoxNews.com*, November 30, 2008, Http: //www.foxnews.com/wires/2008Nov30/0,4670,ASIndiaLeftforDead,00.html.

速，对着聚集在人行道上的人群开火，打死了 10 人。[1] 然后，两人试图冲进奥拜罗三叉戟酒店，但被警察设置的路障挡了回去。[2] 后来因为货车车胎漏气，他们将其抛弃，又偷了一辆斯柯达牌汽车。[3] 两人朝着大海驶去，其用意不得而知。在格高姆丘帕提（Girgaum Chowpatti），他们遭遇路障，停了下来，与警察发生交火，阿布被打死，卡萨布受伤，成为此次袭击的唯一生还者，被警察羁押。

虔诚军的第 3 拨袭击者是肖伊布和贾瓦德。两人飞奔进入泰姬陵酒店并开始向人群密集的房间开火。泰姬陵酒店是一栋标志性建筑，位于孟买城海滨，吸引着由商务人士和旅游度假者组成的精英客户。[4] 袭击发生时，英国外交官萨贾德 · 卡里姆正在酒店里面，他说，“一个枪手就站在那里四处开枪扫射，就在我旁边”。[5]“我转身跑进了厨房……突然，另一个枪手出现在我们面前，拿着机枪一样的武器。他直接对着我们开火……我立刻转身，朝相反方向跑去。”枪手猛烈开火，投掷手榴弹，在袭击开始的最初几分钟里杀害了约 20 人。[6] 这里的袭击发生后不久，袭击利奥波德咖啡馆的虔诚军成员阿萨德和纳赛尔，也来到了泰姬陵酒店大厅，开枪射击，加入了已经大开杀戒的队伍。这 4 名激进分子爬到了酒店上部楼层，把人质聚拢到一起，为自己所在的位置设防。

虔诚军的第 4 拨人员——阿卜杜勒 · 拉赫曼 · 乔塔和法赫杜拉，在泰姬陵酒店袭击开始后约 15 分钟时，穿过奥拜罗三叉戟酒店的大门进入该

[1] 原注：New York Police Department Intelligence Division, “Mumbai Attack Analysis.”

[2] 原注：Rabasa et al., *The Lessons of Mumbai.*

[3] 原注：“How Mumbai Attacks Unfolded,” BBC News.

[4] 原注：Government of India, “Mumbai Terrorist Attacks: Nov. 26–29, 2008.”

[5] 原注：Ben Leach, “Mumbai Attacks: Eyewitnesses Describe Horror of Terrorist Raids,” *Telegraph* (London), November 27, 2008, Http: //www.telegraph.co.uk/news/worldnews/asia/india/3529976/Mumbai-attacks-Eyewitnesses-describe-horror-of-terrorist-raids-Bombay-India.html.

[6] 原注：Government of India, “Mumbai Terrorist Attacks: Nov. 26–29, 2008.”

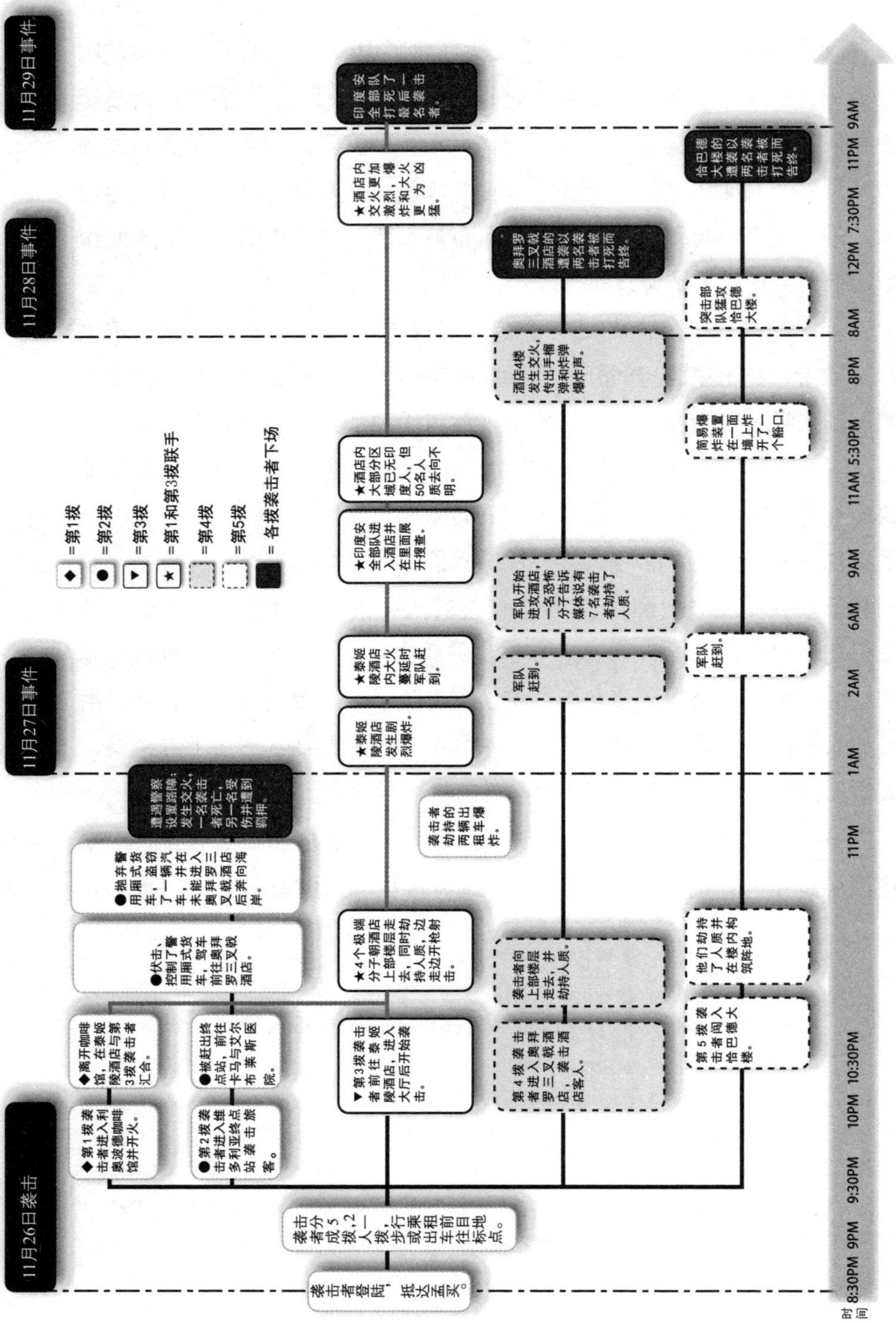

资料来源：弗森公司，2011年。（PM：下午；AM：上午）

图 14.1 2008 年 11 月 26—29 日孟买遭袭时间轴线及后果

酒店。[1] 他们用机枪朝着酒店的餐厅密集扫射，然后引爆携带的简易爆炸装置并枪击所有没能逃出大厅的人。一位英国商务旅行者回忆说，“我们坐着电梯去大厅时，一打开电梯门就听到了阵阵枪声”[2]，“电梯里的4个男子中有一个是日本男子，他中枪受伤。我忙乱按下了‘关门’按钮，但还得把他的脚从门处挪开，让门关上”。如同在泰姬陵酒店一样，在最初一阵暴力袭击和杀戮后，袭击者走向酒店的上部楼层，把人质赶到一起，准备回击外面正在集结的印度安全部队。

虔诚军的第5拨（也是最后一拨）袭击者是巴巴·伊姆兰和纳兹尔，袭击了一个由犹太教哈西德派拓展运动组织——“恰巴德拉巴维奇”（Chabad Lubavich）拥有和管理的社区中心。[3] 这栋5层的大楼内住着一个犹太教教士，该楼几乎只用来招待前来印度游览的犹太人。与其他目标不同，恰巴德大楼并非著名地标，是个商人和西方人都不常光顾的地方。[4] 袭击者之所以盯住这栋大楼，原因是“管理他们的巴基斯坦人员告诉他们，一条犹太人的命顶50条非犹太人的命”。恰巴德教派的发言人说，29岁的加夫瑞尔·诺奇·霍尔兹伯格教士打电话给以色列领事馆，报告说枪手进了该大楼。[5]“正在通话的时候，线路中没了动静。”该发言人还说，霍尔兹伯格夫妇均在袭击过程中遇难。在安全人员打死袭击者后不久，一名身份不明的医生进入了该中心，他叙述说，在伊姆兰和纳兹尔的初始袭击中，很多人幸存下来，但后来却“遭到惨无人道的折磨”。[6]

---

[1] 原注：Government of India, “Mumbai Terrorist Attacks: Nov. 26–29, 2008.”

[2] 原注：“Witnesses Tell of Mumbai Violence,” BBC News, November 27, 2008, Http: //news.bbc.co.uk/2/hi/7751423.stm.

[3] 原注：Government of India, “Mumbai Terrorist Attacks: Nov. 26–29, 2008.”

[4] 原注：Alastair Gee, “Mumbai Terror Attacks: And Then They Came for the Jews,” *Sunday Times* (London), November 1, 2009, Http: //www.timesonline.co.uk/tol/news/world/asia/article6896107.ece.

[5] 原注：“Mumbai Operation Appears Nearly Over,” CNN, November 28, 2008, Http: //articles.cnn.com/2008–11–28/world/india.attacks_1_national-security-guard-mumbai-oberoi.

[6] 原注：“Mumbai Operation Appears Nearly Over,” CNN, November 28, 2008, Http: //articles.cnn.com/2008–11–28/world/india.attacks_1_national-security-guard-mumbai-oberoi.

11 月 26 日，最初一波袭击结束时，5 拨虔诚军中仍有 4 拨还在行动中。其中一个恐怖分子死亡，另外一个被捉，但其余 8 人均在恰巴德大楼、泰姬陵酒店和奥拜罗三叉戟酒店劫持了人质，巩固了阵地。印度安全部队纷纷聚集到这 3 处地点之外，人数越来越多。他们与不法分子之间的零星交火持续了一整夜，直至 11 月 27 日上午。在此期间，孟买城里的第一批恐怖袭击回应者——混杂着警员和地方反恐官员，因军队的出动而退居次要地位，或被其完全取代。[1] 印度的精英突击部队——印度国家安全卫队（National Security Guards，NSG），也从新德里赶到了现场。

文本框 14.3　孟买城的袭击者

第 1 拨袭击者：哈菲兹 · 阿萨德和纳赛尔在泰姬陵酒店附近袭击了利奥波德咖啡馆，两人在店里的袭击持续了 5 到 10 分钟。他们往就餐者人群中扔了一枚手榴弹，然后赶往泰姬陵酒店与其同伴会合。到泰姬陵酒店后，他们与第 3 拨袭击者登上了酒店上部楼层，帮助其劫持了人质。在印度安全部队进攻酒店时双双毙命。

第 2 拨袭击者：穆罕默德 · 阿吉马 · 卡萨布与阿布 · 伊斯梅尔 · 汗袭击了贾特拉帕蒂 · 希瓦吉终点站，遇到警察后被迫逃出车站，奔向卡马与艾尔布莱斯医院。两人在医院伏击了一辆警用厢式货车，据为己用，试图将其开往奥拜罗三叉戟酒店。由于警察设置的路障挡住了他们，使其未能靠近酒店。两人抛弃警用厢式货车后又偷了一辆汽车。随后两人在格高姆丘帕提与警察交火，阿布被打死，卡萨布被抓获。

第 3 拨袭击者：肖伊布和贾瓦德直接进入泰姬陵酒店并开始在大厅区域杀人。他们边爬楼边劫持人质，同时投掷手榴弹和简易爆炸装置，最大限度地破坏酒店。逃跑时他们点着了床垫。在大火熊熊的酒店里，印度突击队经过一场长时间的猫捉老鼠游戏后，将两人打死。

第 4 拨袭击者：阿卜杜勒 · 拉赫曼 · 乔塔和法赫杜拉走进奥拜罗

[1] 原注：Rabasa et al., *The Lessons of Mumbai*.

三叉戟酒店大门，来到该酒店的餐厅，袭击该处的就餐者。他们在酒店大厅引爆了两枚简易爆炸装置，然后爬向大楼上部楼层，边走边开枪射击。他们劫持了人质，在印度国家安全卫队突击队进攻酒店时被打死。

第 5 拨袭击者：巴巴·伊姆兰和纳兹尔在向一个加油站投掷手榴弹后，闯进一个为犹太人提供服务的社区中心，名叫恰巴德大楼。两人劫持了人质，其中一些似乎遭到折磨，然后被杀。印度国家安全卫队突击队乘坐直升机，从该中心楼顶落下。在接下来的枪战中，伊姆兰和纳兹尔被打死。

i . Government of India, "Mumbai Terrorist Attacks: Nov. 26–29, 2008," Federation of American Scientists website: Http: //www.fas.org/irp/eprint/mumbai.pdf.

ii. Angel Rabasa et al., The Lessons of Mumbai, Santa Monica, CA: RAND Corporation, 2009. Available at Http: //www.rand.org/pubs/occasional_papers/2009/RAND_OP249.pdf.

iii. New York Police Department Intelligence Division, "Mumbai Attack Analysis," December 4, 2008, Http: //publicintelligence.net/nypd-law-enforcement-sensitive-mumbai-attack-analysis/.

在泰姬陵酒店和其他两处恐怖袭击发生地，极端分子在整个对峙过程中一直利用移动电话与巴基斯坦的虔诚军指挥官保持联系。这些指挥官通过观看印度电视报道监视孟买城袭击事件的动态。[1] 他们指挥占领泰姬陵酒店的恐怖分子在酒店内放火，让人们在电视上看到泰姬陵酒店大火熊熊，以此向人们表明其做过刻意安排，故意让媒体报道跟进。[2]

恐怖分子有所不知，印度政府声称几乎截获了袭击者与其背后巴基斯坦指挥官之间的全部通话内容。披露出来的通话抄录本详细描述了虔诚军

[1] 原注：Somini Sengupta, "Dossier Gives Details of Mumbai Attacks," *New York Times*, January 6, 2009, Http: //nytimes.com/2009/01/07/world/asia/07india.html.

[2] 原注：Rotella, "On the Trail of a Terrorist."

指挥官一直在向孟买袭击者提供有关印度安全部队行动信息的情况，提出诸如“海军和警察在外面，朝他们扔一两枚手榴弹”之类的建议。[1] 这些指挥官还提醒袭击者“一切都被媒体全程记录着”，他们需要“造成最大限度的损害”。在袭击者疲惫不堪或垂头丧气时，他们鼓励其继续战斗。他们的指令之一是，“不要被活捉”。

尾声

11 月 27 日上午，印度突击队向奥拜罗三叉戟酒店发起了进攻，开始逐个搜查酒店的 877 个房间。[2] 后来披露的信息表明，发动攻击时至少有 380 人被困在酒店内。[3] 在当天的剩余时间和第二天上午，印度军队都在释放人质及追捕躲在酒店大楼内的两个袭击者。[4] 行动结束时，两名恐怖分子被打死。

11 月 28 日上午，印度国家安全卫队动用了一架直升机，将突击队队员投送到恰巴德大楼楼顶。[5]“兄弟，你必须战斗，”一个虔诚军指挥官告诉里面的极端分子说，“这关系着伊斯兰教的声誉。”[6] 尽管该大楼规模很小（与被包围的泰姬陵和奥拜罗三叉戟酒店相比），但这里的两个枪手还是牵制了其印度对手几乎达 12 小时之久。[7] 大楼内 6 人被打死，僵局才被打破。[8]

大约在进攻奥拜罗三叉戟酒店的同时，泰姬陵酒店也处于围攻之

[1] 原注：Sengupta, “Dossier Gives Details of Mumbai Attacks.”

[2] 原注：Government of India, “Mumbai Terrorist Attacks: Nov. 26–29, 2008.”

[3] 原注：“Mumbai Attacks: Key Sites,” BBC News, November 26, 2009, Http: //news.bbc.co.uk/ 2/hi/south_asia/ 7751876. stm.

[4] 原注：Rabasa et al., *The Lessons of Mumbai*.

[5] 原注：Government of India, “Mumbai Terrorist Attacks：Nov. 26–29, 2008.”

[6] 原注：Sengupta, “Dossier Gives Details of Mumbai Attacks.”

[7] 原注：Rabasa et al., *The Lessons of Mumbai*.

[8] 原注：“Mumbai Attacks：Key Sites,” BBC News.

下。但直到几乎两天半以后的 11 月 29 日上午，这个地标性酒店的安全才得以恢复。[1] 清剿泰姬陵酒店的难点在于其客人数量较大——约有 450 人，其中有很多还躲在房间里面；而这些人的位置需要确定。酒店大楼内的多处大火更是让清剿难上加难（虔诚军袭击者在数小时内一直在扔手榴弹和点燃床垫）。[2][3] 印度国家安全卫队突击队队员苏尼尔·库马尔说："我们分两组实施清剿，从酒店顶部向楼底推进。[4] 在 6 楼和楼顶的清场平安无事。然后我们向 5 楼搜索，接着是 4 楼。到 3 楼时，天色已经太晚。房间真多，很多房门甚至用万能钥匙也无法打开，我们被迫破门而入，让吓得不敢撤离的人们出来。"[5] 突击队队员在烟雾弥漫的酒店内匍匐前进。在此过程中，楼上被困的人质从其房间窗户处展开旗帜求救，上面写有"救救我们"的字样。[6] 身处巴基斯坦的虔诚军指挥官给出了明白无误的指令："只有在你们没遭到射击的情况下，人质才有用。如果你们仍然受到威胁，那就不要再背着人质的包袱，立即把他们杀掉。"[7] 在印度军队夺回泰姬陵酒店为期 3 天的煎熬中，共有 32 名人质被杀害。[8]

---

[1] 原注：Government of India, "Mumbai Terrorist Attacks: Nov. 26–29, 2008."

[2] 原注：Rabasa et al., *The Lessons of Mumbai*.

[3] 原注：Sengupta, "Dossier Gives Details of Mumbai Attacks."

[4] 原注："Mumbai Terror Attacks: Commando Describes Taj Mahal Siege," *Telegraph* (London), December 1, 2010, Http: //www.telegraph.co.uk/news/worldnews/asia/india/3537891/Mumbaiterror-attacks-Commando-describes-Taj-Mahal-siege.html.

[5] 原注："Mumbai Terror Attacks: Commando Describes Taj Mahal Siege," *Telegraph* (London), December 1, 2010, Http: //www.telegraph.co.uk/news/worldnews/asia/india/3537891/Mumbaiterror-attacks-Commando-describes-Taj-Mahal-siege.html.

[6] 原注：Emily Wax, "Indian Commandos Battle Assailants," *Washington Post,* November 28, 2008, Http: //www.washingtonpost.com/wp-dyn/content/article/2008/11/27/AR2008112701128.html.

[7] 原注：Sengupta, "Dossier Gives Details of Mumbai Attacks."

[8] 原注：Government of India, "Mumbai Terrorist Attacks: Nov. 26–29, 2008."

后果

在 60 个小时的激烈袭击和清剿中，有 160 多人死亡，300 余人受伤。[1] 袭击过后，印度调查人员迅速确定袭击者为巴基斯坦人。确定袭击者的国籍后，将其与虔诚军联系起来就易如反掌了。调查结束后，印度官员称巴基斯坦情报局的内部分子为此次袭击提供了帮助，或者起码了解此次袭击的信息，但并未采取任何行动加以阻止。巴基斯坦政府一开始否认巴基斯坦与此次袭击有任何关系[2]，但面对被截获的数小时电话通话内容及如山的法庭证据，巴基斯坦官员最终被迫承认，此次袭击是在其国内策划，枪手的训练地点是巴基斯坦的虔诚军营地。2009 年，巴基斯坦控告了虔诚军军事领导人及 6 个在孟买袭击中不太有影响力的嫌疑人，对其进行了审判。但美国官员说，此次审判因法律难题及印巴之间的冲突，似乎无可救药地拖延了下来。[3][4]

袭击中唯一没有毙命的枪手卡萨布，一开始就承认参加了袭击，接着又提供了大量有关其在巴基斯坦招募、培训人员，以及相关同伙的信息。[5] 但后来他却在法庭上翻供，辩称自己是个游客，遭到了孟买警察的陷害。2010 年 5 月，卡萨布被判犯有谋杀罪、毁坏公共财物罪及多项其他轻罪。在结束对卡萨布的审判时，审判长说："这不是单纯的谋杀行为，而是战争。"[6] 卡萨布被判处死刑。另外还有超过 38 人被控与此次袭击有牵

---

[1] 原注：经过大范围调查后，记者塞巴斯蒂安·罗泰拉（《跟踪恐怖分子》["On the Trail of a Terrorist"]）得出结论说，此次袭击中有 166 人惨遭杀害，308 人受伤。

[2] 原注：Rotella, "On the Trail of a Terrorist."

[3] 原注：Rotella, "On the Trail of a Terrorist."

[4] 原注：Rotella, "On the Trail of a Terrorist."

[5] 原注："Ajmal Kasab," *New York Times,* May 4, 2010, Http: //topics.nytimes.com/top/reference/timestopics/people/k/ajmal_kasab/index.html.

[6] 原注：Rina Chandran, "Indian Court Convicts Mumbai Attack Gunman," Reuters, May 3, 2010, Http: //www.reuters. com/assets/print?aid=USTRE6420WU20100503.

连，其中大多数住在巴基斯坦。印度法庭缺席判决虔诚军指挥官拉赫曼及另外至少 19 人有罪。

七、重要收获

★ 预测恐怖团体可能如何发动袭击是一项艰巨任务。最优秀的分析人员会思考范围广泛的可信替代选择，然后删减其清单，保留最值得关注的替代选择。

★ 结构化头脑风暴是一种好方法，能够保证把所有可能选项都考虑到位，具有激发创造性思维的能量。经典象限处理法 TM 则是更为严谨和系统的过程，能够促使分析人员从众多差异十分巨大的主题角度思考问题，通常会生成一系列严谨的替代选择。

★ 在制定指标清单指导搜集活动时，分析人员应把精力聚焦在形成真正具有诊断价值的指标方面。这些指标应当能够推动分析进展，让分析人员专注于真正重要的问题，特别是当时间紧迫时。搜集人员通常青睐量身定做的简短指标清单，而非罗列全部可能具有相关性的冗长指标清单。

★ 在危机环境中，出现不精确且常常不正确的报告是一种常态，特别是在主要依赖目击者报告时。要始终纳入信息警示内容，如“初始报告”等。

·推荐阅读书目·

Government of India. *Mumbai Terrorist Attacks*：*Nov. 26–29, 2008.* Federation of American Scientists website：Http: //www. fas.org/irp/eprint/mumbai.pdf.

Haq, Noor ul (with Khalid Hussain), ed. *Mumbai Terrorist Attack.*

Islamabad, Pakistan：Islamabad Policy Research Institute, 2009. Available at Http: //www.ipripak.org/factfiles/ff107.pdf.

New York Police Department Intelligence Division. "Mumbai Attack Analysis." December 4, 2008. Http: //publicintelligence.net/nypd-law-enforcement-sensitive-mumbai-attack-analysis.

Rabasa, Angel, et al. "The Lessons of Mumbai." Santa Monica, CA：RAND Corporation, 2009. Available at Http: //www.rand.org/pubs/occasional_papers/2009/RAND_Op249.pdf.

Rotella, Sebastian. "On the Trail of a Terrorist." *Washington Post,* November 14, 2010.

Rotella, Sebastian. "On the Trail of the Mumbai Attackers：An Intricate Plot Unleashed, the West Confronts a New Threat." *Washington Post*, November 15, 2010.

Tankel, Stephen. *Storming the World Stage: The Story of Lašhkar-ĕ-Taiba*. London：Hurst, 2011.

[第十五章]

伊朗干涉巴林事务

内容提要

2011年4月，巴林向联合国秘书长提交了一份秘密报告，指控伊朗利用真主党来支持巴林反对派举行的“阿拉伯之春”起义，并可能为其提供资金。伊朗否认了该指控，而巴林反对派同时提出针对巴林政府的反指控。相互矛盾的指控和反指控，形成一个由事实真相和伊朗干涉指控所形成的汪洋大海，而观察者和分析人员只能在这一海洋中航行、探索。他们得到的结果对美国干系重大：如果巴林政府的指控属实，那么美国决策者就不得不面对伊朗与沙特阿拉伯（地处巴林以西的逊尼派邻国）之间爆发一场代理人战争的前景；如果反对派的反指控和伊朗的否认不虚，则美国政策就会更关注采取何种国内改革措施，以消除反对派的怨气。**星爆法**可以帮助分析人员识别案例中的关键问题，**形态分析法（Morphological Analysis）**可以探索上述指控与反指控的可能选项，**结构化头脑风暴**可以说明问题的关键维度，**指标法**则可以用来指导未来的情报搜集和分析工作。

表15.4 案例快照：伊朗干涉巴林事务

所用结构化分析方法	《情报分析：结构化分析方法》中所在章节	分析类别
星爆法	第五章	观点生成
形态分析法	第五章	观点生成
结构化头脑风暴	第五章	观点生成
指标法	第六章	情景与指标

本案例为信息匮乏时如何解决问题提供了框架。该案例凸显了情报分析人员面临的一个普遍性问题，他们拥有深厚的专业知识，但面对着专业知识必须运用却又不足以回答决策者疑问的问题。首先从已知信息着手，然后围绕其做出合理分析，这种做法对分析人员的诱惑力巨大。然而，更胜一筹的方法是，首先着手解决需要回答的分析问题，完整明确地阐释潜在解释，并列出一份严谨的可搜集指标清单（能帮助区分各种可能答案）。

虽然通过本案例了解了很多有关该地区历史、内讧式斗争、指控与反指控等方面的信息，但案例中并无直截了当的信息，能够帮助分析人员判断巴林指控、伊朗否认该指控或反动派提出反指控的真相。然而，美国在该地区的利益却使得这一问题成为高层决策者的关注点，其中颇有分量的利益是有关驻扎在麦纳麦湾美国第五舰队的军队保护事宜。在此种局面下，分析人员不仅有责任确定已知和未知信息，还应列出全部可能解释，构建一个重点突出的搜集策略，以便在将来搜集到新信息时能够帮助排除某些解释。

以下方法可以指导分析人员完成分析，在分析过程中帮助其利用星爆法确定本案例的关键问题，利用形态分析法为指控和反指控探索可能的替代选择，利用结构化头脑风暴阐明问题的关键维度，利用指标法制定有助于指导未来搜集和分析工作的具体指标。综合运用以上方法，可以强化发散性思维，确保问题的各方面均被纳入积极思考之中。

一、方法1：星爆法

星爆法是结构化头脑风暴的一种形式，有助于催生尽可能多的问题。这种方法对研究项目的拓展极其有益，也有助于引出有关传统观点的众多问题和观点。在采用星爆法的过程中，分析人员能够从众多不同角度考虑手上的问题，从而提高其可能发现至当时为止尚未被思考的某一问题或新观点的概率，为该问题或观点带来新的分析见解。

通过这一方法，分析人员能够迅速确定已知信息、可知信息及在可预见的未来可能不可知的信息。更为重要的是，它能够快速确定应该向其分配更多资源的关键问题。

任务 1：利用星爆法分析巴林政府的指控——巴林反叛分子正在伊朗支持下的、由真主党专门设立训练海湾人才的营地受训，图谋推翻巴林的君主政体。

步骤 1：利用《情报分析案例》一书图 15.1 中的星爆法模板或绘制一个六角星，在六角星的各角分别写上以下各词之一：何人？何事？如何？何时？何地？何故？

步骤 2：开始头脑风暴讨论会，每次均使用上述词语之一，就该主题提出问题。在确定问题过程中，不要试图做出回答，只把精力集中在提出尽可能多的问题上（见图 15.2）。

步骤 3：利用上述各词语作为开始语提出问题后，小组应根据所要回答问题的重要性进行排序，或者将这些问题按照逻辑加以分类。

分析所得增值：根据你分析所得结果，你觉得哪些问题或问题分类值得进一步调查？以本案例为据，你是否觉得在任何问题或疑问方面，自己的知识尤为丰富或是特别不足？很多“何人”“何事”与“何时”范畴内的问题是可知问题，例如巴林反动派人士主要是哪些人，他们的主要怨气是什么，他们何时引起了巴林政府的注意，等等。但有些问题如要给出答案，难度则要大得多。例如所指称的营地在何处，何人去过那里，目的何在？同样重要的还有，何人在为其提供资金，他们如何得到资金，哪些人特别害怕他们，等等。星爆法有助于确定全部各类问题，然后分析人员就可以根据其相关性、可及性或其他标准，进行优选排序。为了优选排序而进行问题识别的过程很容易变成一种策略，供分析人员个人或团体更有效地处理问题。

图 15.2 伊朗干涉巴林事务案例：星爆法范例

二、方法2：形态分析法

形态分析法是一种系统性方法，用来处理无法量化、所知信息微乎其微的复杂问题。对于识别某一威胁的各种可能变化，或在模糊不清或信息匮乏形势下确定某一组推动力可能相互作用的方式时，这种方法极其有用。形态分析法借助两个常用的创造力原则——分解和强制联合，来发挥作用。通过先拆解各种替代维度，然后重新对其进行组合，这一方法可以帮助分析人员生成一份内容全面的可能结果清单，包括可能会对决策者产生不利影响的各种低概率 / 高影响及“噩梦般的”情景。这个过程有助于识别可信的替代选择，分析人员可以制定分析上述情景和指标的搜集策略，帮助其确定某一情景是否正在演变为现实的过程中。

任务 2：就上述指控、反指控及本案例中事件的其他可能解释进行形态分析。

步骤 1：定义案例中的维度群，例如主要维度——团体、活动、方法和影响，它们已经在巴林政府的报告中得到确定，可以利用其构建分析框架（见《情报分析案例》一书表 15.5）。也可以将巴林反对派和伊朗的反指控内容用作对上述维度的补充替代解释。

步骤 2：根据需要创建更多维度。

步骤 3：考虑所有维度的组合，列出一份包含可能的替代情景清单（见表 15.6）。

表15.6 伊朗干涉巴林事务案例：形态分析法范例

维度			
团体	巴林反对派成员	独立反对派	无活动
活动	在伊朗支持的真主党营地受训	资金支持	无支持
方式	秘密	公开	不知情
影响	推翻哈里发君主政体	为属于少数派的什叶派信徒赢得更多权利	无影响

往下阅读各栏内容，很容易确定主要指控、反指控内容及无效假设：

- ★ 在伊朗支持的真主党营地秘密受训的巴林反对派成员，其目标是推翻哈里发君主政体；

★ 接受秘密资金支持的巴林反对派成员，其目标是推翻哈里发君主政体；

★ 公开为属于少数派的什叶派信徒权利抗争的巴林反对派成员，并未得到支持；

★ 无活动。

此表还有助于确定数个替代选项：

★ 得到资金支持的巴林反对派，对意在推翻哈里发君主政体的目标毫不知情；

★ 同样让人感兴趣的是，流氓类或无党派隶属关系的反对派成员在营地接受训练，但由于巴林反对派分子无组织机构，回国后难以将训练成果付诸实施来产生影响。

步骤 4： 淘汰不可能、不切实际，或不值得关注的维度组合。

应抛弃无意义的组合，例如个人在接受培训但其本人并未意识到这一点的情景。

步骤 5： 提炼上述情景，使其简洁明了。

★ 在伊朗支持的真主党营地接受秘密训练的巴林反对派成员，其目标是推翻哈里发君主政体；

★ 接受秘密资金支持的巴林反对派成员，其目标是推翻哈里发君主政体；

★ 公开为属于少数派的什叶派信徒权利抗争的巴林反对派成员，并未得到伊朗支持；

★ 接受秘密资金支持的巴林反对派成员，其目标是推翻哈里发君主政体，但对该资金来源毫不知情；

★ 流氓类或无党派隶属关系的反对派成员在营地秘密受训，但尚未对巴林产生影响。

分析所得增值：哪些情景最值得关注？是否有任何假定支撑上述情景？ 主要指控与反指控当然值得关注，但同样重要的是，在本案例中反对派有可能对其得到伊朗支持并不知情。在这一情景中，伊朗的拉拢与产生影响有可能发生，但反对派还没有意识到这种活动的存在。也许会出现另一种可能，即只有与原本合法的巴林反对派有关联的精英人员可能知道这种活动的存在，但组织中的大部分人并不知情。

是否有任何信息空白影响你评估某一情景可能性的能力? 缺乏有关所指称的训练营地位置、去过该营地人员或有关所谓资金支持的详情，如银行账号或转账数额等。上述信息空白限制了我们评估上述几个情景可能性的能力。

三、方法3：结构化头脑风暴

头脑风暴是一个团体性活动过程，该过程按照预先设计的具体规则和步骤来激发新观点和新理念，所产生创造性的激励力量来自两名或多名分析人员相互撞击思想迸出的火花。在头脑风暴讨论会上，分析人员通常会接触到超出其本人思考范围以外的更多思想和看法，其典型的成果是能够获得更好的分析产品。(见《情报分析案例》一书文本框 15.1)

结构化头脑风暴方法包含 12 个步骤，是一个执行团体头脑风暴的更具系统性的过程。在此过程中，需要安排一名协调人，部分原因是所有参与者在头脑风暴讨论会中均不能说话。结构化头脑风暴最常用于确定某一具体情况下可能发挥作用的关键驱动因素，或全部力量和因素。

任务 3： 进行结构化头脑风暴练习，找出所有可能有助于确定巴林反对派人物当时是否得到伊朗政府援助的因素。

步骤 1： 召集一组了解这一目标及其行动文化和环境的分析人员。

步骤 2： 向所有参与者发放便利贴和记号笔，告知其在头脑风暴练习的这一环节不允许交谈。

步骤 3： 向小组成员提出下述问题：巴林反对派团体当时是否得到了伊朗政府的援助?

步骤 4： 要求其进行结构化头脑风暴练习，找出所有可能有助于确定巴林反对派人物是否正在接受伊朗政府援助的因素。

步骤 5： 要求小组成员在便利贴上写下几个关键词，给出问题答案。练习者每写下一个答案，就将其交给协调人。协调人则大声将其读出。练习人员应使用记号笔在便利贴上书写，以便将其贴到墙上后能够很容易看清所写答案。

步骤 6： 将全部便利贴按照其被读出的顺序贴在墙上。对所有观点均一视同仁。鼓励参与者相互在对方观点的基础上补充发挥。练习一开始时各种观点通常接踵而至，接着参与者会陷入对各个问题的思考。经常每隔 5 至 10 分钟会有 1 分钟左右的停顿。这种渐缓的节奏表明，分析人员已经“穷尽了脑海中显而易见的答案”，正在形成新观点、新看法。虽然这种停顿让人不舒服，但也应避免交谈。

步骤 7： 在两三次长时间停顿后，结束本次头脑风暴讨论会的发散性思考环节。

图 15.3 为头脑风暴得到的结果清单。

爱情/婚姻	外国媒体	伊朗政权
婚姻/关系	弱点	伊朗
个人品质	资金需要	就业史
所讲语言	绿色革命	失业情况
年龄	妮达通信公司	犯罪记录
民族	可塑性个人思想	与有组织犯罪活动的联系
宗教	信仰	毒品使用/分发
智力	个人目标	反西方的公开声明
指导者	价值观	组织化程度
合作人	冒险需要	管理智慧
财富	关注需要	电视节目/外国媒体
在巴林拥有财产的情况	怒火	机会
在伊朗拥有财产的情况	不公正	他们前往伊朗的频率有多高?
地点	教育	旅行
所属社会机构	宗教教育	财务情况
与西方关系	社会背景	子女
西方支持	不满	家庭史
电视节目中的表现	伊朗军官的技能	家庭关系
身处外国的联系人员	伊朗的侵略性	

图 15.3　伊朗干涉巴林事务案例：头脑风暴形成观点清单

步骤 8：让所有参与者（或一个小组）走到贴有便利贴的墙前面，重新排列具有类同关系的各组便利贴（有某些相同特点的各组便利贴）。有些便利贴可能会被移动几次，如果有些观点适用于多个具有类同关系的便利贴，则可将便利贴复制后加以应用。

步骤 9：排列好各组便利贴后，让参与者小组选出一个最能概括每组内容的词或短语。

图 15.4 为类同关系群所得结果范例。

家庭 爱情/婚姻 子女 家庭史 家庭关系 婚姻/关系 个人品质 所讲语言 年龄 民族 宗教 智力 **外部影响** 指导者 合作人 教育 宗教教育 所属社会机构 与西方的联系 西方支持 电视节目中的表现 外国媒体 绿色革命	**可塑性个人思想** 信仰 个人目标 价值观 冒险需要 弱点 关注需要 怒火 不公正 不满 **弱点** 资金需要 就业史 社会背景 财富 在巴林拥有财产的情况 在伊朗拥有财产的情况 犯罪记录 与有组织犯罪活动的联系 毒品使用/分发 反西方的公开声明	**受影响机会** 组织化程度 管理智慧 电视节目/外国媒体 机会 他们前往伊朗的频率有多高? 旅行 财务情况 身处外国的联系人员 **外国行动者** 伊朗军官的技能 伊朗的侵略性 伊朗政权 伊朗

图 15.4 伊朗干涉巴林事务案例：具有类同关系的观点群

步骤 10：找出每组便利贴中的异类，并思考该异类是无用的噪声，还是一个值得进一步关注的观点胚芽。

步骤 11：评估小组取得的成果。小组确定了哪些主要维度?

利用这一机会提炼上述类同关系群。退后一步思考并询问该结果的重点是什么。例如，家庭、财务或职业问题可能反映出人员的弱点，这些弱点可能被外国招募人员利用。

步骤 12：报告结果，并描述所确定问题的关键主题或维度。

分析所得增值：出现了哪些类同关系群？问题的关键维度是什么？主要的类同关系群是家庭、外部影响、可塑性个人思想、弱点、受影响机会及外国行动者。经过进一步提炼后，上述结果群的中心显然聚焦在是否存在下列情形上：

★ 弱点；

★ 亲伊朗带来的影响；

★ 亲伊朗的信念；

★ 拉拢机会。

问题的上述维度明显集中在，能够确定巴林反对派人物是否得到了伊朗政府援助的因素上面。

四、方法4：指标法

指标是可以观察到或推理得出的现象，人们能够定期回顾这些现象来帮助追踪事件、预测敌人的袭击计划、发现新兴趋势、区别竞争性假设并对难以预料的变化给出预警。指标清单包含一组预先设定的行动、条件、事实或事件，它们同时发生时强烈表明有一种现象存在或即将出现，或者某种假设正确无误。确定和监视指标的情况是情报分析的根本任务，因为它们是避免突发事件发生的主要手段。执法界可以将指标用于评估某一目标的行为举止是否符合某一既定模式或首要假设。此时，上述指标常被描述为回顾性或描述性指标。在情报分析中，指标经常被描述为前瞻性或预测性指标。

由一组学识渊博的分析人员开列一份详细指标清单的过程，对所有参与者通常也是一个良好的学习过程。对于来自不同组织或拥有不同类型专业知识（例如反恐或禁毒分析、基础设施防护及国家专业知识等）的分析人员来说，这一过程可成为知识交流的有用媒介。指标清单可成为实施调查、指导情报搜集活动及将相关信息传达给所有相关方的基础。通过辨识和监视表明某一情景正在形成的指标或路标，分析人员就能够对未来发展方向给出早期预警，但这些早期迹象并非显而易见。人类习惯于见到其期望结果，而忽略意料之外的结果。只有在事先利用指标确定某一具体情景的背景下，指标方才具有意义。提前识别某一情景及相关指标，分析人员就可以做好思想准备，辨别并预防不良情景的出现，助推某一良好情景的实现。

在本项练习中，教师应鼓励学生富有创造性地思考如何获得信息。在高度数字化的社会里，巴林反对派成员可能通过怎样的方式利用社交媒体搜集信息？哪些社交媒体指标可以帮助分析人员？例如，可以从合作人、旅行、利益、家庭关系或受教育情况等获得何种信息？

任务 4： 利用结构化头脑风暴的结果激发自己进行思考，为“任务 2：形态分析法”中的各主要情景制定量身定做的指标。

在下面的范例中，我们的重点是基于空间受限情况下的社交媒体指标，及巴林政府与反对派成员积极使用社交媒体，组织和监控该国近来抗议活动的事实。

步骤 1： 为本案例列出一份最值得关注的待追踪情景清单。

对于本案例，我们将利用任务 2 中形态分析法得到的 3 个情景。

★ 公开为属于少数派的什叶派信徒权利抗争的巴林反对派成员，并未得到伊朗支持；

★ 接受秘密资金支持的巴林反对派成员，其目标是推翻哈里发君主政体，但对该资金来源毫不知情；

★ 在伊朗支持的真主党营地接受秘密训练的巴林反对派成员，其目标是推翻哈里发君主政体。

步骤 2：自己一人或最好与小组合作，通过头脑风暴为各情景列出一份指标清单。

利用任务 3 确定的维度来激发思考。

步骤 3：复核并精简各套指标，删除重复指标，合并类似指标。

步骤 4：考察各个指标，确定其是否符合下列 5 个标准，删除不合格指标。

1. **可观察性和可收集性**。这些指标（若有）能够被可靠线人观察并上报，必须对此抱有一定的合理期望。若将某一指标用于监视一段时间内的变化情况，则该指标在此过程中必须具有可收集性
2. **有效性**。一项指标必须与分析人员试图预测或评估的最终状态明确关联，必须与全部或至少某些替代解释或结果不符，必须能够精准测定主题理念或现象。
3. **可靠性**。当使用比较法时，数据收集必须具有一贯性。观察和收集数据者必须观察相同的事物。为保证可靠性，应精确定义指标。
4. **稳定性**。一项指标必须能够随着时间的推移保持其有用性，以便分析人员做出比较并跟踪事件的发展。理想的情况是，在事件发展的早期，指标应具有可观察性，以便分析人员和决策者能够有时间做出相应反应。
5. **独特性**。一项指标应仅用于测量一个对象，并能与其他指标一起只表明被研究对象的情况。有价值的指标不仅与某一特定情景或假设相符，还与所有其他替代情景均不相符。

情景 1：公开为属于少数派的什叶派信徒权利抗争的巴林反对派成员，并未得到伊朗支持。

在本情景中，指标的核心是这些成员缺乏有助于伊朗实施合作策略的弱点、影响、信念或机会。例如，他们在婚姻、家庭、金钱、职业或犯罪方面的问题很少或并不明显，

也没有受到与伊朗相关的影响，或抱有与伊朗相关的信念，能够为伊朗创造施加影响或拉拢的机会。此类情况下出现的一个潜在缺陷是，未能考虑到欺骗行动的实施。例如，没有发现相关活动，可能由于对方实施了安全行动或采取了特别的隐蔽措施。因此，有必要关注一段时间内该问题全部维度上的活动缺失情况。

- ★ 没有出现婚姻或家庭问题；
- ★ 后续情况进展没有显示出现了职业问题；
- ★ 教育/培训和工作之间没有出现矛盾；
- ★ 社交媒体图片没有表明生活水准和上报收入不符；
- ★ 家庭地理位置与上报收入之间无矛盾出现；
- ★ 公共记录资料没有暴露出经济麻烦；
- ★ 没有出现有关逮捕、犯罪、滥用毒品或酒精的文章或社交媒体资料；
- ★ 没有出现对利益相关者或家庭明显不公的文章或社交媒体资料；
- ★ 有反映婚姻和谐的社交媒体信息；
- ★ 文章或社交媒体资料表明资金状况良好；
- ★ 文章或社交媒体资料表明家庭和睦；
- ★ 后续进展表明事业有成；
- ★ 文章或社交媒体资料表明毒品/酒精的使用得到节制；
- ★ 文章或社交媒体资料反映了遵纪守法的历史；
- ★ 在社交媒体上的帖子，或指导者、职业合作人或朋友发表的文章里没有亲伊朗的内容；
- ★ 文章或社交媒体资料表明，有很多朋友或直系家庭成员居住在美国或欧洲；
- ★ 文章或社交媒体上的帖子没有引用亲伊朗电视节目/电影/书籍中的内容；

- ★ 去过美国或有美国人 / 欧洲人前来造访；
- ★ 文章或社交媒体资料表明有反对伊朗影响的描述内容；
- ★ 没有文章或社交媒体上的帖子表明支持跨国什叶派教义；
- ★ 有文章或社交媒体资料展示生活方式或个人行为的透明度；
- ★ 没有公开表示希望前往伊朗旅行或居住；
- ★ 没有对霍梅尼表示赞许；
- ★ 没有对真主党表示赞许；
- ★ 不是伊朗支持团体的成员；
- ★ 没有对伊朗革命表示赞许；
- ★ 对美国 / 西方表示赞许；
- ★ 没有对叙利亚政权表示赞许；
- ★ 在社交网络中没有令人起疑的波斯人姓名；
- ★ 文章或社交媒体中没有表明前往伊朗旅行的内容；
- ★ 文章或社交媒体中没有表明前往欧洲、亚洲或非洲旅行的内容；
- ★ 组织的网站资料中没有信息表明有大量雇员、分支机构或国际网点分布；
- ★ 后续资料表明有会计学培训在进行；
- ★ 后续资料表明有管理大型组织的成功经验；
- ★ 社交媒体的帖子中存在外国地点的地理坐标。

情景 2：接受秘密资金支持的巴林反对派成员，其目标是推翻哈里发君主政体，但对该资金来源毫不知情。

在本情景中，指标的重心是反对派成员个人及其所属团体或党派，与和伊朗有联系的组织或个人的财务关系。这些关系可能隐而不现。亲伊朗信念或重要的个人弱点可能或不可能存在于此情景中。

- ★ 可以从公开渠道获得的财务信息，与第三国控股公司或幌子公司有关联；

- ★ 流入捐款来源可疑、无法解释；
- ★ 社交网络里存在可疑波斯人名字；
- ★ 在反对派团体顾问委员会或社交网络中，存在与伊朗有联系的组织或个人；
- ★ 组织的网站资料显示有大量雇员、分支机构或国际网点分布的信息；
- ★ 后续资料没有显示出会计学方面的培训信息；
- ★ 后续资料表明其管理大型组织的成功经验很少或没有；
- ★ 社交媒体图片展示的生活水准与上报收入不符；
- ★ 家庭的地理位置与上报收入不符；
- ★ 有公开记录表明遭遇经济麻烦；
- ★ 文章或社交媒体资料表明遭遇过逮捕、犯罪或滥用毒品或酒精的情况；
- ★ 社交媒体上的帖子，或指导者、职业合作人或朋友发表的文章里有一些亲伊朗的内容。

情景 3：在伊朗支持的真主党营地接受秘密训练的巴林反对派成员，其目标是推翻哈里发君主政体。

本情景中存在多个弱点，而与伊朗支持者或合作者的接触，随着时间的推移产生了更强的亲伊朗影响和信念，它们使上述弱点复杂化。可能也会观察到与伊朗方面的直接接触。

- ★ 社交媒体表明出现了婚姻或家庭问题；
- ★ 后续情况进展没有表明出现了职业问题；
- ★ 教育 / 培训和工作之间出现矛盾；
- ★ 社交媒体上的图片表明生活水准和上报收入不符；
- ★ 家庭地理位置与上报收入不符；
- ★ 公开记录资料表明存在经济麻烦；
- ★ 有关于逮捕、犯罪、滥用毒品或酒精的文章或社交媒体资料存在；

- 有关于针对利益相关者或家庭明显不公的文章或社交媒体资料存在；
- 私人聊天内容表明婚姻并不和谐；
- 没有文章或社交媒体资料显示财务状况良好；
- 没有文章或社交媒体资料显示家庭团结紧密；
- 有证据表明个人经受过伤痛（例如失去家庭成员）；
- 社交媒体上的帖子，或指导者、职业合作人或朋友发表的文章里出现一些亲伊朗的内容；
- 社交媒体上的帖子或文章表明，很少或没有很多朋友或直系家庭成员生活在美国或欧洲；
- 文章或社交媒体上的帖子有引自亲伊朗电视节目 / 电影 / 书籍的内容；
- 没有经常前往美国或有美国人 / 欧洲人前来造访的证据，或者证据很少；
- 文章或社交媒体资料没有或很少描述西方影响；
- 文章或社交媒体资料表明有一些亲伊朗影响的描述内容；
- 文章或社交媒体上的帖子表明支持跨国什叶派教义；
- 没有文章或社交媒体资料展示生活方式或个人行为的透明度；
- 公开表示希望前往伊朗旅行或居住；
- 对霍梅尼表示赞许；
- 对真主党表示赞许；
- 不赞许绿色革命；
- 身为伊朗支持的反对派团体成员；
- 对伊朗革命表示赞许；
- 不赞许美国 / 西方；
- 对叙利亚政权表示赞许；

- ★ 文章或社交媒体中没有反西方观点的描述；
- ★ 文章或社交媒体中有亲伊朗观点的描述；
- ★ 在社交网络中有令人起疑的波斯人名字；
- ★ 文章或社交媒体中有前往伊朗或真主党驻地旅行的内容；
- ★ 文章或社交媒体表明前往过欧洲、亚洲或非洲旅行；
- ★ 组织的网站资料中可能有表明大量雇员、分支机构或国际网点分布的信息；
- ★ 社交媒体的图片帖子中存在外国地点的地理坐标。

分析所得增值：上述指标是否全面且互斥？针对各个情景，是否均制定出足够数量的高质量指标，以推动有效分析？上述指标是否具有可收集性？如果是，收集的优先顺序应当如何？

本案例中的指标均根据任务 3 形成的维度而生成，因此反映的是在结构化头脑风暴阶段确定的问题，结果是每个维度均生成了分析人员希望可以合理搜集到的大量指标。本案例的优先收集顺序应聚焦于，利用指标群排除反对派成员参与推翻哈里发君主政体活动这一可能性，而非聚焦于排除这些活动。在指标清单瘦身后，可以进行更多的分析和搜集活动，彻底审查确定上述活动是否与一个或多个情景相符的判断依据。有些最有意思的指标会围绕反对派及其成员的金融交易、社交网络及其社交媒体活动的容量和质量而设置。

五、结论

在逮捕 8 个反对派领导人后的数月内，巴林政府与反对派之间的僵局并未缓和。2011 年 6 月，国王哈马德成立了巴林独立调查委员会（Bahrain Independent Commission of Inquiry），意图缓解这种紧张局面。这个由 5 人组成的委员会将确定 2011 年 2 月和 3 月发生的事件是否违反国际人权法规，并向政府提出建议。[1]2011 年 11 月，该委员会公布了一份长达 500 页的报告，详细描述了政府滥用职权的行为并提出了建议。政府采纳了某些建议。[2] 调查委员会认为“武力和枪械使用过度，其使用在很多场合下并无必要、不成比例且不加选择”。[3] 报告还记录了巴林骚乱导致的 35 例人员死亡、559 项酷刑指控及 1624 项解职投诉。[4] 至 2012 年早期，该调查委员会的数项建议已经得到落实，其中包括对已故抗议人员与酷刑折磨受害者的家庭做出赔偿、定罪复审及承诺调查酷刑指控。[5]2012 年 1 月 8 日，巴林内阁建议授予经选举产生的立法机关更多权力，以便“在行政机构与立法机关之间取得更大平衡”，但在政治领域没有采取任何行动来扩大什叶派的代表人数。[6]

除了提出建立更多独立机构调查和监督当前及未来滥用权力的一般性建议外，该委员会还提出了具体建议，以解决下列问题：

★ 与言论、集会和结社自由相关的武力使用，人员逮捕，拘留人员的处理、监禁及起诉；
★ 宗教建筑的拆除、公营及私营领域职员的解职、学生的开除及终止其奖学金的发放；
★ 媒体煽动问题；
★ 更好地正面理解人权，包括尊重宗教和民族多样性。[7]

但在很多方面，委员会的建议和巴林政府的回应都太少、太迟。例

[1] 原注：Report of the Bahrain Independent Commission of Inquiry, November 23, 2011, Http: //www.bici.org.bh.

[2] 原注："Background Note: Bahrain," U.S. State Department Bureau of Near Eastern Affairs, January 13, 2012, Http: //www.state.gov/r/pa/ei/bgn/26414.htm.

[3] 原注：Report of the Bahrain Independent Commission of Inquiry, 268.

[4] 原注：Report of the Bahrain Independent Commission of Inquiry, 219, 282, 331.

[5] 原注：Information Affairs Authority, "Progress Report on the Implementation of the BICI Recommendations," January 17, 2012.

[6] 原注：Report of the Bahrain Independent Commission of Inquiry.

[7] 原注：Report of the Bahrain Independent Commission of Inquiry.

如，巴林政府确立了一套新法典，呼吁警察尊重人权。但在调查委员会公布报告前后的数月里，巴林政府拘禁了数百名反对派成员。这更刺激了反对派，他们呼吁进行改革，举行了更多抗议活动，均遭到巴林政府的武力镇压。[1] 此外，48 名巴林医生和护士遭到逮捕，被判处 5 至 15 年的刑期。上述做法激发了人们坚持不放弃不同政见的情绪，招致国际机构的严厉指责。[2] 联合国秘书长潘基文通过其发言人表达了对"巴林国家安全军事法庭在巴林对平民——医疗专业人士、教师及其他人——重判刑期行为的深切关注"，指出"该诉讼系在人们质疑诉讼程序严重不合规的情况下完成"。[3] 在该报告公布后的数月内，警察与抗议者的冲突持续不断。这种情况迫使联合国人权事务高级公署（Office of the U.N. High Commissioner for Human Rights，OHCHR）发表了一份声明，对使用催泪瓦斯、橡皮子弹和霰弹枪子弹的"多份报道表示揪心"。该公署说，"可靠来源的信息"表明，若干人员的死亡与安全部队向人群发射催泪瓦斯有关，呼吁巴林政府对所指称的此类过度使用武力情况展开调查。[4]

上述抗议活动发生后，巴林与伊朗之间的关系进一步冷却。巴林政府以其官方身份及通过非官方论坛及社交网站等，指控几乎所有反对派领导人受到了伊朗的影响或与伊朗有染。它同时还指控支持反对派活动的国际人权组织与伊朗狼狈为奸。2011 年，两国各自召回了大使。

但 2 月 14 日抗议活动是否与伊朗有任何关联，反对派是否通过真主

---

[1] 原注："Post BICI Report: A BCHR Report on Human Rights Violations Since the BICI Report," Bahrain Centre for Human Rights, March 26, 2012, Http: //bahrainrights.hopto.org/BCHR/wp-content/uploads/2012/03/ PostBICIreview-1.pdf.

[2] 原注："Re-trial for Bahrain Medics Important Step Towards Justice," Amnesty International, October 6, 2011, Http: //www.amnesty.org/en/news-and-updates/re-trial-bahraini-medics-"important-step-towards-justice" -2011-10-06.

[3] 原注："UN Condemns 'Harsh' Bahrain Sentencing," RTE, October 1, 2011, Http: //www.rte.ie/news/2011/1001/ bahrain.html.

[4] 原注："U.N. Concerned by Bahrain's Crackdown," UPI, March 20, 2012, Http: //www.upi.com/Top_News/ Special/2012/03/20/UN-concerned-by-Bahrains-crackdown/UPI-92081332265828.

党接受了训练和援助，这一问题仍然悬而未决。在公开场合，巴林政府无法拿出伊朗直接干预或援助遭逮捕的反对派活跃分子的证据。2011 年，反对派领导人在整整一年的时间内均处于被拘押状态。2011 年 11 月，巴林政府提出新指控，称其逮捕了一个地下恐怖团伙的 5 名成员，该团伙与伊朗革命卫队（Iranian Revolutionary Guard Corps）有着直接联系，当时正在策划袭击巴林政府大楼及连接巴林与沙特阿拉伯的长堤。[1] 对于上述联系，巴林政府既没有提供上述人员的姓名，也没有公布任何证据，因此，抗议活动一直持续到 2012 年，强度一直未减。

六、重要收获

★ 在缺乏直接报告的情况下，利用诸如星爆法及结构化头脑风暴之类的发散性方法，酝酿出一系列严谨的问题和议题以供研究。

★ 指标法能够帮助分析人员把研究聚焦于可收集到的相关信息，这些信息可以用来聚焦搜集活动，同时还可以减轻人类的一种天然倾向，即习惯于见到愿意看到的东西，忽略愿望之外的东西。

[1] 原注："Bahrain Says Terror Suspects Linked to Iran's Revolutionary Guard," *The Guardian*, November 14, 2011, Http: //www.guardian.co.uk/world/2011/nov/14/bahrain-terror-iran-revolutionary-guard.

[第十六章]

乌克兰橙色革命的影响

内容提要

2004年春，在漫漫严冬的冰雪消融后，乌克兰的政治形势也随着一则即将举行秋季总统大选公告的发布而升温。自1991年乌克兰独立以来，美国与基辅执政党的关系此时可能降到了最低点，而此次选举的结果则会对美国在该地区的政策产生重大影响。乌克兰的亲美反对派，是否有机会成功抗拒乌克兰最富有、最强大政治力量发起的联合行动？**结构化头脑风暴、由表及里思考法（Outside-In Thinking）和简单情景法（Simple Scenarios）**，可以帮助分析人员确定起作用的关键因素，解释上述因素之间的动态关系可能会形成的各种未来结果。

表16.1　案例快照：乌克兰橙色革命的影响

所用结构化分析方法	《情报分析：结构化分析方法》中所在章节	分析类别
结构化头脑风暴	第五章	观点生成
由表及里思考法	第八章	因果评估
简单情景法	第六章	情景与指标

在面对不确定的未来结果时，分析人员能够帮助决策者做好准备，其最重要方式之一是确定起作用的关键因素并解释其动因。预测某种局

面会如何变化有时颇具诱惑力，但对远期结果的单点预测（single-point forecasts）几乎总是有误，很少能与良好决策所需的考虑事项挂钩。有效的对外和安全政策必须适用于众多可能的结果，在决策者试图最大限度地扩大机会，以便让事件符合国家利益的过程中，他们需要敏锐了解自己能够影响哪些因素。此外，他们必须考虑政策选项的潜在“机会成本”——针对一种局面的某种既定方法可能影响另一政策领域中的重要目标。

在本案例中，学生面对着一种诱惑：把分析聚焦于“哪个候选人最有可能赢得总统选举”。因为本案例的设计意图是，通过模拟得出负责了解乌克兰国内政治的分析人员的焦点信息，所以叙述主要集中在乌克兰的国内发展动态方面。但这种获得焦点信息的做法却可能丧失对乌克兰国外关键因素的甄别。本案例中有关俄罗斯的文本框 16.2 和有关格鲁吉亚的文本框 16.3（见《情报分析案例》一书），为可能影响选举结果的各种外部因素提供了线索。结构化头脑风暴、由表及里思考法和简单情景法，能够帮助分析人员克服诱惑，防止其对选举做出单点预测，或只把注意力集中在范围过于狭窄的一组驱动因素上。综合运用上述方法即可搭建出一个分析过程的框架，确定全部相关因素——直接因素、间接因素、内部因素及外部因素，并帮助了解它们之间的相互关系。在这些练习中，教师们应鼓励学生认真思考其完成任务的步骤，因为这些步骤也适用于很多提供分析支持的情形。

一、方法1、2：结构化头脑风暴与由表及里思考法

头脑风暴是一个团体性活动过程，该过程按照预先设计的具体规则和步骤来激发新观点和新理念（见文本框 16.4），所产生创造性的激励力量来自两名或多名分析人员相互撞击思想迸出的火花。在头脑风暴讨论会上，分析人员通常会接触到超出其本人思考范围以外的更多思想和看法，其典型的成果是能够获得更好的分析产品。

文本框 16.4 头脑风暴成功八原则

1. 明确头脑风暴讨论会的目标和主题。

2. 不要非难任何观点，无论其听起来多么怪异、背离传统或毫无可能。相反，应研究如何将该观点用于当前任务。

3. 每次只允许一人发言，并确保人人都有发言机会。

4. 为头脑风暴讨论会安排充裕的时间。

5. 让所有与会者参与讨论。有时需要采取“无声的头脑风暴”方法，例如让全体静默 5 分钟，然后让其将自己的关键观点写在 3 英寸×5 英寸的卡片上，接着讨论各人在卡片上写下的内容。

6. 尽量安排一至多名“局外人”参加小组讨论，以避免出现团体迷思并激励发散性思考。这些“局外人”应机敏善思，其知识体系或视角与小组成员不同，但应对讨论主题有一定了解。

7. 将讨论内容记录下来！使用白板、黑板架或便利贴对讨论内容进行跟踪。

8. 讨论会结束时，对关键结果进行总结。在与会人员离开前，要求他们将其主要收获或学到的精华写在一张 3 英寸×5 英寸的卡片上。此后，进行简短总结并将其分发给与会者（与会人员可以对内容进行补充）和其他对该主题感兴趣者（包括未能参会者）。

由表及里思考法有助于熟悉与自己专业领域相关问题的分析人员，思考其专业领域以外因素可能会怎样影响其分析。在分析过程之初考虑所有起作用的因素时，这种方法最有助益。由表及里思考法可以帮助分析人员识别外在因素，挖掘那些如果不采取此法很可能会被忽略的新发现和相互关系，从而降低分析失误的风险。

综合运用上述两种方法，可以促使分析人员思考可能决定选举结果的全部因素。

任务 1：针对决定乌克兰大选结果的因素，进行一次结构化头脑风暴分析。

步骤 1： 向所有参与者发放便利贴和记号笔，告知其在头脑风暴练习的这一环节不允许交谈。

在这项练习中，学生将被限制在本案例研究的范围内，但重要的是，要指出在现实情形下，在头脑风暴小组中纳入该主题方面的专家和能够提供更多元化视角的多面手，会十分有益。小组如果只包括处理该问题的人员，则其视角常会局限在每天阅读到的信息流上面；结果则是关键假定依然得不到质疑，历史类比被忽略。

步骤 2： 给小组成员提出下述焦点问题：决定下任乌克兰总统是谁的全部因素有哪些？

步骤 3： 要求小组成员在便利贴上写下几个关键词，给出问题答案。练习者每写下一个答案，就将其交给协调人。协调人则大声将其读出。练习人员应使用记号笔在便利贴上书写，以便将其帖到墙上后能够很容易看清所写答案。要求参与者使用短的词组而非长句。

步骤 4： 将全部便利贴按照其被读出的顺序贴在墙上。对所有观点均一视同仁。鼓励参与者相互在对方观点的基础上补充发挥。练习一开始时各种观点通常接踵而至，接着参与者会陷入对各个问题的思考。

强调避免镜像思维的必要性，十分重要。在教室环境中，很多学生可能对乌克兰的政治形势知之甚少，所以要保证所有参与者都认真阅读包含相关背景资料的案例研究，这点很重要。他们应把案例研究资料放在手头，供快速参考之用。

利用案例叙述，学生应迅速确定最有可能决定大选局面的国内政治因素。它们应包括最可能取胜的候选人、其支持人群及大选环境，其中包括新闻自由及非政府组织在该国的作用等。

步骤 5： 经常每隔 5 至 10 分钟会有 1 分钟左右的停顿。这种渐缓的节奏表明，分析人员已经“穷尽了脑海中显而易见的答案”，正在形成新观点、新看法。虽然这种停顿让人不舒服，但也应避免交谈。

步骤 6：在两三次长时间停顿后，鼓励小组成员使用由表及里思考法，把注意力重点放在识别可能影响乌克兰总统大选结果的外部因素上。使用有助于记忆的“STEEP+2 因素法”（社会、技术、经济、环境、政治，加上军事和心理因素；STEEP+2=Social, Technological, Economic, Environmental, Political, plus Military and Psychological）推动这一分析过程。

在此阶段，学生应开始注意到美国、欧盟、俄罗斯、欧洲安全与合作组织之类的国际机构及外国非政府组织的作用。此外，“STEEP+2 因素法”应当引出诸如非传统媒体、手机和社交媒体网站等，可能在分享信息和争取支持方面扮演角色的因素。学生可能会关注到格鲁吉亚的玫瑰革命，这场革命可能带给乌克兰人的心理影响，及乌克兰与格鲁吉亚两国反对派之间相互联系的可能性。

给学生几分钟时间进行头脑风暴，稍停片刻，思考这一问题并且简略写下几个观点。然后在练习室内四处走动，将便利贴收集起来。缓慢读出答案，边读边以任意顺序把答案贴在墙上或白板上。图 16.3 为头脑风暴的结果清单。

步骤 7：让所有参与者（或一个小组）走到贴有便利贴的墙前面，重新排列具有类同关系的各组便利贴（有某些相同特点的各组便利贴）。有些便利贴可能会被移动几次，如果有些观点适用于多个具有类同关系的便利贴，则可将便利贴复制后加以应用。

如果小组只有一部分人走到墙面前重新排列便利贴，则让其他小组成员留在座位上，再组成几个分支小组，根据教师读便利贴时所听到的主题，列出一份问题关键驱动力或维度的清单。这样可以让大家全部忙碌起来，并对站在墙面前小组成员的排列结果进行有效检查。

步骤 8：所有便利贴排列完毕之后，让小组选出一个最能概括每组便利贴的词或短语。

- 乌克兰经济
- 维克托·尤先科吸引支持的能力
- 尤先科
- 媒体
- 媒体报道
- “新”媒体
- 玫瑰革命中的游行示威
- 非政府组织
- 俄罗斯的“干预”
- 乌克兰的经济状况与俄罗斯对其产生影响的能力
- 尤利娅·季莫申科集团与尤先科联合
- 佩德罗·西蒙连科
- 维克托·梅德韦德丘克的操纵
- 国家控制的媒体
- 大选监督的有效性
- 政治人口学
- 有关库奇马或尤先科妥协的更多信息
- 宪法改革新法案
- 美国对非政府组织的支持
- 能源利益
- 人口分布
- 民众对政府的态度
- 欺诈的可能性
- 公平竞争的程度
- 媒体自由状况
- 竞选资源（商界支持？）
- 俄罗斯介入的作用
- 欧洲介入的程度与性质
- 美国介入的程度与性质
- 乌克兰与外国非政府组织的作用
- 欧洲安全与合作组织、欧洲理事会等外部官方机构的作用
- 玫瑰革命的心理影响
- 技术的作用
- 政变的可能性
- 发生针对一个或两个领先候选人的暴力活动，从而削弱其竞选能力的可能
- 有组织犯罪的作用
- 北约与欧盟扩大规模及乌克兰成为欧盟成员国的前景

图 16.3　乌克兰橙色革命的影响案例：头脑风暴结果范例

图 16.4 为类同关系群所得结果范例。

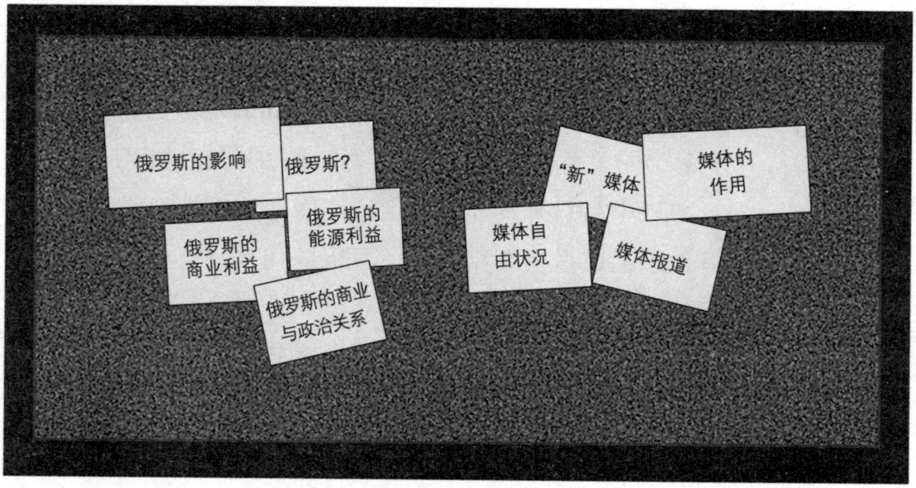

图 16.4　乌克兰橙色革命的影响案例：类同关系群所得结果范例

图 16.4 只给出了两个类同关系群的结果，但在本部分练习中通常会出现四五个主题。在本案例中，一套概念性类同关系组可能包括以下项目：

- ★ 库奇马的操纵；
- ★ 预期候选人及其支持人群（尤先科、亚努科维奇）；
- ★ 媒体的作用；
- ★ 俄罗斯的影响；
- ★ 美国 / 欧盟 / 西方影响；
- ★ 商界利益；
- ★ 非政府组织；
- ★ 民心。

步骤 9：具体评估每种力量和因素对这一问题的影响，然后用这份包含各种力量及因素的清单，列出一份用于补充信息搜集和研究的清单。

库奇马的操纵：库奇马正在采取步骤改变宪法，以剥夺新总统的重要权力。以前曾有人控告库奇马干过一些不道德的勾当，这让人们心怀疑虑，质疑其在保证亚努科维奇取胜方面能够努力到何种程度，及他做出此种努力的有效性可能有多高。他是否会通过挑起危机来延长其统治？他是否会采取无情行动让反对派保持沉默？抑或会试图吸引尤先科阵营的一个或多个重要成员远离其阵营，从而分裂反对派？

预期候选人及其支持人群：候选人竞选的行动方式，包括其赢得选民和商界领袖支持的能力在内，会影响投票结果和获得的资金支持。腐败和欺诈程度是关键未知项。

媒体的作用：在乌克兰，媒体主要由政府控制，极少报道反对派观点（若有）。在 2 月大会上，反对派创造性地利用技术和非传统媒体来传播其观点。同样，还有一个基本假定，即控制媒体只会帮助现政府，但替代观点的缺位也可能会鼓励执着的选民寻求非传统信息源。进一步研究可能了解反对派利用其他通信形式的程度，以及如果利用的话，它们都是何种形式的通信。

俄罗斯的影响：本案例叙述突出了阻止尤先科当选总统的强烈动机，但案例并未具体确定俄罗斯影响这一转型的潜在手段。俄罗斯影响大选结果的手段及莫斯科正在利用这些手段的表征，是需要进一步研究的领域。如果俄罗斯将乌克兰视为其最重要的外交政策问题，那么它能在多大程度上保护其在乌克兰的利益？

美国/欧盟/西方影响：美国及其他西方国家，包括国际组织在内，通过外国非政府组织及欧洲安全与合作组织等国际机构，向其他国家新兴的公民社会组织提供援助。它们能为乌克兰的此类组织提供多少资金，效果如何？

商界利益：乌克兰商人能够通过向总统候选人提供金融支持和利用媒体来影响大选。有些商人撤回了对亚努科维奇的支持，转而支持尤先科。支持主要候选人的有哪些商人？其支持力度如何？他们的支持可能会怎样打破一个方向或另一方向上的平衡？

非政府组织：非政府组织正在乌克兰活动，它们能在多大程度上组织起格鲁吉亚玫瑰革命中所发生的各类行动？库奇马会在多大程度上采取先发制人的行动来阻止此类行动的发生？

民心：乌克兰选民整体上如何看待这些候选人及总统大选？他们如何看待西方或俄罗斯的介入？他们的投票率及行动会达到多高水平？

分析所得增值：哪些关键因素将影响此次选举的结果？哪些信息空白值得额外关注？综合运用结构化头脑风暴与由表及里思考法所带来的增值，不仅可得到这份驱动因素清单，还能清晰阐述这些因素为何可能影响大选结果，以及搜集额外信息将如何填补重要信息空白以降低不确定性。在这一过程中，因为分析人员的注意力集中点是他们有理由怀疑影响大选结果的因素及满足其特定信息需求的因素，所以他们能够把信息搜集任务聚焦于最有意义及能够带来潜在收获的调查领域。有些信息空白为可知空白，可以搜集到信息。有些为不可知空白，但思考它们的行为本身却有助于确定起作用的变量并限制其不确定性范围。

二、方法3：简单情景法

简单情景法可以帮助分析人员理解某种局面可能演变的各种方式。分析人员个人或分析小组都可以使用该方法。在上述任一情况下，简单情景分析所得增值都不在于各种情景本身的细节，而在于分析讨论哪些因素会影响到某一具体情景、每一情景对决策者有何意义，以及警示决策者此类未来情形正在演变为现实的指标。

在本案例中，设想局面演变的多种情景的简单做法，促使分析人员把眼光从“呼唤”大选赢家移开，而去思考上述驱动因素可能如何相异，而演变出截然不同的结果。

任务 2：进行简单情景分析，考虑乌克兰选举的各种可能结局，及能够决定这些结局的驱动因素。

步骤 1：明确定义简单情景法练习的焦点问题和具体目标。

在本案例中，上一任务界定了焦点问题，但学生可能希望考虑是否有其他焦点问题需要进一步思考。

步骤 2：制作一份关于可能影响未来前景的各种力量、因素和事件清单。

学生可能会从利用方法 1、2 得出的因素清单中抽取部分因素，或通过头脑风暴形成一份可能会对所研究问题产生某些影响的因素清单。

步骤 3：将相互关联的力量、因素和事件分成 5 到 10 个类同关系组，而这些类同关系组有望成为焦点问题演变的驱动力。

学生可以再次利用前述清单并 / 或对其进行删减或增加，包括最相关的因素分组。本案例所包括的概念性因素组如下：

- ★ 库奇马的操纵；
- ★ 预期候选人及其支持人群；
- ★ 媒体的作用；
- ★ 俄罗斯的影响；
- ★ 美国 / 欧盟 / 西方影响；
- ★ 商界利益；
- ★ 非政府组织；
- ★ 民心。

步骤 4：简要描述各类同关系组或采用前面已经做出的描述。

库奇马的操纵：库奇马正在采取步骤改变宪法，以剥夺新总统的重要权力。以前曾有人控告库奇马干过一些不道德的勾当，这让人们心怀疑虑，质疑其在保证亚努科维奇取胜方面能够努力到何种程度，及他做出此种努力的有效性可能有多高。他是否会通过挑起危机延长其统治？他是否会采取无情行动让反对派保持沉默？抑或会试图吸引尤先科阵营的一个或多个重要成员远离其阵营，从而分裂反对派？

预期候选人及其支持人群：候选人竞选的行动方式，包括其赢得选民和商界领袖支持的能力在内，会影响投票结果和获得的资金支持。腐败和欺诈程度是关键未知项。

媒体的作用：在乌克兰，媒体主要由政府控制，极少报道反对派观点（若有）。在 2 月大会上，反对派创造性地利用技术和非传统媒体来传播其观点。同样，还有一个基本假定，即控制媒体只会帮助现政府，但替代观点的缺位也可能会鼓励执着的选民寻求非传统信息源。进一步研究可能了解反对派利用其他通信形式的程度，以及如果利用的话，它们都是何种形式的通信。

俄罗斯的影响：本案例叙述突出了阻止尤先科当选总统的强烈动机，但案例并未具体确定俄罗斯影响这一转型的潜在手段。俄罗斯影响大选结果的手段及莫斯科正在利用这些手段的表征，是需要进一步研究的领域。如果俄罗斯将乌克兰视为其最重要的外交政策问题，那么它能在多大程度上保护其在乌克兰的利益？

美国 / 欧盟 / 西方影响：美国及其他西方国家，包括国际组织在内，通过外国非政府组织及欧洲安全与合作组织等国际机构，向其他国家新兴的公民社会组织提供援助。它们能为乌克兰的此类组织提供多少资金，效果如何？

商界利益：乌克兰商人能够通过向总统候选人提供金融支持和利用媒体来影响大选。有些商人撤回了对亚努科维奇的支持，转而支持尤先科。支持主要候选人的有哪些商人？其支持强度如何？他们的支持可能会怎样打破一个方向或另一方向上的平衡？

非政府组织：非政府组织正在乌克兰活动，它们能在多大程度上组织起格鲁吉亚玫瑰革命中所发生的各类行动？库奇马会在多大程度上采取先发制人的行动来阻止此类行动的发生？

民心：乌克兰选民整体上如何看待这些候选人及总统大选？他们如何看待西方或俄罗斯的介入？他们的投票率及行动会达到多高水平？

步骤 5：制作一个矩阵，将驱动因素列在左边，如表 16.3 所示。

表16.3 乌克兰橙色革命的影响案例：简单情景法范例

	最佳情形——“民主转型”	最差情形——“宪法政变”	主流情形——“寡头政治执政者获胜”	“乌克兰爆发橙色革命”的补充情形
库奇马的操纵		+	+	–
亚努科维奇		+	+	–
尤先科	+	–	–	+
媒体的作用	+	+	+	+
俄罗斯的影响		+	+	–
西方影响	+	–	–	+
乌克兰商界利益		+	+	+
非政府组织	+	–	–	+
民心	+			+

注释：“+”＝强大或正面影响；“–”＝微弱或负面影响；无内容＝空白或无变化。

步骤6：至少生成4个不同情景：最佳情形、最差情形、主流情形及至少另外一种情形。

- ✶ 最佳情形：“民主转型”；
- ✶ 最差情形：“宪法政变”；
- ✶ 主流情形：“寡头政治执政者获胜”；
- ✶ 补充情形：“乌克兰爆发橙色革命”。

步骤7：矩阵纵列用来描述上述情景。给每个情景的各驱动因素标出一个正值或负值。正值或高值用“+”表示，负值或低值用“－”表示，中间值或无变化则用空白表示。填写矩阵的简单方法是，假设该情景已经成为事实，然后提问：“驱动因素A对该结果所产生的影响是高、低，还是中等？”

步骤8：现在是重新考虑上述驱动因素和情景的好时机。是否有更好的方法来理解和描述上述驱动因素？是否漏掉了任何重要驱动因素？纵观整个矩阵，确定各驱动因素在上述各情景中所造成差异的程度。如果某一驱动因素在所有情景中的数值都完全相同，则该因素就是无差异性因素，应予以删除或进一步定义。为了鼓励分析人员思考其他可能情景，可以思考一下确定最可能情景时所做的关键假定。假如其中某些假定被证明不成立，结果会是怎样？如果它们不成立，结果会受到怎样的影响？此类替代结果是否包括在可获得的情景范围内？

为了方便矩阵的解读，最好再拆分一下候选人，让尤先科的反对派和在政府支持下亚努科维奇所做的操纵行为都成为独立驱动因素。在全部情景中，媒体的得分均保持不变，这可能意味着它是可以删除的因素。但在本案例中，媒体所起的作用可能千差万别。因此，这一驱动因素应予以保留，各情景的内容应描述其变化。例如，在“最佳情形”情景的描述中，国家媒体的报道严重向亚努科维奇倾斜，但尤先科却吸引了部分报道，获得一些寡头政治执政者的大量资金援助。另一方面，在替代情景中，尤先科则被主流媒体拒之门外，但他通过公开抛头露面和互联网广告赢得了更多追随者。

这种情景练习的一个有趣结果与最差情形和主流情形的设想结果类似。进一步考察则会发现其原因——上述两种情形的基础假定是，无论其通过操纵立法，还是通过不公和欺诈性竞选行为，获得总统职位的结果均系“盗窃”所得。

步骤 9：用一页纸的篇幅，针对各情景写下一个故事，描述该情景的未来情形如何，及 / 或该情景如何出现。这个故事应该说明各驱动因素间相互作用的情形。

这个故事（生成 4 种情景）可能包括以下关键要素：

最佳情形（“民主转型”）：大选如期举行，竞选活动向前推进，几乎没有不和谐杂音。国家媒体大力向亚努科维奇倾斜，但尤先科却吸引了部分报道，得到了寡头政治执政者的大量资金援助，其中包括第聂伯罗彼得罗夫斯克集团的领袖维克托·平丘克。俄罗斯给亚努科维奇提供了资金援助，但比较克制，并未公然介入或表示支持，希望为赢得大选的任何人都留出一条后路，以建立务实关系。库奇马的宪法改革因未能在拉达赢得三分之二的多数票而搁浅。来自欧洲安全与合作组织、欧洲理事会、美国和欧盟的压力，阻止库奇马做出最令人震惊的伪造选举记录的选择。与此同时，美国与俄罗斯的双边关系得到改善，双方均承诺，在此次总统大选和北约成员资格方面都尊重乌克兰人民的意愿。

最差情形（"宪法政变"）：拉达以 300 比 0 的投票率批准了宪法改革法案，但投票遭到了"我们的乌克兰"和其他反对派的抵制。正如尤先科所言，他与季莫申科一起领导发起了一次大规模的抗议和非暴力反抗运动。但除基辅出现了数千名示威者以外，乌克兰人民却无动于衷。库奇马抓住这一机会，宣布国家进入紧急状态。库奇马与俄罗斯达成了一项加入"共同经济空间"（Common Economic Space）的交易，并按照对乌克兰有利的价格条款敲定了一份长期天然气交易。为了回应西方批评，库奇马从伊拉克撤出了乌克兰军队。普京则赞扬他"领导得力"，避免了一场一触即发的危机，对库奇马的行动给予了直接支持。

主流情形（"寡头政治执政者获胜"）：库奇马的宪法改革以微弱劣势失败。顿涅茨克集团领袖雷纳特·艾哈迈托夫与第聂伯罗彼得罗夫斯克集团领袖维克托·平丘克达成一项交易，将乌克兰的全部商业集团联合起来支持亚努科维奇。4 月，库奇马的办公室主任梅德韦德丘克前往莫斯科，听取了俄罗斯情报长官就格鲁吉亚玫瑰革命所得教训的简要说明和指示。5 月，乌克兰政权镇压了外国非政府组织，逮捕了一个新建青年组织的多位领导人。8 月，尤先科的关键同盟者尤利娅·季莫申科在一次汽车爆炸中身亡。库奇马以往曾参与杀害反对派记者贡加泽，这激起了人们的猜测——他的政府安排了此次刺杀。在美国和欧盟的支持下，欧洲安全与合作组织撤走了大选监督团队，宣布上述新情况阻碍了大选的自由公正举行。在10月31日第一轮投票中，尤先科设法满足了参加决胜选举的要求，但在决胜投票中败给亚努科维奇。乌克兰的非政府组织宣称，此次投票中出现了大规模欺诈行为，但该政权却阻止采用选择投票制（alternative vote）的计票方式，而反对派的抗议呼吁并未引起公众采取多少行动。

其他情形（"乌克兰爆发橙色革命"）：库奇马的宪法改革因未能在拉达赢得三分之二的多数选票而搁浅。乌克兰的寡头政治执政者联合起来支持亚努科维奇竞选，同时俄罗斯也大力介入，支持亚努科维奇。结果却刺激乌克兰做出了激烈的民族主义反应，让尤先科从中受益。这也让国际组织和西方提供经费支持的非政府组织坚定决心，组织选择投票制活动，严格监督大选。格鲁吉亚玫瑰革命中的积极分子向其乌克兰同行提供社会组织和民主动员方面的培训。尤先科被主流媒体拒之门外，但他通过公开抛头露面和互联网广告赢得了更多追随者。与格鲁吉亚玫瑰革命非常相似，乌克兰政权宣布其候选人赢得大选，但公众起而抗议大范围的竞选欺诈行为，政府难以凭借安全部队阻止示威者。他们以和平方式占领了国家电视台和关键部门，宣布尤先科为总统。亚努科维奇见大势已去，承认尤先科大选获胜，库奇马及其关键同伙逃往俄罗斯。

步骤10：描述各情景对决策者所具有的潜在意义，这些意义应集中在美国能够对大选结果发挥影响的变量上。

以下为部分范例：

★ **最佳情形（"民主转型"）：**美国对俄罗斯的外交影响及尊重乌克兰民主进程的双边协议，是控制住俄罗斯影响的关键手段。

- **最差情形（“宪法政变”）：**这一情景的关键变量是拉达的投票，美国在这方面的影响微乎其微。
- **主流情形（“寡头政治执政者获胜”）：**大选监督团队的撤离使美国完全丧失鼓励公正自由选举的关键手段。
- **补充情形（“乌克兰爆发橙色革命”）：**如果各方允许，利用选举监督，支持公民社会组织，这有助于确保乌克兰社会沿着民主道路前进。可以鼓励上述组织利用非传统媒体将其信息传达出去。

步骤 11：针对各情景列出一份指标清单，该清单应能够帮助你发现事件开始以情景中设想的方式发展演变。

有些一般性指标可能包括以下内容，但教师们应鼓励学生尽可能具体地界定上述指标。若希望指标界定更加严谨，可利用全套“指标法与指标验证因子法 ™”流程。[1]

- **最佳情形（“民主转型”）：**国家机关贯彻法律条文和宗旨，归因于政府的骚扰事件十分罕见，中央选举委员会很少收到投诉，反对派媒体盛极一时，在众多信息源中赢得了更强的代表性，俄罗斯则袖手旁观。
- **最差情形（“宪法政变”）：**宪法改革法案通过，竞选期间发生了反对两个候选人的暴力事件，政府机构采取措施，强化总统权力。
- **主流情形（“寡头政治执政者获胜”）：**寡头政治执政者抑制着分裂其力量和资源的冲动，转而维持团结，支持亚努科维奇。国家和政党之间的界限变得模糊。大选期间发生的暴力事件对反对派起到了恐吓作用，降低了参加集会人员的数量或频率。

[1] 原注：Richards J. Heuer Jr. and Randolph H. Pherson, *Structured Analytic Techniques for Intelligence Analysis,* 2nd ed. (Washington, DC: CQ Press, 2015), 149（见《情报分析：结构化分析方法》第六章）.

★ **补充情形（“乌克兰爆发橙色革命”）：**回应恐吓时，反对派媒体并未退缩。改头换面的新媒体遭到封闭，或其经营受到政府活动的限制。新媒体被反对派团体用作一种组织力量。寡头政治执政者对主要候选人的支持呈分裂状态。俄罗斯扮演着呐喊助威的政党角色，支持亚努科维奇。在支持亚努科维奇的问题上，也出现了遭到民众强烈反对的迹象。面对恐吓策略，反对派重整旗鼓，加大行动力度，举行了更多集会，给出了更多媒体报道，获得了更高投票率。

步骤 12：定期监控指标清单的情况。

分析所得增值：哪些因素会影响乌克兰大选的结果？在回应美国决策者这一问题时，分析人员应该强调哪些判断？在开始本阶段练习前，要告诉学生做出预测是分析人员所面对的最艰难任务之一，这种告知常常对他们大有裨益。简单情景法并非一种能够先得出“结果”，然后再传达给决策者的手段，而是用于确定和积极思考各种结果会如何出现的方法。若某种未来情形正在形成，则这一过程能够帮助分析人员了解情况，并警告决策者。此举旨在帮助决策者了解当时的动态，及通过各种动态演变能够产生的最合理结果。

因此，学生在练习中应当确定的不仅是经过确认的影响，还有能够表明某一结果正在形成的关键指标。例如，外部因素——俄罗斯介入的程度和本质，在多个情景中就是关键驱动因素。学生应当能够定义出俄罗斯促成相关情景实现的行为特征。在最佳情景中，俄罗斯袖手旁观，而在最差情景中，俄罗斯人很可能唆使库奇马抓住权力不放。

考查学生对分析所得增值理解的另一方法是，让其用图示表现前面三项练习得到的关键发现。本项练习可以鼓励学生提取上述可能结果的关键判断、驱动因素及假定，而不是写出一本简单概括上述结果的大部头。

考查学生理解情况的另一手段是，首先询问他们对出现某一具体结果的自信程度如何，然后询问他们提高或降低其自信程度需要出现何种情形。这种质疑方法常常有助于学生确定尚未思考的指标、空白和假定。接着询问其如何追踪上述指标、填补空白和检查经其确认的假定。质疑过程可以作为信息搜集策略的基础，指导未来研究。

三、结论

乌克兰总统换届所带来的结果是世人所知的“橙色革命”，但通过事件回顾可以明显看出，这一结果远非上天注定。有数个其他替代情景已接近实现的边缘（见图 16.5 给出的这一时段事件年表）。例如，事实证明宪法改革功亏一篑。2004 年 4 月 8 日，乌克兰拉达仅以 6 票之差未能达到通过库奇马宪法改革法案所需的三分之二多数。[1] 反对派集团抵制了此次投票，政府未能从独立代表那里赢得足够的支持来赢得胜利。直到总统大选结束后，拉达主席才宣布法案未能通过，而立法部门的亲政府政党领导人投票决定联合起来，支持亚努科维奇的候选人身份。[2]

日期	事件
2004 年	
3 月 18 日	议会投票决定于 2004 年 10 月 31 日举行大选。
3 月下旬	*Pora*（“到时候了”）青年运动公开化。
4 月 1 日	维克托 · 平丘克与乔治 · 索罗斯宣布了一项计划，将组建法律援助协会（Legal Aid Society），将慈善活动联合起来。i

[1] 原注：Roman Woronowycz, “Verkhovna Rada Fails, by 6 Votes, to Pass Constitutional Amendments,” *Ukraine Weekly*, April 11, 2004, http://www.scribd.com/doc/12815581/The-Ukrainian-Weekly-200415.

[2] 原注：Roman Woronowycz, “Majority Coalition Taps Yanukovych as Presidential Candidate,” *Ukrainian Weekly,* April 18, 2004, Http: //www.scribd.com/doc/12815982/The-Ukrainian-Weekly-200416.

（续图）

4月16日	维克托·梅德韦德丘克在克里姆林宫与俄罗斯总统普京会晤，普京表示支持人民的意志，但说更希望保持双边关系的延续性。[ii]
4月23日	普京访问乌克兰，会晤了库奇马。[iii]
5月23—24日	普京访问乌克兰，参加“统一经济空间”（Single Economic Space）会议。
7月3日	总统竞选正式开始。
7月26日	库奇马、亚努科维奇与普京在雅尔塔会晤。
9月5日	尤先科与乌克兰国家安全局局长一起用餐后病倒。
9月24日	亚努科维奇被鸡蛋击中胸部，入院数小时后出院。
10月15—16日	*Pora* 青年组织办公室遭到政府特种警察袭击。[iv] 库奇马在索契与普京会晤。
10月20日	亲反对派的“5频道”资产被政府冻结，记者们进行绝食抗议。[v]
10月23日	尤先科在中央选举委员会办公地点外举行大规模集会。
10月24日	一个100人的记者群举行游行活动，支持“5频道”。另外，一个装有可燃液体的瓶子被扔进尤先科办公室主任停放在基辅的汽车里。乌克兰中央选举委员会投票一致决定，在俄罗斯联邦建立41个特别投票点。[vi]
10月25日	*Pora* 宣布10月25—30日举行一次学生抗议行动，回应所指称的政府恐吓。
10月26日	普京开始对乌克兰进行为期多日的访问。
10月28日	乌克兰最高法院推翻中央选举委员会在俄罗斯联邦设立特殊投票点的决定。[vii]
10月31日	第一轮总统选举举行，此次投票让尤先科略微领先于亚努科维奇，并引发第二轮投票。欧洲安全与合作组织说，该次投票未能兑现乌克兰对该委员会做出的众多承诺。
11月21日	第二轮决胜局总统大选举行，引发了一系列欺诈指控。
11月22日	中央选举委员会宣布亚努科维奇赢得总统选举，尤先科的支持者走上街头游行。
11月25日	尤先科投诉后，最高法院暂停公布中央选举委员会的投票结果。
11月26日	亚努科维奇与尤先科同意寻求一个和平解决方案。
12月1日	尤先科解除了对政府大楼的封锁，鼓励其支持者留在街上。
12月3日	最高法院宣布第二轮投票无效，为举行新选举扫清了道路。
12月11日	越南医生确认二噁英是尤先科中毒的元凶。
12月26日	新的第二轮总统选举举行，欧洲安全与合作组织评论说情况有所改观。
2005年	
1月11日	中央选举委员会宣布投票结果，表明尤先科获胜。
1月20日	亚努科维奇让步。
1月23日	尤先科宣誓就任总统。

（续图）

i. "George Soros, "Viktor Pinchuk to Create Legal Aid Foundation in Ukraine," US-Ukraine Business Council. April 1, 2004, Http: //www.usubc.org/AUR/aur4–052.php.
ii. "Russia Watches Ukraine Election," *Ukraine Weekly*, May 30, 2004, Http: //www.ukrweekly.com/.
iii. "Putin: Broadcasting Not an Issue," *Ukraine Weekly*, May 9, 2004, Http: //www.ukrweekly.com/.
iv. Andrew Wilson, *Ukraine's Orange Revolution* (New Haven, CT: Yale University Press, 2006), 76.
v. "Ukraine TV Station on Hunger Strike Ahead of Poll," Reuters, October 27, 2004.
vi. Organization for Security and Cooperation in Europe (OSCE), "Ukraine Presidential Election OSCE/ODIHR Election Observation Mission Final Report," May 11, 2005.
vii. Organization for Security and Cooperation in Europe (OSCE), "Ukraine Presidential Election OSCE/ODIHR Election Observation Mission Final Report," May 11, 2005.

图 16.5 2004 年 3 月—2005 年 1 月精选事件年表

竞选演变为一场赤裸的混战。在 4 月份举行的穆卡切沃市长竞选中，乌克兰政府在投票站采用了"恶劣的弄虚作假"和"纯粹的暴行"来击败尤先科联盟，使其既定策略大白于天下，这令反对派大为惊诧。[1] 在总统竞选从夏季进入秋季的过程中，库奇马的行动人员全力以赴地支持亚努科维奇，但其很多策略适得其反。政府定期向媒体组织发布所谓的"*temnyky*"——《非正式报道指南》，国家控制的电视报道则差不多沦为赤裸裸的宣传。拒绝播报尤先科的节目，这一做法只会鼓励更多对其抱有好奇心的选民参加他的竞选活动。[2] 尤先科的竞选活动还面临着持续不断的骚扰。有一次，一辆卡车试图让其车队离开道路。9 月，他因患上一种神秘疾病而几乎送命。奥地利医生诊断为二噁英中毒。虽然尤先科指控库奇马政权牵涉其中，但投毒者却始终未查出。此次投毒令尤先科先前英俊

[1] 原注：Nadia Diuk, "The Triumph of Civil Society," in *Revolution in Orange: The Origins of Ukraine's Democratic Breakthrough*, Anders Äslund and Michael McFaul, eds. (Washington, DC: Carnegie Endowment for International Peace, 2006), 78.

[2] 原注：Anders, Äslund, *How Ukraine Became a Market Economy and Democracy* (Washington, DC: Peterson Institute for International Economics, 2009), 180–84.

的面孔留下了累累疤痕，但强化了他作为乌克兰政权野蛮行径反对者的勇敢形象，大大坚定了他赢得总统选举的决心。[1]

像库奇马政权一样，俄罗斯也大力支持亚努科维奇的竞选活动。如果说俄罗斯的介入与库奇马政权的介入有什么区别的话，那就是其行动起到了反作用。表面看来，俄罗斯总统普京将乌克兰大选视为个人使命，大选期间几乎每个月都与库奇马会晤一次，而到 7 月则公开支持亚努科维奇，甚至在大选前夜还在乌克兰为其摇旗呐喊。[2] 数十名俄罗斯政治顾问南下乌克兰，频频在乌克兰语和俄语电视节目中赞扬亚努科维奇，指责尤先科。[3] 数亿美元的俄罗斯资金投入了亚努科维奇的竞选资金库。[4] 克里姆林宫的这种竞选活动看起来像是赤裸裸地企图将其意志强加给乌克兰，而实际上则可能伤害了亚努科维奇。[5]

严阵以待准备抗击库奇马政权、俄罗斯和亚努科维奇的，是乌克兰的反对派团体和众多非政府组织。数日来，美国、欧洲及私人捐助方一直在为参与选民教育、司法改革和大选监督的非政府组织提供经费，而这些团体随即建立了一个庞大网络，将当地在选举法和社区组织方面受过培训的积极分子和官员收归其中。[6][7] 与此同时，他们还建立了几家独立的互联

---

[1] 原注：Adrian Karatnycky, "Ukraine's Orange Revolution," *Foreign Affairs*, March–April 2005, Http: //www.foreignaffairs.com/articles/60620/adrian-karatnycky/ukraines-orange-revolution.

[2] 原注：Andrew Wilson, *Ukraine's Orange Revolution* (New Haven, CT: Yale University Press, 2005), 86–95.

[3] 原注：Äslund, *How Ukraine Became a Market Economy and Democracy*, 183.

[4] 原注：Äslund, *How Ukraine Became a Market Economy and Democracy*, 182–83.

[5] 原注：Nikolai Petrov and Andrei Ryabov, "Russia's Role in the Orange Revolution," in *Revolution in Orange:The Origins of Ukraine's Democratic Breakthrough,* Anders Äslund and Michael McFaul, eds. (Washington, DC: Carnegie Endowment for International Peace, 2006), 145.

[6] 原注：Jeffrey Clark (with Jason Stout), *Elections, Revolution, and Democracy in Ukraine*: *Reflections on a Country's Turn to Democracy, Free Elections, and the Modern World* (Arlington, VA: Development Associates, 2005).

[7] 原注：Diuk, "The Triumph of Civil Society," 75.

网媒体网站，其中包括网络报纸《乌克兰真理报》和网站“练兵场”。前者成为尤先科竞选活动的关键新闻来源，后者是乌克兰政权反对者的“网络空间虚拟公民组织”（virtual civic organization in cyberspace）。[1] 2004 年 3 月下旬，出现了一个名为 *Pora*（“到时候了”）的乌克兰学生组织，模仿那些曾经帮助推翻塞尔维亚和格鲁吉亚总统的团体。虽然 *Pora* 积极分子有时被人用手机拍摄，受到骚扰，但他们仍然为尤先科的竞选活动提供正式和非正式支持。[2] 美国对候选人采取了中立态度，但压迫库奇马政府确保选举过程自由公正。[3]2004 年 5 月，时任美国助理国务卿的斯蒂文 · 皮菲尔（Steven Pifer）告诉众议院国际关系委员会欧洲小组委员会（House International Relations Committee's Subcommittee on Europe）说：

> 在此次大选中，美国政府并不支持任一候选人。我们关注大选过程是否自由公正，能够让乌克兰人民民主地选择自己的下任总统。经由这一过程产生的总统不论是何人，我们都准备紧密而急切地与其携手合作。[4]

他还补充说，“现在我们双边议程上唯一重要的问题是乌克兰总统的角逐和选举行动”，“即将到来的总统大选……将会影响到乌克兰下一个十年的战略进程”。[5] 欧洲安全与合作组织的监督人员朝着这一目标努力，关

[1] 原注：Diuk, “The Triumph of Civil Society,” 73.

[2] 原注：Wilson, *Ukraine's Orange Revolution*, 75.

[3] 原注：Roman Woronowycz, “Armitage to Kuchma: Free and Fair Elections Will Be Benchmark of US-Ukraine Relations,” *Ukraine Weekly*, April 4, 2004.

[4] 原注：Steven Pifer, “Ukraine's Future and US Interests,” testimony before the House International Relations Committee, Subcommittee on Europe, May 12, 2004, Http: //2001–2009.state.gov/p/eur/rls/rm/32416.htm.

[5] 原注：Steven Pifer, “Ukraine's Future and US Interests,” testimony before the House International Relations Committee, Subcommittee on Europe, May 12, 2004, Http: //2001–2009.state.gov/p/eur/rls/rm/32416.htm.

注着竞选行动和投票准备工作。[1]

10 月 31 日的投票分裂了整个乌克兰，两个主要候选人被系上了一条事实上的纽带。尤先科获得 39.90% 的选票，亚努科维奇则得到 39.26% 的选票。前者赢得了乌克兰西部和中部地区 78% 的选票，后者赢得了乌克兰东部和南部 71% 的选票。欧洲安全与合作组织的监督人员报告说出现了许多不合规行为，国营电视台的记者们则厌烦无比，不愿遵守库奇马政权的《非正式报道指南》，这表明库奇马政府的权力基础出现了重大分裂现象。[2][3] 共产党候选人西蒙连科的得票数量，与其 1999 年的得票数量及其政党 2002 年拉达选举时获得的支持相比，则出现了断崖式下降。这表明有些投给他的选票被人用欺骗手段拉给了亚努科维奇。西蒙连科义愤填膺，敦促其支持者在乌克兰选举法规定的 11 月 21 日决胜局选举中，对两个候选人都投反对票。[4]

此次决胜局选举深受大规模造假之害。[5] 乌克兰中央选举委员会宣布亚努科维奇以 49.5% 的得票率获胜，尤先科的得票率则为 46.6%。反对派团体立刻拒绝接受这一结果，说独立投票后的民意调查表明尤先科赢得了 53% 的投票。批评者强调，在乌克兰东部地区，特别是亚努科维奇的家乡顿涅茨克，选民投票数量不合常理。该地区参加投票的数量应该超过第一轮投票的 18%，达到合格选民数量的 96%，几乎全部站在亚努科维奇一

[1] 原注：Organization for Security and Co-operation in Europe (OSCE) Office of Democratic Institutions and Human Rights (ODIHR), *Ukraine Presidential Election*: *OSCE/ODIHR Election Observation Mission Final Report* (Warsaw, Poland: OSCE ODIHR, 2005), Http: // www.osce.org/odihr/elections/ukraine/14674.

[2] 原注：Organization for Security and Co-operation in Europe (OSCE) Office of Democratic Institutions and Human Rights (ODIHR), *Ukraine Presidential Election: OSCE/ODIHR Election Observation Mission Final Report* (Warsaw, Poland: OSCE ODIHR, 2005), Http: // www.osce.org/odihr/elections/ukraine/14674.

[3] 原注：Åslund, *How Ukraine Became a Market Economy and Democracy*, 190.

[4] 原注：Åslund, *How Ukraine Became a Market Economy and Democracy*, 190.

[5] 原注：OSCE ODIHR, *Ukraine Presidential Election.*

边。[1] 尤先科马上召集了抗议活动，抗议此次投票中的欺诈行为。11 月 21 日晚投票结束后不久，大约有 5000 名尤先科的支持者在基辅的主要广场搭起了帐篷。[2]

库奇马政权面对着严峻挑战，这一事实即刻变得很明显。在尤先科通过手机、互联网和加入反对派队伍的主流媒体记者对全国发出呼吁的情况下，11 月 22 日上午，20 万抗议者聚集到基辅独立广场。[3] 身着橙色服装的抗议者数量与日俱增，在一周时间内，超过 100 万“橙色革命者”聚集在基辅中心地带，封锁政府部门大楼，坚持让乌克兰最高法院否决此次投票的效力。抗议组织者构建了供抗议者食宿的设施，建立了一套自我护卫和安全系统，不给政府镇压制造任何口实。[4]

库奇马政权匆忙行动，以期再次控制事件的发展。但不久局面就明朗起来——它对付抗议的选择严重受限。第聂伯罗彼得罗夫斯克集团的领袖维克托 · 平丘克脱离了亚努科维奇阵营，给库奇马政权沉重一击。

在乌克兰国内，各派力量纷纷抛弃乌克兰当局。乌克兰外交官员成为早期背离的一群，军队也分裂为多派。11 月 25 日，两位前乌克兰国家安全局（SBU）将军在基辅独立广场发表讲话，支持反对派，而乌克兰国家安全局似乎也紧随其后。同一天，乌克兰西部军事指挥部（Ukraine's Western Military Command）司令官宣布其部队不会被用来反对祖国，这表明不同地区的军队，也像民事警察一样，观点各有不同。库奇马政权要实施镇压，只能选择内政部的特种部队。[5]

看到事态难以挽回，为了达成一致意见，库奇马与关键党派举行了谈判。波兰和立陶宛总统介入，充当和事佬。亚努科维奇还邀请了俄罗斯杜马发言人。为了促成交易达成，尤先科同意削减总统权力，将一些关键权

---

[1] 原注：Äslund, *How Ukraine Became a Market Economy and Democracy*, 191.

[2] 原注：Diuk, “The Triumph of Civil Society,” 80.

[3] 原注：Äslund, *How Ukraine Became a Market Economy and Democracy*, 192.

[4] 原注：Diuk, “The Triumph of Civil Society,” 80.

[5] 原注：Äslund, *How Ukraine Became a Market Economy and Democracy*, 194.

力转交给拉达。[1] 双方同意让乌克兰最高法院对选举结果做出裁定，该法院的独立性超过库奇马控制的宪法法庭。12 月 3 日，最高法院裁定，政府实施了大规模欺诈活动，选举结果无效，呼吁 12 月 26 日再次举行决胜局选举。[2] 在再次举行的这次选举中，尤先科轻而易举地取得了胜利。而欧洲安全与合作组织的监督人员认为此次选举的自由和公正程度很高。

2005 年 1 月 1 日，尤先科走马上任，就任总统一职，橙色革命告一段落。但利用新掌权的立法机构来统治一个人心四分五裂的国家是项艰巨任务，依然任重道远。

四、重要收获

- ★ 外部力量或间接力量容易被忽视，但它们却会严重影响选举结果。利用由表及里思考法等方法能够在分析过程早期阐明这些力量，提供追踪其发展过程的机会。
- ★ 分析预测是分析人员可能面对的最艰难任务之一。利用简单情景法，能克服过早缩小分析范围，使分析焦点只盯住单一结果的诱惑。

[1] 原注：Timothy Garton Ash and Timothy Snyder, "The Orange Revolution," *New York Review of Books*, April 28, 2005, Http: //www.nybooks.com/articles/archives/2005/apr/28/the-orange-revolution.

[2] 原注：Äslund, *How Ukraine Became a Market Economy and Democracy*, 195.

[第十七章]

贝尔格莱德爆发暴力事件

内容提要

2008 年 2 月，一群愤怒的抗议者袭击了贝尔格莱德的美国大使馆大楼，导致使馆大楼正面出现了不同程度的损伤。塞尔维亚首都发生的暴力活动，外加其邻国科索沃出现的零星暴力行为，迫使美国官员对美国利益在该地区所面临的潜在威胁及美国如何回应做出艰难的评估。以上袭击是否预示着针对美国人的暴力活动会进一步升级？美国官员是否应该依靠塞尔维亚当局保护美国的外交存在？**力场分析法、决策矩阵法（Decision Matrix）**及**“赞成—反对—错误—纠正”法**等，为人们提供了一个做出透彻评估的强力框架，为在危机环境中做出决策提供支持。

表17.1　案例快照：贝尔格莱德爆发暴力事件

所用结构化分析方法	《情报分析：结构化分析方法》中所在章节	分析类别
力场分析法	第十一章	决策支持
决策矩阵法	第十一章	决策支持
“赞成—反对—错误—纠正”法	第十一章	决策支持

在本案例中，学生将自己设想为科索沃 2008 年宣布独立时，身处贝

尔格莱德的美国外交官。虽然这里提供了“学校式解决方案”，描述了当时的实际结果，但案例的关键目标并非重新创立或审视具体的美国决策，而是帮助学生学习如何完成合乎逻辑和全面的决策支持过程。

许多最重要的决策都是在时间紧迫的情况下匆忙做出，但这并不意味着决策者或其支持者不应深思熟虑，因为合乎逻辑和全面的思考过程是制定最佳行动计划的根本要素，即便做决策的环境并不理想。以下方法和练习可以为完成踏实可靠的决策过程提供一个模板，它们包括利用力场分析法、决策矩阵法和“赞成—反对—错误—纠正”法等方法识别和评估问题，思考多个选项，并消除决策缺陷。

一、方法1：力场分析法

力场分析法是一种决策工具，可以用来识别和评估驱动或约束某一特定结果的关键力量和因素。通过囊括一切的方式列出并权衡支持或反对某一问题或结果的所有力量，分析人员可以更加全面地定义正在考虑的上述力量。此外，这一方法还可以帮助分析人员评估影响该问题的各种力量的相对重要程度。更加透彻地理解上述力量后，又可以反过来将其用于制定行动方案，增强某些特定力量，获得期望结果，或者削弱上述力量，降低某一不利结果出现的概率。

任务 1：贝尔格莱德可能发生更多针对美国利益的暴力活动，就对其能够起到驱动和约束作用的因素进行一次力场分析。

步骤 1：简洁明了地定义问题、目标或变化。

在本案例中，至 2 月 19 日（星期二）时，需要处理的初始问题是，确定针对美国和其他西方国家在贝尔格莱德利益的暴力行为是否会升级，以及假如升级的话，美国大使馆应该采取何种行动来维护使馆大楼安全、保护其人员并推动其政策目标的实现。因此，力场分析法应聚焦在针对美国使馆更多暴力行为的驱动和约束力量方面。

步骤 2：采用头脑风暴的方式确定影响该问题的主要因素。

利用结构化头脑风暴[1]，学生应列出一份完备的能够影响更多暴力活动发生机会的力量、因素和问题清单。鼓励学生利用“STEEP+2 因素法”（社会、技术、经济、环境、政治，加上军事和心理因素；STEEP+2=Social, Technological, Economic, Environmental, Political, plus Military and Psychological）开始其头脑风暴。这一过程应能促使学生讨论需进一步研究的信息空白和假定，或需要对上述力量加以提炼或分组，才能填补的信息空白和提出的假定。

步骤 3：对于支持和反对更多暴力活动发生的最强力量，各列出一份清单。

本案例中支持更多暴力活动的一些关键力量如下：

★ 科索沃单方面宣布的独立得到美国和欧洲的正式承认；
★ 塞尔维亚官员强烈的反西方言辞；
★ 在有关秘密行动计划的报告中，有一条内容是让塞尔维亚人抵制科索沃宣布独立；
★ 星期日和星期一，塞尔维亚防暴警察未能使西方国家的资产免遭损毁；
★ 分裂出来的小派别利用政府支持的和平游行示威机会实施暴力活动，该游行示威计划于星期四晚间举行。

反对暴力活动的力量如下：

★ 星期日和星期一，防暴警察积极尝试击退进攻者；
★ 星期四，塞尔维亚官员敦促人们保持冷静，呼吁以和

[1] 原注：Richards J. Heuer Jr. and Randolph H. Pherson, *Structured Analytic Techniques for Intelligence Analysis,* 2nd ed. (Washington, DC: CQ Press, 2015), 102 (见《情报分析：结构化分析方法》第五章).

平方式举行游行示威；

★ 塞尔维亚加入欧盟的愿望，应能约束政府批准或推动进行暴力活动或军事行动的冲动；

★ 星期日参加游行示威的大多数人员都爱好和平。

步骤 4：将清单纳入类似表 17.5 中。

表17.5 贝尔格莱德爆发暴力事件案例：力场分析法范例

问题：针对美国在塞尔维亚利益的更多暴力活动的支持和反对力量			
分值	**针对美国使馆的更多暴力活动——驱动力量**	**针对美国使馆的更多暴力活动——约束力量**	**分值**
5 分	美国已正式承认科索沃单方面宣布的独立。	星期日晚及星期一，防暴警察积极尝试击退袭击者。	4 分
5 分	塞尔维亚官员用尖锐的反美言辞谴责此次独立行为。	塞尔维亚官员敦促人们保持冷静，呼吁以和平方式举行游行示威。	4 分
3 分	有报告说，有份秘密行动计划号召塞尔维亚人抵制科索沃独立。	塞尔维亚加入欧盟的愿望，应能约束政府推动的暴力活动或军事行动带来的威胁。	4 分
3 分	计划于星期四当天晚些时候举行和平游行示威，得到塞尔维亚政府的支持，这是分裂出来的小派别实施暴力活动的良机。	星期日参加游行示威的大多数人员都爱好和平。	3 分
4 分	防暴警察未能于星期日避免西方资产遭到损毁，这种情况可能再次发生。		
总计 20 分			总计 15 分

步骤 5：在每个因素上标出一个表明其力量强度的分值，力量强度最小者分值为 1，最大者为 5。若认为有多个因素的力量强度相同，则可为其标上相同分值。

给强度打分的过程，是对支持或反对上述结果的论据中的基础假定和空白进行讨论的机会。在本案例中，就塞尔维亚防暴警察星期日和星期一工作表现的讨论结果表明，他们能击退暴乱人员，但无法阻止其实施破坏活动。因此，警察表现的两个方面均得到反映，其未来表现难以确定。在此种情况下，将警察作为约束力量得了较高的 4 分，但其假设前提是警察有能力和意愿击退未来的暴乱人员。虽然塞尔维亚官员敦促人们保持冷静，在星期四以和平方式举行游行示威，这一因素作为约束力量得了高分，但塞尔维亚官员却专注于发出强烈的反美和反西方信息。考虑到部分塞尔维亚官员的强烈反美言辞及塞尔维亚警察在星期日袭击中不尽如人意的表现，因此塞尔维亚人有意愿和能力击退未来袭击的假设并不可靠，应给出警示信息以反映这一不确定性。

强度得分较高的其他暴力活动驱动因素有，美国正式承认科索沃独立和持续的尖锐反美言辞，而前者得到了全世界媒体的关注。两者均为已经高涨的情绪火上浇油。

步骤 6：算出每一份清单的总分，确定是驱动力量（支持论据）还是约束力量（反对论据）占据主导地位。

步骤 7：审查两份清单，确定其中是否有任何因素可以相互抵消。

学生可能会受到诱惑，认为塞尔维亚官员敦促人们保持冷静，与煽动反美情绪，这两种截然不同的公开言论相互制衡。本案例说明了认真思考强度变量的重要性。如果不理解塞尔维亚官员言论的目标受众与可能影响，则为其强度评分就会出现问题。本案例中最突出的倡导约束者是总统塔迪奇，但他是在前往纽约与联合国安全理事会人员会晤时针对暴力活动作出告诫，大概是更多地面向国际社会，而非塞尔维亚受众。科什图尼察的反美言辞在国家电视台上播出，显得更加尖锐，看起来是说给塞尔维亚人听的。对于华盛顿和欧洲的明显不公正做法，塞尔维亚人的担心程度至少与其对科索沃地位的担心相同。分裂出来的小派别最倾向于采取暴力行动，它们更有可能受反美言论的煽动而行动起来，不会被保持冷静的呼吁所束缚。

步骤 8：分析上述清单，确定假如因素出现变化，可能会如何影响整体结果。

有一个关键因素是，星期四游行所提供的机会会让暴力行动进一步升级。如果星期四游行因恶劣天气而取消、后延或参加人数较少，则采取暴力行动的动力就可能丧失，防暴警察作为一种推动力量的重要性就会降低。这样就会导致至少约束暴力行动的因素与推动暴力行动发生的因素相抵消（若非超过）。

任务 2：回答下列问题：

* 哪些力量最强？
* 你标出的分值是否有任何假定支撑？
* 是否有不确定因素可能影响你的分析？如果有，是哪些不确定因素？

最强的力量包括已经获得美国承认，及塞尔维亚领导层的反应。有一个关键假定及推论是，星期四的游行示威提供了一个重演星期日暴力行动的机会，防暴警察则要再次面临击退袭击者的挑战。关键不确定处则包括，防暴警察的潜在表现和塞尔维亚当局是否有能力和意愿避免发生暴力行动。

分析所得增值：贝尔格莱德是否会发生更多反对美国利益的暴力行动？塞尔维亚当局制订了大规模游行的计划，加上其持续的反美言论，可能成为针对美国在贝尔格莱德利益的更多暴力活动的催化剂。但有一个关键不确定处是，假设群众集会时出现比星期日游行时数量更多的暴乱人员，塞尔维亚警察会有怎样的表现。

二、方法2：决策矩阵法

决策矩阵法能够帮助确定使具体目标或标准最大化的行动步骤。通过列出所有选项或可能选择，以及评判上述选项的标准，这一方法可以将一个决策拆分为几个组成部分。该方法利用权重帮助分析人员确定相对于其他选项来说，每一选项满足每一标准的程度。虽然矩阵会给每一选项分配一个量化分值，但数字本身并不能做出决策。相反，分析人员应当利用这些数值来引导决策者，使其了解各种常常相互抵触的目标或标准之间此消彼长的关系，以及可以如何调整某一选项以最佳方式实现上述目标。

任务 3：使用决策矩阵法评估贝尔格莱德的美国外交官应该如何应对更多暴力行动带来的威胁。

步骤 1：确定有待考虑的决定或问题。

根据有可能发生更多暴力活动的评估结论，对于保护其有关塞尔维亚的安全和实现政策目标，美国应采取何种最佳方式?

步骤 2：列出选择标准及选项，标准和选项的数量可因情形不同而有差异。

标准：

1. 保护美国使馆（如实体建筑物、信息）；
2. 保护美国人员（如使馆职员、家属、驻外事务处公民）；
3. 执行美国对科索沃和塞尔维亚的政策立场（即支持科索沃独立）；
4. 美国使馆经济代价最小化。

选项：

1. 撤走美国大使（以牙还牙）；
2. 使馆对公众关闭，但仍然维持业务活动；

3. 星期四停止使馆的行政事务，即对公众关闭使馆并将次要职员送回家；
4. 关闭使馆，撤走家属。

步骤 3：合并每一清单里的项，删除重复项。

步骤 4：将你制定完成的标准和选项填入类似表 17.6 的矩阵中。

表17.6　贝尔格莱德爆发暴力事件案例：决策矩阵法范例

		撤走大使		对公众闭馆		行政闭馆		闭馆和撤离	
选择标准	% 权重（W）	分值（V）	加权值（W×V）	分值（V）	加权值（W×V）	分值（V）	加权值（W×V）	分值（V）	加权值（W×V）
保护美国使馆（如实体建筑物、信息等）	20	0	0	4	80	4	80	2	40
保护美国人员（如使馆职员、家属、驻外事务处公民等）	35	0	0	0	0	5	175	5	175
执行美国对科索沃和塞尔维亚的政策立场	35	2	70	3.5	122.5	3.5	122.5	1	35
美国使馆经济代价最小化	10	5	50	4	40	1	10	0	0
加权值总计	(100%)		120		242.5		387.5		250

步骤 5：根据每一标准的相对重要程度，为其标出一个权重。有一种简单做法是，将上述标准以百分制表示。

采用整数而不用百分比，会大大简化计算过程。我们给人员和政策都分配一个 35 分的权重，以反映美国对人员保护及其对科索沃长期政策的重视。人身安全得分为 20 分，其原因是，虽然它很重要，但提供一线保护仍然是地方当局的责任。经济代价作为一个因素，因其重要性相对低于其他因素，所以得分为 10 分。

步骤 6： 评估每列矩阵所有选项中每一选项满足各个标准的相对能力，每次完成一列。在此过程中，给每列分配 10 分，并根据对每个选项满足该选择标准能力的评估结果，对这 10 分加以分配。

例如，如果发生袭击且大多数人员在使馆中，则撤走大使和向公众关闭使馆均无法直接保护美国人员。但行政闭馆与完全撤离，均有机会通过从使馆撤离人员来满足这一标准。

步骤 7： 用各标准的权重乘以步骤 6 中分配给每一选项的分值，评估该选项对应该标准的权重值。例如，标准 1 的权重 × 选项 1 的分值 = 得分。为了方便计算，直接使用整数权重，而非百分比。

步骤 8： 计算每一选项的总分，并将总和填入该栏底部的"总计"格中。总分最高的选项就是最优的量化选择。

在本案例中，行政闭馆选项就是这个定量选择。

步骤 9： 利用定性检查方法，帮助确定能够进一步有助于决策过程的关键问题、变量或其他观察结果。

利用与上面相同的范例可以得知，分析人员对潜在暴力行动规模的评估结果是个关键变量，这一变量可能意味着行政闭馆与完全关闭使馆。在列出的权重中，其基本假定是暴力行动仅针对使馆大楼本身。但如果暴力行动蔓延，陷民众于危险之中，则行政闭馆并不足以保护美国人员。其结果是，这一隐含假定是个关键变量，应予以考虑。

分析所得增值：基于你的发现，哪个选项能最好地保护美国在贝尔格莱德的政治和安全利益，为什么？ 因为行政闭馆最能满足保护人身安全、保护人员和支持美国政策立场的综合标准，所以最可能成为保护美国政治和安全利益的最佳方式。虽然这样做并非使代价最小化的最佳选择，但却低于完全关闭使馆和人员撤离。

三、方法3：“赞成—反对—错误—纠正”法

“赞成—反对—错误—纠正”法是一种评估各类决策的简单策略，包括政策选项在内。在本案例中，针对美国在塞尔维亚首都利益的暴力活动，美国官员急需做出回应。“赞成—反对—错误—纠正”法尤其适用于决策者必须迅速采取行动的局面，因为这一方法能够以快速和有组织的方式对一项决策进行详细说明，并解释和排除分析障碍，以便所有决策参与者都能分享和讨论该决策。

任务 4： 使用“赞成—反对—错误—纠正”法评估你在任务 3 中选择的项（见《情报分析案例》一书表 17.4 模板）。如果你没有完成任务 3，则利用这一方法，对 2 月份美国大使馆大楼遭到袭击后，在接下来的一周，美国应该如何保护其在贝尔格莱德的政治及安全利益所提出的一份建议，进行评估。

为了阐述这一方法，我们将展示如何利用它消除星期四游行示威发生前行政闭馆决策的缺陷。

步骤 1： 清楚地阐明所提议的行动或选择。

行政闭馆包括向公众和所有非重要职员关闭使馆，而骨干职员，包括全部美国海军陆战队精选卫士在内，则留在办公现场。

步骤 2： 列出支持该决策的所有赞成意见。进行开放性和富有创造性的思考，列出所有收益、优点或其他有益因素，越多越好，将重复的赞成意见合并在一起。

- ★ 此选择将维持美国在塞尔维亚的外交存在，保持其政策的连续性，同时含蓄地支持塔迪奇建立一个实用主义通道，维持塞尔维亚加入欧盟愿望。它以外交方式

让塞尔维亚政府从疑惑不定中受益——既愿意又有能力按《维也纳公约》规定的义务保护美国使馆，同时也可避免给科什图尼察提供佐证，说明美国不愿意与贝尔格莱德有效合作。

★ 此选择能够保护美国使馆的实体构筑物，有助于确保人员安全。具体可以通过转移使馆非必要人员，让海军陆战队警卫人员“封舱”，不允许职员和访客川流不息进出使馆。

★ 虽然说这一选择并非毫无代价，但考虑到此次游行示威结束，紧张局面缓解后使馆能够迅速向工作人员和访客开放，此选择还是个相对经济的解决方案。

步骤 3： 列出所有反对所提议内容的意见或论据，对这些反对意见进行审查与合并。若两个反对意见相似或重叠，则将两者合二为一，避免冗赘。

★ 此选择假定塞尔维亚人会执行积极政策保护美国使馆。

★ 使馆大楼与人行道 / 街道之间缺少缓冲物，让驻扎在使馆内的海军陆战队警卫人员守卫大楼极其困难。使馆所处的地理位置也让塞尔维亚警察在外构建防护圈或警戒线困难重重。

★ 如果使馆长期关闭，则使馆的工作效率会下降，代价会升高，也会将核心团队与海军陆战队警卫人员置于危险之中，同时还可能树立一个美国软弱的形象。

步骤 4： 尽可能多地对反对意见进行纠正。具体做法是，提出一个修正方案，该方案应该能够大幅降低反对意见成为难题的风险。确定一项预防措施，大幅降低反对意见成为难题的机会。制定一个应急方案，应包括在观察到某些指标后需要做出的改变，或者判定是否需要进一步调查或搜集信息，以证实或证伪反对意见成为难题的假定。

* ★ 私人外交：私下以外交方式接触塞尔维亚人，感谢其星期日所给予的帮助，要求其在星期四集会前一起讨论应对策略。同时发表公开声明，对塞尔维亚警察在星期日给予的援助，及当前与塞尔维亚政府进行的对话表示感谢。
* ★ 公开外交：公开塞尔维亚政府对星期日袭击所做回应及当前与塞尔维亚政府的对话，以震慑企图搞破坏活动者，同时向塞尔维亚发出信息：美国希望塞尔维亚积极维护治安环境。
* ★ 防患于未然：找到一个既能保护使馆内美国人员、政策和信息，又能最大限度降低经济影响的中间方式。与海军陆战队警卫人员及其他可能的利益相关者同心协力，制订一个保护所有机密信息的计划和一份撤离计划。

步骤 5：挑赞成意见的错。给出赞成意见行不通或难以带来所说收益的理由，准确描述可能与赞成意见相伴生的副作用；或者说明需要进一步调查，以证实或证伪赞成意见行得通或能够带来收益的假定。

* ★ 塞尔维亚可能不具备控制集会规模超过星期日集会的能力，这样会给美国利益带来风险。考虑到有关“秘密计划”的报告及塞尔维亚警察星期日驱散袭击者时遭遇的困难，做出第二轮暴乱发生时塞尔维亚政府能够掌控局面的假设可能并不安全。
* ★ 主动闭馆可能赢得心理安宁，但可能不会有更多暴力活动发生，因此或许没有理由消耗这一选择所需的资源。
* ★ 此步骤假定所有暴力行动均只针对使馆大楼，不会引发更大范围的动荡。但此种情况仍然会让使馆职员受到伤害，导致使馆付出撤离代价。

步骤 6：将赞成意见（包括错误在内）与反对意见及其纠正意见进行比较。

有关全部赞成意见、反对意见、错误意见及其纠正意见的信息，见表 17.7。

表17.7 贝尔格莱德爆发暴力事件案例:“赞成—反对—错误—纠正”法范例

行政闭馆			
错误意见	**赞成意见**	**反对意见**	**纠正意见**
塞尔维亚可能不具备控制集会规模超过星期日集会的能力，这样会给美国利益带来风险。考虑到有关“秘密计划”的报告及塞尔维亚警察星期日驱散袭击者时遭遇的困难，做出塞尔维亚政府能够掌控局面的假设可能并不安全。	它以外交方式让塞尔维亚政府从疑惑不定中受益——有意愿和能力按《维也纳公约》规定的义务保护美国使馆。	假设塞尔维亚政府会采取积极措施保护美国使馆。	私下以外交方式接触塞尔维亚人，感谢其在星期日给予的帮助，要求在星期四集会前制定出合作策略 / 讨论合作策略。同时发表公开声明，对塞尔维亚警察在星期日给予的援助，及当前与塞尔维亚政府进行的对话表示感谢。
可能不会有更多暴力活动发生，因此或许没有理由消耗这些资源。	保护美国使馆大楼的实体构筑物和人员安全。具体可以通过转移使馆的非必要人员，让海军陆战队警卫人员“封舱”，不允许职员和访客川流不息进出使馆。	使馆大楼与人行道 / 街道之间缺少缓冲物，使其特别容易遭到袭击。	公开塞尔维亚政府对星期日袭击所做回应，及当前与塞尔维亚政府对话的信息，以震慑企图搞破坏活动者，同时向塞尔维亚发出信息：美国希望塞尔维亚积极维护好治安环境。
假定所有暴力行动均只针对使馆大楼，不会引发更大范围的动荡，但此种情况仍然会让使馆职员受到伤害，导致使馆付出撤离代价。	考虑紧张局面缓解后，使馆能够保留包括海军陆战队警卫人员在内的骨干人员并能迅速重新开馆（全部工作人员到岗），此选择虽然要付出代价，但还是个相对较为经济的解决方案。	如果使馆长期关闭，则使馆的工作效率会下降，代价会升高，还会将核心团队与海军陆战队警卫人员置于危险之中。	找到一个既能保护使馆内美国人员、政策和信息，又能最大限度降低经济影响的中间方式。制订一个保护所有机密信息的计划（如 1979 年在伊朗时所为）和一份撤离计划。

分析所得增值：根据你对赞成意见和反对意见的评估，美国该如何优化其策略，保护其在贝尔格莱德的政治和安全利益？“赞成—反对—错误—纠正”法所带来的增值是，能够帮助决策者解决既定行动方案中的疑难问题。在本案例中，仅仅采取简单的行政闭馆方式最有可能保护部分但并非全部美国利益。本方法确定了美国为即将到来的一周做准备时，需要考虑的几个步骤和进一步关注的要点：

★ 在美国行政闭馆的同时，采取一系列旨在准备让使馆职员撤离的外交和安全措施，加强使馆周围的安全防护，并提供上述防护措施失败后的出路。这些措施包括与塞尔维亚政府进行公开与私人外交性质的接触，审查美国内部的计划，及在暴乱继续并威胁到使馆时撤离骨干人员的准备行动。

“赞成—反对—错误—纠正”法还能帮助确定本选择值得考虑，及可能在进一步讨论后影响行动进程的基本假定：

★ 第一个假定是塞尔维亚人既有能力，也愿意击退未来袭击。虽然塞尔维亚防暴警察星期日击退了袭击者，但费了一些力气。再者，星期一美国承认科索沃独立时双边的紧张关系大幅升级。虽然这并不意味着塞尔维亚政府会放弃《维也纳公约》规定的义务，但可能意味着塞尔维亚更不愿对星期四表面上和平的集会计划持积极态度。

★ 第二个值得进一步考虑的假定是，假如爆发暴力行动，这些行动是否仅仅针对象征美国和西方的东西，而不针对可能身处任何地方的美国人员？因而，制订一份完整快速的使馆撤离计划十分重要。

★ 第三个假定是，集会不会引发更多暴力行动，从而必须让使馆全部人员撤离。有关科索沃的暴力活动及星期一贝尔格莱德发生更多暴乱的报告，表明有必要针对这一可能情景另行制订计划，特别是在使馆行政闭馆时，使馆工作人员分散在贝尔格莱德周围各自家中期间。

四、结论

2008 年 2 月 20 日（星期三），在日益担心发生更多抢劫和暴力行动的情况下，美国宣布其位于贝尔格莱德的大使馆实施行政闭馆，时间为自 2008 年 2 月 21 日（星期四）中午起至 2008 年 2 月 25 日（星期一）止。[1][2] 一个由安全人员及其他官员组成的核心小组将留在馆内。星期四，国务院发言人肖恩 · 麦考马克告诉记者说，国务院已告知塞尔维亚政府其有义务保护美国使馆，并评论说“迄今为止，在提供警力确保使馆设施得到保护方面，他们表现很好”。麦考马克还补充说 :“我们与他们保持着联系，以确保其派出警力应对这种局面。”[3]

当天下午，超过 15 万人在贝尔格莱德的前南斯拉夫议会大楼处举行集会，抗议科索沃宣布独立。此次集会得到了政府支持。抗议者挥舞着塞尔维亚旗帜，手里拿着写有“阻止美国恐怖主义行径”的海报。[4][5] 科什图尼察发表了激情洋溢的演说，谴责科索沃的分裂行为。他说 :“只要我们活着，科索沃就属于塞尔维亚，科索沃就属于塞尔维亚人民。”集会结束后，人群浩浩荡荡地去了贝尔格莱德最大的教堂圣萨瓦寺院。[6]

虽然人们对暴乱者数量的说法不一，但在 19 时的时候，一群抗议者，

---

[1] 原注 : Charlie Coon and Kent Harris, “Marines at Embassy in Belgrade Hunker Down, Wait Out Crisis,” *Stars and Stripes*, February 23, 2008, Http: //www.stripes.com/news/marines-atembassy-in-belgrade-hunker-down-wait-out-chaos-1.75379.

[2] 原注 : “US Embassy in Belgrade Attacked,” BBC, February 22, 2008, Http: //news.bbc.co.uk/2/hi/7256158.stm.

[3] 原注 : Walter Pincus, “Serbia Withdrew Police, Intelligence Chief Says,” *Washington Post*, February 28, 2008, Http: //www.washingtonpost.com/wp-dyn/content/article/2008/02/27/AR2008022703383.html.

[4] 原注 : “US Embassy in Belgrade Attacked,” BBC.

[5] 原注 : “Over 150 Injured in Belgrade Riots,” RIA Novosti, February 22, 2008, Http: //en.rian.ru/world/20080222/99859211.html.

[6] 原注 : “Over 150 Injured in Belgrade Riots,” RIA Novosti, February 22, 2008, Http: //en.rian.ru/world/20080222/99859211.html.

人数为1000至6000，从和平抗议的人群中分离出来，聚集到美国及其他亲科索沃国家的使馆处。新闻报道说，袭击发生时，在人群走近的过程中，美国使馆大楼处要么没有警察，要么在场的警察撤走。[1][2][3][4]袭击者扯掉了窗户上的金属格栅，撕碎了旗杆上的美国国旗，从大门进口处拽下一根栏杆，用它一路击打进入使馆。进入使馆后，他们把家具扔出窗户，在楼内放起大火。外面的人群齐声大喊"塞尔维亚、塞尔维亚"。[5][6][7][8]有一名抗议者在大火中丧生。[9]海军陆战队警卫分队的军士长约翰·芬尼根叙述说："抗议者人数太多，警察无法应付，还有更多抗议者在涌来……警察无法帮助我们走出人群，（暴徒）可以自由出入使馆，我们打电话通知全部人员后退，把大家带到一个安全区域蹲下。"[10]

据报道，警察在30至45分钟后才到达现场。大约同一时间，消防队员赶到现场救火。抗议活动持续了约2个小时，其间警察用催泪瓦斯和装甲车进行抗击，驱散人群，保卫使馆大楼。[11][12][13]这些抗议者还袭击了波斯

[1] 原注："Over 150 Injured in Belgrade Riots," RIA Novosti, February 22, 2008, Http: //en.rian.ru/world/20080222/99859211.html.

[2] 原注：Pincus, "Serbia Withdrew Police, Intelligence Chief Says."

[3] 原注："Rioter Dies in Burning Embassy as Serbs Take to Streets over Kosovo," *Times* (London), February 22, 2008, Http: //www.timesonline.co.uk/tol/news/world/europe/article3413753.ece.

[4] 原注："State Department Briefs Press on Situation at US Embassy Belgrade," Federal News Service, February 21, 2009.

[5] 原注："US Embassy in Belgrade Attacked," BBC.

[6] 原注：Pincus, "Serbia Withdrew Police, Intelligence Chief Says."

[7] 原注："Rioter Dies in Burning Embassy," *Times*.

[8] 原注："State Department Briefs Press on Situation at US Embassy Belgrade," Federal News Service.

[9] 原注："Rioter Dies in Burning Embassy," *Times*.

[10] 原注：Coon and Harris, "Marines at Embassy in Belgrade Hunker Down, Wait Out Crisis."

[11] 原注："Rioter Dies in Burning Embassy," *Times*.

[12] 原注："US Embassy in Belgrade Attacked," BBC.

[13] 原注："State Department Briefs Press on Situation at US Embassy Belgrade," Federal News Service.

尼亚—黑塞哥维那、加拿大、克罗地亚、德国、斯洛文尼亚、土耳其和英国等国家的使馆。[1][2] 共计有150多人受伤，近200人被逮捕，90家商铺遭到洗劫。[3]

此次袭击发生后，美国向塞尔维亚政府正式提出抗议，援引塞尔维亚在《日内瓦公约》中应履行的义务。白宫发言人说，美国驻塞尔维亚使馆遭到"暴徒袭击"，塞尔维亚警察未能尽责加以阻止。[4] 国务院发言人肖恩·麦考马克说："为阻止我方使馆大楼遭受侵犯所采取的安全措施，无论是人员数量还是能力均不到位。"[5] 但他说抗议者并未侵犯"所谓的底线"——使馆的安全区域。[6]

在向美国参议院军事委员会发表的评论中，国家情报总监麦克·麦康奈尔说："我们有准确情报表明，在美国和英国使馆及其他使馆遭到袭击时，塞尔维亚政府实际上决定撤回警察，让其遭受攻击、被纵火焚烧和遭到暴力袭击。"[7] 麦康奈尔的一位发言人后来澄清说，该声明部分基于目击者叙述，并非最终结论或决定。麦康奈尔就该评论补充说，"我不会说（目击者叙述的情况）是唯一发生的情形。"[8]

联合国安理会通过了一份一致通过的声明，谴责了此次"暴徒袭击"。声明指出，根据国际法规定，外交使团神圣不可侵犯，但对塞尔维

[1] 原注：Z. Kusovac, "Kosovo Protest Leads to Violence in Belgrade," *Jane's Defence Weekly*, February 22, 2008.

[2] 原注：Jovan Matic, "Belgrade Embassy Attacks Spark International Protests," Agence France Presse, *Sydney Morning Herald* (Australia), February 22, 2008, Http: //news.smh.com.au/world/belgrade-embassy-attacks-spark-international-protests-20080222–1tsa.html.

[3] 原注：Coon and Harris, "Marines at Embassy in Belgrade Hunker Down, Wait Out Crisis."

[4] 原注："US Embassy in Belgrade Attacked," BBC.

[5] 原注："State Department Briefs Press on Situation at US Embassy Belgrade," Federal News Service.

[6] 原注："State Department Briefs Press on Situation at US Embassy Belgrade," Federal News Service.

[7] 原注：Pincus, "Serbia Withdrew Police, Intelligence Chief Says."

[8] 原注：Pincus, "Serbia Withdrew Police, Intelligence Chief Says."

亚当局采取措施恢复秩序的做法表示欢迎。[1]

塞尔维亚外交部长耶雷米奇呼吁停止抗议，说暴力行为不可接受，会损害塞尔维亚在外国人眼中的形象。[2] 科什图尼察发表了一份声明，称暴力活动损害了塞尔维亚的国家利益，但他说塞尔维亚人民“表达了他们对科索沃及塞尔维亚所遭受野蛮暴力的观点”。[3] 这位负责科索沃事务的塞尔维亚部长说，暴力行动应归咎于美国：“塞尔维亚政府将继续发出呼吁，让美国为违反国际法和从塞尔维亚攫取领土承担责任。”[4]

鉴于贝尔格莱德的不安全状况，美国最终于 2 月 23 日（星期日）利用一支由 40 辆汽车组成的护卫队，从塞尔维亚撤走了近 100 位非关键性工作人员和家属。但直到 3 月 31 日，国务院才批准他们回国。[5][6][7] 由于美国使馆大楼遭到大规模破坏，至 2008 年 4 月 1 日前，使馆一直处于关闭状态，未对公众开放。[8]

塞尔维亚高级检察官发誓要找出凶犯，塞尔维亚政府同时也展开了调查。[9] 结果尚未公布。

2010 年，美国在贝尔格莱德郊外一块 12 英亩的土地上，修建了一座新使馆，此举是美国保护其外交使团免遭袭击的全球性行动的一部分。美

[1] 原注："US Embassy in Belgrade Attacked," BBC.

[2] 原注："Rioter Dies in Burning Embassy," *Times*.

[3] 原注："Koštunica：Youth Show They Want Justice," Tanjug, February 22, 2008, Http: //www.b92.net/eng/news/politics-article.php?yyyy=2008&mm=02&dd=22&nav_id=47900.

[4] 原注："US Starts Evacuation from Serbia," BBC, February 23, 2008, Http: //news.bbc.co.uk/2/hi/europe/7260613.stm.

[5] 原注："US Starts Evacuation from Serbia," BBC, February 23, 2008, Http: //news.bbc.co.uk/2/hi/europe/7260613.stm.

[6] 原注：Dragana Jovanovic, "After Belgrade Attack, US Embassy Re-opens," *ABC News*, February 27, 2008, Http: //abcnews.go.com/International/story?id=4355835.

[7] 原注："United States Reopens Ransacked Belgrade Embassy," Reuters, March 31, 2008, Http: //uk.reuters.com/article/2008/03/31/us-serbia-us-embassy-idUKL313048120080331.

[8] 原注："United States Reopens Ransacked Belgrade Embassy," Reuters, March 31, 2008, Http: //uk.reuters.com/article/2008/03/31/us-serbia-us-embassy-idUKL313048120080331.

[9] 原注："US Starts Evacuation from Serbia," BBC.

国在一份声明中称，贝尔格莱德的这处新馆可“为400位将在使馆工作的员工提供安全无恙的功能性设施”。[1][2]

五、重要收获

★ 在时间紧急的情况下，常会出现一种让当时的压力推动分析朝着最明显或最方便的行动步骤推进的倾向。在本案例中，如果像其他几个西方国家那样，仅仅实施对公众关闭使馆的决策，若袭击发生时使馆大楼内还有核心团队以外的人员，可能会让更多人面临生命危险。决策支持法能够在充满火药味的局面下缓冲分析人员的认知动力（cognitive momentum），让分析人员和决策者完全充分地考虑形成最佳决策的各种力量、因素、选择和角度。

[1] 原注：Embassy of the United States Serbia, “US and Serbian Officials Break Ground for New Embassy Compound,” February 10, 2010, Http: //serbia.usembassy.gov/bilateral20100210.html.

[2] 原注：Embassy of the United States Serbia, “Contract Awarded for the Construction of the New US Embassy Compound,” March 11, 2009, Http: //serbia.usembassy.gov/bilateral20090311.html.

英汉词汇对照

administrative inquiry (AI)　行政调查
al-Haq Movement of Liberties and Democracy　哈克自由与民主运动
Alternative Analysis　替代分析
al-Wefaq　伊斯兰民族和谐协会
Analysis of Competing Hypotheses　竞争性假设分析法
Analytic Mindsets　分析定式
Anchoring　锚定思维
Arab Spring　阿拉伯之春
Army Chief of Staff　陆军总参谋长
Army's Signals Intelligence Directorate　（印度）陆军信号情报局
Asia Times Online　《亚洲时报在线》
assumption　假定
Atlanta Journal-Constitution　《亚特兰大宪法报》
Atlanta Olympic Committee　亚特兰大奥林匹克委员会

Bahrain Independent Commission of Inquiry　巴林独立调查委员会
bioterrorism　生物恐怖主义
Black September　黑色九月
Board for International Broadcasting　国际广播委员会
Board of National Estimates　（美国）国家评估委员会
Border Security Force　边境安全部队
British Home Office　英国内政部
Bureau of Alcohol, Tobacco, and Firearms (ATF)　（美国）烟酒枪械管理局

Canyon de Chelly National Monument　柴利峡谷国家纪念碑
Centennial Park　世纪公园
Centers for Disease Control (CDC)　疾病控制中心
Central Electoral Commission　中央选举委员会
Central General Staff　中央总参谋部
Chronologies and Timelines　年表法与时

间轴线法（《情报分析：结构化分析方法》中译作“大事记表与时间表法”）

Classic Quadrant Crunching™ 经典象限处理法™

Clean Water Act 《清洁水法案》

Commanders' Emergency Relief Fund 指挥官紧急救济基金

Commanders' Emergency Response Program (CERP) 指挥官应急响应计划

Committee of the Unemployed 失业者委员会

computer network attack (CNA) 计算机网络攻击

computer network exploitation (CNE) 计算机网络利用

confirmation bias 证实偏见

counterinsurgency doctrine (COIN) 反叛乱学说

Cyber Emergency Response Team (CERT) 网络应急团队

Davis-Monthan Air Force Base 戴维斯—蒙森空军基地

Deception Detection 欺骗识别法

Decomposition and Visualization 分解与可视化

demilitarized zone 非军事区

Department of Energy (DOE) （美国）能源部

Department of Health and Human Services （美国）卫生和公共服务部

Department of Homeland Security (DHS) 国土安全部

Department of Justice (DOJ) 司法部

Devil's Advocacy 魔鬼代言人

Division of Health Improvement Services 健康改善服务部（后更名为纳瓦霍卫生部 [Navajo Division of Health]）

Drug Enforcement Administration (DEA) （美国）禁毒局

Epidemic Intelligence Service (EIS) 传染病情报部

European Court of Human Rights (ECHR) 欧洲人权法院

Federal Republic of Yugoslavia (FRY) 南斯拉夫联邦共和国

Federal Trade Commission 联邦贸易委员会

federally administered tribal area (FATA) 联邦直辖部落地区

Food and Drug Administration (FDA) （美国）食品药品管理局

Force Field Analysis 力场分析法

Foreign Intelligence Surveillance Act (FISA) 《外国情报监视法》

Foresight Quadrant Crunching™ 远景象限处理法™

Fort Wingate Army Depot 温格特堡军火库

Forward Operating Bases (FOB) 前方作战基地

Gallup Medical Center 盖洛普医疗中心
Getting Started Checklist 启动清单法
Global Cities Index 全球城市指数
Gulf Cooperation Council 海湾合作委员会

Harkat-ul-Jihad-al-Islami (HUJI) 伊斯兰“圣战”运动
Historical Analogy 历史类比
Homestead Air Reserve Base 霍姆斯特德空军储备基地
House Energy and Commerce Committee 众议院能源和商务委员会
House Foreign Affairs Committee 众议院外交事务委员会
House Permanent Select Committee on Intelligence 众议院常设情报委员会

Idea Generation 观点生成
improvised explosive devices (IEDs) 简易爆炸装置
India's Ministry of Home Affairs 印度内政部
Indian Mujahideen 印度“圣战者”
Indicators 指标法
Indicators Validator™ 指标验证因子法™
industrial control systems (ICS) 工业控制系统
intensive care units (ICUs) 重症监护室
International Election Commission (IEC) 国际选举委员会
International Foundation for Election Systems 选举制度国际基金会
International Telecommunications Union (ITU) 国际电信联盟
Inter-Services Intelligence Directorate (ISID) （巴基斯坦）三军情报局
Iranian Revolutionary Guard Corps 伊朗革命卫队
Irish Republican Army(IRA) 爱尔兰共和军
Islamic Bahrain Freedom Movement (IBFM) 巴林伊斯兰自由运动
Islamic Front for the Liberation of Bahrain (IFLB) 解放巴林伊斯兰阵线

Jaish-e-Mohammed (JEM) 穆罕默德军
Joint Interagency Task Force-South (JIATF-South) 南方跨部门联合突击队
Joint Operations Center (JOC) 联合行动中心
Joint United States Military Advisory Group (JUSMAG) 美国联合军事顾问团

Key Assumptions Check 关键假定检查法
Kindred Spirit Analytical Group 志趣相投者分析小组
Kosovo Liberation Army 科索沃解放军

Lawrence Livermore National Laboratory (LLNL) 劳伦斯利弗莫尔国家实验室
Los Alamos National Laboratory (LANL) 洛斯阿拉莫斯国家实验室

Mesa Verde National Park 梅萨维德国家公园
Mind Map 思维导图（《情报分析：结构化分析方法》中译作"思维图"）
mindset 思维定式
Montgomery County Police Department (MCPD) 蒙哥马利郡警察局
Morphological Analysis 形态分析法
Multiple Hypothese Generator™ 多种假设生成程序法™
Multiple Scenarios Generation 多种情景生成法
Mumbai Police Department 孟买警察局

National Defense laboratories 国防实验室
National Liberation Army (ELN) 民族解放军
National Science Foundation （美国）国家科学基金会
National Security Guards (NSG) 国家安全卫队
Navajo Area Indian Health Service (NAIHS) 纳瓦霍地区印第安健康服务机构
Navajo Nation Council 纳瓦霍国委员会
Naval Fifth Fleet 海军第五舰队
New Woman All Woman Health Care Clinic 新女性全女子卫生保健中心
nongovernmental organizations (NGOs) 非政府组织
North American Radio Broadcasting Agreement 《北美无线电广播协定》
North Atlantic Treaty Organization (NATO) 北大西洋公约组织
Northern Alliance 北方联盟
North-West Frontier Province (NWFP) 西北边境省

Office of Democratic Institutions and Human Rights (OSCE) 民主制度与人权办公室
Office of the Director of National Intelligence (ODNI) 国家情报总监办公室
Office of the U.N. High Commissioner for Human Rights (OHCHR) 联合国人权事务高级公署
Operation Mongoose 猫鼬行动
Organization for Security and Cooperation in Europe (OSCE) 欧洲安全与合作组织
Outside-In Thinking 由表及里思考法

Pakistan People's Party 巴基斯坦人民党
Pakistani Muslim League 巴基斯坦穆斯林联盟
Panhellenic Socialist Movement (PASOK) 泛希腊社会主义运动党
peacekeeping force 维和部队
People's Revolutionary Party of Kangleipak 曼

尼普尔邦人民革命党
Personal Identity Information (PII) 人员身份信息
Pherson Associates, LLC 弗森联合有限责任公司
polymerase chain reaction (PCR) 聚合酶链反应
Popular Revolutionary Resistance 人民革命抵抗组织
Premature Closure 结论过早
Premortem Analysis 事前分析法
Presidential Commission on Broadcasting to Cuba 对古巴广播总统委员会
Pros-Cons-Faults-and-Fixes “赞成—反对—错误—纠正”法

Quadrant Hypotheses Generation 象限假设生成法

Radio Free Europe (RFE) 自由欧洲电台
Radio Liberty (RL) 自由电台
Rambouillet Conference 朗布依埃会议
Red Hat Analysis 红帽分析法
Research and Analysis Wing (RAW) （印度）调查分析局
Revolutionary Armed Forces of Colombia 哥伦比亚革命武装力量（西班牙语缩写为FARC）
Revolutionary Organization 17 November 11月17日革命组织
Safe Drinking Water Act 《安全饮用水法案》
Satisficing 满意即可
Senate Committee on Foreign Relations 参议院外交关系委员会
Seviellta National Wildlife Refuge 塞维尔他国家野生动物保护区
Sevilleta Long-Term Ecological Research Program 塞维尔他长期生态研究项目
Sevilleta Wildlife Refuge 塞维尔他野生动物保护区
Simple Hypotheses 简单假设法
Simple Hypothesis Generation 简单假设生成法
Simple Scenarios 简单情景法
Social Democratic United Party 社会民主党
Soros foundation 索罗斯基金会
Southeast Bomb Task Force 东南炸弹专案组
Spain’s Basque separatist group ETA 西班牙巴斯克分离主义组织“埃塔”
Special Operations Command South (USSOCSOUTH) 南方特种作战司令部
Starbursting 星爆法
Strengths-Weaknesses-Opportunities-Threats “优势—劣势—机会—威胁”法
Structured Analytic Techniques (SATs) 结构化分析方法
Structured Brainstorm 结构化头脑风暴
Structured Self-Critique 结构化自我批判法

Student Islamic Movement of India (SIMI) 印度伊斯兰学生运动
supervisory control and data acquisition system 数据采集与监控系统

Task Force Pacemaker 特遣部队标兵
Terrorism and Intelligence Center 恐怖主义与情报中心

United Liberation Front of Asom (ULFA) 阿萨姆联合解放战线
United Press International (UPI) 合众国际社
United States Southern Command (USSOUTHCOM) 美国南方司令部
US Agency for International Development (USAID) 美国国际开发署
US Army Corp of Engineers (USACE) 美国陆军工程兵团
US Army South (USARSO) 美国陆军南方司令部
US Attorney's Office 美国联邦检察官办公室
US District Courthouse 美国地区法院大楼
US Environmental Protection Agency (USEPA) 美国环境保护署
US Fish and Wildlife Service 美国鱼类及野生动物管理局
US Geological Survey 美国地质调查局
US Government Accountability Office 美国政府问责局
US House Committee on International Relations 美国众议院国际关系委员会
US Secret Service 美国特勤局
US Senate Armed Services Committee 美国参议院军事委员会
US-Cuba Emigration Agreement 《美国与古巴移民协议》

vehicle-borne improvised explosive device (VBIED) 车载简易爆炸装置
Vienna Convention on Diplomatic Relations 《维也纳外交关系公约》
Voice of America (VOA) 美国之音

Washington Metropolitan Police Department (WMPD) 华盛顿特区警察局
Water Government Coordinating Council 政府水务协调委员会
Water Information Sharing and Analysis Center (WaterISAC) 水务信息共享与分析中心
Water Sector 水务行业
What If？ Analysis 若则分析法（也译为"如果……那会怎样"分析法）
White House Situation Room 白宫战情室
wild card 不可预知的因素

国家安全与保密参考书目

策划人：朱策英
邮　箱：gwpbooks@yahoo.com

《美国政府保密史：制度的诞生与进化》 ［美］戴维·弗罗斯特　著

本书论述了美国政府自建国前至今的保密史。作者以大陆会议、宪法制定、曼哈顿计划等各种历史事件为切入点，讲述了保密如何在维护美国国家安全中发挥重要作用，政府保密制度与文化怎样跟随历史不断演变。

《突然袭击：被袭国的视角》 ［以］伊弗雷姆·卡姆　著

本书系统分析了 1939 年以来的全球 11 个经典突袭案例，梳理致使一国遭受战略突袭的分析困难、判断偏见、组织障碍等，是研究战略突袭的经典之作。它告诉我们，突袭虽极难预防，但只要处理得当，并非完全不可避免。

《情报分析案例：结构化分析方法的应用》 ［美］萨拉·毕比　伦道夫·弗森　著

作者精选出 17 个具备代表性的经典案例，指导情报分析人员运用结构化分析方法处理实际问题。本书是《情报分析心理学》和《情报分析：结构化分析方法》的姊妹篇，与《情报分析案例·实操版：结构化分析方法的应用》是配套用书。

《情报分析案例·实操版：结构化分析方法的应用》 ［美］萨拉·毕比　伦道夫·弗森　著

本书是《情报分析案例：结构化分析方法的应用》的配套用书，采用情景化示范的方式，论证了结构化分析方法的实际应用，为情报分析及其他行业的决策者和管理者提供有效的工作指南。

《情报分析：结构化分析方法》 ［美］小理查兹·J. 霍耶尔　伦道夫·弗森　著

本书采用结构化分析方法的新理念，将 55 种情报分析方法分成 8 大类，不仅阐述每一种分析方法本身的内容，还指出其适用场景、增加的价值、具体的操作步骤等，可有效提升情报用户的预测和决策能力。

《情报研究与分析入门》 ［美］杰罗姆·克劳泽　原著　［美］简·戈德曼　改编

本书全面探讨了情报研究与分析的各个阶段，重点讨论了情报研究的规范程序和适用的分析方法工具、模型，优秀情报分析人员的必备特质，以及如何提升情报产品的质量，是情报研究与分析入门必备教材。

《战略情报的批判性思维》 ［美］凯瑟琳·弗森　伦道夫·弗森　著

本书关注如何在情报工作中应用批判性思维，系统阐述了 20 个重点问题，介绍了其中的各种实用技巧与工具，以及简单易懂的解决办法。这是一部情报工作者高效思考力指南，情报分析的三大黄金标杆教科书之一。

《情报搜集技术》 ［美］罗伯特·克拉克　著

本书是首部系统论述情报搜集技术的专著，集中讨论了各种技术搜集手段，情报搜集策略与管理问题等；还重点探讨了情报搜集技术在国家安全领域的三大用途，读者从中可以一窥美国情报界强大的情报搜集能力、发展动向及维护国家安全的最新思维。

《情报：从秘密到政策》 ［美］马克·洛文塔尔　著

本书详细阐述情报的概念、历史、流程、搜集、分析、反情报、隐蔽行动等问题，重点讨论情报在美国国家安全决策中的重要作用。本作品享有极高声誉，多次再版修订，已成为全美外交、国关、国安、情报等诸多学科的权威教材，长期被哥伦比亚大学、斯坦福大学、麻省理工等知名学府选用和推荐。

《情报分析心理学》 ［美］小理查兹·J. 霍耶尔　著

本书主要探讨了人类在判断不完整或模糊信息过程中的认知心理问题，以及这些不可避免的问题如何对情报分析产生影响，而我们又怎样有效克服这些影响。本书既是美国情报机构培训员工的经典教科书，也是中情局情报官员的必备参考读物，无数次再版加印。

《情报分析：以目标为中心的方法》 ［美］罗伯特·克拉克　著

作者创造性地提出运用“以目标为中心”的情报分析方法，完善情报分析的逻辑过程，形成“确定目标—问题分解—建立模型—评估数据—填充模型—进行预测”的情报分析流程。全书涵盖了情报分析中的各类关键问题，称得上是一部名副其实的情报分析教科书。

《斯诺登档案：世界头号通缉犯的内幕故事》（修订版） ［英］卢克·哈丁 著

本书对“斯诺登事件”进行了全面介绍和解读。它详细追踪了斯诺登的泄密动机、获取机密文件的方式、媒体的报道过程及事件的后续发展，讲述了事件背后各方的博弈较量与攻防策略，披露了美英等国监控全球的手段和规模。

《二战后的美国对外政策》 ［美］史蒂文·胡克 约翰·斯帕尼尔 著

作者将美国置于全球背景下，系统讲述了1945年二战结束后该国对外战略的重大发展与变化，深刻剖析了其外交政策的决策机制，提示了其对外战略的形成过程与规律。通过本书，读者可以了解美国对外政策的根源和复杂性，深入理解其对外战略的全景图。

《谁来监管泄密者？：国家安全与新闻自由的冲突》 ［美］盖里·罗斯 著

通过美国政府历史上重大的泄密案例和事件，作者探讨了未授权信息泄露背后的动机、代价、法律困境和解决之道，以期望提醒全美情报系统：对手是如何获取美国情报的，对手获得情报后会取得怎样的优势。本书是互联网信息时代普及国家安全意识的必备佳作。

《情报术：间谍大师杜勒斯论情报的搜集处理》 ［美］艾伦·杜勒斯 著

本书作者以第一人称的视角展开，着重阐述了情报的实用技巧——情报如何搜集和处理，以及形成的结果怎样为制定国家政策服务。本书是“间谍大师”、中情局任期最长局长、美国现代情报系统缔造者杜勒斯的收官之作。

《骗中骗：克格勃与中情局的无声战争》 ［美］爱德华·爱泼斯坦 著

本书以美国反间谍头目詹姆斯·安格尔顿之死为缘起，追踪了苏联从建国伊始到冷战末期“欺骗对手”的各种行动，以及美国是如何应对和接招的。该书呈现了中情局与克格勃在情报与反情报上的较量，是国家安全研究的重要资料。

《全民监控：大数据时代的安全与隐私困境》 ［英］约翰·帕克 著

阿桑奇、斯诺登等的接连爆料警示我们，“全民监控”的时代已经来临。为了获得全方位的监控能力，西方国家利用闭路系统、窃听设备、身份识别技术、定位追踪装置等随时随地监视民众。本书是读者迅速掌握隐私与信息安全知识的必读之作。

《网络战：信息空间攻防历史、案例与未来》 ［美］保罗·沙克瑞恩 等著

通过梳理各种经典案例，本书系统探讨了网络战历史、现实和未来。以跨学科的研究方法，作者有机融合理论与实例，涵盖了从个人、组织机构到国家的网络安全问题，细致阐述了网络空间的生存之道。

《秘密情报与公共政策：保密、民主和决策》 ［美］帕特·霍尔特 著

全书讲述了美国安全情报的起源与演变，介绍了与国家安全政策制定相关的四大情报活动，穿插了一些情报利用、误用、滥用等的经典案例，并展望了情报和政策两者的未来关系。

《国家安全与情报政策研究：美国安全体系的起源、思维和架构》 ［美］伯特·查普曼 著

本书总结和收集了大量以美国为主的世界各国国家安全政策资料，重点介绍了美国国家安全思想和架构的起源和发展历程，以及作为其国家安全基石的情报政策的历史变迁，还涉及其他一些国家和地区的相关内容。本书具有极强的资料性和实用性，是一部研究国家安全历史和知识的重要案头书。

《恐怖主义如何终结：恐怖活动的衰退与消亡》 ［美］奥德丽·克罗宁 著

了解恐怖运动如何被铲除或消灭的规律和历史经验，有助于加速终结恐怖组织，同时减少不必要的恐惧与过度反应。通过精心研究各种恐怖组织，本书总结出终结恐怖组织的六种模式，分别系统、深入地加以论述，辅以大量实际数据、案例研究和图表作支撑。本书极具历史性、实践性和经典性，论证严谨，是反恐领域的一部不可多得的标杆性读物。

《21世纪犯罪情报：公共安全从业者指南》 ［美］理查德·赖特 等主编

本书全面、系统、深入地介绍了以美国为主的西方国家犯罪情报工作的过去、现在和未来，论述了犯罪情报工作的思想、流程、方法、工具和实践。全书内容丰富、逻辑清晰、史料翔实、案例适用。在理论上，它揭示了犯罪情报工作的基本规律；在实践上，它提供了犯罪情报工作的方法工具。

《数据与监控：信息安全的隐形之战》 ［美］布鲁斯·施奈尔 著

在西方世界，大量的个人数据会被政府和企业监控，用于分析与控制人们；政治自由与公平、商业公平与平等，甚至隐私以及安全等都因监控岌岌可危。本书对政府、企业和民众分别给出切实可行的建议，探讨如何才能有效应对监控，保护信息安全和隐私。作者被誉为信息领域的“安全教父”。

《金融情报学》 王幸平 著

本书探讨了金融情报的概念，金融情报的搜集、撰写和分析，金融情报人员的定位，金融情报机构与金融决策机构的关系，以及金融反情报等等。全书思想丰沛，案例多样，构建了一套专业情报学框架，对金融理论创新和国家安全研究均有参考价值。